Cordula Nussbaum
Geht ja doch!

Cordula Nussbaum

GEHT JA DOCH!

Wie Sie mit 5 Fragen Ihr Leben verändern

Bibliografische Information der Deutschen Nationalbibliothek

Die Deutsche Nationalbibliothek verzeichnet diese Publikation
in der Deutschen Nationalbibliografie; detaillierte bibliografische
Daten sind im Internet über http://dnb.d-nb.de abrufbar.

ISBN 978-3-86936-626-5

3. Auflage 2017

Lektorat: Anke Schild, Hamburg
Umschlaggestaltung: Martin Zech Design, Bremen I www.martinzech.de
Satz und Layout: Das Herstellungsbüro, Hamburg I www.buch-herstellungsbuero.de
Illustrationen: Peter Lohse, Heppenheim I www.lohse-design.de
Druck und Bindung: Salzland Druck, Staßfurt

© 2015 GABAL Verlag GmbH, Offenbach
Alle Rechte vorbehalten. Vervielfältigung, auch auszugsweise,
nur mit schriftlicher Genehmigung des Verlages.

www.gabal-verlag.de
www.twitter.com/gabalbuecher
www.facebook.com/gabalbuecher

Inhalt

Vorwort 7

Einleitung 10
Die Marshmallow-Challenge 12
Die Mär vom planbaren Erfolg 14
Unser Leben planen? Unmöglich! 16
Unterwegs im Meer der Möglichkeiten 21

Kapitel 1 WARUM NICHT? Was uns daran hindert, das zu tun, was wir wollen 25
Die klassischen Motive: Schmerzvermeidung und Lustgewinn 26
Gefangen in den Leinen im sicheren Hafen 28
Ausgebremst vom Gegenwind »da draußen« 61
Ausgeknockt vom Mangel an Selbstvertrauen 114
»Ich will den Preis dafür nicht zahlen« 140
»Ich weiß einfach nicht, was ich will« 153
»Mein Leben ist schön, weil ich es mir schön mache« 157

Kapitel 2 WARUM? Wie wir unseren Geht-doch-Booster aktivieren 159
Das *Warum* als einziger machtvoller Schlüssel für Spitzenleistung 160
Der zündende Moment 161
Was treibt uns an? Was bremst uns aus? 162
Unsere Motive – der Ozean unseres Tuns 163
Unsere Werte – die Sternbilder für unseren Kurs 166
Unsere Stärken und Talente – die hellsten Leitsterne 170
Motive + Werte + Talente + Interessen = Motivation 177
Unsere Bedürfnisse – das Teleskop 180

**Kapitel 3 WAS? Wie wir mit der Frage nach dem Was
ins Handeln kommen** 187

Unsere Ziele – die Inseln im Ozean 188

Typische Fehlannahmen 189

Von der Jagd auf »falsche« Ziele 194

Wann wir Ziele verabschieden dürfen 206

Das Dilemma der Polypotentials 218

Attraktive Inseln finden 225

Kapitel 4 WIE? Wie wir auf Erfolgskurs gehen und bleiben 233

Vom Wollen zum Tun 234

Die fünf Phasen zwischen Wünschen und Erfolg 235

Querdenken macht's möglich 248

Gewohnheiten und bisheriges Verhalten ändern 251

Vergleichen – aber richtig! 281

Unterstützer suchen 289

Sich die richtigen Fähigkeiten, Wissen und Kompetenzen aneignen 297

Kapitel 5 WANN? Endlich loslegen 301

Vom Warten auf den richtigen Zeitpunkt 302

Gefangen in der Später-später-Falle 304

Zeitinseln für das »Geht-doch«-Projekt schaffen 305

Jeden Tag zu einem besonderen machen 307

Anmerkungen 313

Danke! 321

Literaturtipps 323

Register 325

Über die Autorin 330

Vorwort

Liebe Leserin, lieber Leser,
»Das geht doch nicht!« und »Das könnt ihr doch nicht machen!« waren die häufigsten Reaktionen, wenn ich erzählte, dass meine Familie und ich für vier Monate nach Hawaii gehen würden. Vier Monate, in denen ich als Selbstständige einen kompletten Umsatzausfall hätte. Vier Monate, in denen mein Mann in seinem Job als angestellter Bauingenieur fehlte. Vier Monate, in denen unsere Kinder auf eine hawaiianische Schule gingen, obwohl unser Sohn noch gar kein Englisch konnte und unsere Tochter Angst hatte. in dieser Zeit ihre Schulfreundinnen zu verlieren. Vier Monate, in denen unser Haus leer stehen würde. Vier Monate, in denen wir uns auf eine völlig andere Kultur und einen anderen Alltag einließen. Vier Monate, in denen wir wie eine normale Familie leben wollten – nur eben auf der anderen Seite des Globus.
    Vier Monate, das klingt vielleicht nach einem überschaubaren Zeitraum. Aber bevor wir losfuhren, war vieles unüberschaubar. Und natürlich machten mein Mann und ich uns im Vorfeld – über einen erheblich längeren Zeitraum als vier Monate – mehr als tausend Gedanken: Können wir es uns erlauben, eine Zeit lang aus unserem Alltag auszusteigen? Können wir das mit den Kindern wirklich machen? Tun wir das Richtige? Welche Konsequenzen wird es haben? Sind wir mutig? Oder einfach nur verrückt? Sind wir unverantwortlich? All diese Gedanken und das riesige »Das geht doch nicht!« in unserem *eigenen* Kopf.
    Es war nicht leicht, die Entscheidung für die viermonatige Auszeit zu treffen. Und diese Entscheidung dann auch durchzuziehen. Viele Hindernisse tauchten auf, an vielen Stellen schien unser Geht-doch-Projekt zu scheitern. Wir suchten nach neuen Lösungen, die von Bürokratie & Co. wieder über den Haufen geworfen wurden. Bis wir letztendlich die ruhige Gewissheit hatten: »Geht ja doch!«
    Dieses Buch ist kein Auszeit-Buch, kein Sabbatical-Ratgeber. Es

Was ist Ihr persönliches Hawaii?

ist Ihr persönlicher »Geht-ja-doch-Mutmacher«. Nehmen Sie meine vier Monate in Hawaii als Sinnbild für das, wofür *Sie* brennen. Als Sinnbild für das, was *Sie* eigentlich tun wollen. Was ist Ihr derzeitiges »Geht-nicht«-Projekt? Im Beruf kürzertreten und die Schönheiten des Lebens genießen? Den Job hinwerfen und endlich die Husky-Schule in Grönland eröffnen? Den Jakobsweg gehen? Sich selbstständig machen? Einen Bauernhof restaurieren? Den Himalaja erklimmen? Endlich Abteilungsleiter oder Vorstand werden? Tatsächlich mal »Nein« sagen zu können? Zwanzig Kilo abnehmen? Oder an den Ort ziehen, an dem Ihre Seele zur Ruhe kommt? Raus aus »schneller, höher, weiter«? *Was ist Ihr persönliches Hawaii?*

In diesem Buch stehe ich Ihnen als Ihr persönlicher Mentor und Coach zur Seite. Eine Aufgabe, die ich nun seit über 30 Jahren mache und liebe: Ich darf ganz offiziell anderen Menschen den Rücken stärken und sie unterstützen, Dinge zu tun, die »eigentlich« nicht gehen. Ich bin überzeugt, dass viel mehr geht, als wir immer denken. Natürlich geht nicht alles. Und es wäre vermessen, dies zu behaupten. Aber es geht viel, viel mehr, als wir immer denken.

Und hiermit meine ich nicht, dass jeder von uns etwas »Großes« leisten muss. Dass wir »aus unserem Leben etwas machen müssen«. Nein, wir müssen in unserem Alltag schon viel zu viel. Die Frage ist: Was möchten Sie? Seit unserer Rückkehr habe ich vielen Menschen von unserem »Geht-ja-doch«-Erlebnis berichtet, auch im Rahmen meiner Vorträge und Seminare. Und wie schön war es, dass mir plötzlich ganz viele von ihren persönlichen kleinen und großen »Geht-ja-doch«-Erfolgen berichtet haben. Einigen von ihnen werden Sie auf den kommenden Seiten begegnen.

Vielleicht denken Sie jetzt: Pah, vier Monate auf die Insel, das ist doch wirklich kein »Geht-nicht«-Projekt! Das ist doch Pillepalle, da hätte ich mir jetzt schon mehr erwartet! Dann fragen Sie sich gleich mal, was Sie denn erwartet haben. Stellen Sie sich bewusst diese Frage. Denn Ihre Antwort zeigt vielleicht, wofür *Sie* brennen. Manche Dinge, die andere Menschen machen, erscheinen uns ganz easy, keine große Sache. Aber die eigenen Ziele, Wünsche und Visionen – da stehen wir oft regelrecht vor einer Wand. Für andere Menschen ein Kinderspiel – und für uns ein langjähriger »Geht-nicht«-Knoten.

Fragen Sie sich: Was ist *mein* Hawaii? Und holen Sie sich in diesem Buch die passenden Strategien, um den Knoten zu lösen und das zu tun, was Sie wirklich tun möchten. Lassen Sie sich inspirieren, ermutigen und den Rücken stärken, sich mehr zu trauen und den Kurs auf ein erfülltes Leben einzuschlagen. Erkennen Sie bisherige Blockaden und fremde Manipulation, entdecken Sie, was Sie wirklich glücklich machen kann, und paddeln Sie los im Meer der Möglichkeiten. Dabei werden Sie so manche vermeintlich bewährte »Erfolgsregel« über Bord werfen dürfen – denn Chancennutzer gehen heute andere Wege

Finden Sie Ihren persönlichen Kurs, und lösen Sie sich von all den Methoden, wie »man« glücklich und erfolgreich wird. Warum? Weil es kein Geheimrezept gibt. Keine ultimative Methode, mit der jeder von uns sein Glück finden könnte. Gott sei Dank! Denn es gibt etwas viel Besseres: Es gibt Ihre Sicht der Dinge, Ihre Persönlichkeit und Ihren Charakter.

Ich freue mich auf die Reise mit Ihnen und sage hier schon einmal »Danke« dafür, dass Sie dieses Buch lesen. Denn mir ist klar, dass auch viele meiner kompetenten Kollegen sehr gute Bücher veröffentlichen. Was also ist der Mehrwert für Sie, wenn Sie in die folgenden Seiten eintauchen? Ich sehe die Welt mit ganz bestimmten Augen, hinterfrage Dinge anders als andere – und möglicherweise spreche ich Ihnen damit genau aus der Seele. Vielleicht haben Sie schon andere Methoden ausprobiert, die jedoch für Sie einfach nicht funktioniert haben. Und ich kann Ihnen sagen: Das liegt nicht an Ihnen! Denn nicht jede gute Strategie hilft jedem Menschen wirklich weiter. Dazu sind wir einfach zu unterschiedlich. Und genau deshalb begegnen Sie und ich uns vielleicht in diesem Buch. Lassen Sie uns aufbrechen, damit Sie Ihre persönlichen »Geht-nicht«-Ideen in grandiose »Geht-doch«-Erfolge verwandeln können.

Herzlichst
Ihre Cordula Nussbaum

PS: Unter www.gehtjadoch.com finden Sie Gratis-Bonusmaterial zu den Buchinhalten (das Passwort lautet »glüxxmomente«) sowie ein Zwölf-Wochen-E-Coaching, mit dem Sie intensiv an Ihrem persönlichen »Geht-doch«-Projekt arbeiten können.

EINLEITUNG

**Das Ziel dieses Buches ist es,
dass Sie mehr und mehr von dem tun,
was Ihnen wirklich wichtig ist.**

**Vergessen Sie bitte Planung
und Disziplin.**

Die Marshmallow-Challenge

Ich liebe die Marshmallow-Challenge. Das ist eine Workshop-Aufgabe, an der sich weltweit bereits Tausende erfolgreiche und schlaue Menschen versucht haben. Sie funktioniert so:

> ★ Die Teilnehmer arbeiten in Vierergruppen.
> ★ Jede Gruppe erhält 20 (ungekochte) Spaghetti, einen Meter Klebeband, einen Meter Faden und ein Marshmallow.
> ★ Jede Gruppe muss nun innerhalb von 18 Minuten die höchstmögliche frei stehende Konstruktion bauen, auf der Spitze muss zum Schluss das Marshmallow thronen.

Klingt einfach, oder? Ist es aber meistens nicht. Welche Gruppe, glauben Sie, beißt sich an dieser Workshop-Aufgabe die Zähne aus, welche wird in der Regel zu spät fertig, wessen Konstruktion hält nicht? Aus welchem Grund? Wer sind wohl meist die Gewinner der Challenge? Wer baut die höchsten frei stehenden Türme? Aus welchem Grund?

Hier kommt die Antwort: Die typischen Verlierer sind frischgebackene Business-School-Absolventen! Während die Gesamtheit der Arbeitsgruppen im Schnitt einen Turm von 50,8 Zentimetern schafft, erreichen die Business-School-Absolventen gerade mal 25 Zentimeter. Topmanager und Unternehmenslenker bauen durchschnittlich 60-Zentimeter-Bauwerke.

Und die Gewinner? Die typischen Gewinnergruppen sind Kindergartenkinder. Ihre Spaghetti-Marshmallow-Türme sind mit 75 Zentimetern im Schnitt dreimal so hoch wie die der MBA-Absolventen und immer noch 15 Zentimeter höher als die Türme der Manager.

Warum das so ist? Einerseits hat keines der Kinder jemals versucht, Chef der »Spaghetti AG« zu werden. Es gab bei ihnen weder eitle Hahnenkämpfe noch Alphatier-Machtspielchen oder Besserwisserei. Während die Absolvententeams und manche CEO-Gruppen ausführlich und intensiv über Pläne diskutierten, über Aufgaben und Zuständigkeiten, legten die Kinder einfach los. Als zweiten Grund nennen die »Erfinder« der Aufgabe, der Designer Peter Skillman und der Innovationsexperte Tom Wujec, die Tatsache, dass die Business-School-Absolventen darauf trainiert sind, die »einzig richtige Lösung« zu finden. Piksten sie dann gegen Ende der 18 Minuten das Marshmallow auf die Spitze und die ganze Chose brach zusammen, dann war einfach keine Zeit mehr für einen erneuten Versuch. Gescheitert!

Die Kindergartenkinder hingegen fingen sofort an zu bauen, bastelten eine erste Marshmallow-Spaghetti-Kombination, besserten nach, sammelten unbeirrt die zerbrochenen Spaghetti auf, bauten erneut. Sie erlebten Erfolge und sahen ihre Irrtümer – und hatten am Ende stabile hohe Türme.[1]

Was die Kinder da gemacht haben, wird als »Rapid Prototyping« (»Schneller Modellbau«) bezeichnet. Das bedeutet, dass wir vom statischen Reden ins dynamische Handeln kommen. Weltweit nutzen viele Software-Entwickler und unzählige Internetprojekte diesen Ansatz mittlerweile bewusst. Statt jahrelang nerdmäßig in miefigen Kellern oder Garagen zu sitzen und von der Außenwelt abgeschottet Programme zu entwickeln, die dann meist keiner braucht (oh Schreck), erstellen sie im Wochen- oder Monatstakt neue Versionen, die sofort am Markt getestet werden. Sie legen los, gehen so schnell wie möglich mit ihren »Produkten« ans Tageslicht. Auf diese Weise verlagern sie ihre Ideen aus der hypothetischen in die reale Welt. Jeder Schritt und jede Korrektur bringen sie dem Erfolg näher.[2]

Und was machen wir? Was machen wir, wenn wir in unserem Leben etwas verändern wollen? Die meisten machen es wie die MBA-Absolventen und die CEOs: Wir suchen nach der einzig richtigen Lösung. Wir suchen die absolut perfekte Lösung. Wir suchen nach der sichersten Variante. Wir suchen nach einer Lösung, mit der wir hundertprozentig Erfolg haben werden. Doch vor lauter Planen, vor lauter Absichern werden wir innerhalb der gesetzten Frist (in unserem Leben!) nicht fertig.

Statt uns auf die Suche nach Chancen zu machen und diese zu nutzen, suchen wir nach noch einem Netz und noch einem doppelten Boden. Wir denken zu lange nach. Gerade in Bezug auf unser eigenes Leben, in Bezug auf unsere persönlichen Träume und Ideen sind wir Planungsweltmeister, Redekünstler, Abwägungsriesen. Und Umsetzungszwerge. Weil das doch nicht geht! Weil »man« das doch nicht macht. Weil es doch schiefgehen könnte. Weil es vielleicht doch nicht das Richtige ist. Weil etwas anderes vielleicht noch viel besser wäre. Und so zieht das spannende, bunte Leben an uns vorbei. Statt unsere zahlreichen Chancen zu nutzen, harren wir der Dinge, berechnen die Risiken, wägen ab, diskutieren mit uns selbst und mit anderen – bis sich auch die geduldigste Chance verabschiedet.

Wir planen und planen und planen und verpassen es dadurch, zu leben. Schade. Denn die Vorstellung, wir könnten unser Leben planen und absichern, ist ein Märchen.

Die Mär vom planbaren Erfolg

Viele Menschen meinen, sie würden nie den echten, den wahren Erfolg erleben, weil sie einfach zu wenig Disziplin haben. Weil sie nicht gut genug planen, weil sie die einfachsten Methoden zur Zielerreichung nicht kapieren.

Lange Jahre haben uns Erfolgsgurus und Effektivitätsexperten erzählt, dass wir jeden Erfolg im Leben haben können, dass wir jedes Ziel erreichen können, wenn wir diese vier Anweisungen befolgen:

1. Definieren Sie Ihr Ziel. Messbar. Detailliert.
2. Bestimmen Sie Milestones.
3. Erstellen Sie einen Maßnahmenplan. Konkret und zeitlich fixiert.
4. Arbeiten Sie diszipliniert und kontinuierlich Ihren Plan ab.

Solche Methoden haben jedoch selten funktioniert. In den Unternehmen funktionieren sie nicht, weil sich viele Führungskräfte dann an die vereinbarten Ziele und Milestones klammern wie an einen Rettungsring – und dabei aus dem Blick verlieren, dass sich der Markt, die Bedürfnisse der Kunden oder die Rahmenbedingungen (z.B. rechtliche Vorgaben, Datenschutzrichtlinien, Produktzyklen oder neue bahnbrechende Technologien, die manche Produkte überflüssig machen) geändert haben. Da setzen hoch bezahlte Manager brav die über Jahre akkurat geplanten Schritte um – und finden sich statt als Marktführer in der Insolvenz wieder.

Kennen Sie noch die Firma Agfa? Deren Unternehmensgeschichte ist eines meiner Lieblingsbeispiele, um zu verdeutlichen, dass Planung mitnichten der Weg zum Erfolg ist. »Der Fotofilmhersteller Agfa blickt auf eine 130-jährige Geschichte zurück. Jetzt fiel das Traditionsunternehmen der modernen Technik zum Opfer. Wegen des Digitalbooms muss die Firma Insolvenz anmelden«, titelte das Magazin *Stern* im Mai 2005.[3] Hallo? Kam denn der Digitalboom so überraschend? Wachte da jemand im Jahr 2005 auf – und siehe da, das Christkind hatte eine Digicam unter den Weihnachtsbaum gelegt? Andere Unternehmen hatten sehr frühzeitig erkannt, dass die Ära der Zelluloidfilme zu Ende gehen würde, und frühzeitig in die neue Technologie investiert. Agfa-Führungskräfte lasen vermutlich noch in Minute 17 ihre Exceltabellen, bevor in Minute 18 ihr Turm zusammenbrach. Ja, sie haben sehr diszipliniert an ihren Plänen festgehalten. Glückwunsch. Disziplin führt bisweilen zu Insolvenz!

Oder nehmen Sie Microsoft und die völlige Fehleinschätzung, wie die Kunden das Smartphone annehmen würden. Jahrelang hielt Microsoft-Chef Steve Ballmer diszipliniert an den internen Plänen und der Idee des Windows Phone fest. Das iPhone nahm er überhaupt nicht ernst. Lachend erklärte er 2007: »Ich gebe dem iPhone keine Chance, einen signifikanten Marktanteil zu erreichen.« Für Geschäftsleute eigne es sich nicht, weil es keine Tastatur habe; für Privatkunden sei es mit 500 Dollar schlicht zu teuer. »Zwei bis drei Prozent des Marktes kann Apple damit holen«, legte sich Ballmer fest. Welch grandiose Fehleinschätzung. Apple produzierte (bis zum Jahr 2013) 387 Millionen iPhones und hat gut 20 Prozent Marktanteil.[4] Die Nutzer sprangen begeistert auf das Touchscreen-Design an, die Marke Apple entwickelte solch eine Attraktivität, dass wir heute gerne um die 700 Euro für das aktuellste Gerät ausgeben und Menschen sogar vor den Stores campieren, um gleich in der Früh die jeweilige Neuerscheinung in Händen zu halten.

»Planung ersetzt den Zufall durch den Irrtum.«
ALBERT EINSTEIN

Die meisten Unternehmen sind Planungschampions. Da ziehen sich komplette Vorstandsetagen zum Jahresmeeting zurück, erstellen Umsatzpläne, Gewinnprognosen und Renditevorschauen, die dann in weiteren Quartalskonferenzen »angepasst« werden. Viele meiner Coachingklienten erzählen

EINLEITUNG **15**

mir, dass sie mehr Arbeitszeit damit verbringen, Listen zu führen und Zahlen zu verwalten, als sich ihrer eigentlichen Kernaufgabe zu widmen. Natürlich wollen und sollen wir unsere Erfolge auch messbar machen, aber viele Unternehmen schießen hier weit übers Ziel hinaus. Oder um es mit den Worten von Albert Einstein auszudrücken: »Planung ersetzt den Zufall durch den Irrtum.«

Unser Leben planen? Unmöglich!

Leider greift der Planungsvirus häufig auch auf uns über, wenn es darum geht, unser Leben in die Hand zu nehmen und unsere persönlichen Ziele zu erreichen. Als wenn unser Leben in Zahlen und Excelspalten gepackt werden könnte! Für unsere persönliche Weiterentwicklung funktioniert der Vier-Schritte-Plan überhaupt nicht. Denn er lässt zwei Dinge völlig außer Acht: erstens dass wir alle höchst unterschiedlich sind und zweitens dass das Leben nicht linear planbar ist.

Ein menschliches Leben ist kein Bausatz

Ein menschliches Leben ist kein vorgefertigter Bausatz, der nach Anleitung zusammengefügt werden muss und dessen optimales Resultat bereits vorher feststeht. Unsere Persönlichkeit und unser Charakter entwickeln sich organisch. Wir wachsen, wir verändern uns. Wie wir leben, was wir tun, wird ständig von unseren Eigenschaften und Eigenheiten sowie unseren Lebensumständen geprägt. Jeder von uns ist als Persönlichkeit einzigartig. Jeder von uns ist anders mit all seinen Facetten. Und jeder von uns lebt auch anders – erfährt eine andere Erziehung, ein anderes Umfeld, andere Einflüsse. Und das bedeutet, dass jeder von uns auch einen anderen Weg gehen darf, um Glück, Erfüllung und Zufriedenheit zu erleben.

Nehmen wir alleine mal das Thema Selbstvertrauen. Menschen, die viele Selbstzweifel haben, brauchen Ideen, die über die klassischen »Vier Schritte zum Erfolg« hinausgehen. Oder glauben Sie, dass jemand, der wenig Selbstvertrauen hat, dies einfach mit viel Planung und Disziplin kompensieren kann? Ich glaube das nicht. Stellen Sie sich ein Kind vor, das auf einem Zehn-Meter-Turm steht und Angst hat zu springen. Wie förderlich ist dann der überengagierte Zuruf von Papa am Beckenrand: »Reiß dich zusammen! Wer A sagt, muss auch B sagen. Du ziehst das jetzt diszipliniert durch!«

Tatsächlich gibt es Dutzende bessere Motivatoren als »Disziplin« – und die werden wir uns noch gut anschauen.

Wenn Sie erfolgreich sein wollen – im Sinne von »das tun, was ich wirklich will« –, dann dürfen Sie einen intensiven Blick nach innen werfen. Und hier vor allem auf den Gegenwind in Ihnen, der Sie immer wieder von Ihrem Wunschkurs abbringt, sowie auf die Leinen, die Sie immer noch im Hafen halten, obwohl Sie doch so gerne längst über alle Meere wären. Was hindert Sie daran, das zu tun, was Sie »eigentlich« tun wollen? Warum tun Sie nicht das, was Sie gerne tun möchten? Warum packen Sie Ihr »Geht-doch«-Projekt nicht an? In Kapitel 1 gehen wir diesen Fragen auf den Grund, indem wir »Warum nicht?« fragen. Denn sobald Sie Ihre inneren Widerstände, Ihre Blockaden, Ihre Selbstsabotage erkannt haben, haben Sie die Macht, die Dinge zu ändern, die Leinen zu lösen und den Gegenwind in Rückenwind zu drehen. Und wir werfen auch einen intensiven Blick nach außen. Denn natürlich leben wir nicht in einem Vakuum, in dem alles, was wir wollen, nach Plan läuft. Was uns gelingt, das hängt auch stark von unserem Umfeld ab: Welche Werte, Ideen und Verhaltensmuster gelten in Ihrer Gemeinschaft? Was fördert, verhindert, erlaubt oder verbietet Ihre Kultur? Welche kulturellen Messlatten übernehmen Sie auf Ihrem Weg zu Ihren Wünschen und Visionen? Und welchen Einfluss haben Ihre Wurzeln auf Sie?

Ozean und Leitsterne finden

In Kapitel 2 fragen wir nach dem »Warum« – warum wollen Sie, was Sie wollen? Was sind Ihre Lebensmotive, Ihre Werte, Ihre Interessen? Ihre Talente? In welchen Ozeanen möchten Sie mit Ihren ganz individuellen Lebensmotiven, mit Ihrem persönlichen inneren Antrieb gerne unterwegs sein? Was motiviert Sie? Welche Grundwerte stehen bei Ihnen an erster Stelle? Jeder von uns ist einzigartig – das ist eine banale Feststellung, aber wir vergessen es immer wieder. Mit dem Ergebnis, dass die Menschen denken, es gäbe den *einen* richtigen Weg zum persönlichen Glück. Und der sei eben Planung und Disziplin. Welch ein Trugschluss.

Lösen Sie sich vom vermeintlich »goldenen Weg« Planung und Disziplin, wenn es um Ihr Leben geht. Auch wenn Sie im Job gezwungen sind, so zu arbeiten – in Ihrem Leben sind Sie der Taktgeber. Finden Sie für sich heraus, wie viel Planung Ihnen tatsächlich hilft und wo Sie ein solches Gerüst komplett einschränkt. Eine gute Richtschnur ist dabei die Frage »Wo sehen Sie sich in fünf Jahren?« – eine beliebte Frage in Einstellungsgesprächen. Vielleicht sagen Sie jetzt ganz spontan: »In fünf Jahren? Da bin ich Hauptabteilungsleiter in der Sparte Pharma HA 1718, fahre einen Audi Q7, besitze ein Haus in Grünwald und ein Ferienhaus auf Marbella, habe drei Kinder und einen attraktiven Lebenspartner!«

Wenn Sie so genaue Vorstellungen haben, dann sind Sie gewiss der eher systematisch-analytische Talenttyp, der gerne plant, gerne Milestones definiert und mit Sicherheit großen Spaß an einem disziplinierten Abarbeiten von Zielen und Teilzielen hat. Haben Sie die Erfahrung gemacht, dass Ihnen dieses Vorgehen hilft – dann unbedingt weiter so!

Oder bringt Sie die Frage »Wo sehen Sie sich in fünf Jahren?« eher in die Bredouille? Sagen Sie: »Uff, ich in fünf Jahren ... Keine Ahnung, was ich da genau mache ... Das Leben ist doch eine Blumenwiese an Möglichkeiten ... und da draußen gibt es doch noch so viele Chancen ... Ich weiß nicht, wo ich genau in fünf Jahren bin ... und ehrlich gesagt will ich es auch gar nicht so genau definieren, weil mich das einengt«? Wenn Ihnen solche Gedanken durch den Kopf gehen, dann gehören Sie eher zu den kreativ-chaotischen Talenttypen, und für Sie gilt die goldene Regel »Weniger ist mehr«. Weniger Planung bzw. mehr Offenheit für das, was um Sie herum geschieht, wird Ihnen sehr viel mehr helfen, Chancen zu erkennen und zum leidenschaftlichen Chancennutzer zu werden. Solange Sie sich an dem für Sie völlig kontraproduktiven »Erfolgsgesetz« orientieren, Ihr Leben zu planen und neue Chancen systematisch zu erarbeiten, werden Sie sehr viel Lebensfreude und Zufriedenheit einbüßen.

Wir werden uns in Kapitel 2 noch intensiv mit Ihren persönlichen Chancen beschäftigen, mit den Dingen, Aktivitäten und Menschen, von denen Sie gerne mehr in Ihr Leben, in Ihren Alltag reinbringen wollen. An dieser Stelle nur so viel: Kreativ-chaotische Querdenker wissen im Allgemeinen sehr wohl, was sie gerne tun oder erleben möchten – es wirkt nur in unserer systematisch-analytischen Gesellschaft häufig »falsch«. Manche von uns lieben es, in viele verschiedene Themen reinzuschnuppern, einiges mal auszuprobieren und dann schnell wieder etwas Neues zu lernen. Und allzu häufig bekommen sie dann die große »Klatsche« von Eltern, Lehrern oder Freunden: »Schon wieder was Neues? Jetzt bleib doch mal bei dem, was du angefangen hast.«

Für systematische Menschen ist das die leichteste Übung: Sie lieben es, Dinge anzufangen und zu Ende zu bringen. Für viele andere Menschen ist dies aber überhaupt nicht attraktiv. Sie lieben es, Dinge anzufangen, den Ball ins Rollen zu bringen, und sobald eine Tätigkeit Routine wird, verlieren sie das Interesse. Und wenden sich anderen Dingen zu.

Während die einen also eher eine penible Lebensplanung anstreben, sehen die anderen ihre Zeit auf dieser Welt eher als Lebensspaziergang, bei dem links und rechts des Weges bunte Blumen blühen, die sie pflücken können. Keine dieser beiden Haltungen ist »richtig« oder »falsch«. Sie sind nur anders – und passen eher zu dem einen oder dem anderen Talenttyp. Entdecken Sie Ihre Talente (vgl. Kap. 2, Unterkap. »Unsere Stärken und Talente«), finden Sie Ihren perfekten Grad an »Plan«, und halten Sie sich unbedingt immer vor Augen, dass trotz Planungsfreude alles anders kommen kann.

Mit Fünfjahresplänen lassen sich keine Inseln entdecken

In Kapitel 3 werden wir einen Blick darauf werfen, wohin die Reise gehen soll, welche Inseln Sie ansteuern wollen. Die Frage nach dem »Was« wird zeigen, wo es sich für Sie lohnt anzulanden, welche Inseln auf Ihrem Kurs liegen – also was Sie konkret tun können, um das zu erleben, was Sie erleben wollen. Dabei gilt: Entspannen Sie sich! Machen Sie sich keinen Stress, wenn Sie so manche Insel überhaupt nicht klar benennen können. Denn unser Leben, unser komplettes Umfeld, unsere Gesellschaft, unsere ganze Welt ist nicht mit Fünfjahresplänen steuerbar. Alles ist organisch und wandelt sich ständig. Es kann sein, dass wir etwas planen – und der Plan geht auf. Sehr viel häufiger erleben wir es jedoch, dass wir zwar planen – aber dann alles ganz anders kommt, weil wir uns weiterentwickeln oder weil sich unsere Rahmenbedingungen verändern. Und außerdem: Wie wollen wir »zielstrebig« sein, wenn wir doch die meisten möglichen Ziele heute überhaupt noch gar nicht kennen?

In unserer Gesellschaft gilt es als wichtig, »zielstrebig« zu sein. Jugendliche, die heute bereits voller Selbstvertrauen sagen, dass sie in zehn Jahren eine eigene Bäckerei haben oder als Vorstand einen Konzern lenken, ernten in der Regel ein anerkennendes Nicken. Der Freund, der daneben steht und sagt: »Ich weiß noch nicht«, muss mit befremdlichem Kopfschütteln rechnen. Zu Unrecht. Denn womöglich wird der Freund in zehn Jahren seinen absoluten Traumjob haben – doch den kennt er heute nicht. Nicht weil er nicht zielstrebig ist, sondern weil es seinen Traumjob heute noch gar nicht gibt.

Unser Leben: ein konstanter Ablauf von Improvisationen

Cathy N. Davidson, Professorin an der Duke University, sagt, dass 65 Prozent der heutigen Grundschüler später in Jobs arbeiten werden, die noch gar nicht erfunden sind. Der Beruf »Genberater« steht beispielsweise heute unter den Top-Ten-Berufen – mit den größten Chancen am Arbeitsmarkt. Ein Beruf, der vor dem Jahr 2001 als versponnene Science-Fiction abgetan worden wäre.[5]

Unser Schulsystem bläut uns ein, dass wir konkrete Ziele haben müssen, dass wir dieses oder jenes lernen müssen, dann würden wir erfolgreich werden und hätten sichere Jobs. Doch diese Denke ist veraltet. Nicht nur, dass heutzutage kein Job mehr wirklich sicher ist – wer sich auf diese lineare Planung verlässt, verschenkt eine Menge Chancen und legt sich selbst das Meer der Möglichkeiten trocken. Denn gerade auf dem Arbeitsmarkt führen nicht unbedingt die einschlägigen Ausbildungen zu den Führungstätigkeiten. Was schätzen Sie: Mit welchem Studium können Sie Geschäftsführer eines Technologieunternehmens werden? Nach einer Studie der Duke University kommen 61 Prozent der derzeit aktiven Bosse in

US-Technofirmen aus technologiefernen Bereichen, unter anderem auch aus dem Gesundheitswesen, aus der Kunst oder den Geisteswissenschaften. Fazit: Es gibt keine zwingende Verbindung zwischen absolviertem Studium und dem gelebten Erfolg im späteren Leben, sondern in Wahrheit kommt es auf ganz andere Faktoren an. »Was Menschen erfolgreich macht, sind ihre Motivation, ihre Energie, die Fähigkeit, aus Fehlern zu lernen, und ihr Engagement bei der Arbeit«, sagt Professor Vivek Wadhwa.[6]

Unterwegs im Meer der Möglichkeiten

Wir, die wir in Mitteleuropa leben, haben heute in unserer Gesellschaft so viele Möglichkeiten wie kaum Generationen vor uns. Vielleicht sehen Sie diese für sich persönlich noch nicht so deutlich, aber in Kapitel 4 wird sich das mit der Frage nach dem »Wie« klären. Nicht nur, dass wir so viele Optionen wie nie haben – auch der Weg, auf dem wir unser »Geht-doch«-Projekt mit Leben füllen, kann viele verschiedene Formen annehmen. Wie schaffen Sie es, dass sich Ihr »Geht-doch«-Projekt mit Leben füllt? Dieses Buch soll Sie ins Handeln bringen. Und zwar zu einem Zeitpunkt, der für Sie passt – und den Sie in Kapitel 5 mit der Frage nach dem »Wann« für sich herausfinden.

Hören Sie also auf, zu planen und sich zur Disziplin zu zwingen. Denn es ist nicht die Disziplin, die erfolgreiche Menschen erfolgreich macht! Stellen Sie sich die fünf Fragen aus diesem Buch und Sie werden Ihren persönlichen »Geht-doch«-Booster zünden. Wenn Sie das wollen.

»Natürlich will ich«, sagen Sie jetzt vielleicht empört. »Sonst hätte ich ja nicht dieses Buch gekauft.« Vermutlich haben Sie recht. Mit großer Wahrscheinlichkeit wollen Sie glücklich sein, werden oder bleiben. Die große Frage ist nur: Was macht Sie glücklich? Dieser Frage werden wir später noch ausführlich auf den Grund gehen. An dieser Stelle jedoch ein Beispiel aus dem Leben, das zeigt, dass auch ein »Misserfolg« ein grandioser Erfolg sein kann. Was meine ich damit?

Im Vorgespräch erzählte Angelika, dass sie bereits bei sechs (!) Coaches war, doch keiner habe ihr helfen können. Nun habe sie mein Buch gelesen und sofort gewusst, ich sei anders als die anderen, ich wäre die Einzige, die ihr tatsächlich helfen könne, eine praktikable Selbstmarketingstrategie zu entwickeln. Damals war ich bereits ausgebildeter Business-Coach, doch in puncto »Tiefenpsychologie« war ich ein echtes Greenhorn. Und entsprechend war ich entzückt über so viel Lob und Vorschusslorbeeren.

Im Laufe der Sitzungen betonte Angelika immer wieder, dass »ihr Fall« wirklich schwierig sei und dass sie ja immer wieder so tapfer versuchen würde, das Beste daraus zu machen. (Sie war übrigens eine gesunde Frau, in ungekündigter Anstellung mit gutem Gehalt, Single, besaß ein abbezahltes eigenes Haus, hatte keine Verpflichtungen wie kranke Eltern oder Ähnliches.) Wir erarbeiteten solide Karrierestrategien, die Angelika toll fand und sofort anwendete. Doch in unserer letzten Sitzung sagte sie aus heiterem Himmel, das ganze Coaching hätte ihr null gebracht. All die Strategien seien zwar nett, aber doch für sie nicht passend.

Ich war wie vor den Kopf gestoßen. Denn bereits während des Coachings hatte sie einiges ausprobiert und von Sitzung zu Sitzung von ihren Erfolgen berichtet. Warum am Ende des Coachingprozesses nun diese 180-Grad-Wende? Von »bombastisch« zu »Bullshit«? Ich besprach diese überraschende Wendung mit meinem Supervisor, forschte, wo ich im Prozess möglicherweise einen Fehler gemacht hatte. Doch mein Supervisor beruhigte mich: Ich hatte sauber gearbeitet und die Klientin hatte ihr Ziel erreicht. »Wie bitte?«, entgegnete ich. »Sie ist doch total unzufrieden!« »Nein«, erklärte mir mein Supervisor. »Manche Menschen haben eine tiefe innere Überzeugung, dass keiner ihnen helfen könne. Deshalb darf ein Coaching in ihrem Leben nicht wirklich etwas verbessern, denn dann fiele ihr kompletter Lebenssinn und Lebensinhalt weg. Sie ist erfolgreich, wenn es ihr schlecht geht.«

Heute habe ich gelernt und verinnerlicht, dass manche Menschen sich einfach nicht helfen lassen wollen – auch wenn sie dies immer wieder laut betonen. Deshalb frage ich Sie jetzt: Wollen Sie tatsächlich an sich arbeiten und etwas verändern? Oder wollen Sie nur so tun, als ob – um dann lautstark weiterzujammern, es gehe halt einfach nicht, es sei Ihnen einfach nicht vergönnt, ein Chancennutzer zu werden. Solange Sie in der Opferrolle oder in der des Alltagshelden (»Ich opfere mich so tapfer, damit es anderen Menschen gut geht!«) stecken, werden Sie echte Chancen nicht erkennen, geschweige denn nutzen. Wir werden jetzt gleich auf die häufigsten Selbstsabotagefallen näher eingehen, aber diese ist mir so wichtig, dass ich sie Ihnen bereits hier vorstelle. Warum? Weil ich Ihnen Zeit sparen will. Weil Sie, sollten Sie in dieser Falle sitzen, sich die Lektüre des weiteren Buches sparen können. Denn Sie werden eh nichts ändern. Sie werden nur danach sagen: »Selbst dieses so hochgelobte Buch konnte mir nicht helfen, mein Fall ist einfach zu schwierig, ich würde ja gerne, aber ...« Wenn Sie jetzt feststellen: ups, ertappt, dann verschenken Sie dieses Buch und gehen Sie lieber eine Runde spazieren.

Oder fangen Sie an, dieses Muster aufzulösen. In Kapitel 1 (»Ausgebremst vom Gegenwind da draußen«, Gegenwind Glaubenssätze) erfahren Sie, wie Sie das schaffen können. Wenn Sie wollen.

WARUM NICHT?

KAPITEL 1

Was uns daran hindert, das zu tun, was wir wollen

Die klassischen Motive: Schmerzvermeidung und Lustgewinn

Wenn wir etwas nicht tun, was wir tun könnten oder »eigentlich« tun wollen, dann hat das seinen guten Grund. Und wie gesagt, es liegt nicht daran, dass wir zu wenig Disziplin hätten. Kennen Sie das auch? Eigentlich wäre ich so gerne sportlicher, dünner, aktiver! Eigentlich hätte ich gerne einen anderen Job, eine andere Wohnung oder zumindest mal ein anderes Urlaubsziel! Eigentlich würde ich gerne die *Buddenbrooks* lesen, aber derzeit reicht es gerade mal zu *50 Shades of Grey*. Eigentlich würde ich mich gerne selbstständig machen, eine Weiterbildung als Bildhauer absolvieren oder nur noch 30 Stunden pro Woche arbeiten. Eigentlich würde ich gerne mehr Abenteuer in meinem Leben erleben, aber mein prickelndstes Highlight der Woche ist die Brausetablette »Patschuli-Minze-Arabischer Apfel« als Badezusatz in meiner Badewanne. Eigentlich würde ich so gerne mal was ganz anderes machen, aber ich weiß nicht, was.

Verändern Sie Ihr Leben, bevor es Sie verändert!

Eigentlich möchten die Deutschen laut »Freizeit-Monitor« der Stiftung für Zukunftsfragen »spontan tun, wozu man Lust hat« (68 %), »ausschlafen« (63 %) und »etwas mit Freunden unternehmen« (60 %).[7] Doch was machen wir tatsächlich? Fernsehen! 238 Minuten hocken die Deutschen täglich vor dem Fernseher.[8] Das sind vier Stunden am Tag!

Und was machen wir sonst noch? Uns darüber ärgern, dass »man« mal wieder nur untätig vor der Glotze saß. Und das Leben an einem vorbeigeht. Nach dem berühmten Motto: Eigentlich bin ich ja ganz anders – ich komme nur so selten dazu. So gerne würden viele Menschen endlich mal das tun, was sie wirklich tun wollen. Doch immer wieder bremsen sie sich selbst aus oder lassen sich von anderen ausbremsen. Schade, denn wenn wir unser Leben nicht verändern, dann verändert es uns. Und das kann uns in ein paar Jahren gar nicht mehr gefallen, wenn wir zurückblicken und sagen: Ach, hätte ich doch ...

Woran liegt es, dass wir so oft ganz anders leben, als wir »eigentlich« wollen? Woran liegt es, dass wir in Gedanken immer mal wieder unsere »Geht-nicht«-Ideen hin und her wälzen (besonders oft zum Jahreswechsel), statt sie in »Geht-ja-doch«-Projekte zu verwandeln? Warum tun wir nicht das, was wir wirklich tun wollen?

Grundsätzlich gibt es dafür drei Gründe:
1. Wir liegen zu stark verankert in unserem sicheren Hafen – ein Lospaddeln scheint unmöglich.
2. Wir spüren einen zu großen Gegenwind außerhalb des Hafenbeckens und trauen uns nicht wirklich hinaus.
3. Wir wissen nicht, wohin; und da bleiben wir doch auch lieber, wo wir sind.

Der aktuelle Hafen, in dem wir liegen, kann ganz schön unaufgeräumt und brackig sein – aber das ist noch keine Motivation, wirklich etwas zu unternehmen. Warum ist das so? Ganz einfach, wir Menschen agieren ausschließlich aus zwei Motiven: Das erste ist Schmerzvermeidung, das zweite Lustgewinn.

Wenn wir in unserem Leben etwas verändern wollen, dann muss also entweder der Schmerz so groß sein, dass wir aus dieser Situation rauswollen (»Weg-von-Ziel«), oder der Gewinn der neuen Situation so groß sein, dass wir unbedingt hinwollen (»Hin-zu-Ziel«). Und der interne Gegenwind muss abflauen oder sich sogar zum Rückenwind drehen. Alles dazwischen ist »pink« (vgl. den letzten Abschnitt im Unterkapitel »Ich weiß einfach nicht, was ich will«), und wir haben null Antrieb, etwas zu verändern. Warum auch? Veränderungen kosten Energie, kosten Zeit; und wenn ich nicht weiß, wohin mich das Ganze bringt und was es mich kostet – was soll der Aufruhr?

Aus diesem Grund betrachten wir in diesem Kapitel zunächst einmal die »Leinen«, die Sie in Ihrem jetzigen Hafen halten und damit Ihr »Geht-doch«-Projekt verhindern. Im zweiten Schritt widmen wir uns dem »Gegenwind«, und hier in einem eigenen Unterkapitel dem Thema Selbstwertgefühl. Wir nehmen den Preis unter die Lupe, den Sie für Ihr »Geht-doch«-Projekt zahlen müssten, und prüfen, ob Sie überhaupt dazu bereit sind. Denn wenn das Verhältnis von Schmerz/Gewinn und Preis nicht passt, dann bleiben wir, wo wir sind. Was wie gesagt nicht per se tragisch ist – Sie dürfen nur nicht mit 70 Jahren zurückblicken und sich ärgern, was Sie alles hätten tun können, was Sie alles hätten erleben können, was Sie alles hätten erfahren können. Hätte, hätte, Fahrradkette.

Überlegen Sie sich immer mal wieder: Werde ich mit 70 (80, 90) Jahren traurig sein, dass ich etwas verpasst habe? Wenn ja, was könnte das sein, was ich dann als entgangene Chance einstufe? Diese Frage kann Ihnen helfen, ein mögliches »Geht-doch«-Projekt bereits jetzt zu identifizieren, Ihren Wünschen bereits jetzt auf die Spur zu kommen.

Gefangen in den Leinen im sicheren Hafen

Vielleicht haben Sie bereits darüber nachgedacht, was Sie »eigentlich« viel lieber tun würden? Aber noch immer sitzen Sie warm und gemütlich in Ihrer alten Welt, Ihrem sicheren Hafen, Ihrer Komfortzone, statt Ihre Träume auch wirklich zu leben? Kein Wunder. Nachdenken allein bringt Sie noch nicht ins Tun. Und bei vielen von uns ist die gewohnte Welt einfach viel zu kuschelig, als dass wir wirklich daraus wegwollen.

Gefangen oder geborgen?

Das ist im Kern auch gar nicht schlimm. Denn was spricht dagegen, in einem sicheren Hafen zu liegen, gemütlich auf den Ausläufern der Wellen zu schaukeln, die aus dem offenen Meer hereintänzeln? Absolut nichts. Wenn es das ist, was Sie glücklich und zufrieden macht, dann genießen Sie es. Keiner von uns muss aus seinem sicheren Hafen raus. Keiner von uns muss große Ziele und Pläne haben und diese realisieren. Wieso auch? Ich kenne einige Menschen, die ein ruhiges, entspanntes Leben führen, die seit 70 Jahren ohne große Veränderungen sehr glücklich sind. Die seit 50 Jahren mit demselben Partner verheiratet sind, die seit Jahrzehnten dieselben Freunde haben, ohne dass neue hinzugekommen wären, die seit 40 Jahren in ihrem Reihenhaus leben und deren einzige Veränderung darin besteht, dass die Nachbarn links und rechts wechseln und dass alle zehn Jahre ein neues Auto gekauft wird. Der wesentliche Punkt ist: Sie sind glücklich! Sie brauchen nichts zu verändern, weil sie mit dem Status quo genau das haben, was sie wollen. Auch Beständigkeit kann sehr glücklich machen.

Lassen Sie sich also nicht von irgendwelchen Ratgebern irremachen, die Ihnen erklären, dass Sie einen Traum haben und diesen Traum nun auch leben müssen. Nein, Sie müssen nicht auf Teufel komm raus danach suchen, was Ihre »verschütteten Träume« sind. Manche Menschen leben bereits genau so, wie sie gerne leben möchten. Intuitiv haben sie den richtigen Kurs eingeschlagen, die richtigen Entscheidungen getroffen und ihr Leben »richtig« im Sinne von »erfüllend« gestaltet. Sie sind rundum happy mit Ihrem Leben? Prima! Dann weiter so. Fragen Sie sich also allenfalls: Was kann ich tun, damit es so bleibt? Was kann ich tun, damit mein Schatz auch noch in zehn, zwanzig Jahren bei mir ist und wir gemeinsam viel Spaß haben? Was kann ich tun, damit ich auch noch mit 65 fit und gesund bin? Was kann ich tun, damit es so bleibt, wie es ist?

Oder sind Sie in Ihrem Hafen gar nicht mehr glücklich? Ist es langweilig dort, eintönig, ohne Herausforderungen, ohne Spaß, Biss und Perspektive? Willkommen im normalen Alltag, der über die Jahre seine Leinen immer fester um uns zurrt. Waren Sie vor ein paar Jahren noch happy über Ihren schönen, neuen Liegeplatz, doch jetzt mutiert Ihr Alltag zum grauen Wie-Immer?

Miete zahlen, Kinder großziehen, Einbauküche abbezahlen, Urlaub machen. Ein größeres Auto, ein eigenes Haus, eine gute Ausbildung für die Kinder, ein größeres Haus, ein größeres Auto. Irgendwo zwischen Ikeaküche und Ikebanakurs haben wir dann keinen Spaß mehr im Leben. Wir tun kaum noch etwas freiwillig, stattdessen: Zwang, Konvention, Routine.

Irgendwann hören wir dann tatsächlich auf zu träumen, uns tolle Dinge vorzustellen – während wir unseren Alltag still funktionierend managen. Routiniert schmieren wir das Pausenbrot für die Kinder, räumen wie immer brav die Küche auf, fahren zur Arbeit, nehmen den gleichen Weg wie immer, machen unseren Job wie immer, fahren wieder heim, den gleichen Weg wie immer, kaufen ein, im Supermarkt wie immer, kochen Abendessen, wie immer, bringen die Kinder ins Bett, wie immer, und dann sind wir müde ... wie immer. Noch was unternehmen? Zu müde. Freunde anrufen? Zu müde. Wie immer. Lieber etwas fernsehen, ach ja ... Hand ausstrecken, klick ... wie immer.

Das Wie-Immer übernimmt die Herrschaft. Erinnern Sie sich noch, was Sie mit acht oder mit 16 Jahren »eigentlich« alles wollten? Mit der Vespa durch Süditalien fahren? Ein Unternehmen leiten? Mit dem Heißluftballon um die Erde fahren? In der Tiefsee tauchen? Tiere pflegen? Kindern helfen? Die Welt retten? Von was haben Sie geträumt? Und von was träumen Sie heute?

Bei vielen von uns geht im Laufe des ernsthaften Erwachsenendaseins, bei all den »Du musst« das Träumen, das Brennen, die naive Begeisterung flöten. So manch einer stirbt mit 37, bevor er mit 87 begraben wird. Vielleicht atmet er noch – aber leben tut er nicht mehr. Diese Menschen haben aufgehört, die Schönheit der Welt zu inhalieren. Sie haben aufgehört, die Chancen zu sehen, die das Leben bietet. Sie haben aufgehört, die Nase neugierig in den Wind hinauszuhalten.

Was wir von Fröschen lernen können

Manchmal erzählen mir Menschen, dass sie es gar nicht gemerkt haben, wie sie sich über die Jahre satt in der Komfortzone eingerichtet haben, und jetzt sei alles so festgefahren, dass eine Veränderung unmöglich scheint. Das »Elend«, die Unzufriedenheit schleiche sich so unauffällig ein, dass es zu spät sei, wenn man es bemerke. Gerne zitieren sie dabei die berühmte Geschichte vom Frosch im Wasser.

Die Geschichte geht so: Wirft man einen Frosch in kochendes Wasser, dann tut er angeblich alles, um dem Inferno zu entkommen, und hüpft sofort wieder raus, jedenfalls sofern Topfhöhe und Öffnung es zulassen. Legt man ihn aber in lauwarmes Wasser und erhöht langsam die Temperatur, dann merke er nicht, was passiert, und harre der Dinge, bis das Wasser kocht und er stirbt.

Entschuldigen Sie bitte diese unappetitliche Geschichte – die ich jetzt aus der Welt räumen möchte. Diese oft in Motivationsseminaren, in politischen und gesellschaftlichen Debatten erzählte Geschichte ist nämlich gar nicht wahr! Mehrere Forscher haben sich in den letzten Jahrhunderten mit dieser Mär beschäftigt. 1995 sagte Professor Douglas Melton, Biologe an der Harvard University, dazu in einem Interview mit dem US-Magazin *Fast Company*: »Wenn Sie einen Frosch in kochendes Wasser werfen, dann wird er nicht rausspringen. Er wird sofort sterben. Wenn Sie ihn in kaltes Wasser setzen, wird er raushüpfen, bevor das Wasser heiß wird – Frösche sitzen nicht still für Sie!«[9] 2002 wies Victor H. Hutchison von der University of Oklahoma nach, dass der Frosch auch bei langsamer Temperaturerhöhung merkt, wann es ihm zu heiß wird, und dass er dann aus dem Wasser hüpft. Hutchison setzte dazu seine Frösche in einen Topf mit Wasser und erhöhte die Temperatur pro Minute um ein Grad. »Wenn die Temperatur steigt, wird der Frosch immer aktiver bei dem Versuch, dem erhitzten Wasser zu entkommen«, schreibt Hutchinson.[10] Und bereits 1869 zeigte der deutsche Physiologe Friedrich Goltz, dass ein gesunder Frosch immer versucht, dem wärmer werdenden Wasser zu entkommen. Nur ein Frosch, dem man zuvor das Gehirn entnommen hatte, blieb sitzen.[11]

Was lernen wir daraus? Solange wir über ein funktionierendes Gehirn verfügen, können wir aus jedem Kochtopf raus. Wir können unsere Komfortzone, unseren öden Hafen verlassen. Prima, oder?

Aufwachen von den Scheintoten

Wir können unsere Komfortzone verlassen. Wir können Dinge in unserem Leben, in unserem privaten Alltag, in unserem beruflichen Alltag verändern. Zugegeben, die Komfortzone zu verlassen, ist nicht leicht. Besonders wenn wir es uns dort schon lange gemütlich gemacht haben. Und auch manche Veränderungen sind nicht leicht, geschehen nicht ohne Zeit- und/oder Energieaufwand. Aber es ist möglich. Unter der Voraussetzung, dass wir nicht nur im Wunschdenken bleiben, sondern auch unseren Allerwertesten hochkriegen.

»Nicht tot zu sein, bedeutet noch nicht, dass man lebt.«
EDWARD ESTLIN CUMMINGS

Manchmal treffe ich Menschen, die haben bereits kapituliert. Die haben sich in das berufliche und manchmal in das private Unvermeidliche gefügt. Die sehen um sich herum nur noch »Geht nicht«. Die haben verlernt, die Chancen zu sehen, die sie jeden Tag bekommen, sie haben verlernt, zu träumen, verlernt, sich inspirieren zu lassen. Der US-amerikanische Dichter und Schriftsteller Edward Estlin Cummings hat es auf den Punkt gebracht: »Nicht tot zu sein, bedeutet noch nicht, dass man lebt.« Und vielleicht kennen Sie auch solche Scheintoten, die zwar noch atmen, aber nicht mehr leben. Mit Lebensfreude und optimistischen Anregungen zu ihnen durchzudringen, ist ein unglaublicher Kraftakt – und vielleicht wollen sie dies auch gar nicht. Vielleicht sind sie so was Ähnliches wie glücklich in ihrer prämortalen Gruft. Sie haben sich ins Unvermeidliche gefügt, weil sie »ja eh nichts bewirken können«. Sie haben vergessen, dass sie selbstbestimmte Menschen sind. Jeder von uns. Das unterscheidet uns von Pflanzen und vielen Tieren. Wir Menschen können Dinge bewirken, wir können bestimmen, was passiert. Wir können autonom agieren. Und das im Zusammenspiel mit anderen. Denn autonom sein heißt nicht, dass wir komplett nur noch das tun, was wir wollen. Natürlich leben wir in einem Spannungsverhältnis zwischen Fremdbestimmung (Heteronomie) und Selbstbestimmung (Autonomie); und was wir bereits als Kinder lernen und erleben sollten, ist, dass wir in einem gewissen Korridor autonome Entscheidungen treffen dürfen, um unser eigenes Leben zu gestalten.

Dass wir selbstverständlich zeitweise fremdbestimmt sind, steht in keiner Weise im Widerspruch zu unserer Autonomie. Das ist wie bei einem Orchester: Jeder Musiker spielt für sich, trägt aber zum Erfolg des Ganzen bei – wenn er sich den Orchesterregeln unterwirft, die Noten beachtet und die Führung durch den Dirigenten. Ein völlig auf »Selbstbestimmung« gepolter Musiker, der nur macht, was er will, ist für das Team überflüssig und wird Probleme bekommen. Komplette Autonomie würde uns in die soziale Isolation treiben. Wie so oft im Leben liegt also die Lösung darin, mit dem gesunden Menschenverstand die Balance zwischen Autonomie und Verpflichtungen zu treffen.

Wir sind für uns verantwortlich. Und für unsere Kinder. Punkt!

Wie ist das bei Ihnen? Tun Sie mehr als atmen? Ja? Wunderbar! Dann erhalten Sie sich diese Lebendigkeit. Und lösen Sie sich von dem Druck, die Scheintoten in Ihrem Umfeld zu reanimieren. Auch wenn es schwerfällt, die prämortalen Geschöpfe zu ignorieren und neben ihnen ein erfülltes Leben zu leben, Sie werden es nicht schaffen, diese zu revitalisieren. Und das müssen Sie auch gar nicht.

Wir sind nicht dafür verantwortlich, dass andere Menschen ihr Leben in die Hand nehmen und »etwas daraus machen«. Wir dürfen es uns gar nicht anmaßen, darüber zu entscheiden, wie ein gutes Leben für die anderen aussehen würde. Woher wollen wir das wissen? Nein, schauen Sie auf Ihr Leben. Wir sind verantwortlich für uns – und für unsere Kinder. Die wollen wir in unserer Rolle als Eltern natürlich in ein gelingendes Leben begleiten, und wir werden ihnen alles mit auf den Weg geben, damit sie ihr Leben selbst in die Hand nehmen können und glücklich werden. Jeder von uns, der mit Kindern und Jugendlichen zu tun hat, sei es als Eltern, in Vereinen oder gar beruflich als Erzieher und Lehrer, sollte sich die unglaubliche Verantwortung klarmachen: Wir können die Youngsters sehr leicht motivieren, inspirieren und zu initiativen Menschen reifen lassen. Oder auch nicht. Wie schnell machen wir zarte Pflänzchen von Motivation und Begeisterung kaputt – und merken es nicht mal!

Ich bin vor einem Jahr fast vom Stuhl gefallen, als bei einer Chorveranstaltung ein Vater zu seiner Tochter sagte: »Wenn deine Stimme nur halb so kräftig wäre wie deine Oberschenkel, dann wäre es ein Genuss gewesen, dir zuzuhören.« Der 13-Jährigen sind die Tränen in die Augen geschossen, sie drehte sich um und lief weg. Der Vater hat es nicht mal gemerkt.

Wir können andere Menschen nicht »motivieren«, das können sie nur selbst. Auch inspirieren können wir sie nur, wenn sie dafür offen sind. Ich habe mittlerweile gelernt, dass ich als Speakerin in den zwanzig bis neunzig Minuten eines Vortrags nur die erreichen kann, bei denen zumindest ein Fünkchen Offenheit, ein klitzekleines Samenkorn bereits vorhanden ist. Bei allen anderen Zuhörern kann ich nur hoffen, dass sie zumindest eine nette Zeit mit mir hatten – verändern werden sie aufgrund meiner Impulse nichts.

Müssen sie ja auch nicht. Aber ich darf mich nicht verantwortlich fühlen, wenn meine Botschaften nicht ankommen. Für mich persönlich ist das immer wieder schwer, denn ich möchte gerne, dass möglichst viele Menschen aus der Arbeit mit mir etwas »mitnehmen«. Aber auch ich muss immer wieder lernen, dass das nicht geht.

Zu Jahresbeginn habe ich einen Vortrag gehalten vor den Vertriebsmitarbeitern einer großen deutschen Bank. Es war das Auftakt-Event fürs neue Jahr vor der kompletten Mannschaft, und ich sollte um 19 Uhr etwa 45 Minuten »etwas Inspirierendes« sagen, »das Team für das Jahr motivieren«. Ich beschloss, den Vortrag mit einer meiner Lieblingsgeschichten zu beenden, einer wahren Geschichte von einem Mann, der recht blauäugig daran ging, einen der schwierigsten Marathons der Welt zu laufen, den 875 Kilometer langen Ultramarathon von Melbourne nach Sydney.[12] Ich schloss meinen Vortrag mit den Worten: »Schauen Sie nicht auf die Hindernisse in Ihrem Leben. Schauen Sie nicht auf das, was ›man‹ braucht, um erfolgreich zu sein. Machen Sie es auf Ihre Art. Und laufen Sie los!«

Zwei Wochen später bekam ich ein Feedback der Veranstalter. Sie meinten, die Marathongeschichte hätte den Teilnehmern nicht gefallen, sie sei zu weit weg von ihrem Leben gewesen, sie wollen ja schließlich keinen Marathon laufen, es hätte ihnen der Bezug zum beruflichen Alltag gefehlt.

Irgendwie macht mich das traurig. Gut, ich weiß, alleine schon die Aussage »den Teilnehmern« stimmt so nicht, weil es vielleicht zwei oder drei Stimmen unter den 120 Teilnehmern waren, die die Geschichte unpassend fanden. Anderen Teilnehmern hat die Geschichte vielleicht gefallen, und sie haben es dem Veranstalter nur nicht mitgeteilt. Aber was mich traurig macht, ist die Tatsache, dass manche Menschen offenbar verlernt haben, sich inspirieren zu lassen. Sie suchen nach einer Checkliste à la »Motivation in zehn Schritten«, und wenn ihnen die nicht geliefert wird, dann war der Abend mies. Sie schaffen es nicht (mehr), den Transfer zu ihrem Leben zu machen, zu schauen, was sie von anderen lernen können. Nur Eins-zu-eins-Anleitungen, so was wie Bedienungsanweisungen, scheinen ihnen zu helfen.

Ein Selbsthilfebuch hilft nicht von selbst

Woran liegt es, dass manche Menschen selbst nicht mehr nachdenken wollen oder können? Dass sie den Transfer vom Gehörten zu ihrer Person nicht schaffen? Eine Grundvoraussetzung, damit wir wirklich ins Handeln kommen, ist, dass wir uns klarmachen, dass wir unser Leben selbst in der Hand haben. Natürlich können wir nicht alles beeinflussen, was um uns herum geschieht. Schicksalsschläge, Katastrophen, politische Ereignisse oder schlimme Krankheiten liegen nicht in unserem Machtbereich. Doch unsere *Reaktion* darauf haben wir jederzeit selbst in der Hand. Das Leben ist kein Wunschkonzert – aber wir selbst können dafür sorgen, dass wir mehr Dur-Töne statt Dissonanzen hören.

Ja, wir selbst. Denn wer sich auf andere oder gar auf das Universum verlässt, kann unter Umständen bitter enttäuscht werden.

Die Buchhändler sortieren meine Bücher meist in das Regal mit den »Selbsthilfe-Büchern« ein. Und eine Lektorin sagte eines Tages zu mir: »Wissen Sie, Frau Nussbaum, viele Menschen kaufen sich solche Selbsthilfe-Bücher, stellen sie zu Hause ins Regal – und hoffen, es hilft von selbst!« Schön wäre es. Das wäre mal ein Verkaufsturbo: »Kaufen. Ins eigene Regal einsortieren. Alles wird gut.« Nein, im Begriff steckt, wie auch im Begriff »Selbstmanagement«, die Bedeutung drin, dass wir selbst es in der Hand haben, in bestimmten Bereichen unseres Lebens etwas zu verändern. Es heißt, selbst etwas zu *tun*, damit unsere Wünsche wahr werden. Nicht nur zu wünschen.

Und deshalb müssen wir uns immer wieder vor Augen halten, dass wir ein Höchstmaß an Autonomie haben. Natürlich müssen wir uns an Gesetze halten, wir haben auch eine soziale Verantwortung, sollen auf unsere Umwelt achten etc. Ganz klar. Aber innerhalb der gesteckten Claims können wir uns in unserer mitteleuropäischen Kultur so frei bewegen wie kaum eine Gesellschaft. Doch so manch einer nimmt die Freiheit, die wir haben, gar nicht wahr. Viele sehen sich als Marionetten im Spiel der anderen und haben den Blick auf die Chancen verloren. Sie sagen: »Ich kann ja eh nichts ändern!«

»Ich kann ja eh nichts ändern!«

Wir haben politische Freiheit und Meinungsfreiheit. Wir haben die Freiheit, dorthin zu ziehen, wo es uns gefällt. (Sagt gerade eine kleine Stimme in Ihnen: »Pah – wenn man es sich leisten kann!«? Dieser Stimme widmen wir uns später – machen Sie sich zunächst einmal bewusst, wie wunderbar es ist, frei entscheiden zu dürfen, wo wir wohnen wollen, und keine staatlichen Vorgaben zu haben, wo wir wohnen müssen.) Wir haben ziemlich gute Schulsysteme.

Auch Erwachsene können berufsbegleitend lernen, neue Berufsfelder erobern oder in ihrem Bereich wachsen. Wir haben eines der besten Gesundheitssysteme der Welt – Gesundheit ist für jeden möglich, nicht nur für die Reichen. Wir haben trotz Wirtschaftskrisen und regionalen Problemen insgesamt enorm viele Arbeitsplätze, und gute Geschäftsideen können mehr als nur eine Familie ernähren. Wir haben Förderprogramme für Umschulungen, Unternehmensgründungen und berufliche Veränderungen. Wir haben Elternzeit, Kindergeld und Arbeitslosengeld. Wir haben überall und jederzeit frisches Trinkwasser. Wir können reisen, wir können daheimbleiben, wir können zig verschiedene Hobbys ausüben.

Und trotzdem sind so viele Deutsche nicht wirklich glücklich. Im internationalen Glücksbarometer von 2013 stehen wir auf Rang 26 von 160 Ländern. Österreich belegt Glücksrang 8 und die Schweiz Rang 3 (nach Dänemark und Norwegen).[13] An den objektiven Glücksfaktoren kann es nicht liegen – denn in puncto Gesundheit, Sozialsystem, Arbeitsmarkt, Lebenserwartung, Bruttoinlandsprodukt pro Kopf und Wohnsituation stehen wir mehr als gut da. Sind wir ein Volk von Jammerlappen?

Gefangen im Jammertal

Den Eindruck kann man bekommen. Ist Ihnen schon mal aufgefallen, womit die meisten Menschen ihre Zeit verbringen? Nein, ich meine jetzt nicht mit Fernsehschauen. Ich meine mit Jammern. Mit Maulen, Meckern, Nörgeln. Über die bescheuerten Chefs, die eh keine Ahnung haben. Über die nervigen Kunden. Über die Knalltypen von der S-Bahn, die keinen Fahrplan einhalten können. Über die unfähigen Politiker. Über die asozialen Konzernmanager. Über die asozialen Sozialschmarotzer. Über den Stau. Über die Kälte. Über die Hitze. Über die Sonne. Über den Regen. Über die Nachbarn. Über die Partner. Der Rasen ist schon wieder so hoch, die Hecke so verwachsen, das Meeting so lang, der Urlaub so kurz, die Ehe so langweilig, die Arbeit so stressig, die Kinder so faul, die Schwiegermutter so überengagiert, die Mieten so hoch, das Einkommen so niedrig.

Wissen Sie, wie oft wir im Schnitt pro Tag jammern? Will Bowen, ein Pfarrer aus Kansas City, nennt in seinen Vorträgen einen Wert von 15–30 Mal.[14] Ich glaube, der kennt unsere deutschsprachige Gesellschaft nicht. Mit 30 solchen Negativimpulsen kommen die meisten von uns doch vermutlich nicht mal bis ins Büro. Geschweige denn durch den Tag. Wir sind Weltmeister im Dauerjammern. Und was bringt es? Nichts! Natürlich ist es wichtig, dass wir mal unseren Frust rauslassen, dass wir mal schimpfen über das, was uns stört. Doch meist geht es beim Dauerlamentieren doch um Themen, die wir entweder gar nicht ändern können (das Wetter) oder an denen wir (noch) gar nichts ändern wollen (die eigene Situation).

Blöder Teufelskreis – denn wer seine Zeit und vor allem sein Gehirn mit Jammern vollstopft, dem fehlen zwei wichtige Voraussetzungen, um gute neue Lösungen zu finden: Zeit und ein freier Kopf. Jede Minute, die wir mit Jammern verbringen, können wir nicht mit inspirierenden Gedanken verbringen, können wir nicht nach vorne blicken. Da ist eine ganz einfache Rechnung. Eine Stunde Gejammer pro Tag bedeutet, dass Sie nur mehr 23 Stunden Zeit für anderes haben. Sie verbringen also 4,16 Prozent Ihres Lebens mit Jammern. Zum Vergleich: Mit Sport verbringen wir im Schnitt im Laufe unseres Lebens 1,97 Prozent (19 Monate), mit Küssen gar nur 0,0047 Prozent (14 Tage).[15] Im Umkehrschluss heißt das: Jede Minute, die Sie sich nicht ärgern, haben Sie zur Verfügung, um über Ihr »Gehtdoch«-Projekt nachzudenken und etwas dafür zu tun.

Jede Minute, die wir uns nicht ärgern, ärgern wir uns nicht!

Und das ist doppelt gut. Denn negative Gespräche und Gedanken schütten Stresshormone aus, die unser Wohlbefinden mindern, die uns niedergeschlagen machen. Wer seinen Blick immer nur auf das Negative richtet und lauthals darüber lamentiert, der fühlt sich tatsächlich messbar mies. Marc Aurel hat gesagt: »Auf Dauer nimmt deine Seele die Farbe deiner Gedanken an.« Und er hat recht! Wer sich selbst den ganzen Tag sein Hirn mit negativen Gedanken zumüllt und dann auch noch verstärkt die negativen Nachrichten aus der Umwelt aufnimmt (von Steuererhöhungen über Erdbeben bis zu Kriegen), der verwandelt seine grauen Zellen in einen tiefschwarzen zähen Brei. Wie wollen Sie da bunte Ideen haben? Wie wollen Sie da Chancen außerhalb Ihres sicheren Hafens blitzen sehen?

Ich bin kein Verfechter des positiven Denkens in dem Sinne, dass wir alles durch die rosarote Brille sehen sollen, jeden Missstand uns schönreden oder uns mit Autosuggestionen die goldenen Erfolge herbeireden. Nein, denn das funktioniert nicht. Beispiel? Gerne: Ich habe vor einiger Zeit nach einem Bandscheibenvorfall und monatelanger Cortisonbehandlung abnehmen wollen. Ein super Ratgeber empfahl mir, mir jeden Tag immer wieder das Mantra zu sagen: »Ich bin schlank. Ich bin schlank. Ich bin schlank.« Ein toller Tipp, denn mein Unterbewusstsein hörte wohl immerzu: »Yeah, ich bin schlank; ich kann essen, was ich will!« Und ich nahm zu. Bis ich schließlich 76 Kilo wog. Bei einer Größe von 1,73 Meter ist das nicht gefährlich, aber wohl fühlte ich mich damit wirklich nicht. Mittlerweile bin ich wieder auf 65 Kilo – und am Anfang meiner erfolgreichen Gewichtsreduktion stand die knallharte und ehrliche Aussage: »Ich bin dick! Ich bin dicker, als ich sein will!«

Frag nicht, warum; frag, wozu!

Ich will auch echte Sorgen nicht kleinreden. Es gibt viele schlimme Ereignisse, die uns in unserem Leben gewaltig durchrütteln: Krankheiten, Todesfälle, Unfälle, Katastrophen wie der Tsunami in Thailand oder die Reaktorkatastrophe in Fukushima. Aus heiterem Himmel können solche Ereignisse unsere Lebensentwürfe zunichtemachen und uns wirklich jeden Anlass geben, Gott und die Gerechtigkeit infrage zu stellen.

Aber ist Ihnen schon mal aufgefallen, dass gerade die Menschen, die einen Schicksalsschlag erlebt haben, sehr häufig diejenigen sind, die überhaupt nicht jammern? Die Menschen, denen Furchtbares widerfahren ist, sind nach einer Trauer- und Aufarbeitungsphase häufig dankbar für die Schönheiten des Lebens und für das Leben an sich. Es sind solche Menschen, die uns Mut machen können, darauf zu schauen, was wirklich wichtig ist im Leben, und die uns mahnen, unsere Alltagssörgelchen nicht zu wichtig zu nehmen.

Lernen Sie von Sabine, die bei einem Autounfall ihren Mann und die älteste Tochter verlor und die jetzt mit vier kleinen Kindern den Alltag bewältigt. Lernen Sie von dem US-Soldaten Dana Lee Bowman, der bei einem Fallschirmsprung mit seinem Kameraden zusammenstieß. Der Kamerad starb und Bowman verlor beide Beine.

Heute hält der besonnene Mann, den ich auf einem Kongress in San Diego kennenlernte, Vorträge und Seminare mit der Kernbotschaft »Schau nicht auf die Behinderung, schau auf die Möglichkeiten« (»It's not the disability ... It's the ability«).[16]
Was hat diesen Menschen geholfen? Viele berichteten mir, sie hätten aufgehört, nach dem Warum zu fragen:

★ Warum musste das ausgerechnet mir passieren?
★ Warum hat es mich getroffen?
★ Warum bin ich schon wieder gescheitert?

Solche Fragen führen lediglich dazu, dass wir mit dem Schicksal hadern, dass wir Schuldige suchen (»die anderen« oder »die Umstände«), dass wir in der Vergangenheit nach Gründen suchen – nach Gründen, die es oft einfach nicht gibt.

Natürlich ist es nicht grundsätzlich falsch, nach Gründen für ein Scheitern zu suchen, denn daraus können wir ja lernen. Doch hilfreicher ist dabei die Frage nach dem Wozu. Ein »Wozu?« richtet die Aufmerksamkeit auf die Zukunft, es lenkt unseren Blick eher auf das, was wir aus dem Schicksalsschlag, der Kündigung, dem Scheitern lernen können (vgl. dazu auch den Abschnitt »Den Reset-Knopf drücken« in Kap. 3). Allein die veränderte Frage kann aus den tiefen Gräben, in denen wir nach niederschmetternden Ereignissen sitzen, Kanäle für neue Erfahrungen machen. Und besonders trifft das für unsere kleineren Alltagsprobleme zu, die wir manchmal einfach zu sehr aufbauschen. »Wozu« können wir ausformulieren in:

★ Wohin kann mich diese Erfahrung bringen?
★ Was kann ich daraus lernen?
★ Welche Türen stehen mir dadurch offen?

Wie gesagt, ich möchte echte Probleme und Schicksalsschläge nicht kleinreden, und solche Fragen stellen sich die Betroffenen mit Sicherheit nicht am nächsten Tag. Aber besonders für die Jammerweltmeister, die aus einem Pups einen Orkan machen, empfinde ich das als einen guten Tipp. Denn Jammerweltmeister sind doch meist die, die ein Leben ohne Höhen, aber auch ohne Tiefen leben. Deren Lebenssinn offenbar im unproduktiven »Wenn-es-nach-mirginge-dann«-Genörgel liegt. Was ist das anstrengend! Neulich habe ich in Frankfurt ein Seminar gehalten und bin nachts mit dem Taxi vom Hauptbahnhof zum Hotel gefahren. Da hatte ich mal wieder so einen Weltverbesserer. Der Taxifahrer schimpfte auf die derzeit stattfindende Messe, auf die Abzockerhoteliers, auf die Baustelle vor dem Bahnhof. Er schimpfte auf die große Koalition, auf die Politiker im Allgemeinen und auf die aktuelle Politik im Besonderen. Man solle doch mal so Leute wie ihn ans Ruder lassen, dann würde es mit Deutschland endlich wirklich bergauf gehen, aber da sei ja so eine Verschwörung im Gange, die Großen würden sich da ja gut abkapseln, damit wirklich gute Leute gar nicht rankommen. Er redete sich immer mehr in Rage, hupte wütend die anderen Autos von der Fahrspur, fuhr fast eine Fußgängerin um – und ich wollte nur mehr raus. Da fiel mir ein Spruch von George Burns, dem 1896 in New York City als Nathan Birnbaum geborenen US-Schauspieler und Komiker, ein. Ich musste schmunzeln, entspannte mich und kam gut im Hotel an. Burns sagte: »Wie schade, dass alle Menschen, die wissen, wie man dieses Land regiert, keine Zeit haben, weil sie Taxi fahren müssen oder anderen die Haare schneiden.«

Wenn Sie sich selbst mal wieder beim Meckern ertappen – steigen Sie so schnell wie möglich aus. Vielleicht mit der Idee von Will Bowen. Vor einigen Jahren hat der Pfarrer aus Kansas City seiner Gemeinde vorgeschlagen, jeder solle von nun an ein lila Armband tragen, um das Jammern aus dem Leben zu tilgen. Dazu streifen Sie das Armband über ein Handgelenk, und wann immer Sie sich beim Jammern ertappen, wechseln Sie das Handgelenk. Ziel ist es, 21 Tage am Stück das Armband nicht wechseln zu müssen. Also zu verzichten auf Meckern, Nörgeln, Stöhnen, Fluchen, Seufzen, Quengeln, Beschweren, Ächzen, Lästern, Maulen, Schadenfreude, Spott, ironisches oder zynisches Kommentieren, Schwarzmalen, Tratschen und so weiter.

Schnappen Sie sich ein lila Armband (oder wahlweise ein grünes, gelbes oder rotes Gummiband) und stoppen Sie bewusst ihren negativen Monolog. Verschenken Sie ein buntes Armband an Menschen, bei denen Sie den Glauben noch nicht aufgegeben haben, dass die sich vielleicht auch weiterentwickeln wollen.[17]

Diese Übung von Will Bowen habe ich übrigens ein klein wenig abgewandelt, als ich merkte, dass mich das Armband am linken

Handgelenk total stört und ich, damit ich es wieder bequem rechts tragen kann, ja quasi zu einem Anschluss-Nörgler gezwungen bin. Deshalb mein Tipp: Tragen Sie das Armband am bevorzugten Handgelenk. Jammern Sie, dann streifen Sie es auf den anderen Arm. Und jetzt suchen Sie sich sehr schnell und gezielt etwas, was Sie loben können, etwas, über das Sie sich freuen können. Richten Sie also Ihren Blick ganz bewusst auf etwas Positives in Ihrem Leben oder Ihrer derzeitigen Situation. Das können Aussagen der Dankbarkeit sein (»Ich bin gesund, danke!« oder »Ich habe einen liebevollen Partner, danke!«), aber auch einfach schöne Beobachtungen oder Gefühle (»Das Wolkenspiel ist fantastisch!« oder »Mir ist angenehm warm!«). Suchen Sie irgendetwas Positives, sprechen Sie das im Stillen aus, und streifen Sie Ihr Armband wieder auf Ihren bevorzugten Arm. Ziel ist es nun, dass das Armband 21 Tage nicht mehr Ihr bevorzugtes Handgelenk verlässt.

Vorsicht, Ansteckungsgefahr: Jammerer zerstören Ihre Chancen

Kommen Sie raus aus der Jammerschleife oder machen Sie – wenn Sie selbst gar nicht drinhängen – einen großen Bogen um die Dauernörgler. Denn deren negative Stimmung färbt ab. Wer ständig mit negativen Menschen zu tun hat, der verliert selbst den Mut für seine persönlichen »Geht-ja-doch«-Projekte, der hört auf, Chancen zu sehen und querzudenken. Wer ständig hört, wie schlimm alles ist, der glaubt das irgendwann einmal und wird selbst auch nicht mehr das tun, was er eigentlich tun will.

Nehmen Sie Dauernörglern in Ihrem Umfeld, denen Sie nicht dauerhaft aus dem Weg gehen können, den Wind aus den Segeln, so wie die Unternehmerin Ramona Wonneberger, die vor einigen Jahren – genervt vom Dauerjammern ihrer Mitarbeiter – ein offizielles Meckerverbot aussprach und damit auf einen Schlag mehr Freude und Wohlbefinden ins Unternehmen brachte.[18]

Dauer-Jammerlappen suhlen sich wie kleine Ferkelchen gern im mentalen Dreck. Allerdings nur so lange, wie sie ein Publikum haben. Hört ihnen keiner mehr zu, ist der Spaß vorbei. Und dies ist unsere einzige Chance, dem Dauerjammern ein Ende zu setzen. Lassen

Sie nicht zu, dass Ihnen solche Mitmenschen das Leben bitter machen und Ihnen wertvolle Lebenszeit stehlen. Machen Sie sich klar, dass nicht Sie unhöflich sind, wenn Sie die Dauernörgler bremsen. Sondern dass diese Umweltverschmutzer mit ihrem Dauergepeste extrem unhöflich sind. Und einen immensen Schaden anrichten: Jammern macht krank, Jammern zerstört Ehen, Jammern zerstört Karrieren. »Nörgeln ist der Tod der Liebe«, sagte die Sängerin Marlene Dietrich. Sie hat recht.

Und Jammern ist auch der Tod unserer »Geht-doch«-Projekte. Jammern ist eine prima Flucht vor sich selbst. Es ist so herrlich einfach, sich über Gott und die Welt aufzuregen, ebenso wie es auch viel leichter ist, sich um die Probleme der anderen zu kümmern als um die eigenen Themen. Sie lesen dieses Buch, weil Sie eine »Geht-nicht«-Idee in ein »Geht-doch«-Projekt verwandeln wollen. Und dabei kann es sehr hilfreich sein, aus den vordergründigen »Problemen« die Luft rauszulassen, aufzuhören, über völlig Unwichtiges zu lamentieren, und sich lieber die *echten* Hürden vorzunehmen.

Gefangen im Gesellschaftsspiel

Solange Sie nicht im Gefängnis sitzen, sind Sie total selbstbestimmt. Natürlich haben wir Verpflichtungen, wir haben die Pflicht, Steuern zu zahlen, wir haben Gesetze, an die wir uns halten müssen, wir haben Verantwortung gegenüber anderen Menschen, gegenüber der Umwelt. Anstand und Moral geben uns Leitlinien vor. All dies gilt es zu achten, keine Frage. Doch innerhalb der gesetzlichen und moralischen Vorgaben haben wir eine Menge Freiraum.

Viele Menschen sehen diesen Freiraum allerdings nicht mehr. Sie liegen in ihrem Hafen, und die Leinen der Verpflichtungen und des »Ich muss« werden immer mehr und immer enger. Schauen Sie sich mal Ihre heutigen »Ich muss« an. Kann es sein, dass das, was Sie heute als »Muss« betrachten, die Ernte von früheren Entscheidungen ist? Dass Sie sich im Laufe der Zeit einen wahren Abszess von Verpflichtungen gezüchtet haben? Vielen Menschen ist das gar nicht mehr klar. Sie haben angefangen zu arbeiten, haben eine (zu hohe) Hypothek auf ein (zu großes) Haus aufgenommen – weil sie vielleicht vor den Eltern, den Freunden, den Nachbarn gut dastehen wollten. Sie leasen ein (zu teures) Auto und fahren auf Pump in Urlaub – man gönnt sich ja sonst nichts. Sie hüllen sich in Gucci, Prada und Boss, damit sie von den Kollegen oder den Freunden nicht schief angeschaut werden. Sie sind voll auf das Gesellschaftsspiel »Schneller, höher, weiter, teurer« eingestiegen. Können Sie sich das leisten und haben Sie wirklich Spaß daran, sich mit schönen und luxuriösen Dingen und Erlebnissen zu umgeben – weiter so! Es ist doch wunderbar, wenn wir uns etwas gönnen können, wenn wir die Mittel haben, um die Schönheiten der Welt zu entdecken. Genießen Sie es.

»Ein Hamsterrad sieht von innen aus wie eine Karriereleiter.«
JAN DELAY

Ich rede jetzt aber von dem Gesellschaftsspiel, in das viele einsteigen, weil sie cool sein wollen, dazugehören wollen, weil sie sich das meinen verdient zu haben. Hier geht es nicht mehr um die Freude des Tuns oder des Habens. Hier geht es um Schaulauf, Toppen, Übertrumpfen. Und es geht um die Haltung »Darauf habe ich ein Recht«, die die Deutschen in einen regelrechten Konsumrausch geführt hat. Von den rund 40,7 Millionen privaten Haushalten, die wir 2013 hatten[19], waren 3,33 Mio. Haushalte überschuldet und nachhaltig zahlungsgestört. Knapp zehn Prozent der Privatleute waren überschuldet und etwa jeder dritte deutsche private Haushalt setzte auf Ratenkredite, »um Konsumausgaben vom Fernseher bis zum Pkw zu finanzieren«, so der Schuldenatlas 2013.[20]

Als gäbe es kein Morgen mehr, umgeben wir uns mit Statussymbolen – und dann haben wir plötzlich das »Muss« an der Backe, jeden Monat Kredit über Kredit abzustottern. Einen Kredit zu bekommen, ist extrem leicht: Da bieten die Autobauer eine Null-Prozent-Finanzierung an, und schwupps hat man einen Kredit von 70 000 Euro für einen Mittelklassewagen zu tilgen. Eine neue Wohnzimmer-Einrichtung oder eine Einbauküche? Kein Problem Bei Möbimurcks & Co. bekommt man alles frei Haus geliefert und zahlt 60 Monate keine Zinsen – ohne Anzahlung und ohne Einkommensnachweis. Aber wehe, es wird eng Dann kommt man aus den Verträgen nicht mehr raus – und für die Couch mit Nutellaflecken kriegt man die bezahlten 3000 Euro natürlich auch nicht mehr. Ja, der Urlaub auf Barbados war schön – nur wo sollen jetzt die 7000 Euro noch herkommen?

Werden wir in die Schuldenfalle getrieben?

Mich hat es vor einigen Jahren ziemlich wütend gemacht, zu beobachten, wie leicht die Konsumenten in die Schuldenfalle getrieben werden. Wie schnell Konsumschulden entstehen können, weil die Anbieter die Hürden extrem niedrig legen. Aus unternehmerischer Sicht kann ich es nachvollziehen – der Unternehmer will Umsatz machen, und ihm ist es doch völlig egal, ob der Papa einer fünfköpfigen Familie einen Drittjob annehmen muss, um die Couchgarnitur abzubezahlen.

Als junge Journalistin habe ich für ein Wirtschaftsmagazin zum Thema »Schuldenfalle« recherchiert. Dabei habe ich auch einen Verantwortlichen eines Möbelhauses interviewt, das damals groß mit der Null-Prozent-Finanzierung für Küchen und Wohnzimmerschränke geworben hatte. Ich konfrontierte den Leiter »Finanzkauf« mit drei Fällen, bei denen sich Familien mit einem sehr geringen Einkommen über Jahre hinaus verschuldet hatten, Menschen, die nun zusätzliche Jobs annehmen mussten, um den rasch genehmigten Kredit zu tilgen. »Warum bieten Sie so etwas an? Sind Sie sich nicht der Verantwortung bewusst, dass Sie mit diesem Angebot und dem Wunsch nach einer schönen Einrichtung die Kunden schnöde in die Schulden treiben?«, fragte ich ihn kämpferisch. Der Finanzkauf-Leiter schaute mich an und meinte dann ganz ruhig: »Frau Nussbaum, wir machen hier ein Angebot – die Verantwortung, ob sie das Angebot annehmen oder nicht, liegt bei unseren Kunden. Nicht bei uns.« »Aber Sie treiben doch die Leute fast schon dazu, dieses Angebot zu nutzen! Wer kann da schon Nein sagen?« »Wir haben es mit erwachsenen Menschen zu tun, die frei entscheiden können, was sie tun und was sie nicht tun. Wer sich bei uns für Finanzkauf entscheidet, der ist Herr seiner Sinne, der unterschreibt freiwillig den Vertrag. Wir zwingen keinen. Und wenn das Wohl einer Familie von einer Schrankwand für 10 000 Euro abhängt, dann wollen wir das gerne ermöglichen.« Nachdenklich fuhr ich von diesem Interviewtermin nach Hause. Und ich musste zugeben, der Mann hatte recht. Das Möbelhaus hatte keine betrügerischen Methoden angewendet, um die Leute über den Tisch zu ziehen. Sie hatten ein Angebot gemacht, die drei Familien hatten es genutzt. Ja, es war einfach gewesen, den Kredit zu bekommen. Aber den Familien muss klar gewesen sein, auf was sie sich einlassen. Und sie hätten die Freiheit gehabt, günstigere Möbel zu kaufen. Oder ausrangierte Möbel vom Wertstoffhof zu holen und herzurichten – wie es derzeit unter dem Schlagwort »Upcycling« ganz große Mode ist. Mein Zeitschriften-Artikel ist nie erschienen.

Seither sehe ich das Gesellschaftsspiel mit noch kritischeren Augen. Müssen wir das wirklich alles? Wer zwingt uns denn, ein Auto zu haben? Gut, wenn Sie auf dem flachen Land leben, wo zweimal am Tag der Bus kommt – akzeptiert. Aber die anderen? Und »muss« es dann unbedingt der 5er-BMW in Aubergine sein? Wer zwingt uns, die Alu-Mattglas-Wohnwand zu kaufen? Wer zwingt uns, in Urlaub zu fliegen? Wer zwingt uns, unsere Kinder in Designerklamotten zu hüllen? Den Zwang haben wir nur, wenn wir ins Gesellschaftsspiel einsteigen. Es ist nicht die »Gesellschaft«, die uns zu diesem Verhalten zwingt. Es ist unsere eigene Haltung, die uns ins »Ich muss« manövriert. Wir bauen uns unseren Käfig, unser Hamsterrad, recht eifrig selbst. Und drehen uns dann freudlos im Kreise. Steigen Sie aus. Jetzt! Lassen Sie nicht zu, dass Konsumschulden oder mangelnde Rücklagen Ihre »Geht-doch«-Projekte torpedieren.

Steigen Sie aus dem Konsum-Gesellschaftsspiel aus, und überlegen *Sie* sich, für was Sie das Geld *wirklich* ausgeben wollen. Machen Sie Ihr Glück nicht davon abhängig, in handgefertigten Lederschuhen über die Büroflure zu laufen oder jede Saison die aktuelle Designerhandtasche zu erwerben. Wie gesagt: Können Sie es sich wirklich leisten – dann nur zu. Schöne Dinge auf dieser Welt werden gemacht, damit wir uns daran erfreuen können. Und wenn teure Kleidung und Accessoires Sie glücklich machen, bitte freuen Sie sich daran. Liegen diese Dinge aber eindeutig über Ihrem derzeitigen Budget, dann lohnt es sich, solche Konsumausgaben Ihren echten Wünschen zuliebe zu reduzieren. Oder komplett ausfallen zu lassen. Oder ein wenig cleverer vorzugehen – und sich schöne Dinge zu leihen. Viele Unternehmer haben übrigens den Wunsch nach »Luxus zum Leihen« als Geschäftsmodell erkannt und vermieten sogar Markenhandtaschen für vergleichsweise kleines Geld.

Der Knackpunkt, warum viele Menschen mehr Geld ausgeben, als sie eigentlich haben, ist, dass viele eher zur »kleinen« Variante gezwungen sind – und deshalb geben sie mehr aus.

Wie meine ich das? Es macht mental und emotional einen Riesenunterschied, ob ich mich abends in Berlin auf dem Rückweg vom Berliner Hoffest frage, ob ich jetzt mit der Bahn oder mit dem Taxi ins Hotel fahre, und mich für die Bahn entscheide, weil ich mehr Lust habe, Berlin noch bei Nacht zu erleben – oder weil ich kein Geld für ein Taxi habe. Es macht einen Riesenunterschied, ob eine Familie nach Frankreich zum Zelten fährt, weil sie Lust auf das Abenteuer in freier Natur hat – oder weil sie sich ein Hotel nicht leisten kann. Sich für eine billigere Variante entscheiden zu können, weil wir es so *wollen*, lässt uns wahre Freiheit und wahres Glück erleben. Die billigere Variante nehmen zu müssen, weil wir gar keine Wahl haben, das macht unzufrieden. Und führt bisweilen dazu, dass wir aus der Wut heraus doch die teurere Variante wählen.

Wer aus der Fülle heraus entscheiden kann, der kann tatsächlich frei entscheiden. Menschen, die aus dem Mangel heraus entscheiden, ist im Prinzip die Entscheidung längst abgenommen. Und das macht unzufrieden. Weil sie etwas »müssen«, was sie so nicht wirklich wollen.

Wer etwas muss, will nicht

Wissen Sie, was das Blöde am »Müssen« ist? Keiner von uns will etwas »müssen«. Fühlen wir aber diesen Druck, dann passiert etwas, was die Psychologen »Reaktanz« nennen: Wir reagieren trotzig, bockig, wollen am liebsten nur mehr das Gegenteil. Ja, wir erwachsenen Menschen benehmen uns wie Kinder, wenn wir ein »Du musst« hören. Wir alle unterliegen dem Gesetz der psychologischen Reaktanz – die einen mehr, die anderen weniger. Aber jeder gesunde Mensch hat eine natürliche Abneigung dagegen, sich sagen zu lassen, was er tun soll. Wir »spuren« nicht gerne, wenn jemand zu uns sagt, wir »müssen den Bericht bis morgen fertig haben«; wir hören es auch nicht gern, wenn jemand uns erklärt: »Schatz, du musst noch den Müll runtertragen.« Und ähnlich schlecht klingt: »Wir müssen dieses Jahr wieder Campingurlaub machen, was anderes können wir uns nicht leisten.«

Und das hat nicht nur mit Wertschätzung in der Formulierung zu tun – schließlich sind wir nicht beim Militär. Nein, wer anderen Menschen vorschreibt, was sie zu tun haben, der kämpft immer und immer wieder gegen die psychologische Reaktanz, weil er einen unter Umständen unüberwindbaren Drang erzeugt, genau das Gegenteil zu tun. Zwang erzeugt also oft gegenteiliges Verhalten. Oder zumindest Unmut und Demotivation.

Und dieses Prinzip gilt auch beim inneren Monolog: Ich muss jetzt noch einen Brief schreiben. Ich muss jetzt die Küche aufräumen. Am Wochenende müssen wir zu den Schwiegereltern. Was machen solche Aussagen mit Ihnen? Mit Sicherheit erzeugen sie ein schlechtes Gefühl, Frust, Aggression. Und der erzwungene Wochenendbesuch kann dann schon im Vorfeld die komplette Woche versauen – da ist dann nicht nur am Sonntag die Stimmung schlecht. Blöd, oder?

Wir müssen weniger, als wir denken

Wir müssen viel weniger, als wir immer denken. Viele von uns wissen das nur noch nicht. Oder nicht mehr. Denn wir sehen oftmals gar nicht mehr, dass wir sehr wohl selbstbestimmt handeln könnten – würden wir nur mal kurz nachdenken. Stärken Sie Ihre Autonomie, indem Sie zunächst bitte notieren, wo Sie tatsächlich bereits selbstbestimmt agieren konnten. Rufen Sie sich dann die Aktivitäten ins Gedächtnis, von denen Sie sagen, dass Sie sie tun *müssen*. Müssen Sie tatsächlich noch schnell einen Kaffee runterkippen? Müssen Sie tatsächlich die Bahn um 6.48 Uhr nehmen? Müssen Sie wirklich beim Meeting dabei sein? Müssen Sie wirklich den Kunden jetzt anrufen? Müssen Sie die Online-Überweisung machen? Müssen Sie Ihr Kind von der Kita abholen?

Wenn Sie sich diese Fragen stellen, dann merken Sie vielleicht schon, dass Sie überhaupt nicht *müssen*. Sie könnten auch anders. Sie tun es aber bislang so wie immer. Weil es sich einfach so eingebürgert hat. Weil es eine Gewohnheit ist. Oder weil Sie es schlicht und ergreifend *wollen*. Weil Sie genau wissen: Wenn Sie es nicht tun, dann hat das negative Konsequenzen für Sie – oder Ihnen entgehen positive Folgen.

Ein Seminarraum in Nürnberg. Vor mir sitzen 14 Schulungsteilnehmer. Die Arme verschränkt. Der Blick verschlossen. Die Begrüßung beim Betreten des Raumes frostig. Und ich weiß auch, woran das liegt. Diese

Mitarbeiter der Finanzbuchhaltung »müssen« an meinem zweitägigen Zeitmanagement-Seminar teilnehmen. Ihr Chef hat mich gebucht, nimmt selbst aber nicht teil. Ein Mitarbeiter hat sich krankgemeldet. Ich sehe ihnen an, was ihnen durch den Kopf geht: »Pah, Zeitmanagement, da sollen wir also lernen, noch schneller zu arbeiten, noch mehr Aufgaben zu stemmen, als ob wir nicht schon genug um die Ohren hätten, jetzt sollen wir noch auf Effizienz getrimmt werden! Ich hätte überhaupt kein Zeitproblem, wenn ich jetzt nicht diese zwei dämlichen Tage hier hocken müsste ...« Ich beginne meine offizielle Begrüßung, indem ich laut ausspreche, was die Teilnehmer vermutlich gerade denken. Und wirklich, die Ersten beginnen zu lächeln, zustimmend zu nicken. Ich fahre fort, indem ich erkläre, dass es bei meinem Ansatz nicht darum gehe, mehr zu schaffen, sondern von Grund auf Ruhe und Gelassenheit in die Tage zu bringen, mehr Freude, mehr Leichtigkeit, mehr Lebensqualität zu erhalten. Im Alltag mehr »Wollen« als »Müssen« zu erleben. »Und deshalb freue ich mich, dass Sie sich heute die Zeit genommen haben und freiwillig an diesem Seminar teilnehmen wollen.« Ein lautes Schnauben zu meiner Linken. »Von ›Wollen‹ und ›freiwillig‹ kann ja hier überhaupt keine Rede sein«, wirft eine Mittfünfzigerin mit barschem Ton ein. »Ja, ich weiß«, antworte ich lächelnd, »ich weiß, Ihr Chef möchte, dass Sie an diesem Seminar teilnehmen. Dennoch sind Sie hier heute Morgen auf Ihren eigenen Beinen reinspaziert, und ich habe keine Peitschen oder Fesseln gesehen, an denen Sie reingezogen wurden. Sie haben entschieden, dass es für Sie ein Gewinn sein könnte zu kommen – im Gegensatz zu Ihrem Kollegen Müller, der sich die Freiheit genommen hat, heute krank zu sein.« Ein paar Lacher, verwunderte Blicke. »Was ist Ihr Gewinn, wenn Sie hier diese zwei Tage teilnehmen? Was bringt es Ihnen?« Die Teilnehmer denken kurz nach. »Wir gelten als engagiert«, sagt eine Teilnehmerin. »Wir zeigen, dass wir offen für Neues sind«, ein anderer. »Wir werden nicht den Ärger bekommen wie der Müller«, grinst eine dritte Mitarbeiterin. »Und vielleicht lernen wir ja sogar etwas«, sagt die Mittfünfzigerin – und das Eis ist gebrochen. Im weiteren Verlauf des Seminars erstellen wir einen Aktionsplan auf zwei Flipchart-Bögen, der zeigt, was das Team nach dem Seminar verändern will.

Inzwischen haben sie nahezu alle Punkte in Abstimmung mit ihrem Chef umgesetzt. Und sie haben erkannt, dass sie sehr viel mehr Autonomie und damit Macht besitzen, als sie gedacht hatten.

Solange wir denken, dass wir eh nichts verändern können, solange wir uns fremdbestimmt fühlen, werden wir nicht nachdenken, wie wir unser Leben schöner, unsere Beziehungen erfüllender oder unsere Arbeit sinnstiftender machen können. Wer sich fremdbestimmt fühlt, der gibt auch irgendwann das Denken an »die da oben« ab. Und das Teufelsrad kommt so richtig in Schwung.

»Ich will!« – Stärken Sie Ihre Autonomie

Stärken Sie immer wieder Ihr Autonomiegefühl. Tauschen Sie dazu ab sofort in jedem Ihrer Sätze das »Ich muss« gegen ein »Ich will« aus: Ich will jetzt mein Kind von der Kita abholen. Ich will die Bahn um 6.48 Uhr nehmen. Wir wollen die Schwiegereltern besuchen.

Forscher haben herausgefunden, dass es enorm wichtig für unser Glücksempfinden und unsere Zufriedenheit ist, dass wir eigene Entscheidungen über unser Leben treffen können.[21] Wer tun kann, was er will, ist happy. Wer nicht tun kann, was er tun will, der ist unglücklich. Der fühlt sich eher gestresst als jemand, der selbstbestimmt ist. Forscher der Harvard University haben das bestätigt.[22] Unter Stress leiden nicht die Manager in den Führungsetagen, obwohl sie meist viel Druck und Verantwortung haben. Nein, es leiden diejenigen, die geführt werden und die Handlungen einfach nur widerspruchslos ausführen müssen. Der Grund: Führungskräfte haben Entscheidungsspielraum, sie haben Freiheit, Autonomie und auch Kontrolle über andere Menschen. Entscheiden zu dürfen, macht glücklich.

Menschen, die das eigene Leben in die Hand nehmen, die den Allerwertesten hochbekommen, die sind glücklicher. Cool, oder? Wir brauchen gar nicht viel zu haben, nicht viel zu »erreichen«, nicht viel zu verdienen. Der größte Glücksfaktor ist es, selbstbestimmt zu sein. Na, wenn das mal keine gute Nachricht ist.

Bereits als Jugendliche hat es mich stark beschäftigt, wann Menschen glücklich sind – und wann nicht. Ich kann mich noch gut an eine Zeit erinnern, als ich meine Großmutter im Alten- und Pflegeheim begleitet habe. Und ich habe immer wieder die Gelegenheit genutzt, mich mit ihren Mitbewohnern zu unterhalten. Da war eine 75-jährige, gebrechliche Frau mit dünnem Haar, die mich aus ihren kleinen, ausgeblichenen Augen anschaute und meinte: »Mein Gott, Sie sind ja noch soooo jung – genießen Sie das Leben, und machen Sie, was *Sie* wollen. Ich hätte viel mehr auf meine Wünsche achten sollen, statt gehorsam immer nur der Rolle als Ehefrau, Mutter und Schwiegertochter gerecht zu werden.« Oder ein 83-Jähriger, der mich mit zittrigen Fingern an seinen Rollstuhl winkte, mir eine Mark in die Hand drückte und sagte: »Reisen Sie! Ich wollte unbedingt mal ans Meer – jetzt geht es nicht mehr. Tun Sie es!«

Was habe ich geweint beim Blick in ein Zimmer, wo die letzten Habseligkeiten einer 77-Jährigen in einen blauen Müllsack gepackt wurden. »Das geht ans Rote Kreuz, keine Verwandten oder Freunde gehabt«, informierte mich die Stationsschwester kühl und knapp. Ein ganzes Leben – verpackt in einen blauen Müllsack. Ein ganzes Leben – und kein Mensch, der vielleicht ein Andenken an die alte Dame aufbewahren möchte. Ein einsames Leben, die Überreste verpackt in einem blauen Müllsack.

Und ich schwor mir: Wenn ich mal abtrete, dann will ich mehr hinterlassen als einen blauen Müllsack voller »Braucht-eh-kein-Mensch-mehr«-Dinge, wie eine alte Strickjacke oder ein gehäkeltes Wandbild. Wenn ich mal sterbe, dann will ich Spuren hinterlassen haben. Dann will ich Menschen hinterlassen, die traurig sind, dass es mich nicht mehr gibt. Sollte ich keine Familie gründen können, dann möchte ich für andere Menschen so wichtig sein, dass am Tag meiner Beerdigung die Kirche brechend voll ist. Ich möchte so leben, dass ich anderen Menschen wichtig bin und bleibe. Auch wenn ich senil oder inkontinent bin. Und ich wusste, wenn ich Spuren hinterlassen will, dann sollte ich frühzeitig damit anfangen. Ein Nussbaum braucht schon seine Jahre, um gut Wurzeln zu schlagen, um ein schönes Blätterdach zu entwickeln und um zuverlässig Früchte zu tragen. Den solltest du also nicht erst einen Monat vor deinem Tod pflanzen, da kannst du schon früher anfangen.

Aber wie? Wie schaffe ich das? Die Antwort gab mir ein 91-Jähriger, dessen Blick wach geblieben war, der immer ein Lächeln und eine lustige Bemerkung für die anderen hatte, der aktiv an den Vorlesestunden, den Malkursen, dem Yogakurs oder am Schwimmen teilnahm, der immer wieder Besuch von anderen Menschen bekam. Ich fragte ihn, wie er so fit geblieben war und wie er gelebt habe, weil er so zufrieden wirke. Er sagte: »Mädel, das ist ganz einfach.

Drei Dinge sind dabei wichtig: 1. Bleib immer neugierig. 2. Nimm dein Leben in die eigenen Hände. 3. Rauch jeden Tag eine dicke Zigarre.«

Bis auf den dritten Punkt habe ich mir das zu Herzen genommen. Natürlich sorgt das nicht dafür, dass ich *jeden* Tag meines Lebens uneingeschränkt glücklich und zufrieden bin – jeder von uns hat hin und wieder schlechte Tage. Tage, an denen wir alles in Zweifel ziehen oder das Gefühl haben, heute einfach »keinen Lauf« zu haben. Aber ich habe tief verinnerlicht, dass wir tatsächlich immer etwas dafür tun können, dass wir glücklich sind. Jeder von uns. Jederzeit.

Autonomie läuft Ihnen nicht hinterher

Ich hatte neulich eine Anfrage für eine Kick-off-Veranstaltung eines großen Unternehmens in Norddeutschland. Wir waren uns sehr schnell einig über die Rahmendaten, doch dann – kurz vor Unterzeichnung des Vertrages – ruderte die Firma zurück. Absage. Einige Wochen später traf ich den zuständigen Mitarbeiter auf einem Kongress, und er erzählte abends bei einem Glas Wein, woher dieser Sinneswandel so plötzlich gekommen sei. Und zwar hatte sich der oberste Chef meine Website angesehen, und als er das mit den »bunten Vögeln« und den Querdenkern gelesen habe, da habe er laut »Stopp« gerufen. Er wolle nicht, dass seine Leute anfangen querzudenken und dann vielleicht auf Gedanken kommen. Er wolle, dass die einfach nur ihren Job machen. Nur keine Unruhe reinbringen.

Wie ist das bei Ihnen? Können Sie mitbestimmen? Können Sie Dinge bewirken? Im privaten Alltag können wir das meist ganz klar bejahen – aber wie ist das in Ihrem Job? Wünschen Sie sich selbstbestimmtes Arbeiten – und dürfen Sie das? Und ich meine jetzt nicht auf dem Papier, sondern »in echt«? Interessanterweise schreiben viele Unternehmen in ihren Stellenausschreibungen, sie suchen »unternehmerisch denkende Mitarbeiter«. Aber wehe, wenn dann mal wirklich einer nachdenkt und vielleicht sogar etwas verändern will.

Wenn Sie jetzt sagen: »Ja, genau so ist es bei mir – ich würde ja gerne, aber man lässt mich nicht!«, dann nehmen Sie jetzt Ihr Leben

Autonomie ist eine Holschuld

in die Hand – und sorgen Sie dafür, dass Sie mehr Entscheidungsfreiheit erhalten. Das geht vielleicht nicht von jetzt auf gleich und kann am Ende sogar bedeuten, dass Sie dieses Unternehmen verlassen werden. Aber denken Sie nicht gleich in Extremen, sondern probieren Sie es zunächst im Kleinen: In welchen Teilbereichen Ihres Jobs können Sie mehr Eigenverantwortung übernehmen? Bei welchen Projekten können Sie eigenständig agieren? Was brauchen Sie, damit Ihre Vorgesetzten Sie autonom handeln lassen? Welches Fachwissen, welche Kompetenzen müssen Sie unbedingt haben, damit Ihnen mehr Verantwortung gegeben werden kann? Bitten Sie in Vier-Augen-Gesprächen um mehr Freiraum, mehr Verantwortung. Autonomie im beruflichen Alltag ist immer auch eine Holschuld.

Warten Sie nicht darauf, dass Ihnen automatisch wichtige Projekte anvertraut werden. Ich habe in den vergangenen Jahren immer wieder beobachtet, dass man sich Autonomie auch ein Stück weit »verdienen« kann. In dem Sinne, dass Ihren Vorgesetzten klar ist, dass Sie selbstbestimmt arbeiten können, dass man Ihnen vertrauen kann, dass Sie den Biss haben, eigenverantwortlich zu handeln. Und wenn die Führungskräfte das nicht von selbst sehen, dann fordern Sie es ein.

Karolin, 27 Jahre, Mitarbeiterin im Vertriebsinnendienst, litt darunter, dass ihr Chef ihr »null Freiraum lässt, alles kontrolliert«. Das demotiviere sie und koste zudem extrem viel Zeit, weil jeder Vorgang einige Male hin- und hergehe, um Kleinigkeiten zu verändern, erzählte sie im Coaching. Wir prüften zunächst einmal, ob Karolin überhaupt die Fertigkeiten (vgl. Kap. 4, Unterkap. »Sich die richtigen Fähigkeiten, Wissen und Kompetenzen aneignen«) für die ihr übertragenen Aufgaben hat. Ja, hatte sie. Machte sie permanent Fehler, die ein Eingreifen des Chefs rechtfertigen würden? Nein, machte sie nicht. Wirkte ihr Auftreten selbstsicher? Nein, überhaupt nicht. Sie wirkte immer sehr nervös, sehr unsicher und deshalb arbeiteten wir zunächst an ihrer Ausstrahlung und ihrem Selbstvertrauen. Dann bereiteten wir ein Gespräch mit ihrem Chef vor, in dem sie um mehr Freiraum und weniger »Kontrolle« bitten wollte. Das Gespräch war ein Erfolg und ihr Chef zeigte sich mehr als begeistert von ihrer Initiative. »Ich dachte immer, du willst, dass ich alles anschaue«, sagte er. Er sei davon ausgegangen, dass sie »sehr eng geführt« werden wolle, genau wie ihre Kollegen. Dass sie mehr Verantwortung haben wolle, sei aber völlig in seinem Sinne.

Geben Sie sich nicht damit zufrieden, dass Sie »schon immer« wenig Autonomie hatten, sondern fangen Sie heute an, die Weichen zu stellen in Richtung Selbstbestimmung. Fordern Sie Autonomie ein, wo Sie sie haben möchten; und machen Sie sich vor allem immer wieder klar: Solange wir nicht im Gefängnis sitzen, sind wir autonome, freie Menschen, die Dinge tatsächlich bewegen können!

Stärken Sie die Autonomie Ihrer Kinder

Führen Sie sich immer wieder vor Augen, dass *Sie* für sich und Ihr Leben verantwortlich sind. Und tun Sie das vor allem auch bei Ihren Kindern. Erinnern Sie Ihre Kinder (oder Nichten, Neffen, Nachbarskinder, Vereinsmitglieder …) immer wieder daran, dass sie die Freiheit haben, zu entscheiden. Dass sie die Freiheit haben, Dinge zu tun – oder auch zu lassen. Stärken Sie deren Autonomie, indem Sie bei den Themen, bei denen es geht, wirklich die Verantwortung auf die Kinder übertragen. Lassen Sie sie spüren, dass sie selbstwirksam sind, dass sie im Leben, im Alltag tatsächlich etwas bewirken können.

Und das geht schon bei den ganz Kleinen los: Lassen Sie die Fünfjährige selbst die Schuhe binden – auch wenn es ein wenig länger dauert. Lassen Sie den Dreijährigen den Tisch mitdecken und den Achtjährigen alleine Pfannkuchen backen. Lassen Sie die Tochter wirklich entscheiden, ob sie die blauen oder die roten Turnschuhe haben will. Lassen Sie sie die Küche oder das Bad aufräumen und putzen – auch wenn es nicht perfekt ist. Allein das eigenverantwortliche Tun lässt Kinder wachsen. Nicht ohne Grund sind Kinder aus Familien, in denen beide Elternteile arbeiten oder deren Eltern sich in puncto »Bemuttern« zurückhalten, häufig sehr viel eigenständiger, selbstbewusster und eigeninitiativer. Sie lernen von früh auf, auf sich selbst zu achten, sich selbst zu beschäftigen. Sie lernen, dass sie es selbst in der Hand haben, wie wohl sie sich fühlen.

Eltern, die ihre kleinen Kinder immer nur bedienen, brauchen sich nicht zu wundern, wenn sie später bei einer Bitte um Hilfe nur Meuterei ernten oder wenn sie ständig irgendwelche Sonderwünsche erfüllen »müssen«. Kinder, die von klein auf mithelfen dürfen, lernen hingegen fürs Leben und stärken ihr Selbstbewusstsein.

Vor einigen Jahren habe ich einen Vortrag im Rahmen des Jako-O-Familien-Kongresses in Nürnberg gehalten und dabei auch die Chance genutzt, die Vorträge der Kollegen anzuhören. Dabei sprach der Erziehungswissenschaftler Albert Wunsch[23] darüber, wie schnell wir und unsere Kinder heute in der Verwöhnungsfalle landen. Wir glauben, wir tun ihnen etwas Gutes, wenn wir ihnen die Schuhe binden, ihnen die Brote schmieren oder die Legosteine zusammenstecken. Das Gegenteil ist der Fall! »Wenn Sie Ihren Kindern solche Dinge abnehmen, dann halten Sie sie klein. Sie verhindern, dass sie lernen, dass sie wachsen«, sagte er sinngemäß. Dieser Satz hat sich bei mir festgebissen. Wir halten die Menschen, denen wir Aufgaben abnehmen, obwohl sie diese selbst bewältigen könnten, klein. Wir verhindern, dass sie wachsen.

Seither sehe ich auch hilfsbereite Menschen, die ungefragt anderen Menschen unter die Arme greifen und dann noch sauer sind, weil kein herzliches »Danke« kommt, in einem anderen Licht. In Wahrheit helfen sie nicht, sondern sie bevormunden ihre Mitmenschen, sie halten sie klein. Die Verwöhnungsfalle ist die »beste« Strategie, um die Autonomie des anderen zu zerstören. Weil er nie lernt, dass er es selbst tun kann. Und irgendwann dann wirklich nicht mehr kann.

In einer Umfrage der Zeitschrift *Eltern for family* sagten zwei von drei Kindern: »Ich wünsche mir, dass mir meine Eltern mehr zutrauen und ich mehr selbst machen darf.«[24] Nehmen Sie diesen Wunsch der Kinder zum Anlass, Ihr eigenes Engagement zu überdenken und bewusst die Autonomie der Kleinen zu stärken. Sie legen damit den Grundstein für ein selbstbestimmtes Leben.

In meinen Seminaren diskutieren wir die »Ich-muss«-Frage manchmal sehr ausführlich – dann nämlich, wenn einige Teilnehmer sehr in dieser Denkhaltung gefangen sind. Denn solange sie denken, sie können eh nichts ändern, so lange werden sie auch die Strategien aus dem Seminar gar nicht oder bestenfalls halbherzig umsetzen. Mit dem Ergebnis, dass sie beim ersten Gegenwind ihre

Bemühungen, anders mit ihren Aufgaben umzugehen, wieder einstellen und eine weitere Bestätigung haben, dass sie ja nur ein unbedeutendes Rädchen im Getriebe sind. Die eigene Erwartung wird erfüllt. Wer keine Möglichkeiten sieht, selbst etwas zu verändern, wird nichts verändern.

Dazu hatten wir unlängst wieder eine hitzige Debatte. Es ging um die »Raus-Strategie«, also um meine provozierende Behauptung, dass wir jederzeit aus jeder Situation, die wir im Leben haben, aussteigen können. Nehmen wir den Zeitfresser »lange Fahrzeit zur Arbeit«. Was wäre eine Raus-Strategie, frage ich die Teilnehmer. Näher zum Arbeitsplatz ziehen, schlägt ein Teilnehmer vor. Einen Job näher am Wohnort suchen. Homeoffice. »Ich könnte mich kündigen lassen und arbeitslos melden«, sagt ein anderer. Empörter Aufschrei: »Das kannst du doch nicht ernsthaft machen!« »Warum nicht? Ich könnte es machen – ich will es halt nicht«, antwortet der Kollege.

Wir können aus jeder Situation raus

Und genau darum geht es: Wir sehen oftmals die Optionen gar nicht mehr vor lauter »Ich muss« oder »Das geht doch nicht«. Natürlich könnte der Kollege sich arbeitslos melden. Was spricht dagegen? Und bitte kommen Sie jetzt nicht mit dem Argument, dass er damit unser Sozialsystem missbrauchen würde. Selbstverständlich ist das Arbeitslosengeld nicht für solche Ausstiege gedacht, aber rein *theoretisch* ist es ein Weg, um das Problem zu lösen. Es wäre ein Weg, um nicht mehr jeden Tag weit zur Arbeit pendeln zu müssen. Punkt. Wir können aus jeder Situation in unserem Leben raus – schalten Sie deshalb mal für eine Weile den »Geht-nicht«-Teufel oder den »Ja-aber«-Drachen auf Ihrer Schulter aus und spinnen Sie auch mal absurde Ideen, wie es gehen könnte. Nur wer seine Drachen und Teufel mal vor die Tür schickt, schafft die Basis für neue Möglichkeiten, schafft die Basis zum Querdenken, schafft die Basis für neue Ansätze. Nur wer sich neuem Denken öffnet, eröffnet sich neue Chancen. Welche Bedingungen dann noch zu erfüllen sind, das schauen wir uns ein wenig später in diesem Kapitel an.

Wenn ein »Ich muss« der Schlüssel zur Freiheit ist

Kehren wir noch mal kurz zurück zur Frage »Ich muss« oder »Ich will«. Sie haben gerade die Übung kennengelernt, Ihr »Ich muss« durch ein »Ich will« auszutauschen und die Freiheit darin zu spüren – und auszuleben. Tja, jetzt sind wir Menschen aber manchmal seltsame Kreaturen. Und wir lieben es, bei dem, was wir tun wollen, den Weg des geringsten Widerstandes zu wählen. Das ist eine gesunde, ökonomische Einstellung – mit der wir uns aber manchmal gewaltig in die Tasche lügen und sogar tief ins eigene Fleisch schneiden können.

Vielleicht kennen Sie das? Sie sagen zu Ihrer Familie: »Tut mir leid, ihr Lieben, am Sonntag kann ich nicht mit zu den Schwiegereltern fahren, da muss ich arbeiten. Der Chef hat es angeordnet.« Je nachdem wie oft Sie schon Ihre Freizeit zur Arbeitszeit gemacht haben, kann es sein, dass diese Ausrede (denn nichts anderes ist es) umstandslos akzeptiert wird. Vielleicht ist Ihnen dann sogar das Mitleid der Schwiegereltern sicher, oder die Anerkennung, weil Sie doch so ein fleißiger Mensch sind. Ihr »Ich muss« hat also nicht nur Ärger verhindert, sondern Ihnen sogar Bonuspunkte eingebracht.

Ein solches »Ich muss« ist eine Sonderform des Neinsagens, und indem Sie den Schwarzen Peter anderen zuschieben (dem Chef, den Umständen, den Kollegen ...), sind Sie fein raus. Zunächst mal. Aber jetzt stecken Sie in der dummen Situation, tatsächlich arbeiten gehen zu müssen, um den Besuch bei den Schwiegereltern zu verhindern – und wenn Ihr Chef mal spitzkriegt, dass Sie sogar am Wochenende gern reinkommen oder Homeoffice machen, wird er Sie vielleicht künftig mit mehr Aufgaben zuschütten. Sie ziehen sich also weitere »Ich muss« an die Backe. Und was so prima als Ausrede angefangen hat, ist nun wöchentliche Gewohnheit.

Aus welchem Grund erzähle ich Ihnen das? Ich möchte Sie ermuntern, Ihre derzeitigen »Ich muss« daraufhin zu untersuchen, welchen Vorteil Sie zumindest damals hatten, als Sie damit angefangen haben. Was war Ihr Gewinn, dass Sie in den Elternrat gegangen sind? Was war Ihr Gewinn, dass Sie in Ihre Stadt gezogen sind, in Ihr Haus, in Ihre Wohnung? Welche Freiheit hat Ihnen das auf einem anderen Gebiet gegeben?

Ich möchte Ihnen ein Beispiel erzählen, und zwar von einem auf den ersten Blick völlig unsinnigen Verhalten:

Doro lebt im Erdgeschoss eines Mehrfamilienhauses. Die Mittfünfzigerin gilt bei ihren Nachbarn als nette, etwas zurückhaltende, aber umgängliche Frau. Drei Jahre nach ihrem Einzug fängt sie jedoch an, sich ständig mit den Nachbarn zu streiten: Die Blumenkästen aus dem zweiten Stock würden ihre Terrasse verschmutzen. Die Nachbarn im dritten Stock würden absichtlich die Jalousien so geräuschvoll hochziehen und runterlassen. Die Kinder der Nachbarn würden so laut auf dem Spielplatz vor ihrem Wohnzimmer toben. Der Hund der Familie aus dem ersten Stock würde Tag und Nacht bellen. Anwaltsschreiben, Polizeivisiten und dicke Luft sind fortan an der Tagesordnung. Die übrigen Bewohner des Hauses können sich den Stimmungsumschwung der Nachbarin nicht erklären, denn sie verhalten sich wie immer. Eine Bewohnerin erklärt sich schließlich bereit, ein ruhiges, klärendes Gespräch mit Doro zu führen. Sie treffen sich zum Kaffee, und es stellt sich heraus, dass Doro ihre Wohnung von einer Tante geschenkt bekommen hat: Als Vorschuss aufs Erbe hat die alte Dame die Wohnung für Doro gekauft – aber Doro würde eigentlich viel lieber auf Mallorca leben. Sie traut sich allerdings nicht, der Tante zu sagen, dass sie die Wohnung am liebsten verkaufen und sich mit dem Geld etwas Schönes im Süden kaufen würde.

Erkennen Sie, was hier abging? Doro konnte jetzt immer bei der Tante jammern, wie schlimm die Nachbarn seien, wie unzumutbar das Leben in dieser Wohnung. Ihr selbst war diese »Strategie« übrigens gar nicht bewusst.

Änderte sich nach dem Gespräch der beiden Frauen etwas? Ja und nein, die Anschuldigungen von Doro gingen weiter – aber die Nachbarn nahmen es nun gelassen. Denn sie hatten erkannt, dass sie als Sündenbock für den Frust von Doro herhalten mussten und dass ein Ende absehbar war. Und tatsächlich: Wenige Wochen später schlug die Tante vor, die Wohnung doch zu verkaufen. Und Doro konnte überall erzählen, sie müsse leider ausziehen, die Wohnsituation sei so furchtbar gewesen ... und sie würde jetzt komplett aus diesem rücksichtslosen Land weggehen. Mission erfüllt! Sie konnte als »Opfer« endlich ihren Lebenstraum verwirklichen.

Das Verhalten von Doro ist auf den ersten Blick völlig unsinnig. Aber auf den zweiten ist gut zu erkennen, dass sie (mehr oder weniger unbewusst) eine Situation geschaffen hat, die so unerträglich wurde, dass jemand anderes die Entscheidung getroffen hat, für die sie – ja, sagen wir es deutlich – zu feige war. Viele Menschen, die als fremdbestimmtes Opfer durch Leben laufen, sind in Wirklichkeit sehr strategisch vorgehende Strippenzieher, die durch geschicktes Taktieren ihre Ziele erreichen.

Nehmen Sie dieses Beispiel zum Anlass, um über zwei Dinge nachzudenken:

1. Inwiefern möchten Sie »eigentlich« gerne etwas in Ihrem Leben verändern – aber haben noch nicht den Mut, das offen und ehrlich zu sagen oder zu fordern? Inwiefern taktieren und lavieren auch Sie herum, statt proaktiv für das einzustehen, was Sie möchten? Ja, selbstbestimmt zu leben, erfordert Mut. Es erfordert, dass wir auch bereit sind, den Preis in Form von Missfallen oder offener Abneigung zu ertragen. Wobei mir immer wieder auffällt: Viele der Reaktionen aus unserem Umfeld sind gar nicht so negativ, wie wir es uns in unseren schlimmsten Vorstellungen ausmalen. Unsere Fantasie ist häufig viel kritischer als unsere Mitmenschen. Hören Sie auf, zu taktieren, gehen Sie lieber den direkten Weg. Das geht schneller und ist auch sicherer. Denn so manche strategischen Spielchen gehen auch nicht auf. Und dann haben Sie eine Menge wertvoller Lebenszeit vertan.

2. Wer in Ihrem Umfeld hindert Sie momentan daran, so zu leben, wie Sie wollen, weil Sie als Spielfigur in dessen Spielchen missbraucht werden? Wer hat Sie aus seiner Opferrolle heraus so fest im Griff, dass Sie neue Schritte gar nicht in Erwägung ziehen oder nur wehmütig davon träumen? Wer hindert Sie daran, Ihre Chancen zu nutzen, weil er ohne Sie doch einfach nicht klarkommt? Wir kommen in Kapitel 4 nochmals auf das Thema Manipulation zurück.

Die Kehrseite von »Du bist verantwortlich«

Wir haben uns jetzt ausführlich damit beschäftigt, wie wichtig es für Ihr Glück ist, autonom, selbstbestimmt und eigeninitiativ durchs Leben zu gehen. Wie wichtig es ist, die Verantwortung für unser Leben selbst zu übernehmen, um die Leinen, die uns im Hafen festhalten, zu kappen.

Zum Schluss möchte ich diese Aussage jedoch ein wenig abmildern. Und zwar mit einem Wunsch an Sie: Vertrauen Sie auch darauf, dass andere Menschen Ihnen helfen. Vertrauen Sie auch darauf, dass Sie Unterstützung erhalten werden – manchmal vielleicht sogar »aus heiterem Himmel«, ohne dass Sie fragen müssen. Manche Dinge fügen sich anscheinend wie von selbst, ohne dass wir selbst viel dafür tun oder »hart« arbeiten müssen. Manche Dinge passieren einfach.

Vertrauen Sie darauf, wenn Sie den Boden bereitet, die Samen ausgebracht und sich um Ihre Blumenwiese gekümmert haben – Sie werden Früchte ernten. Seien Sie geduldig. Oder nehmen Sie das Bild, wenn Sie mit Pfeil und Bogen schießen wollen: Der Pfeil kann sein Ziel nur erreichen, wenn wir auch loslassen.

Warum ist mir diese »Abmilderung« so wichtig? Der Grund ist, dass viele Menschen von klein auf Sprüche à la »Jeder ist seines Glückes Schmied!« oder »Hilf dir selbst, sonst hilft dir keiner« gehört haben – und das kann eine Menge Druck und Stress verursachen. Wenn Sie sich immer wieder sagen, dass Sie und nur Sie für Ihr Glück auf Erden verantwortlich sind, dann kann dies eine ganz böse sich selbst erfüllende Prophezeiung werden. Dann werden Sie nämlich sich selbst verbissen auch noch um den letzten Kleinkram in Ihrem Leben kümmern, werden unter Umständen vor lauter Aufgabenabarbeiten und To-do-Listen-Abhaken die grundsätzliche Richtung aus dem Auge verlieren.

»Hilf dir selbst, sonst hilft dir keiner«, das ist ein Spruch, den ich für mich persönlich vor einiger Zeit bewusst ablegen konnte. Und Anfang des Jahres habe ich einen wunderschönen neuen Satz kennengelernt, von einer alten Dame, an die 90 Jahre alt, die ich in einem Hotel beim Essen kennengelernt habe. Sie war fit, fröhlich, beweglich, interessiert – und irgendwie kamen wir auf diese Art von Sprüchen. Da erzählte sie mir ihren Lieblingsspruch: »Hilf dir selbst, dann hilft dir Gott.« Ich finde den schön, weil er meine Kernbotschaft auf den Punkt bringt: Zuerst tust *du* etwas, und dann vertraust du darauf, dass dir die anderen (Gott, Allah, die Mitmenschen, wer auch immer) zur Seite stehen.

Und mildern Sie, falls Sie zu viel Stress mit diesem Thema bekommen, die Idee der Eigenverantwortung auch dahin gehend ab, dass wir in Wahrheit nicht für alles verantwortlich sind, was uns passiert. Mich ärgern die populären »Wünsch-dir-was«-Bücher, denen zufolge uns nach dem »Gesetz der Anziehung« das widerfährt, was wir uns vorstellen. O-Ton: »Das Gesetz der Anziehungskraft (…) empfängt Ihre Gedanken und sendet sie in Form dessen zurück, was Ihnen im Leben widerfährt.«[25] Konkret heißt das ja: Schulden, Krankheit, Scheidung, Krieg, Vergewaltigung, Entführung – sorry, Leute, da habt Ihr halt die falschen Gedanken gehabt. O-Ton: »Die Antikriegsbewegung erzeugt mehr Kriege.«[26] Wirklich? Ist das belegt? Haben Antiatomkraftdemos dafür gesorgt, dass wir mehr Atomkraftwerke haben? Haben Widerstandsgruppen wie die Weiße Rose den Nationalsozialismus gestärkt? Nein, diese Aussagen sind in dieser Form schlichtweg falsch. Und ich finde, da wird den Menschen eine Verantwortung zugeschustert, die sie definitiv nicht haben. Haben wir es uns »herbeigedacht«, wenn unser bester Freund mit dem Auto in einem Tunnel in Italien an die Wand fährt und stirbt? Sind meine Gedanken »schuld«, wenn ich ein behindertes Kind bekomme? Oder gar keine Kinder?

Ja, wir können viele Dinge beeinflussen – aber nicht alles. Solche Bücher und Seminare bringen nur eines: ein schlechtes Gewissen und Schuldgefühle. Ich werde nie vergessen, wie eine Journalistenkollegin eines Tages vor mir stand und tränenüberströmt sagte, sie habe ihren Chemielehrer umgebracht. Ich war entsetzt. Um Himmels willen, warum denn, wie denn, wann denn …? Stammelnd erzählte sie mir, sie hätte ihn früher in der Schule so gehasst und immer wieder gesagt: »Ich wünschte, er wäre tot.« Und nun sei er tatsächlich an Krebs gestorben – und sie sei schuld daran. Aber warum denn?, fragte ich. »Na, ich habe es mir damals immer gewünscht – und dann wurden meine Gedanken Realität.« Wie war sie auf diese Idee gekommen? Sie hatte am Wochenende vor unserem Treffen den Workshop »Erfolgreich wünschen« besucht und die Kraft der Anziehung kennengelernt.

Es sind nicht unsere Gedanken, die Realität schaffen. Es sind unsere Taten. Der Unterschied zwischen einem Traum und der Realität ist unser Tun. Nicht unsere Gedanken bewirken, was wir ernten. Sondern unser Handeln. Was unsere Gedanken allerdings machen können, ist, den fruchtbaren oder dürren Boden für unseren Erfolg oder Misserfolg zu bereiten. Wer immer nur denkt: »Alle sind gegen mich«, »Mir gelingt eh nichts«, der wird weniger Chancen sehen und nutzen als jemand, der sagt: »Die Welt steht mir offen« oder »Mir gelingt sehr viel«. Doch damit sind wir schon mitten im Thema »Gegenwind«.

Ausgebremst vom Gegenwind »da draußen«

Was wir heute tun oder nicht tun und wie wir es tun, ist geprägt von unseren persönlichen Überzeugungen, unserer Einstellung, unseren Ängsten, Glaubenssätzen und hinderlichen Mustern. Warum haben Sie Ihren Hafen noch nicht verlassen? Warum kommen Sie bei Ihrem »Geht-doch«-Projekt nicht richtig voran? Warum sind Sie möglicherweise noch nicht so erfolgreich, wie Sie gerne wären? Ihre Antwort mag für einen Außenstehenden völlig unlogisch sein. Ist sie aber nicht!

Birgit hat sich vor einem Jahr als Personal Trainer selbstständig gemacht. Im Vorfeld erarbeitete sie mit einem Gründer-Coach einen Marketingplan. Zudem hatte dieser Coach für sie eine zwölfseitige Excelliste mit exakten Aufgabenbeschreibungen erstellt, wie »KW 30: Persönliches Anschreiben an alle Führungskräfte und Exkollegen von XX«, »Ab sofort tägliche Facebook-Postings«, »KW 32: Pressekonferenz«. Als das Coaching nach zehn Sitzungen endete, hatte Birgit jedoch keine der empfohlenen Maßnahmen umgesetzt. »Wenn Sie nicht tun, was ich Ihnen sage, dann kann ich Ihnen auch nicht helfen«, sagte der Coach zum Abschied. Wenige Wochen später kam Birgit zu mir ins Coaching. Tränen liefen ihr über die Wangen, als sie mir die Exceltabelle vorlegte und auf ihr komplettes Versagen hinwies. »Nichts davon habe ich gemacht, aber ich brauche doch jetzt endlich Kunden!,« berichtete sie verzweifelt. Ich blätterte die Unterlagen durch, schaute Birgit an und fragte: »Aus welchem Grund möchten Sie Ihre ehemaligen Kollegen nicht kontaktieren?« Verwirrt blickte sie mich an. »Ja, ich weiß, das hätte ich längst tun sollen, aber ich tue es nicht.« »Aus welchem Grund tun Sie es nicht?« »Ich weiß nicht ... Faulheit? Doofheit?« »Sicher nicht«, lachte ich. »Wie sind Sie auseinandergegangen? Sie haben selbst gekündigt, oder? Wie war das Verhältnis zu den Kollegen und den Führungskräften in den letzten Wochen, bevor Sie gingen?« »Miserabel«, brach es aus Birgit hervor. »Sie haben mich in den letzten Wochen regelrecht gemobbt, sich nicht verabschiedet, ich war die Abtrünnige, die sich aus dem Staub macht und die anderen in der Kacke sitzen lässt. Ein Kollege sagte sogar zu mir, dass ich unkollegial sei, weil ich gehe.« »Und da wundert es Sie, wenn Sie diese Kollegen nicht zu Ihren ersten Kunden machen wollen? Da wundert es Sie, dass Sie Ihr Marketing nicht angeschoben haben?«, fragte ich sie. Birgit rollte die Ecke ihres Taschentuches zwischen ihren Fingern, neigte den Kopf und sagte schließlich: »Wenn ich es so betrachte, dann wundert es mich eigentlich nicht. Ich habe mich als Verräterin gefühlt, ich hatte ein schlechtes Gewissen – und jeder Brief, jedes Facebook-Posting hätte Salz in die Wunden der Kollegen gerieben.«

Die Frage nach dem »Warum nicht?« (im Coaching formulieren wir lieber »aus welchem Grund« bzw. »aus welchem Grund nicht«, weil das freundlicher klingt) zeigt Ihnen sehr schnell und deutlich, wo Ihnen der Gegenwind zu harsch ins Gesicht weht und wo Sie selbst Ihre »Geht-doch«-Projekte sabotieren.

Der Gegenwind kommt aus uns selbst

Ja, Sie selbst sabotieren Ihre Projekte. »Selbstsabotage? So ein Blödsinn«, sagen Sie jetzt vielleicht. »Wenn ich etwas will, wenn ich ein ›Geht-doch‹-Projekt realisieren möchte, dann *will* ich es doch, und dann werde ich doch auch alles daransetzen, dass es klappt.« Ja, im Kern haben Sie recht, und sehr viele Menschen gehen auch völlig unbeirrt ihren Weg oder stellen sich nur hin und wieder ein Bein. Sie versumpfen abends wider besseren Wissens an der Hotelbar und versauen die Präsentation am kommenden Morgen. Ergebnis: Den potenziellen Kunden haben Sie nicht gewinnen können. Passiert Ihnen so ein blöder Fehler nie wieder in Ihrem Leben – kein Problem. Dann brauchen wir nicht weiter darüber sprechen.

Torpedieren jedoch immer wieder »unvorhersehbare« Ereignisse oder ausgeprägte Muster Ihre Wünsche, Ziele und Projekte, dann kann es sein, dass Sie sich gewohnheitsmäßig selbst Knüppel zwischen die Beine werfen und damit Ihr eigener Erfolgssaboteur werden. Es ist gar nicht so selten, dass wir äußerlich betrachtet völlig erfolgsorientiert sind – aber innerlich gegen uns selbst arbeiten. Mal sprechen wir dann liebevoll-resignierend von unserem »inneren Schweinehund«, beispielsweise wenn die Schokolade gegen den Salat gewinnt oder das Couchening gegen das Jogging. Oder wir nennen es heroisch-aufopfernd »Hilfsbereitschaft«, etwa wenn wir die eigene Erschöpfung zugunsten des (wiederholten) Chauffeurdienstes für die Fußballmannschaft des Sohnes ignorieren. Oder wir nennen es jammernd-anklagend »äußere Umstände«, weil die S-Bahn mal wieder Verspätung hatte, wir deshalb zu spät zum Vorstellungsgespräch gekommen sind und den neuen Job nicht bekommen haben.

Seit jeher fasziniert es mich, welche Gründe uns *wirklich* zu einem bestimmten Handeln oder Nicht-Handeln bringen. Seit Jahrzehnten erforsche ich Erfolgs- und Misserfolgsgeschichten und recherchiere, was über Top oder Flop entscheidet. Ich liebe den Blick hinter die Kulissen – vermutlich bin ich auch deshalb Wirtschaftsjournalistin geworden und später Coach. Ich liebe es, in die Tiefe zu gehen und zu den wirklich spannenden Geschichten vorzudringen, die in den bewegten oder stillen Wassern der Menschen liegen.

Oberflächlich betrachtet können wir natürlich sagen, dass wir ein Projekt an die Wand gefahren haben, weil wir einfach Pech hatten, zu früh oder zu spät dran waren, nicht die richtigen Kontakte hatten, zu wenig geschlafen haben etc. pp. Oberflächlich betrachtet investieren hilfsbereite Menschen gerne ihre Zeit für andere – aber warum finden sie keinen Punkt, an dem sie sich auch mal um die eigenen Interessen kümmern? Oberflächlich betrachtet war Birgit einfach zu faul, um ihren Marketingplan umzusetzen. Aber sehr viel häufiger hat unser »unlogisches« Verhalten einen tieferen Zweck.

Der Freund in unserem Kopf

Viele Menschen denken, dass Selbstsabotage durch einen »Feind in uns selbst« erfolgt, der uns daran hindert, unseren Weg zu gehen, unsere Ziele zu erreichen und Erfüllung zu finden. Und es gilt, diesen inneren Feind zu bekämpfen und zu besiegen, ihn kleinzuhalten, ihn mit viel Disziplin immer wieder in seine Schranken zu verweisen. Alles, was unseren Erfolg verhindern könnte, muss eliminiert werden. Das Blöde daran: Je mehr wir gegen uns selbst kämpfen, je mehr wir uns unter Druck setzen, desto anstrengender ist es – und desto chancenloser. Denn der Kampf gegen den inneren Widersacher ist ein aussichtsloser Kampf gegen *uns selbst*! Etwas, was Bestandteil unserer Persönlichkeit ist, kann nicht einfach bekämpft werden.

Und das muss es auch nicht! Denn es reicht völlig aus, die inneren Widerstände mal sichtbar zu machen, sie wahrzunehmen und sie dann so in unser Leben zu integrieren, dass sie uns helfen. Denn im Kern ist unser innerer Saboteur kein Feind, sondern ein Freund. Unser Begleiter will uns in vielen Fällen lediglich vor »Überforderung, Überarbeitung und Überanstrengung bewahren und verhindern, dass wir durch unsinnige Auswüchse heutiger Leistungsmentalität unsere eigenen Grenzen auf uns selbst schädigende Weise überschreiten. Im Grunde genommen will unser Begleiter nur unser Bestes«, sagt mein Kollege Marco von Münchhausen[27], und insofern ist unser Saboteur fast so etwas wie unser »Bodyguard« – denn was immer uns bremst, will uns eigentlich vor etwas anderem beschützen.

Unser innerer Saboteur ist nicht unser Feind

Das Blöde ist nur, dass unsere inneren Bodyguards so überhaupt keinen Weitblick haben. Sie sorgen vor allem für die kurzfristige Befriedigung unserer Bedürfnisse und wollen uns so schnell wie möglich von Sorgen und Problemen ablenken. Die langfristigen negativen Folgen nehmen die Beschützer dafür billigend in Kauf. Ob wir abends zum »Runterfahren« (zu viel) Wein oder Bier trinken, uns wider besseres Wissen nachmittags in der Kantine einen Schokoriegel holen oder morgens nach dem Aufstehen eine Zigarette rauchen – mit Sicherheit ist unser Saboteur am Werk. Für ihn zählt nur, dass wir von unseren belastenden Gedanken und Gefühlen abgelenkt werden. Hauptsache, wir vergessen den Stress im Büro, den Ärger mit dem Kunden, den Frust über die verbockte Englischarbeit des Sohnes oder über den Streit mit dem Partner. Hauptsache, wir vergessen unsere Langeweile, unsere Selbstzweifel, unsere Antriebslosigkeit. Was morgen ist – egal!

Besonders in Situationen, in denen es auf Leistung ankommt, in denen man sich beweisen oder zumindest bewähren muss, ist es für manche Menschen schwer auszuhalten, quasi ungeschützt im Scheinwerferlicht zu stehen. Wenn sich alle Augen auf einen richten, übermannt viele Menschen die Angst, zu versagen. Und so sorgen unsere Beschützer von vornherein für »mildernde Umstände« – und schustern uns prophylaktisch einen triftigen Grund zu, warum es gar nicht klappen kann. »Mein bester Freund hatte Liebeskummer und ich musste mich um ihn kümmern, deshalb war ich in der Prüfung komplett übermüdet«, ist eine prima Begründung, wenn wir durchfallen – wer könnte uns da schon böse sein? Und wenn wir dennoch bestehen? Dann ist der Erfolg umso mehr wert, denn schließlich ist er ja hart erkämpft.

Psychologen sprechen von »selbstlimitierendem Verhalten«, wenn wir wichtige Abgabetermine »verbaseln« und damit der Master-Abschluss den Bach runtergeht, wenn wir bei einem wichtigen Projekt eine Unterschrift »vergessen« und damit die Beförderung perdu ist oder wenn wir eine Woche vor der Hochzeit einen Streit über die offene Zahnpastatube vom Zaun brechen und der Schatz sich in Anbetracht von so viel Kleinlichkeit gleich ganz aus dem Staub macht.

Denn es kann sein (es kann, muss aber nicht!), dass wir mit unserem »Missgeschick« einen Ausweg geschaffen haben aus einer Situation, die uns (unbewusst) Angst macht. Wer Angst hat, nach dem Studium keine Arbeit zu finden – der ist ganz froh um den Aufschub. Wer Angst hat, der Verantwortung als Führungskraft nicht gerecht zu werden, der hat sich die Nagelprobe elegant vom Hals geschafft – und kann dennoch nach außen hin sagen: »Ich habe mich ja bemüht, aber es hat halt nicht sollen sein!« Und wer tief in sich Bindungsängste hat, der hat sich mit dem Zahnpastastreit prima aus der Affäre gezogen. Er ist nicht mal schuld, sondern verlassen worden! Und so hat uns unser innerer Begleiter vorbildlich vor größerem Ärger, Schmerz oder Schlimmerem bewahrt.

»Besonders bei Jugendlichen fanden Psychologen eine Reihe von ›selbstlimitierenden Stilen‹«, schreibt Chefredakteur Heiko Ernst in *Psychologie heute*.[28] »Viele Drifter, Nichtentscheider, Dilettanten, Perfektionisten, Aufschieber fürchten sich davor, den Herausforderungen nicht gewachsen zu sein oder die hohen Erwartungen von Eltern und Lehrern nicht zu erfüllen. Unter den Hochtalentierten und High Potentials finden sich bemerkenswert viele Unterachiever, Minderleister aus Kalkül. Sie verharren in der Mittelmäßigkeit, weil das in ihrer Psycho-Logik immer noch besser ist, also sich eventuell total zu blamieren.«

Leben Sie derzeit das Leben, das Sie leben wollen? Machen Ihre »Geht-doch«-Projekte Fortschritte? Dann brauchen Sie sich über Ihre »sabotierenden Bodyguards« keine weiteren Gedanken zu machen. Wenn Sie keinen unbekannten Gegenwind spüren und freudvoll auf Ihrem Weg zu Glück und Erfüllung unterwegs sind – weiterpaddeln!

Fragen Sie sich aber immer wieder, was Sie ständig auf dem letzten Meter zu einem großen Erfolg »schicksalhaft« stolpern lässt? Wundern Sie sich, aus welchem Grund es Ihnen nicht vergönnt scheint, endlich den großen Wurf zu machen? Oder fragen Sie sich, warum Sie sich Ihren Erfolg immer so hart erarbeiten müssen, während er anderen offensichtlich mühelos in den Schoß fällt? Dann könnten die folgenden Seiten Ihnen Klarheit bringen.

Ein Blick auf Ihre Wurzeln und Ihr Umfeld

Warum wir uns verhalten, wie wir uns verhalten, hängt sehr stark mit den Menschen zusammen, die uns bislang in unserem Leben begleitet haben, und mit den Erfahrungen, die wir gemacht haben. Unsere Wurzeln und unsere bisherigen Lebenserlebnisse prägen uns mehr, als wir häufig denken. Bevor Sie jetzt aber triumphierend sagen: »Siehste, meine Eltern (mein Mathelehrer / mein Trainer) sind schuld, dass ich noch nicht das Buch geschrieben habe, noch nicht mein Unternehmen gegründet haben, noch nicht die Auszeit genommen habe ...« – Stopp! Wir können vieles in unserer Gegenwart mit Erlebnissen von früher *erklären*. Aber wir brauchen es ab sofort nicht mehr damit zu *entschuldigen*. Denn wer die Schuld für seine

Schüchternheit, sein mangelndes Selbstwertgefühl oder fehlenden Erfolg der Vergangenheit in die Schuhe schiebt, der vergisst, dass wir heute erwachsene Menschen sind. Egal, was wir bislang erlebt haben, *heute* sind wir selbst die Gestalter unseres Lebens und können eigenständig Möglichkeiten entdecken und Chancen nutzen. Dazu ist es hilfreich, die Verantwortung für sich selbst zu übernehmen und sich die eigene Freiheit der Selbstbestimmung und Autonomie klarzumachen.

Es geht auf den folgenden Seiten ausdrücklich nicht um Schuldzuweisungen oder ums Wundenlecken. Denn die Menschen in Ihrem Umfeld, die Sie geprägt haben, haben damals mit Sicherheit das Beste getan, was ihnen möglich war. Auch Ihre Eltern, Lehrer, Trainer und sogar die Nachbarskinder hatten ihren persönlichen Gegenwind, der sie so handeln ließ, wie sie handelten. Dabei interessiert Sie und mich jetzt natürlich nicht, welchen Gegenwind, welche Probleme, Erfahrungen oder Erlebnisse den anderen dazu gebracht haben, Ihnen eher Fußfesseln anzulegen, als Ihnen Flügel zu verleihen. Natürlich wäre es besser gewesen, wenn die Menschen in unserem Umfeld innerlich erwachsene und souveräne Persönlichkeiten gewesen wären. Und nicht Personen wie die Klassenlehrerin von Nicky, die ihr verbot, während des Unterrichts auf Toilette zu gehen, und die Erstklässlerin dann mit nasser Hose den ganzen Schultag in der Ecke stehen ließ. Doch alle Lehrer, Eltern, Tanten, Onkel und Nachbarn sind Menschen mit ihrer ganz eigenen Lebensgeschichte, ihren ganz eigenen Wunden, und es ist wichtig, zu erkennen, dass deren Verhalten uns gegenüber eine Reaktion auf deren »subjektive Welt« war und nicht eine bewusste Reaktion auf unser Verhalten.

Kinder narzisstischer Eltern

Lassen Sie mich das an einem Beispiel klarer machen.

> *Johanna war in ihrer Familie immer das schwarze Schaf. Nichts, was sie erreichte, schien gut genug. Ihre Mutter reagierte auf hervorragende Schulnoten desinteressiert. Probleme ihrer Tochter nahm sie sofort zum Anlass, um über die eigenen Probleme zu lamentieren, und selbst spä-*

tere berufliche Erfolge von Johanna wischten die Eltern als bedeutungslos vom Tisch. Bereits als Elfjährige musste Johanna immer ihre Mutter emotional umsorgen, sich ihre Nöte anhören, ihre Tränen trocknen und sie bei ihren ständigen Krankheiten pflegen. Viele Jahre später brach Johanna, mittlerweile oberste Richterin an einem Landesgericht, zusammen. In einer Burn-out-Reha setzte Johanna sich mit den Ursachen ihrer Arbeitswut auseinander und erkannte, dass ihre Mutter stark narzisstisch ist. Sie erfuhr, dass die Kinder narzisstischer Eltern so gut wie immer einen Lebensweg wählen, auf dem sie hochgradig leistungsorientiert agieren. Sie kompensieren ihre Minderwertigkeitsgefühle durch Leistung und rücken als »Kümmerer« die eigenen Bedürfnisse komplett nach hinten. Johanna erkannte die Ursache ihres selbstzerstörerischen Tuns und kann sich jetzt von diesen Marionettenfäden befreien.

Kinder narzisstischer Eltern können sich in mehrere Richtungen entwickeln. Sei es, dass sie gleich komplett aufgeben und in Anbetracht der »Gewissheit«, dass sie eh nie etwas erreichen, es gar nicht erst versuchen oder den kleinsten Erfolg gleich wieder boykottieren. Oder sie entwickeln sich in Richtung Topperformer und definieren den eigenen Wert ausschließlich über ihren Output, ihre Leistung, ihre Ergebnisse. Von Kindesbeinen an sind sie ehrgeizig und unermüdlich auf der Suche nach Bestleistung. Doch ist die Note 1 geschafft, die Beförderung in der Tasche oder die Auszeichnung erhalten, dann bleibt die erwünschte Zufriedenheit aus und der Erfolg ist plötzlich nichts Besonderes mehr. Ein Gefühl der inneren Leere bleibt. Selbst wenn jetzt Lob oder Komplimente kommen: Leistungsorientierte Menschen können schlecht mit Komplimenten umgehen. Gratulationen durch andere werden heruntergespielt oder sogar als »falsches Lob« aufgefasst; und die Angst, womöglich als arrogant und angeberisch zu gelten, verhindert, dass sie ihre Erfolge feiern. Auch das sogenannte Hochstaplersyndrom[29] kommt bei diesen Menschen häufig vor. Nicht, dass sie tatsächlich Hochstapler wären; insofern ist die Bezeichnung etwas irreführend. Sie sind vielmehr davon überzeugt, dass sie sich ihren Erfolg nicht verdient haben, sondern sich die Lorbeeren wie ein Hochstapler erschlichen haben.

Entwickeln sich die Kinder narzisstischer Eltern eher in Richtung »Kümmerer«, dann haben sie als Erwachsene häufig Probleme, auf sich selbst zu achten. Sie vernachlässigen Dinge wie Schlafen, Essen,

Entspannen, Genuss und Konsum sowie das Pflegen von geeigneten Beziehungen. Das hat zwei Gründe: 1. Sie haben früh gelernt, dass sie es nicht wert sind, Liebe, Unterstützung und Aufmerksamkeit von den Eltern zu bekommen. Deshalb halten sie sich auch heute nicht für »wertvoll« genug, sich selbst etwas Gutes zu tun und sich selbst Zeit und Aufmerksamkeit zu schenken. 2. Häufig mussten Kinder von Narzissten sich um die eigene Mutter oder den Vater kümmern und nicht andersherum. *Sie* waren es, die den Laden am Laufen hielten und häusliche Tätigkeiten übernahmen, und *sie* waren es, die die emotionalen Bedürfnisse der Eltern stillen mussten, anstatt dass sie selbst umsorgt wurden. Besonders bei Scheidungskindern erlebe ich es häufig, dass plötzlich die Kinder die Eltern trösten müssen – und das über Jahre. Da dreht sich das Eltern-Kind-Verhältnis sehr schnell um, und Kindern wird eine Verantwortung für die Eltern aufgezwungen, die sie einfach nicht leisten können und auch nicht leisten sollen. Als Erwachsene engagieren sich dann diese Kinder übermäßig viel: Sie sind ständig für die Familie und Gemeinschaft da und lesen dem Ehepartner und den eigenen Kindern alle Wünsche vom Gesicht ab – sich selbst vernachlässigen sie allerdings dabei.

Kinder narzisstischer Eltern sind fast immer Meister darin, die Gefühle anderer sofort und korrekt lesen zu können. Seit frühester Kindheit oder Jugend war es ihre Überlebensstrategie, sich auf kleinste Nuancen in Stimme oder Körperhaltung einzustellen, und so versuchen sie dann auch als Erwachsene, es dem anderen immer recht zu machen. Aus Angst, bestraft oder gar verlassen zu werden, oder auch einfach um die Harmonie zu wahren, stellen sie ihre eigenen Bedürfnisse zurück. Wenn sie Pech haben, dann wird ihre Angst vor dem Verlassenwerden, ihre Angst, nicht gut genug zu sein, und der Wunsch, es allen recht zu machen, aufs Äußerste ausgenutzt. Everybody's darling is everybody's Depp.

Gemeinsam ist all diesen Kindern narzisstischer Eltern, dass sie auch noch als 40- oder 60-Jährige verzweifelt versuchen, Anerkennung und Wertschätzung *von außen* zu erfahren. Erfüllung im Leben werden sie jedoch erst in dem Moment finden, wenn sie lernen, Bestätigung aus sich selbst zu schöpfen. Das wird möglich, wenn sie erkennen, nach welchem Muster sie funktionieren, wenn sie erkennen und verstehen, warum sie immer wieder die gleichen Strategien wiederholen.

Erkennen, verstehen, verzeihen

Wenn wir *erkennen* und dann *verstehen*, warum wir uns so verhalten, wie wir uns verhalten, dann haben wir einen großen Schritt in Richtung »Geht doch« gemacht. Und dann können wir auch aufhören, uns selbst die Schuld zu geben oder uns selbst mit Disziplin und Schimpftiraden anzutreiben. Aussagen wie »Jetzt stell dich nicht so an!«, »Du faule Nuss« oder »Reiß dich doch endlich zusammen!« bringen nichts, wenn sie unserem ärgsten Gegenwind entgegengeschleudert werden. Das verhallt ungehört.

Das ist so ähnlich, wie wenn Sie mit Ihrem Absatz in einem Gitterrost stecken bleiben. Da können Sie den Gitterrost jetzt anschreien, wie Sie wollen, oder Sie können sich selbst wutentbrannt antreiben mit »Geh halt einfach weiter!«. Ja, wenn es gehen würde! Gut, vielleicht schaffen Sie es – aber der Absatz ist mit Sicherheit ab. Oder Sie gehen mit dem Rost als zusätzlichem Accessoire weiter. Einfacher ist es, kurz innezuhalten, die Situation zu analysieren, den Schuh vielleicht auszuziehen und dann zu sehen, wie Sie den Schuh sanft (!) aus seinem Gefängnis befreien. Problem gelöst. Nicht mit Disziplin, sondern mit Hirn und Gefühl.

Es ist nicht leicht, ein tief verwurzeltes Verhalten zu verändern, und es ist nicht Ihre Schuld, wenn Sie bislang nicht das bekommen haben, was Sie bekommen wollten. Keiner ist schuld. Sie waren den hinderlichen – und auch den förderlichen – Einflüssen ausgesetzt, die um Sie herum herrschten, und das ist jetzt eben so. Wir können die Vergangenheit nicht verändern. Aber wir können aufhören, uns oder anderen die Schuld daran zu geben, und damit unsere Gegenwart und unsere Zukunft aktiv verändern. Verzeihen Sie sich selbst und den anderen und stecken Sie diese Kraft in Ihren Weg nach vorne.

Richten wir das Radar auf das, was Ihnen in der Vergangenheit mitgegeben wurde und was Ihnen davon heute möglicherweise als Gegenwind um die Nase weht. Das Gute an diesem Thema ist: Sobald Sie den Gegenwind erkannt haben, sobald Sie wissen, was Sie immer wieder scheitern, hadern oder mühevoll kämpfen lässt, können Sie den Wind drehen.

Gegenwind Ängste

Wenn wir nicht das tun, was wir gerne tun würden, dann liegt es häufig daran, dass unsere Ängste uns ausbremsen. Und hierbei meine ich jetzt nicht, dass Sie nicht Fallschirmspringen lernen, weil Sie Höhenangst haben. Oder dass Sie kein Terrarium kaufen, weil es Sie vor Schlangen ekelt. Nein, so banal ist es nicht. Tief in jedem von uns stecken Ängste, die unsere »Geht-doch«-Projekte schon im Anfangsstadium scheitern lassen können. Und die wir auf den ersten Blick nicht als Bremser vermuten würden. Angst auslösende Gedanken sabotieren unseren Erfolg – lange bevor es überhaupt richtig losgeht. Wenn wir unser Potenzial ausleben wollen, wenn wir unsere »Geht-doch«-Projekte realisieren wollen, wenn wir ein glückliches und erfülltes Leben leben wollen, dann ist es wichtig, dass wir uns diesen Störfeuern so wenig wie möglich aussetzen oder lernen, gut damit umzugehen.

Ängste können infolge (einmaliger) Erlebnisse oder Traumata entstehen, etwa durch den Verlust eines geliebten Menschen, die Trennung der Eltern, eine Gewalttat oder einen Unfall. Ängste können sich aber auch über einen längeren Zeitraum entwickeln, indem sie uns anerzogen oder vorgelebt werden. Und manchmal kommen beide Ursachen zusammen. Ob uns nämlich Unfälle oder andere einschneidende Erlebnisse in unserem Leben massiv beeinträchtigen oder ob wir lernen, gut damit umzugehen, hat zum einen mit unserer »Stehaufmännchen-Fähigkeit« zu tun, unserer Resilienz, also der Fähigkeit, mit Niederlagen umzugehen. Zum anderen aber auch damit, auf welchen Nährboden sie gefallen sind. Und dieser Nährboden der Ängste entsteht langsam im Laufe unseres Lebens, beispielsweise durch unsere Erziehung und Vorbilder.

Ängste meinen es gut mit uns

In jedem von uns stecken Ängste, und das ist auch gut so. Denn Ängste sind an sich ein gesunder Schutzmechanismus unseres Körpers. Ängste stellen sicher, dass wir flüchten oder dass wir uns wehren, wenn wir angegriffen werden. Dass es Sie und mich heute überhaupt gibt, haben wir den gesunden Ängsten unserer Vorfahren zu verdanken. Eine angstfreie Menschenrasse hätte der Säbelzahntiger längst ausgerottet. Eine gewisse Grundangst sorgt für eine gewisse Grundanspannung, die uns beispielsweise beim Autofahren wachsam und aufmerksam sein lässt. Stellen Sie sich vor, Sie wären komplett tiefenentspannt auf der Autobahn unterwegs – dann jucken Sie die Bremslichter 100 Meter vor Ihnen mit Sicherheit zu spät.

Die meisten von uns haben solche Alltagsängste mehr oder weniger ausgeprägt und denken darüber nicht weiter nach. Das ist auch kein Problem, wenn wir glücklich und zufrieden leben und alles tun, was wir tun wollen. Problematisch sind lediglich jene unbewussten Ängste, die uns aus dem Hinterhalt immer wieder als Gegenwind ins Gesicht blasen. Da bleiben die ambitioniertesten »Geht-doch«-Ideen auf der Strecke – und wir wissen überhaupt nicht, warum.

Denken Sie an Ihr »Geht-doch«-Projekt: Was hindert Sie momentan daran, zu tun, was Sie tun möchten? Gab es ein konkretes Ereignis in Ihrem Leben (oder im Leben eines Menschen, der Ihnen sehr nahesteht), das sich eventuell bremsend auf Ihr Projekt auswirkt? Oder steht der Erfolg Ihres »Geht-doch«-Projektes möglicherweise im Widerspruch zu einer Ihrer grundlegenden persönlichen Überzeugungen, die Sie im Laufe Ihres Lebens »gelernt« haben?

Was sind nun die häufigsten Angst auslösenden Faktoren? Psychologen haben einige grundlegende persönliche Überzeugungen, sogenannte Annahmen in Bezug auf uns selbst und die Welt, formuliert, die Angst auslösen können.[30] Ich habe sie um einige Angstschemata ergänzt, die mir in meiner Coachingpraxis in den vergangenen Jahren häufig begegnet sind. Der Ursprung dieser Angst auslösenden Überzeugungen liegt entweder in unserer Erziehung oder auch in (einmaligen) Ereignissen in unserem Leben. Da wir sie als negativ bewerten, bremsen sie uns aus. Würden wir sie als positive Annahmen auffassen, würden sie uns auf unserem Weg bestärken. Beflügeln können sie uns auch, wenn wir nur einer geringen Dosis ausgesetzt sind. Dominieren sie aber zu stark, ist der Gegenwind da.

1. Perfektionismus: Perfektionisten glauben, dass sie immer alles richtig machen müssen. Klappt das nicht, dann befürchten sie, als Versager dazustehen, und rechnen mit verheerenden Konsequenzen. Selbst im kleinsten Detail »müssen« sie perfekt sein. Manchmal übertragen sie den Perfektionismus auch auf die anderen – was sie zu anstrengenden Mitmenschen werden lässt. Oft lassen sie aber bei den anderen »fünf gerade sein«, nur nicht bei sich selbst!

2. Abhängigkeit von Anerkennung: Menschen, die von Anerkennung abhängig sind, glauben, dass sie für jedes Tun die Zustimmung der anderen brauchen. Ohne »Rückenstärker« trauen sie sich nichts zu unternehmen, weil sie Angst haben, das Wohlwollen ihres Umfelds zu verlieren. Sie stellen die Bedürfnisse der anderen grundsätzlich über die eigenen. Und so scheuen sie sich auch manchmal, die eigenen Wünsche und Ziele zu leben, aus lauter Angst, ein Egoist zu sein. Häufig machen sie sich selbst kleiner, als sie sind, nur damit sich die anderen besser fühlen. Nicht dazuzugehören, ist für sie eine der schlimmsten Erfahrungen und Ängste. Sie tun alles dafür, um Anerkennung zu bekommen.

3. Verletzlichkeit: Mit diesem Schema plagen sich häufig Menschen herum, die sich um ihre (körperliche) Sicherheit, ihre Lebensgrundlage und ihre Geborgenheit sorgen. Sie befinden sich permanent in einem Zustand höchster Wachsamkeit, fühlen sich den Mächten des Universums hilflos ausgeliefert und grübeln über mögliche Katastrophen nach. Sie bauen sich in ihrer Fantasie Angst- und Horrorszenarien auf, durchleben bereits die größten Katastrophen, nur weil sich ein Wölkchen am Himmel zeigt. So werden viele von ihnen »brave« Pflichterfüller, die dankbar sind, dass sie angesichts der desolaten Wirtschaftslage (noch) einen Job haben, und die sich nicht trauen, zu immer mehr Workload »Nein« zu sagen. Sie gehen gerne vorauseilend in Deckung, was sich bisweilen sogar in der körperlichen Haltung niederschlägt. Typisch ist auch die finanzielle Schutzhaltung: Da trauen sich selbst gut ausgebildete und gescheite Köpfe nicht den Berufswechsel oder die Unternehmensgründung, weil das ja schiefgehen könnte und sie dann womöglich unter der Brücke leben müssten. Verletzlichkeitsängste schränken uns in unserer Lebensqualität stark ein, indem sie verhindern, dass wir uns Herausforderungen stellen. Dabei laufen Katastrophenszenarien im Kopf ab, die mit Besonnenheit und ein wenig Planung eigentlich gekappt werden könnten. Allerdings gibt es dann auch noch die Angst vor dem Erfolg ...

4. Kontrollsucht: Menschen, die meinen, alles und jeden kontrollieren zu müssen, glauben, dass sie niemandem trauen können – außer sich selbst. Sie fühlen sich nur wohl, wenn sie selbst die Zügel in der Hand halten. Sie kümmern sich am liebsten selbst um alles, ihre Sicherheit liegt in der Unabhängigkeit von anderen. Sie vermuten öfter als andere Menschen böse Absichten oder falsche Vorgaben und machen sich und den anderen mit ihrem Misstrauen das Leben schwer. Wer gerne die Kontrolle behält, der unterliegt noch mehr als andere Menschen dem Phänomen der psychologischen Reaktanz, denn diese Menschen wollen sich nicht sagen lassen, was sie zu tun haben. Aus Angst, Situationen nicht komplett kontrollieren zu können, tendieren sie bisweilen dazu, sich diesen gar nicht mehr auszusetzen.

5. Abhängigkeit von anderen: Menschen, die sich abhängig fühlen, glauben, dass sie Aufgaben nicht aus eigener Kraft schaffen, dass sie nur mit der Hilfe anderer Menschen etwas tun und erreichen können. Sie wenden sich immer hilfesuchend an ihre Mitmenschen – selbst wenn gar kein Problem da ist. Sie suchen nach Orientierung und werden so manchmal zu absoluten Regelbefolgern. Ohne weiter nachzudenken, halten sie sich auch an willkürliche oder längst überholte Regeln. Die Formulierung »Man muss« (B sagen, wenn man A gesagt hat) ist bezeichnend für ihr Vokabular.

6. Anstrengung: Menschen mit diesem Schema glauben, dass nur die größte Anstrengung einen Erfolg sichern kann. »Ohne Fleiß kein Preis!« – so lautet ihr Glaubenssatz. Alles, was leicht machbar ist, erscheint ihnen wertlos. Sie wählen immer den schwierigsten Weg, nehmen die größten Hindernisse, selbst wenn ein leichter Weg frei zugänglich wäre. Sie sind die Druckmacher der Nation; und ist kein Druck da, dann erzeugen sie künstlich einen. Denn nur wenn es hart war, ist es gut. Manchmal äußert sich das auch in einem hohen Tempo – sie sind getrieben von der Vorstellung, voranzukommen, haben Angst, untätig zu sein, haben Angst vor Stillstand. »Stillstand ist Rückschritt« ist ein weiterer ihrer Glaubenssätze, und so sind sie immer in Aktion, immer unterwegs – oft verwechseln sie dabei Aktion mit Aktionismus.

7. FOMO (Fear of missing out): Hier geht es um Menschen mit der Angst, etwas zu verpassen. Sie haben Angst, ihr Potenzial nicht zu leben, sie haben Angst, dass ihnen etwas Spannenderes entgeht, sobald sie sich einer Sache zuwenden. Sie sind nie zufrieden mit dem, was sie haben, sondern schielen immer unzufrieden auf das, was sie noch haben könnten. Sie haben Angst, unter ihren Möglichkeiten zu bleiben, Angst, ihre Berufung nicht wirklich zu leben oder sie gar nicht erst zu finden.

Vor diesem Hintergrund wird noch mal klarer, warum Birgit, Personal Trainer und uns schon aus dem Beispiel am Anfang dieses Kapitels bekannt, den »perfekten« Marketingplan ihres Coaches nicht umgesetzt hat. Diese Maßnahmen rührten an ihrer Abhängigkeit von Anerkennung; und ihre Angst, von den Kollegen nicht mehr gemocht zu werden, war größer als das finanzielle Dilemma.

Wir handeln nicht rational, sondern werden immer angetrieben von unseren Einstellungen, Ängsten und Glaubenssätzen. Und deshalb ist es die Kernaufgabe eines Coaches – oder beim Selbstcoaching Ihre Kernaufgabe –, hinter die Kulissen zu blicken und mit kurzen Rückfragen die tatsächliche Blockade hinter unserem Handeln offenzulegen. Aus welchem Grund macht ein Angestellter tatsächlich Überstunden bis zur kompletten Erschöpfung? Ist es der Perfektionismus, der ihn treibt? Oder ist es die Angst, den Job zu verlieren? Vor allem, nachdem der Angestellte morgens im Radio hörte, dass am Standort München 5000 Arbeitsplätze abgebaut werden – wie groß ist da die Wahrscheinlichkeit, dass er zu einem neuen Projekt, das er zusätzlich übernehmen soll, obwohl er bereits 70 Stunden die Woche arbeitet, »Nein« sagt? Sehr gering! Und dies gilt umso mehr, wenn der Betreffende auch noch ein ausgeprägtes Schema »Verletzlichkeit« hat und sich eh Sorgen um seinen Lebensstandard macht.

Wenn Sie Ihr »Warum nicht?« klar erkannt haben, können Sie anfangen, diese Selbstsabotage zu beenden. Fragen Sie sich mit diesem Wissen im Hinterkopf jetzt, was Sie daran hindert, Ihr »Geht-doch«-Projekt in Angriff zu nehmen. Viele Blockaden, die Sie möglicherweise bei sich feststellen, fallen in eine der oben genannten Kategorien, manche vielleicht in mehrere. Wer Angst vor dem Versagen hat, bangt vielleicht um die Anerkennung der anderen – oder fürchtet das finanzielle Desaster. Oder beides. Angst vor Neid ist eine Sonderform der Abhängigkeit von Anerkennung, ebenso wie die Angst, ausgegrenzt zu werden.

Gehen Sie Ihren persönlichen Blockaden auf den Grund. Erkennen ist der erste Schritt, im nächsten Schritt können Sie sie lösen. Beim Erkenntnisprozess kann Ihnen auch die Problemkaskade helfen. Hierbei fragen Sie sich: Was ist mein Problem? Und welches Problem steckt möglicherweise dahinter?

Nehmen wir an, Sie möchten gerne ein eigenes Buch schreiben, fangen aber gar nicht erst an. Schreiben Sie Ihr Problem auf einen Zettel und hinterfragen Sie die auf Sie zutreffenden Gründe.

> **Problem: Ich will ein Buch schreiben, fange aber nicht an.**
> **Was ist der Grund dafür?**
> > Ich habe nicht genügend Zeit.
> > **Was ist der Grund dafür?**
> > > Ich bin immer müde, wenn ich abends heimkomme.
> > > Morgens kann und will ich nicht schreiben.
> > > Ich brauche mal Zeit am Stück.
> > > > Was ist der Grund, warum ich nicht mal freinehme?
> > > > > Ich habe Angst, dass mich die Kollegen auslachen.
> > > > > Vermutlich bin ich eh größenwahnsinnig – warum sollte gerade ich ein Buch schreiben?
> > > > > Und wenn das Buch dann ein Flop wird, dann habe ich meinen Urlaub für nichts verbraten.

Häufig kristallisieren sich allein durch Ihre Antworten die Lösungen bereits heraus. Es ist ein Unterschied, ob Sie nicht loslegen, weil Sie Angst haben, ausgelacht zu werden (in diesem Fall können Sie ja heimlich schreiben, geht ja niemanden etwas an), oder ob Sie einen Flop fürchten (Angst vor dem Scheitern). Ja, es kann sein, dass sich Ihr Buch nicht verkauft – aber dann haben Sie es wenigstens ausprobiert. Und können beim zweiten Buch aus Ihren Fehlern lernen.

Gegenwind Glaubenssätze

Ein sehr guter Indikator, um unseren innersten Ängsten und Zweifeln auf die Spur zu kommen, sind unsere Glaubenssätze. Glaubenssätze sind Überzeugungen, die unser Weltbild prägen. Es sind Überzeugungen, von denen wir *glauben*, dass sie richtig sind. Sie nisten sich wie kleine Teufelchen bei uns ein und flüstern uns dann immer ins Ohr, was wir tun oder lassen sollen. (Natürlich gibt es auch sehr hilfreiche Glaubenssätze. Da diese uns im Tun beflügeln, lassen wir sie an dieser Stelle außen vor.)

Wie entstehen nun Glaubenssätze? Sie können sich auf mehreren Wegen in unser Denken schleichen:

★ »Neutrale« Aussagen von anderen Menschen
★ Kritik von anderen Menschen
★ Lob von anderen Menschen
★ Berichte in den Medien
★ Beobachtungen

Aussagen von Eltern, Geschwistern, Mitschülern, Kollegen, Lehrern oder auch Aussagen von Menschen, die wir nur aus den Medien kennen, nisten sich in unserem Kopf ein und beeinflussen unser Verhalten. Selbst vermeintlich harmlose Aussagen fallen in unser Gehirn, schlagen dort Wurzeln und bestimmen künftig, was wir gut oder schlecht finden und was wir tun. Ein banales Beispiel: Sie sind elf Jahre alt, liegen in Ihrem Kinderzimmer auf dem Bett und lesen ein Buch. Dann kommt Ihre Mutter ins Zimmer und sagt: »Ach, du hast nichts zu tun und liegst hier nur faul herum? Dann gehst du jetzt den Rasen mähen!« Sie lernen: Lesen ist nichts tun, nichts tun ist schlecht – ich muss fleißig sein. Unter Umständen werden Sie in den kommenden Jahren weniger lesen – oder heimlich und mit einem schlechten Gewissen. Sie richten Ihr Verhalten nach einem Satz, von dem Sie glauben, dass er »wahr« ist, auch wenn das vielleicht überhaupt nicht stimmt.

Auch positive Aussagen oder Lob können einen gewissen Druck aufbauen, zu »funktionieren«. Denken Sie etwa an eine Mutter, die mit Blick auf den älteren Sohn, der nachts Party macht und in der Schule nicht mitkommt, zu ihrem jüngeren Sohn sagt: »Wenigstens *du* machst mir keinen Ärger!« Fortan wird der Sohn tunlichst alles vermeiden, was die Mutter enttäuschen könnte, und immer alle Aufgaben brav erledigen, gut in der Schule sein und keinen Ärger machen. Ob er will oder nicht. »Ach, du bist so wunderbar unkompliziert!« ist ein nettes Kompliment, das ein Mädchen bekommen kann – doch Jahre später kann sich das ständige Streben danach, es der Umwelt schön leicht zu machen, darin äußern, dass ein Bandscheibenvorfall monatelang nicht erkannt wird, weil der Arzt »Rippe ausgerenkt« diagnostiziert und die Schmerzen lediglich mit Unmengen an Schmerzmitteln und Cortison betäubt. Bis sich das Mädchen – jetzt eine 38-jährige Frau – entschließt, doch mal ein wenig »komplizierter« zu werden, und bei einem anderen Arzt eine zweite Meinung einholt.

Selbst Bemerkungen über andere Menschen können zu persönlichen Glaubenssätzen werden: Jennys Mutter erzählte ihrer Freundin immer von der reichen Nachbarin, die sich trotz ihres Geldes und ihrer Prominenz nicht »zu schade ist, selbst ihr Haus zu putzen«, und dass nur faule, nichtsnutzige Frauen eine Putzhilfe hätten oder Tätigkeiten an andere abgeben würden. Jenny arbeitete Jahre später im Coaching daran, als Führungskraft endlich Aufgaben zu delegieren – im Kern wollte sie überhaupt nichts abgeben, denn nur »nichtsnutzige« Menschen geben Aufgaben ab.[31]

Und selbst stumme Botschaften lassen in uns Bilder dazu entstehen, was »richtig« ist, wie das Beispiel der narzisstischen Eltern zeigt: Nicht loben, nicht beachten oder nicht ernst nehmen prägen unsere Einschätzung, wie wir zu sein haben, ebenso, wie es Worte tun können.

Stimmt, das Leben ist kein Ponyhof – sondern viel besser!

Auch Beobachtungen zeigen uns, was »richtig« ist: Wenn der Vater zu Hause nach der Arbeit auf der Couch sitzt, sich dann an den gedeckten Tisch setzt und Sie als Tochter zum Bierholen in den Keller geschickt werden, der Vater nach dem Essen wieder auf die Couch geht und der (weibliche) Rest der Familie abräumt, abspült und die Küche auf Vordermann bringt, dann lernen Sie wortlos das Rollenmodell einer traditionellen Familie. Und Sie werden – wenn Sie nicht andere Eindrücke aus anderen Familien bekommen – dieses Rollenbild unter Umständen als »richtig« übernehmen, wenn Sie selbst eine Familie gründen.

Manche Menschen tun die Beschäftigung mit den eigenen Glaubenssätzen als Blödsinn ab. »Was soll ich in meiner Vergangenheit herumkramen, ich lebe doch jetzt und hier!«, sagte mal ein Bekannter zu mir, dessen Ehe auf dem Spiel stand, weil seine Frau unter seiner ständigen Eifersucht und permanenten Kontrolle litt und in einer Eheberatung Hilfe suchte. Er wollte über jede Minute ihres Lebens Bescheid wissen – und keinen Zusammenhang damit sehen, dass seine Mutter den Vater und ihn hatte sitzen lassen, als er drei Jahre alt war. Damit, dass er womöglich Verlustängste hatte und deshalb seine Frau fest an sich binden wollte.

Unsere Erfahrungen und Denkweisen spielen eine viel größere Rolle in unserem Tun, als viele Menschen denken. Unsere Glaubenssätze und Überzeugungen können uns eine gesunde Erdung geben, damit wir unsere Flügel ausstrecken und in Richtung Sonnenaufgang davonfliegen können. Sie können aber auch dafür sorgen, dass wir am Boden kleben bleiben und unsere »Geht-doch«-Projekte nicht andenken, geschweige denn anpacken. Lassen Sie uns das an drei »Klassikern« unter den Glaubenssätzen näher anschauen.

1. Glaubenssatz: Das Leben ist kein Ponyhof

Neulich habe ich in Hamburg meinen Vortrag »Bunte Vögel fliegen höher« vor rund 300 Journalisten gehalten. Ich empfehle meinen Zuhörern, die eigenen »bunten Federn« zu entdecken und sich dann das passende Nest zu suchen, also einen Auftraggeber oder Arbeitgeber, der genau auf diese bunten Federn Wert legt. In der dritten Reihe rechts vor mir sitzt ein junger Mann, und ich sehe in seinem Gesicht, wie er immer saurer wird, wie es in ihm arbeitet, wie er sich anstrengen muss, seinen Unmut über meine Worte im Zaum zu halten. Ich schaue ihn an und sage: »Schießen Sie los, was geht Ihnen durch den Kopf?« Und aus ihm bricht es raus: »Das ist doch alles nicht machbar, was Sie da sagen. Das Leben ist kein Ponyhof, wir können uns doch unsere Arbeitgeber nicht so einfach aussuchen!«

Ja, das stimmt. »So einfach« können wir uns unsere Arbeitgeber oder als Selbstständige unsere Auftraggeber nicht aussuchen. Das erfordert schon ein bisschen Nachdenken, Recherche und Querdenken. Der Punkt ist nur, dass so viele von uns nicht mal ansatzweise darüber nachdenken, was denn das »passende Nest« für sie wäre.

Dass sie einfach davon ausgehen, sie müssten heutzutage doch froh sein, wenn sie überhaupt einen Job bekommen, sodass sie sich nicht mal die Mühe machen, zu schauen, wo sie denn glücklich wären. Nach dem Motto: Nimm, was du kriegen kannst. Und dann halt die Klappe.

Aber sie vergessen etwas Wesentliches: Unternehmen wollen doch am liebsten Mitarbeiter oder Geschäftspartner, die optimal zu ihnen passen, oder? Mit denen sie auch langfristig erfolgreich zusammenarbeiten können, oder? Die nicht nur die passenden Fähigkeiten mitbringen, sondern tendenziell auch die gleichen Werte, die gleiche Einstellung, die gleiche Haltung? Und was ist dann besser, als dass wir uns zunächst mal unsere bunten Federn anschauen, unsere Eigenschaften, unsere Talente und all das, was uns als Persönlichkeit ausmacht? Und dann schauen, wer das braucht? Nehmen Sie nicht das Erstbeste (auch nicht das Zweitbeste), was Ihnen in Ihrem Leben über den Weg läuft, nur weil Sie denken: »Lieber der Spatz in der Hand ...« Nein, investieren Sie ruhig ein wenig Hirnschmalz und Zeit. Und machen Sie sich auf die Suche.

Verlassen Sie das Gesellschaftsspiel »Das Leben ist kein Ponyhof«. Ja, es ist kein Ponyhof, es ist kein Wunschkonzert, in dem wir alles bekommen, was wir uns wünschen. Das mit dem Feenstaub funktioniert halt nicht. Aber es ist auch keine Sklavengaleere, in der Sie hocken und bis zum Lebensende rudern müssen. Angekettet, willenlos, durstig.

Natürlich gibt es immer noch genügend Unternehmen, die brave Pflichterfüller suchen, die Büroameisen brauchen, die morgens den Ameisenpfad emsig entlangwuseln, rein in ihren Bau gehen, willig ihren Job verrichten und abends wieder rauswuseln, bevor sie am nächsten Tag wiederkommen. Natürlich gibt es Unternehmen, die gar keine Querdenker wollen. Schon gar keine Mitarbeiter mit Eigeninitiative, guten Ideen oder eigenem Kopf. Die lediglich verlangen, dass ihre Vorgaben erfüllt und die Aufgaben zuverlässig erledigt werden. Interessanterweise gibt es aber auch genügend Berufstätige, die genau das glücklich macht. Nicht jeder ist ein Querdenker. Nicht jeder will sich Aufgaben selbst suchen oder eigeninitiativ sein. Viele Menschen sind sehr glücklich, wenn ihnen gesagt wird, was zu tun ist, sie keine Verantwortung haben und zum Feierabend den Job auch gedanklich hinter sich lassen können. Diese Berufstätigen haben in diesen Unternehmen genau ihr passendes Nest gefunden! Gott sei Dank, denn ohne fleißige Ameisen würde unser Land, unsere Gesellschaft, unser System nicht funktionieren.

Aber wie ist das bei Ihnen? Sind Sie wirklich gerne und aus Überzeugung Ameise? Dann weiter so! Und dann stimmt es bei Ihnen auch, dass das Leben kein Ponyhof ist – einen solchen haben Sie sich ja auch gar nicht gesucht. Sie haben sich einen Ameisenhaufen gesucht, sind mit den Millionen anderen Arbeitern dort untergekrochen und wuseln jetzt jeden Tag fleißig vor sich hin.

Machen Sie es sich nicht zu einfach! Nur weil überall Ameisenhaufen stehen, glauben viele Menschen, das seien die einzigen Möglichkeiten zum Geldverdienen – den Baumwipfel, die Blumenwiese, den Berggipfel daneben sehen sie dann gar nicht mehr. Setzen Sie sich nicht in einen Ameisenbau, wenn Sie keine überzeugte Ameise sind. Ja, dort haben Sie dann zwar Arbeit und ein »sicheres« Einkommen – aber als Nicht-Ameise werden Sie immer ein schmerzhaftes Piksen spüren. Und denken: Ja, das muss ich jetzt wohl aushalten! Nach ein paar Jahren erleben Sie dann jeden Tag, dass Sie nur mehr rumjammern, wie lästig alles ist. Und bis Sie sich umschauen, hat die Ameisenmentalität womöglich von ihrem kompletten Leben Besitz ergriffen. Sodass vielleicht sogar ihre Kinder brav in den nächsten Ameisenbau trotten – weil das halt so ist!

Machen Sie sich klar, dass das Leben zwar kein Ponyhof ist, aber dass Sie doch wesentlich mehr Gestaltungsmöglichkeiten haben, als man Ihnen weismachen will. Ja, lassen Sie die anderen Ameisen ruhig emsig in den Bau gehen – wenn Sie keine Ameise sind, halten Sie die Augen auf nach neuen Chancen.

2. Glaubenssatz: Wer A sagt, muss auch B sagen

Menschen, die diesen Spruch heute noch bringen, die sollten einen Award bekommen. Den GBDW-Award – den »Größter-Bremser-der-Welt«-Award. Denn sie verhindern, dass wir anfangen, auf unseren Möglichkeiten aufzubauen, dass wir die Augen aufmachen und nach Chancen suchen. Solche Menschen (Eltern, Lehrer, Freunde, Kollegen …) zwingen andere dazu, einer Linie treu zu bleiben, die schon längst veraltet ist. Sie sind der Grund, warum so viele Menschen und auch Unternehmen ein Pferd reiten, das schon längst tot ist.

Britta stehen gerade eigentlich alle Türen offen. Eigentlich. Nach ihrem Biologiestudium hatte sie über eine Freundin eine zeitlich befristete Vertretungsstelle in einer Bibliothek bekommen. Die »Notlösung« dauerte drei Jahre, doch nun fällt die Stelle weg. Britta hat bis Ende des Jahres Zeit, um sich zu sortieren und zu schauen, was sie künftig beruflich machen will. Im Coaching kreisen ihre Jobideen immer rund um die Biologie. Was könnte sie dort machen? Wie könnte sie dort Geld verdienen? Ist es ihr Traumjob? Nein. Sie hat dieses Fach damals studiert, weil es sie interessiert hat – aber arbeiten will sie darin eigentlich nicht. Warum denkt sie dann darüber nach? »Na, wenn ich jetzt nicht endlich anfange, in diesem Bereich zu arbeiten, dann war ja das Studium umsonst.«

Wer A sagt, der muss heute nicht mehr B sagen! Warum denn auch? Der lineare Weg, die geplante Karriere, das geplante Leben – all das sind völlig veraltete Erfolgsmuster, die heute nicht mehr zwingend funktionieren. Betrachten Sie mal die Lebensläufe von erfolgreichen Menschen, dann fällt sehr häufig auf, dass diese überhaupt keinen linearen Weg zurückgelegt haben. Sondern einen Weg voller Kurven, Abbiegungen, voller Berge und Täler.

Kleine Übung: Für welche Position ist wohl ein Kandidat geeignet, der seine Lebensstationen und Erfahrungen wie folgt angibt? Abgebrochenes Studium, Arbeiten auf einer Apfelplantage, Kalligrafiekurs, Yoga, Musik, Technik, Zenmeditation. Design, Filme, Querkopf.

Sie sagen jetzt vielleicht: So einer hat doch keine Chance auf einen guten Job. Da ist ja überhaupt kein roter Faden zu erkennen. Und in der Tat wollen Personaler solche Lebensläufe häufig gar nicht sehen. Das führt dann dazu, dass hoch motivierte Bewerber nachts dasitzen, um einen Lebenslauf zu basteln, bei dem sie ihr Leben in eine lineare Form zwingen. Einen Lebenslauf, der den Anschein erweckt, alles wäre völlig logisch und geplant abgelaufen. Ist es aber nicht. »Verstehen kann man das Leben nur rückwärts. Leben muss man es vorwärts«, sagte der dänische Philosoph Sören Kierkegaard.

Im Karrierecoaching arbeite ich seit vielen Jahren mit meinen Klienten anders an ihrem Lebenslauf. Und dazu gehört, dass wir uns zunächst vom Dogma des roten Fadens lösen. Und stattdessen die Strategie »Connecting the dots« anwenden. Das heißt, wir schauen uns die einzelnen Lebensstationen und Aktivitäten an und verbinden diese Punkte zu einem Bild, das für den neuen Arbeit- oder Auftraggeber unbestechlich reizvoll ist. Weil es deutlich macht, dass der Bewerber gerade aufgrund der Buntheit seiner Lebensstationen perfekt für die Stelle oder den Auftrag geeignet ist.

Lösen wir die Übung von oben auf: Für welche Stelle ist der Kandidat geeignet? Nun, er kommt als Apple-Chef infrage. Steve Jobs nannte diese Stationen, die ihn befähigten, das zu tun, was er schließlich tat. Ohne das Arbeiten auf der Apfelplantage wäre er nicht auf die Idee mit dem Logo gekommen. Ohne seinen Kalligrafiekurs hätte er nicht so eine Liebe zu Ästhetik und Design entwickelt. Ohne sein Faible für Musik hätte er die Idee zu iTunes nicht gehabt. Wer seine Punkte verbindet, der kann Großartiges schaffen und Chancen nutzen. Und das ist nicht planbar, das entsteht organisch.

> »Verstehen kann man das Leben nur rückwärts. Leben muss man es vorwärts.«
> SÖREN KIERKEGAARD

Unsere Welt ist ein Füllhorn an Möglichkeiten und jeden Tag kommen neue Chancen dazu: neue Berufe, neue Hobbys, neue mögliche Aktivitäten, neue Reiseziele. Konkrete Planung ist deshalb nicht nur ein Ding der Unmöglichkeit, sondern würde Ihre Chancennutzer-Fähigkeit sogar extrem einschränken. Denn wer einen Plan erfüllen muss, der macht die Augen zu. Und kann so neue Chancen überhaupt gar nicht mehr sehen. Unser Leben ist ein konstanter Ablauf von Improvisationen zwischen dem, was uns interessiert, und den Chancen, die sich auftun. Erhalten Sie sich also Ihre Lust am Improvisieren, gehen Sie mit offenen Augen in die Welt. Dann werden Sie unzählbar viele Chancen finden, die Sie nutzen können. Wer A sagt, kann auch K sagen.

3. Glaubenssatz: Nur harte Arbeit bringt verdienten Erfolg

Wie oft haben Sie Sprüche wie diesen gehört? Vielleicht in der Form »Ohne Schweiß kein Preis« oder »Wenn es Spaß macht, ist es keine Arbeit«? Diese Aussagen haben mich sehr lange begleitet – und mir das Leben schwer gemacht. Ich erinnere mich noch gut an die ersten Jahre als Trainerin. Über die Jahre hatte ich mir solides Fachwissen und Methodenwissen (Trainerausbildung, Coachausbildung) angeeignet. Und dennoch war ich zu den Seminaren immer krank. Mal war es ein extremer Heuschnupfen mit leichtem Fieber, dann war es ein steifer Nacken, sodass ich den Kopf nicht drehen konnte, mal eine Gehirnerschütterung nach einem Fahrradunfall. Seminar absagen? Nö. Wenn eine Nussbaum etwas zugesagt hat, dann hält sie sich auch dran! Und wenn sie mit Gehirnerschütterung nach Hamburg fliegt und abends nach dem Seminar regungslos auf dem Hotelbett liegt. So stand ich teilweise Dreitageseminare mithilfe der Akademie-Seminarleiter durch, die mir immer wieder in der Apotheke neue Medikamente holten und mich in den Pausen umsorgten – den Teilnehmern gegenüber sagten wir natürlich nichts. Wundersamerweise waren nach den Seminaren die Krankheiten auf einen Schlag wieder weg (bis auf die Gehirnerschütterung, die begleitete mich ein paar Wochen). Ich schob es auf den Stress, den ich mir nach wie vor machte, verbunden mit den Ansprüchen, die ich an mich selbst stellte, und meinte, mit der Routine und mit der Erfahrung würde das schon vorbeigehen. Doch Fehlanzeige! Über Jahre plagten mich die Zipperlein, und mein Mann sagte schon, ich solle mir doch bitte einen neuen Beruf suchen.

Dann fuhr ich eines Tages an den Chiemsee, zu einem historischen Festzug, bei dem mein Vater mitlief. Fünf Tage zuvor hatte er ein neues Kniegelenk implantiert bekommen, deshalb sollte er eigentlich das Bein hochlegen. Aber er besorgte sich echte, historische Unter-dem-Arm-Krücken und lief die sechs Kilometer mit. Später trafen wir seine Nachbarn, und die sagten zu ihm: »Hannes, du bist ja hart im Nehmen, so einen Marsch mit frisch operiertem Knie, Hut ab!« Und mein Vater erwiderte: »Ja, gesund kann es ja jeder!«

»Gesund kann es ja jeder!« – Ich hörte diesen Satz von meinem Vater und erkannte plötzlich, warum ich immer zu meinen Seminaren krank wurde. »Gesund kann es ja jeder!« Hätte ich die Seminare im »Normalzustand« gehalten, dann wäre das zwar fein gewesen, aber doch keine Leistung! Erst wenn erschwerende Umstände hinzukommen, dann und erst dann ist es ein anerkennendes Wort wert. Und wie oft hatte ich genau das von den Seminarleitern gehört: »Wow, obwohl du angeschlagen warst, mal wieder ein Hammer-Seminar.« Von allen Seiten nur positives Feedback.

An jenem Sommertag am Chiemsee erkannte ich, warum ich immer über Nacht krank und nach dem Seminar wieder gesund geworden war, und ich beschloss: Ich darf es mir leicht machen. Ich darf Seminare halten und ein Lob bekommen – auch wenn ich gesund bin. Ich muss es mir nicht hart verdienen. Erfolg muss nicht hart erarbeitet sein oder wehtun. Und wissen Sie, was verrückt ist? Seitdem war ich zu meinen Seminaren nicht mehr krank.

Wie ist das bei Ihnen? Kommen Sie Ihren eigenen Glaubenssätzen auf die Spur. Schreiben Sie festsitzende Sprüche und Beobachtungen auf oder ermitteln Sie sie gezielt im E-Coaching.[32] Haben Sie eher das Gefühl, dass bislang (unbewusste) Gegenwinde Sie von Ihrem Wunschkurs wegblasen oder Ihnen regelmäßig das Leben schwer machen? Dann denken Sie zurück, welche Aussagen und Beobachtungen Sie möglicherweise geprägt haben. Für welche Ihrer Hobbys oder Ihrer Interessen wurden Sie von den Eltern gerügt? Wofür wurden Sie gelobt? Wie war der Erziehungsstil Ihrer Eltern und wie hat er Sie beeinflusst? Wer hat sich hauptsächlich um Sie gekümmert und wie war das für Sie? Welche ungeschriebenen Gesetze gab es in Ihrem Heimatort, Ihrer Region? Welche »Weisheiten« wurden Ihnen mit auf den Weg gegeben? Welche Überzeugungen haben Sie sich im Laufe der Zeit selbst zugelegt? Welche davon spornen Sie an? Welche bremsen Sie eher aus?

Hier eine kleine Auswahl an Aussagen, die sich zu negativen, bremsenden Glaubenssätzen entwickelt haben und die wir in den Seminaren und Coachings zusammengetragen haben:

★ Gewollt, aber nicht geschafft!
★ In Deutschland wachen jeden Tag zwei Deppen auf – schade, dass immer mein Sohn dabei ist.
★ Der frühe Vogel fängt den Wurm.
★ Wer A sagt, muss auch B sagen.
★ Man kann nicht auf allen Hochzeiten tanzen.
★ Das habe ich nicht verdient!
★ Ohne Fleiß kein Preis!
★ Wer hoch hinaus will, kann tief fallen.
★ Geld verdirbt den Charakter.
★ Du wirst es nie zu etwas bringen!
★ In unserer Familie hat sich noch keiner aus dem Elend befreien können.
★ Bist dir wohl zu fein zum Selbstarbeiten!
★ Ich schaffe das nicht

★ Bei all dem Elend auf der Welt darf es mir doch nicht gut gehen.
★ Es ist zu wenig da für alle. Reich wird man nur auf Kosten der anderen.
★ Ich bin zu dick.
★ Mit deinem Zinken solltest du dich als Kleiderständer bewerben.
★ Ich habe halt mal kein Durchhaltevermögen.
★ Mach uns keine Schande!

Wie geht es Ihnen, wenn Sie diese Aussagen lesen? Mich ziehen sie beim Schreiben schon runter, sie machen mich mutlos und bremsen mich. Können Sie sich vorstellen, welchen verheerenden Schaden diese Sätze anrichten, wenn sie Jahr um Jahr Ihre grauen Zellen verstopfen? Wenn solche Sätze stetig in Ihr Gehirn tröpfeln und zu einer dicken, zähflüssigen, schwarzen Masse werden? Das ist der Stoff, der Träume zerstört. Da ist es kein Wunder, dass Sie überhaupt nicht anfangen können, in Möglichkeiten zu denken, denn die zähe Masse platscht sofort nieder und zerstört das zarte Pflänzchen Ihrer »Geht-doch«-Ambition.

Schreiben Sie Ihre persönlichen Glaubenssätze auf – die negativen, die positiven und die vermeintlich positiven (»Wenigstens *du* machst mir keinen Ärger«, »Auf dich ist wenigstens Verlass«). Denn diese sind quasi die Spieler Ihrer Mannschaft, die Spieler, die Ihnen zur Verfügung stehen, um im Spiel des Lebens mitzumischen. Die destruktiven Spieler zu erkennen, ist – wie bei den Ängsten auch – der erste Schritt, um sich von ihnen zu befreien.

Was wir denken, welche »Brille« wir auf der Nase haben, bestimmt maßgeblich über unser Tun und damit über unseren Erfolg. Das gilt sogar im Falle völlig alltäglicher Gedanken.

Wie haben Sie letzte Nacht geschlafen? Gut? Sind Sie fit? Oder haben Sie schlecht geschlafen? In Wahrheit ist es völlig egal, wie Sie tatsächlich geschlafen haben. Ausschlaggebend ist, was Sie *denken*, wie Sie geschlafen haben, fand Christina Draganich vom Colorado College heraus.[33] Dazu unterzog sie 164 Freiwillige einem körperlichen Check: Sie prüfte Werte wie Puls, Herzschlag, Gehirnströme und teilte dann der einen Hälfte der (zufällig ausgewählten) Probanden mit, dass diese offensichtlich ganz furchtbar schlecht geschlafen hätten, während sie den anderen sagte, dass ihre Körperwerte zeigen, wie super sie geschlafen haben. Anschließend absolvierten alle Teilnehmer verschiedene Aufmerksamkeits- und Gedächtnistests. Das Resultat: Die angeblich »ausgeschlafene« Gruppe schnitt in allen Tests wesentlich besser ab als jene, denen Schlafmangel bescheinigt worden war, und lag auch weit über den Werten einer Kontrollgruppe, die nicht mit Aussagen über den eigenen Schlaf konfrontiert worden war. Die angeblich Müden schnitten schlechter als die Kontrollgruppe ab.

Die Erklärung: Die meisten Menschen verbinden Schlafmangel mit Konzentrationsproblemen und Leistungseinbruch. Sind wir müde, sinken Konzentration und Aufmerksamkeit, wir machen mehr Fehler. Und offenbar wird diese Einschätzung zur sich selbst erfüllenden Prophezeiung, nur weil wir *glauben,* schlecht geschlafen zu haben. Unser Erfolg hängt von unserem Glauben ab.

Gegenwind hinderliche Muster

Manche unserer Ängste und Glaubenssätze wachsen sich zu – im Rückblick erkennbaren – hinderlichen Mustern aus. Wie ist das bei Ihnen?

Seit Monaten ist Georg wie erstarrt. Im August lief der Gründerzuschuss für den ehemaligen Manager aus, der sich mit einem Sekretariatsservice selbstständig machen und persönliche Assistentinnen an andere Manager vermitteln wollte. Jetzt ist Januar, er hat weder das Gründergeld verlängert noch sich wieder arbeitssuchend gemeldet. Die Kontoauszüge hat er seit November nicht mehr geholt, beim Heimkommen rechnet er mit einem bösen Rüffel von seinem Vermieter, und beim Einkaufen wartet er nur auf den Moment, an dem es an der Kasse heißt: »Ihre Karte funktioniert nicht.«

Georg kann seine Lethargie einfach nicht verstehen. Als Manager bei seinem alten Arbeitgeber, einem großen Lebensmittelkonzern, war er für viele Mitarbeiter zuständig, fällte weitreichende Entscheidungen – aber in eigenen Dingen ist er wie blockiert.

Burn-out? Depression? Nein, da hat er sich untersuchen lassen, diese Diagnosen können ausgeschlossen werden. Im Coaching arbeiten wir heraus, dass Georg nicht gerne Unterstützung von anderen annimmt.

»Schon in meinem Job habe ich immer alles selbst gemacht, und bei Krisen, die ich im Leben durchgemacht habe, habe ich immer erst Unterstützung angenommen, als es gar nicht mehr ging.«
    Ich lehne mich zurück, schaue ihn an und frage: »Inwiefern kann es sein, dass Sie im Moment mit voller Kraft daran arbeiten, dass es bald ›gar nicht mehr geht‹?« Der 44-Jährige zuckt zusammen. »Sie meinen, weil ich dann erst Hilfe annehmen könnte?« Ich nicke. Er schweigt. Denkt nach. Sinkt im Stuhl zusammen und sagt: »Oh Gott, das ist ja ein Muster bei mir ... so funktioniere ich also. Das muss ich jetzt erst einmal sacken lassen.« Ein Grund, warum Georg nur ungern Unterstützung annimmt, ist, dass er die »lebenslange Dankbarkeit« nicht ertragen kann. »Wenn mir einer hilft, dann stehe ich ja in dessen Schuld und muss auf ewig dankbar sein – das finde ich äußerst unangenehm.« Ich blicke aus dem Fenster, sehe die Schneeflocken fallen – und denke an Hawaii. An einen Wesenszug der Einheimischen, der mich viel gelehrt hat. Ich erzähle Georg davon.

Zur Philosophie der Hawaiianer gehört die tief verwurzelte Auffassung, dass jeder, der etwas hat, dies mit den anderen teilt. Winnie hat Wiesen und Felder, auf denen Rehe sind, und er teilt das Rehfleisch mit den anderen. Honoko hat einen Fishpond (ein künstlich angelegtes Becken, bei dem bei Flut die Fische eingespült werden, die dann bei Ebbe nicht mehr hinauskönnen) und er verschenkt Fische. Kilo'ho hat eine Blumenfarm und schmückt zum Wochenende immer gratis die Kirchen auf Molokai. Joana hat viele Mangobäume im Garten und legt uns immer Früchte auf die Veranda. Am Straßenrand stehen alle paar Kilometer Holztische mit Obst und Gemüse, daneben ein Schild: »For you, please help yourself!«
    »Sharing« nennen es die Hawaiianer. Teilen. Das Wichtige dabei: Wenn einer teilt, dann teilt er, weil er das gerne tut. Und er erwartet keine Gegenleistung dafür. Klar freut sich ein jeder über ein »Mahalo«, also über ein »Danke«. Aber der Empfänger ist nicht verpflichtet, eine Gegenleistung zu erbringen. Teilen ohne Erwartung – das hat mich beeindruckt. Denn es macht unser Leben um so viel einfacher. Wenn wir uns klarmachen, dass mit einer Hilfe, die wir annehmen, nicht automatisch ein »Gegengeschäft« fällig ist, dann können wir entspannt Hilfe annehmen und nutzen.
    Wenn wir uns aber sagen, wir müssen ein Gegengeschäft anbie-

ten – Gleiches zurückgeben oder lebenslange Dankbarkeit –, dann unterstellen wir ja dem anderen, dass er sein Teilen mit einer Erwartung verknüpft hat. Dabei haben ja auch die Helfer was von ihrer guten Tat: Sie bekommen ein gutes Gefühl (»Ich habe geholfen«) und den Garten leer, indem sie ihr Obst und Gemüse an den Straßenrand legen. So lagen mal auf unserer Veranda Mangos von einem unbekannten Spender; und ein anderes Mal wurden wir an einem der ersten Sonntage, als wir in die Kirche gingen, zum gemeinsamen Mittagessen eingeladen, zu dem jeder das beisteuerte, was er gerade hatte.

Schnell lernten wir, dass das Teilen sich nicht auf materielle Güter beschränkt, sondern dass jeder von uns etwas geben kann. Denn jeder kann etwas und weiß etwas, und jeder kann helfen, dass der andere »wachsen« kann. So gaben wir bei neuen Freunden zur Vorbereitung auf ein großes Fest unsere Arbeitskraft, um einen »Emu«, einen alten hawaiianischen Erdofen, zu bauen und 300 Portionen »Lau Lau« zuzubereiten. Unsere Kinder teilten in der Schule – als Dankeschön fürs Dabeiseinkönnen – ihr Wissen über Deutschland und Europa, indem sie vor ihren Klassen ein Referat hielten. Und wir teilten gute Laune, Lachen und Gespräche. Mich hat hierbei ein Gespräch mit dem Rektor der Schule, Richard, sehr berührt. In der Pause unterhielten wir uns, während wir den Kindern beim Ballspielen zusahen, und aus heiterem Himmel sagte er plötzlich: »Danke, dass du und deine Kinder bei uns seid!« Ich schaute ihn erstaunt an und entgegnete: »Nein, es ist an uns, immer wieder dankbar zu sein, dass ihr uns aufgenommen habt!« Richard widersprach: »Nein, ihr bringt so viel zu unseren Kindern. Die meisten von ihnen werden nie die Möglichkeit haben, diese Insel zu verlassen und woanders Erfahrungen zu machen. Ihr bringt diese Erfahrungen, eine andere Weltsicht und so viele Impulse zu uns – danke!« So hatte ich das nie gesehen. Ja, wir konnten etwas teilen, da hatte er recht. Unser Wissen, unsere Erfahrungen, unsere Sicht der Dinge.

Banal? Vielleicht. Aber wie oft sagen wir uns: »Ich kann niemanden um Unterstützung bitten, weil ich es nicht bezahlen kann!« Oder: »Wen interessiert schon, was ich tun will?« Allein mal das Nachdenken über »Sharing« kann helfen, Bremsen zu lösen und durchzustarten.

Georg blickte versonnen in die Schneeflocken. Und lächelte. »Was für eine schöne Einstellung. Ja, es stimmt – wenn ich jetzt nehme, dann kann ich auch wieder geben. Es ist ein Kreislauf. Danke für diese Erfahrung und dass Sie sie mit mir geteilt haben.«

Hinterfragen Sie Ihr Verhalten, und forschen Sie nach Mustern, die immer wiederkehren. Die Frage nach zugrunde liegenden Glaubenssätzen oder Ängsten wird Ihnen diese Suche extrem erleichtern.

Machen Sie sich auch klar, dass wir für viele unserer Muster selbst verantwortlich sind – auch wenn wir denken, wir »müssen« so handeln. Neulich habe ich einem Müttergespräch zugehört, in dem die eine Frau klagte, sie müsse ihrem fünfjährigen Sohn immer Pommes machen, er esse nichts anderes außer Pommes mit Ketchup. Mittags. Nachmittags. Abends. Immer. »Wenn es keine Pommes gibt, dann schreit Leon so lange, bis er welche bekommt.«

Die Mutter »muss« aber gar nicht dauernd Pommes machen. Sie muss nur selbst aus ihrem Muster rauskommen, ihr Kind schnell ruhig zu bekommen. Vielleicht liegt bei ihr die Angst dahinter, dass ihr Kind sie nicht mehr liebt, wenn es nicht seinen Willen bekommt? Vielleicht hat sie Angst zu hören: »Du bist die blödeste Mutter der Welt«? Ja, das sollte man aushalten können. Unsere Aufgabe als Eltern ist es nicht, es den Kindern immer recht zu machen. Unsere Aufgabe ist, dass die Kleinen in ein selbstbestimmtes *und* realitätsbewusstes Leben hineinwachsen können. Und dazu gehört es auch, dass wir Grenzen setzen. Doch das funktioniert nur, wenn wir unsere eigenen Ängste, Glaubenssätze und Muster kennen – und damit umgehen lernen.

Belohnungen und Lob können demotivieren

Seit vielen Jahrzehnten beschäftigt sich die Motivationsforschung damit, herauszufinden, wann Menschen motiviert sind, etwas zu tun, und was sie demotiviert. Interessanterweise gibt es darauf keine allgemeingültige Antwort, denn jeden von uns motivieren oder demotivieren völlig andere Dinge, Worte oder Aussichten auf Erfolg. Sicher ist jedoch zum einen, dass unsere Lebensmotive ganz entscheidend dafür sind, was uns ins Handeln bringt und was nicht. Und deshalb werden Sie diese noch genauer kennenlernen (vgl. Kap. 2, Unterkap. »Unsere Motive – der Ozean unseres Tuns«). Zum anderen gibt es paar interessante Beobachtungen zu Situationen, in denen wir, einem stillen Muster folgend, einen möglichen Erfolg selbst sabotieren.

Einigkeit besteht darüber, dass die sogenannte intrinsische Motivation deutlich besser wirkt und länger anhält als die extrinsische Motivation. Also jeder Antrieb, der aus uns selbst kommt, wirkt deutlich besser als Belohnungen, die von außen kommen. Aus diesem Grund haben Gehaltserhöhungen (motivieren circa drei Monate lang), Bonuszahlungen oder Prämien eine sehr kurze Motivationslebensdauer. Und es kommt noch schlimmer: Forscher haben festgestellt, dass Belohnungen und Lob sogar kontraproduktiv sein können.

In einem Versuch bat der Psychiater Edward Deci Freiwillige darum, 30 Minuten mit dem Holzpuzzle »Soma« zu spielen. Einigen der Probanden sagte er zu Beginn, sie würden eine finanzielle Belohnung erhalten, wenn sie das Puzzle lösen könnten, während er den anderen keinen Anreiz anbot. Nach der vereinbarten Zeit verließ Deci unter einem Vorwand den Raum und ließ die Teilnehmer zehn Minuten allein. In dieser Zeit konnten sie entweder weiter Soma spielen, in ausliegenden Zeitschriften lesen oder einfach nur warten. Ihr nun folgendes Verhalten wurde von Deci heimlich beobachtet – und stellte Belohnungen als Anreizmodell grundsätzlich infrage. Denn der landläufigen Meinung folgend, dass Geld ein klarer Anreiz sei für eine bestimmte Tätigkeit, hätte man ja jetzt erwarten können, dass die mit Geld belohnten Spieler sich weiter dem Puzzle widmen, während die anderen sich gelangweilt abwenden würden. Das Gegenteil war der Fall! Diejenigen Teilnehmer, denen keine Belohnung angeboten worden war, spielten weitaus häufiger mit dem Puzzle weiter, nachdem Deci den Raum verlassen hatte.

Der Grund: Bekommen wir Geld oder eine andere Belohnung, dann meinen wir unbewusst: »Ich bekomme eine Belohnung angeboten, also kann mir das ja wohl keinen Spaß machen, was ich dort tue.« Steht eine Belohnung allerdings überhaupt nicht zur Debatte, dann widmen wir uns der Aufgabe, weil wir es wirklich *wollen*.[34]

Ein weiser, alter Mann lebte in einem heruntergekommenen Viertel. Eines Tages beschlossen einige dort lebende Teenager, ihm das Leben schwer zu machen. Jeden Tag kamen sie zum Haus des alten Mannes und beschimpften ihn wüst und lautstark. Jeder andere hätte nach ein paar Tagen sicherlich die Polizei geholt oder zumindest zurückgeschimpft, nicht so jedoch dieser Mann. Er setzte sich vor sein Haus und wartete auf die Teenager. Als die Gruppe auftauchte, gab er jedem von ihnen eine Fünf-Pfund-Note und erklärte, sie gern dafür bezahlen zu wollen, dass sie ihn beschimpften. Verwirrt nahmen die Jugendlichen das Geld und machten ihre üblichen rüden Bemerkungen. Dies wiederholte sich eine Woche lang, jeden Tag. In der zweiten Wochen erklärte der Mann den Teenagern, dass er leider gerade nicht flüssig sei und ihnen deshalb nur ein Pfund zahlen könne. Die Kids nahmen das Geld und setzten ihr kindisches Gegröle fort. In der dritten Woche erklärte der alte Mann wiederum, dass er leider kaum Geld verdient habe in den letzten Tagen und ihnen deshalb jeweils nur 20 Pence zahlen könne. Beleidigt über die geringe Summe, die der alte Mann bot, lehnten es die Kinder ab, ihn weiterhin zu beschimpfen.[35]

Vermutlich ist diese Anekdote erfunden, aber zeigt eindrücklich, warum wir uns unlogisch verhalten, sobald Belohnungen ins Spiel kommen. Belegt hat das Belohnungsparadoxon auch Tom Wujec mit seiner in der Einleitung dieses Buches beschriebenen Spaghetti-Marshmallow-Challenge. Was passierte, als er zehn Teams von Designstudenten zu einem Wettkampf aufforderte und dem besten Team einen Preis von 10 000 Dollar versprach? Nichts. Kein Team schaffte es, einen stabilen Turm zu bauen, der auch stehen blieb. Von den anderen zehn Teams, denen keine Belohnung in Aussicht gestellt wurde, gelangen zumindest einigen ein paar haltbare Bauwerke.[36]

Meine eigenen Coachingerfahrungen und die dabei gewonnenen Einblicke in viele Unternehmen und auch in viele Familien bestätigen dieses Phänomen. Immer wieder ist mir aufgefallen, dass Belohnungen nach einiger Zeit dafür sorgten, dass das gewünschte Verhalten nur mehr widerwillig an den Tag gelegt wurde. Fiel die Belohnung weg, war das gewünschte Verhalten dann komplett weg.

Haben Sie Kinder? Lesen diese gerne Bücher? Viele Eltern möchten gerne, dass ihre Kinder Bücher lesen, und so ist es in vielen Familien gang und gäbe, dass Eltern zu ihren Sprösslingen sagen: »Wenn du jetzt diese Geschichte liest, dann bekommst du danach eine Schokolade.« Brav greifen die Kleinen zum Buch, überfliegen die Seiten in freudiger Erwartung der Süßigkeit. Ein paar Tage später »müssen« es dann schon zwei Süßigkeiten sein, dann fordern die Schreihälse drei und so weiter. Die Kinder lernen: Lesen macht offenbar keinen Spaß – sonst müssten Mama und Papa mich ja nicht mit Schokolade bestechen.

Viel besser wäre es, die intrinsische Motivation der Kinder zu wecken: Spaß an spannenden Geschichten, die Welt entdecken, sich selbst beschäftigen können. Denken Sie das nächste Mal daran, wenn Sie jemanden belohnen – es könnte ein echter Motivationskiller sein. Die ureigene Lust an einer Tätigkeit wirkt eindeutig länger.

Und fragen Sie sich selbst, warum Sie sich zu einigen Dingen regelrecht zwingen müssen. Wurden Ihnen diese früher mal mit Belohnungen »schmackhaft« gemacht? Wenn du dein Zimmer aufräumst, dann gibt es ein Bonbon? Kein Wunder, dass Sie heute nicht gerne aufräumen – niemand steckt Ihnen danach ein Bonbon zu. Finden Sie eine neue – innere – Belohnung, wenn Sie aufräumen: Die optische Ruhe ist wohltuend, Sie vertun nicht mehr so viel Zeit mit Suchen. Oder kehren Sie zu den frühkindlichen Belohnungsmustern zurück und stellen Sie selbst die Bonbons bereit.

Ich möchte hier und jetzt kein Plädoyer für oder gegen Belohnungen halten. Mir ist nur wichtig, dass Sie Ihre persönlichen Muster erkennen und sich bewusst und erwachsen aus einem Automatismus befreien können, der bislang möglicherweise Ihren Erfolg verhindert hat.

Das gilt auch für ein anderes Muster, nach dem viele Menschen agieren. Grundsätzlich tun wir Dinge aus zwei Grundmotiven: Lustgewinn oder Schmerzvermeidung. So entstehen dann unsere Hinzu-Ziele (das, worauf ich Lust habe) oder unsere Weg-von-Ziele (das, wovon ich weg will). Über Jahre hinweg konnte ich beobachten, dass dabei auch Gefühle wie Zorn eine unglaubliche Energie freisetzen können. In vielen Motivations- und Erziehungsratgebern steht, dass wir unsere Mitmenschen mit Lob und Rückenstärkung zu Höchstleistungen führen können. Bei manchen Menschen stimmt das, sie brauchen jemanden, der an sie glaubt, um ins Tun zu kommen. Bei anderen bewirkt dieser Kuschelkurs allerdings gar nichts. Manche Kinder und Erwachsene, die immer nur hören, wie toll sie sind und dass sie die Aufgabe schon schaffen werden, treiben ambitionslos vor sich hin. Erst wenn sie kritisiert werden, ihnen nichts zugetraut wird, dann erwacht der Widerstandsgeist in ihnen und sie schwören sich (unbewusst): Denen zeig ich's!

Für Michael Leppert erwies sich eine »verbale Ohrfeige« eher als Ansporn. »Von allen Schulen geflogen, irgendwie den Hauptschulabschluss gemacht, dann eine Lehre als Elektromechaniker, von der ganzen Verwandtschaft bin ich oft nur von der Seite angeschaut worden, da ich der Einzige in der Sippe war, der kein Abi gemacht hatte. Wie sagte so schön ein Onkel zu mir: ›Bei dir haben sie wohl die Nachgeburt großgezogen‹«, erzählte er mir im Interview.[37] *Doch dann: neben der Arbeit Abendschule, mittlere Reife, Techniker, weiter bis zum Abi. Diverse Schiffspatente gemacht, Segelschule in Italien, Schiffsüberführungen, Geschäft für Schiffselektronik. »Bis dahin wusste keiner von der buckligen Verwandtschaft, dass ich an der Schule weitergemacht habe.« Studienplatz in Zahnmedizin bekommen, nach dem Studium zwei Jahre in einer Kieferchirurgie- und Zahnarztpraxis weitergebildet in Richtung Oralchirurgie. Dann eigene Praxis in Gaggenau bei Baden-Baden eröffnet, die nach zwei Jahren schon über 20 Mitarbeiter hatte. Nach genau 20 Jahren dann alles verkauft. Neuen Segelkatamaran gekauft, zu einer Zahnarztpraxis umgebaut und losgesegelt. Seit über acht Jahren schippert der Zahnarzt jetzt mit seinem Katamaran »Mariposa« durch die Weltmeere und legt mit seiner »schwimmenden Zahnarztpraxis« an Inseln an, die keine zahnmedizinische Versorgung haben. Danke, Onkel!*

Was bringt Sie ins Handeln? Brauchen Sie viel Rückenstärkung und Zuspruch oder gehören Sie auch eher zu den »Denen-zeig-ich's«-Durchstartern? Es kann auch sein, dass es bei Ihnen mal so, mal so ist: In manchen Gebieten bringt Sie wohlwollende Unterstützung weiter, in anderen eher Ihr Widerspruchsgeist. Achten Sie bei sich, aber auch bei Ihren Kindern, Mitarbeitern oder Kollegen in den nächsten Tagen mal bewusst darauf, wann diese sich innerlich so richtig »angezündet« fühlen – damit haben Sie einen wertvollen Schlüssel zur dauerhaften Motivation gefunden. Seien Sie achtsam, denn die falsche Motivation kann nicht nur zum Nichtstun führen, sondern ernsthaft und dauerhaft demotivieren!! Da meinen Sie, mit einer Handlung jemandem eine Freude zu machen – doch das Gegenteil ist der Fall. Nicht alles, was wir bekommen, motiviert.

Stellen Sie sich vor, jemand drückt Ihnen 100 Dollar in die Hand, die Sie allerdings mit einer anderen Person teilen müssen. Sie können die andere Person weder sehen noch kennen Sie sie. Nun dürfen Sie wählen, welchen Anteil an den 100 Dollar die unbekannte Person erhalten soll. Der Haken an der Sache: Lehnt der andere Ihr Angebot ab, dann bekommen beide nichts. Welchen Betrag würden Sie dem Unbekannten anbieten? Und wenn Sie in der Rolle des Unbekannten wären, welchen angebotenen Betrag würden Sie akzeptieren?

Dieses Experiment ist unter dem Namen Ultimatumspiel bekannt. Als der Ökonom Björn Wallace vom schwedischen Karolinska-Institut es vor einigen Jahren durchführte, entschieden sich die meisten Testpersonen für 50 Dollar als Angebot an den unbekannten Partner, 50 Dollar wollten sie selbst behalten. Sie empfanden das als das fairste Angebot und gingen davon aus, dass die unbekannte Person das Angebot mit hoher Wahrscheinlichkeit akzeptieren würde. Manche Probanden machten aber auch riskantere Angebote: 40, 30, 20 Dollar – die zum Teil abgelehnt wurden, sodass beide Seiten leer ausgingen.[38]

Warum lehnten die Mitspieler den kleineren Anteil ab? Das erscheint ziemlich sinnlos, denn sie hätten doch in jedem Fall einen Betrag x geschenkt bekommen. Auf dieses Geldgeschenk verzichteten sie jedoch, nach dem Motto »Lieber nichts als einen kleineren Anteil als der andere«. Die Forscher nannten als Grund für dieses Verhalten, dass die Mitspieler eben einen ausgeprägten Sinn für Fairness hätten und auf die Einhaltung von Fairnessregeln Wert legen würden. Die empfundene Gerechtigkeit sei ihnen wichtiger als der schnöde Profit.

David Marcus, Psychologe an der Washington State University, zieht ein anderes Fazit. Sein Verdacht: Nicht nur hehre Gerechtigkeitsmotive seien hier im Spiel, sondern schlicht auch Rachlust.[39] Die Probanden würden in Kauf nehmen, leer auszugehen – Hauptsache, der unfaire »Geizkragen« bekomme auch nichts.

Seltsam, oder? Nur weil es dem anderen »besser« geht als mir, verzichte ich auf einen Vorteil, den ich – zumindest in diesem Experiment – ohne den anderen überhaupt nicht gehabt hätte. Dieses Verhalten hat für mich auch weniger mit Fairness zu tun als eher mit Neid und Missgunst. Lieber schaden wir uns selbst, als dass es anderen Menschen gut geht. Das zeigt sich auch bei dem Hausbesitzer in einem Münchner Vorort, der seine Einfahrt nicht pflastern ließ, »weil ja sonst auch mein Nachbar plötzlich einen staubfreien Vorgarten hat, ohne was dafür zu bezahlen«. In einer Studie der Cornell University, New York, durften die Teilnehmer ihr Gehalt selbst festlegen – und das der Kollegen gleich mit. Sie hatten zwei Möglichkeiten. Option 1: Sie selbst erhalten 100 000 Dollar pro Jahr, während alle anderen 85 000 Dollar verdient hätten. Option 2: Sie bekommen 110 000 Dollar pro Jahr und die Kollegen 200 000 Dollar. Die meisten Teilnehmer wählten Option 1 – sie hätten es nicht ertragen, weniger als andere zu haben.[40]

Wie ist das bei Ihnen? Haben Sie schon mal eigene Chancen nicht genutzt, nur weil auch ein anderer davon profitiert hätte? Haben Sie Möglichkeiten nicht ergriffen, weil andere Menschen davon noch mehr als Sie profitiert hätten? Falls nein: Glückwunsch, Sie zählen zu einer seltenen Spezies der zufriedenen Menschen. Falls ja: Versuchen Sie, dieses Muster aufzubrechen, gönnen Sie bewusst auch anderen Menschen Glück und wachsen Sie gemeinsam.

Den Gegenwind von Glaubenssätzen und Mustern drehen

Lassen Sie frühere Misserfolge oder Eigentlich-Ideen nochmals Revue passieren, und fragen Sie sich, welches Muster möglicherweise Ihren Erfolg verhindert hat. Achtsamkeit für sich selbst ist der beste Schlüssel, um künftig nicht mehr in diese Muster-Fallen zu tappen.

Egal, welcher Gegenwind Sie bislang von Ihren Trauminseln fortgeblasen hat, mit vier Nachdenkimpulsen können Sie viele Ihrer Gegenwinde abstellen – und vielleicht sogar in Rückenwind ummodeln.

Impuls 1: Erkennen

Unsere Glaubenssätze, persönlichen Annahmen und Ängste zu erkennen, ist die Startrampe, um sich von hinderlichen Bremsern zu befreien und mehr Rückenwind zu bekommen. Denn letztendlich führen unsere Gedanken zu unseren Erfolgen – oder Misserfolgen.

Unsere Erfahrungen führen zu Gedanken.

Gedanken führen zu Gefühlen.
Gefühle führen zu Handlungen.
Handlungen führen zu Ergebnissen.

Während der Lektüre der letzten Seiten haben Sie sich vielleicht Ihre persönlichen Glaubenssätze schon bewusst gemacht. Und vielleicht hat sich damit Ihr Problem, Ihr Gegenwind bereits gelegt. Denn sehr häufig können wir diese Blockade lösen, einfach weil wir sie zum ersten Mal in unserem Leben überhaupt sehen. Das ist wie mit dem »Ei des Kolumbus«. Nachdem Christoph Kolumbus Amerika entdeckt hatte, hielten ihm der Überlieferung zufolge während eines Essens bei Kardinal Mendoza die anderen Gäste vor, es sei doch ein Kinderspiel gewesen, die Neue Welt zu entdecken. Das hätte auch jeder andere hier an diesem Tisch vollbringen können. Kolumbus bat die Männer daraufhin, ein Ei auf seine Spitze zu stellen. Die Gäste versuchten es mehrfach, niemand schaffte es. Schließlich waren sie sich einig, dass diese Aufgabe unlösbar sei, und gaben das Ei an Kolumbus weiter. Der Entdecker schlug das Ei leicht mit der Spitze auf den Tisch, sodass es sanft eingedrückt wurde und stehen blieb. Die Anwesenden protestierten lautstark, das hätten sie auch gekonnt. Und Kolumbus sagte: »Der Unterschied ist, meine Herren, dass Sie es hätten tun können, ich hingegen habe es getan!«

Haben Sie Ihre prägenden Sätze und Ängste mal auf den Tisch gelegt – dann ist häufig alles klar und die Lösung für immer präsent. Gefahr erkannt, Gefahr gebannt.

Impuls 2: Die Glaubenssätze auf ihre Wirkung prüfen

Besonders bei Glaubenssätzen lohnt es sich, dass wir uns eindrücklich vor Augen halten: Es sind nur Worte! Es ist nur eine Aneinanderreihung von Buchstaben. Die Worte selbst ergeben noch keine Handlungsaufforderung. Erst mit unserer Interpretation bekommen Wörter und Sätze eine Kraft – also liegt es auch an uns, wie wir diese Sätze und unsere daraus abgeleiteten Annahmen interpretieren.

Bei Sätzen wie »So gut wie du möchte ich es auch mal haben!« hört der eine Bewunderung, Lob und Anerkennung heraus, während der andere Neid und Missgunst hört. Leidet der Letztere unter der Angst vor »Anerkennungsverlust«, wird er darauf hinarbeiten, dass es ihm künftig nicht mehr so gut geht, damit der andere ihn

> »Das größte Vergnügen im Leben besteht darin, das zu tun, von dem die Leute sagen, du könntest es nicht.«
> WALTER BAGEHOT

wieder mag. Aussagen von anderen sind erst mal nur Worte, sonst nichts. *Wir* bestimmen, was sie mit uns machen.

Erst wenn wir den Wörtern eine tiefere Bedeutung verleihen, können sie uns bremsen – oder beflügeln. Und so berichten auch viele Menschen davon, dass sie ihren Erfolg negativen Aussagen zu verdanken haben. So wie der Stadtmöblierer Hans Wall. Der Gründer der Wall AG schuf Produkte, die uns täglich begegnen: Buswartehäuschen, Werbetafeln und öffentliche Toiletten. Mit seinem Unternehmen machte er weltweit Jahresumsätze in Höhe von 150 Millionen Euro und beschäftigte allein in Deutschland über 500 Mitarbeiter. So erfolgreich war er jedoch nicht immer schon. Als Zehnjähriger musste er hören, wie sein Vater zu seinem Lehrer sagte: »Aus dem Jungen wird eh nie was.« Schlimmeres kann man seinem Sohn wohl kaum antun, als ihn mit einer solchen Aussage vor dem Lehrer bloßzustellen und ihm den Eintritt ins Gymnasium zu versauen. Der unbändige Wille, dem Vater und der ganzen Welt zu beweisen, dass mehr in ihm steckte und er kein Versager war, wurde zu seinem Antrieb – und mit Wagemut, Kreativität und Fleiß erschuf er ein weltweit tätiges Unternehmen. Wall stellt klar: »Ich bin allen dankbar, die mir nichts zugetraut haben, denn die Zweifler haben meinen Erfolg erst herausgefordert.«[41]

In der Kommunikationstheorie gibt es das bekannte Vier-Ohren-Modell des Psychologieprofessors Friedemann Schulz von Thun.[42] Darin erklärt er eindrücklich, warum wir Bemerkungen von anderen Menschen so häufig falsch verstehen – und wie wir es besser machen könnten. Oft fühlen wir uns nämlich kritisiert, weil wir uns auf einer anderen Kommunikationsebene befinden. Der Sprecher kann mit vier verschiedenen »Schnäbeln« reden, der Zuhörer hört mit einem von vier Ohren zu – daher der Name »Vier-Ohren-Modell«. Um erfolgreich und effizient miteinander zu kommunizieren, ist es praktisch, die »vier Ohren« im Kopf zu behalten. Und auch wenn es darum geht, unsere Glaubenssätze korrekt zu interpretieren, kann das Modell helfen. Folgende Kommunikationsebenen gibt es:

Das Sachohr: Auf der ersten, rein sachlichen Ebene hören wir mit dem Sachohr die Aussage des Satzes. Dies ist die neutrale Botschaft, wenn man den Satz wortwörtlich nimmt. (So bedeutet »Die

Spülmaschine ist fertig« eben nur, dass der Reinigungsvorgang abgeschlossen ist, nichts weiter.) Und viele Menschen reagieren auch nur auf diese Aussage. (»Ja, stimmt.«) Das heißt, sie verstehen die möglicherweise hinter der Aussage versteckte Bitte nicht. Oder wollen sie nicht verstehen – weil das ihre Form des Nein-Sagens ist.

In der Regel hören die meisten Menschen jedoch tatsächlich mehr als nur diese sachliche Information. Entweder weil sie schon wissen, dass der Sprecher immer zwischen den Zeilen redet. Oder weil sie glauben, die eigentliche Botschaft liege hinter den Worten. Dabei kann der Zuhörer jedoch auch zu Unrecht etwas in das Gesagte hineininterpretieren. Seine bisherigen Erfahrungen mit ähnlichen Personen oder Situationen und seine momentane Stimmung beeinflussen, welcher Inhalt bei ihm ankommt.

Das Selbstoffenbarungsohr: Mit dem Selbstoffenbarungsohr versucht der Hörer zu interpretieren, was der Sprecher über sich selbst mitteilen will, etwa ob er gute oder schlechte Laune hat oder ob er eine Aufgabe widerwillig übernimmt.

Das Beziehungsohr: Mit dem Beziehungsohr hören wir zum Beispiel heraus, ob der Sprecher uns mag, ob wir ihn gestört haben oder ob er sich über unseren Anruf freut – auch wenn er von etwas ganz anderem spricht.

Das Appellohr: Mit dem Appellohr hören wir (manchmal zu Unrecht), welche Aufforderung, welchen Appell der Sprecher an uns richtet. Vielleicht sagt er »Oh, ist mir heiß« – und wir springen auf und öffnen das Fenster.

Was bedeutet das Vier-Ohren-Modell für Ihre Interpretation von Aussagen anderer Menschen? Wenn jemand zu Ihnen sagt: »Bist du wahnsinnig, du kannst doch deinen sicheren Job nicht kündigen!«, dann können Sie die Aussage als Kritik an Ihrer Person interpretieren, im Sinne von »Das schaffst du nie!«. Sie können sie aber auch als Aussage des Sprechers über sich selbst begreifen, im Sinne von »Wow, diesen Mut hätte ich nie, Hut ab!«. Oder Sie können sie mit dem Beziehungsohr hören, im Sinne von: »Ich mache mir Sorgen um dich, wenn du das tust; ich will, dass es dir gut geht, weil ich dich liebe.«

Hören Sie mal genau hin – und hieven Sie Aussagen, die Sie runterziehen, bewusst auf eine andere Ebene. Dann können diese Sie nämlich durchaus beflügeln.

Impuls 3: Die Glaubenssätze auf ihren Wahrheitsgehalt prüfen

Manchmal reicht das bloße Erkennen vielleicht nicht aus. Dann können wir im dritten Impuls überprüfen, ob diese Aussagen, Ängste und Muster für uns überhaupt (noch) stimmen. Ob wir auch heute noch an deren Wahrheit glauben.

Eine gute Methode ist es, die Glaubenssätze jeweils auf ein Blatt Papier zu schreiben und auch zu notieren, woher dieser Satz stammt. Wer hat ihn gesagt, woher haben Sie diese Aussage oder Beobachtung? Legen Sie diese Zettel anschließend wie die Spieler einer Mannschaft auf dem Boden aus und fragen Sie sich: Stimmt diese Aussage? Immer? Woher will der Urheber (mein Lehrer, mein Vater, der Nachbar) wissen, dass das stimmt? Auf welche Annahmen stützt derjenige seine Aussage? Treffen diese Annahmen tatsächlich auf mich zu? Oder war das halt der Blick des anderen damals? Wo habe ich mal gezeigt, dass auch das Gegenteil stimmen könnte?

Wenn wir genauer nachdenken, dann gibt es wenig Aussagen mit universaler Geltung. Nicht mal für die folgenden trifft das zu: Der Himmel ist blau. Nachts wird es dunkel. Im Winter ist es bei uns kälter. Wirklich? Und was ist mit dem Abendrot? Was ist mit Mittsommernacht? Was ist mit dem 24. Dezember 2012, als in München gut 20 Grad erreicht wurden?[43]

Und denken Sie auch an all die »Weisheiten«, von denen man früher »wusste«, dass sie die Wahrheit sind: Die Erde ist eine Scheibe. Der Mensch kann nicht fliegen. Ein Aderlass ist die beste Heilmethode. Diese scheinbar gültigen Aussagen sind es, die uns einschränken – und die beispielsweise dazu führten, dass die Seefahrer sich immer ganz dicht an den Küsten hielten, damit sie nicht von der Erde runterfielen. Die Hawaiianer nennen dieses »Wissen«, diese Art, die Dinge zu sehen, »Ike« und meinen damit: »Die Welt ist, was du denkst. Und das beeinflusst dein Verhalten. Aber gleichzeitig ist die Welt auch nicht das, was du denkst.« Ganz zu schweigen davon, dass die Welt auch so ist, wie wir denken, dass sie nicht ist. Ein Paradoxon? Nein.

»Wir sehen die Dinge nicht so, wie sie sind. Wir sehen sie so, wie wir sind«, hat der Talmud schon vor langer Zeit festgestellt. Eine weise Aussage, die klarmacht, dass eine Meinung von jemand anderem dessen *Sicht der Dinge* entspricht – und nicht den Dingen selbst.

Wenn Ihre Eltern gesagt haben: »Das Glück klopft immer nur nebenan«, dann war das deren Erfahrung, deren Sichtweise, aber es ist keine objektive Wahrheit. Wenn Ihr Deutschlehrer zu Ihnen gesagt hat: »Du bist ja zu blöd zum Stifthalten«, dann war das seine (beschränkte) Sicht auf irgendwas, es war nicht die Wahrheit. Und schon gar nicht *Ihre* Wahrheit.

Diese Erkenntnis ist doch total banal, mögen Sie vielleicht sagen. Wirklich? Wie oft haben Sie sich in Ihrem Leben schon dem gebeugt, was »man« von Ihnen erwartet? Welchen Ansprüchen wollten Sie genügen? Welchen Anforderungen entsprechen? Und ich meine jetzt nicht die Anforderungen, die offen an uns gestellt werden (»Kannst du bitte ...«), sondern solche, von denen wir meinen, sie erfüllen zu müssen. Für mich hat diese Erkenntnis vor einigen Jahren mein Weltbild und mein Selbstbild komplett über den Haufen geworfen. Denn ich dachte immer, es gäbe *eine* Wahrheit, *ein* richtig oder falsch. Habe ich Kritik bekommen, an einem Vortrag, an meiner eigenen Hochzeit oder gar an meiner Person, so habe ich nächtelang nicht geschlafen und mich gegrämt, was ich falsch gemacht hatte. Oder ich habe mich schlaflos hin und her gewälzt und mich gefragt, warum der andere mich nicht mag. Die Meinungen und Aussagen anderer Menschen haben mich sehr schnell und umfassend aus der Bahn werfen können. Bis ich einen Impro-Theater-Workshop mitgemacht habe.

> »Wir sehen die Dinge nicht so, wie sie sind.
> Wir sehen sie so, wie wir sind.«
> TALMUD

Wir saßen kaum auf unseren Stühlen im Seminarraum, da bat uns der Kursleiter, der Schauspieler Frank Astor[44], *gleich wieder aufzustehen, im Raum herumzugehen, den anderen Kursteilnehmern zur Begrüßung zuzunicken und, wenn sie uns sympathisch sind, am Ohrläppchen zu zupfen. Hä, was ist das für eine bescheuerte Übung, dachte ich mir. »Natürlich sind mir alle erst mal sympathisch, ich kenne sie ja noch gar nicht – wie sollten sie mir da unsympathisch sein? Aber gut, machst halt mal mit, sagte ich zu mir, stapfte auf die erste Teilnehmerin zu, nickte, zupfte, sie zupfte zurück. Auf zum nächsten Teilnehmer: nicken, zupfen, gezupft werden. Zum dritten Teilnehmer: nicken, gezupft werden, zupfen. Zum vierten: nicken, zupfen – und nichts. Der hat nicht gezupft! Ich war schockiert. Aber erst mal zum nächsten Teilnehmer: nicken, zupfen, gezupft werden. Und weiter zum nächsten: nicken, zupfen – nichts. Jetzt war ich schon ziemlich aufgelöst. Wieso zupfen die mich nicht? Ich habe denen doch gar nichts getan! Und dann wurde ich sauer. Hey, wenn die mich nicht zupfen, dann zupfe ich auch nicht mehr jeden. Wie war das? Nur diejenigen, die mir wirklich sympathisch sind? Gut, mal nachdenken … oh, der nächste Mann, mmmmh, hat vielleicht kein so nettes Lächeln – okay, Cordula, jetzt zupfst du auch nicht. Geschafft! Ich habe nicht gezupft und wurde auch nicht zurückgezupft. Der Nächste zupft nicht – ich auch nicht. Interessant. Wer mich nicht zupft, ist mir gleich unsympathisch. Bis wir alle anderen 20 Teilnehmer begrüßt hatten, war ich komplett am Ende: Sechs hatten mich nicht gezupft. Wieso denn nur?*

Wir setzen uns hin, und Frank fragte, wie die Übung für uns war. Ich war still. Traurig. Ich hatte denen doch gar nichts getan und war dennoch nicht von allen gezupft worden. Und dann kam die Erklärung: »Wen wir spontan sympathisch finden, hängt nicht davon ab, wer vor uns steht, sondern wen wir gedanklich mit in den Raum nehmen. Die eine erinnert dich vielleicht an deine Englischlehrerin – und zack, sinkt deine Sympathie für die Person. Der andere erinnert dich an deinen Nachbarn, der immer mosert, weil die Einfahrt nicht sauber genug gefegt ist – zack, Sympathie nach unten. Die Nächste schaut aus wie deine beste Freundin – zack, Sympathie steigt.«

Mir gingen in dieser Übung so viele Lampen auf – und so viel Stress fiel von meinen Schultern. Wir sehen nicht das, was *ist*. Wir sehen das, was unsere Erfahrungen, unsere früheren Erlebnisse uns sehen lassen. Es gibt in Bezug auf uns selbst keine universelle Wahrheit, es gibt nur unsere Sicht der Dinge.

»Was die Leute sehen, hängt zum großen Teil davon ab, was sie suchen«, lässt Rachel Joyce in ihrem Roman *Das Jahr, das zwei Sekunden brauchte* einen ihrer Protagonisten sagen. Was für eine weise und treffende Bemerkung, denn sie macht auch klar, wodurch unsere unterschiedlichen Sichtweisen zustande kommen können. Ja, unsere Wahrnehmung ist geprägt von unseren Erfahrungen, aber sie ist auch geprägt von unseren Erwartungen, unseren eigenen Wünschen und eigenen Interessen. So wie in folgender Geschichte[45]:

Ein Schwein stahl sich aus seinem Stall davon und trottete die Landstraße hinunter bis zu einem großen Anwesen. Hinter den Ställen fand es ein riesiges Schlammloch. Vergnügt suhlte es sich darin, spazierte dann weiter zum Komposthaufen, den es mit seiner Schnauze ausgiebig durchwühlte, und entdeckte schließlich die Mülltonnen hinter dem Herrschaftshaus. Auch diese durchsuchte es nach Essbarem, schlenderte dann weiter zu den Blumen- und Gemüsebeeten und durchfurchte genussvoll den wunderschön angelegten Garten. Als es zu seinem eigenen Bauernhof zurückkam, schnatterten die Hühner, die seinen Ausflug beobachtet hatten, aufgeregt: »Erzähl mal, man sagt, das Herrschaftshaus sei so wunderschön, mit prächtigen Zimmern, edlen Tapeten und teuren Vorhängen, wertvollen Gemälden an den Wänden und Gold und Silber überall. Hast du das alles gesehen?« Das Schwein grunzte: »Nein, ich habe nichts davon gesehen. Wo man hinschaut, ist dort nur Dreck, Verrottetes, Matsch und Müll.«

Jeder von uns hat eine bestimmte Brille auf der Nase, getönt, zerkratzt, schmutzig, sauber, rosa, grün – und entsprechend sehen wir auch unterschiedliche Dinge, die wir dann für die Wahrheit halten. Schauen Sie sich doch jetzt mal um. Ja, jetzt. Betrachten Sie Ihre Umgebung, nehmen Sie wahr, was Sie sehen. Nehmen Sie wahr, was Sie hören. Nehmen Sie wahr, was Sie riechen.

Und jetzt stellen Sie sich vor, Sie wären ein Architekt. Schauen Sie Ihre Umgebung mit den Augen, Ohren, der Nase eines Architekten an. Was sehen Sie, was hören Sie, riechen Sie?

Stellen Sie sich jetzt vor, Sie wären ein Eventmanager und sollen hier eine Veranstaltung organisieren. Schauen Sie sich um.

Stellen Sie sich jetzt vor, Sie wären Umweltaktivist.

Und jetzt eine Mutter oder ein Vater, mit einem Kleinkind.

Sie sind immer in derselben Umgebung – doch Sie haben mit großer Wahrscheinlichkeit andere Dinge wahrgenommen, je nachdem welche »Berufsbrille« Sie aufhatten. Und deshalb werden Sie anderen Menschen auch andere Dinge erzählen, wenn Sie von diesem Ort berichten, an dem Sie gerade sind. Angenommen, Sie befinden sich auf einem Platz, an dem ein sehr altes Haus steht. Als Architekt erzählen Sie vielleicht begeistert, welches Potenzial dieser Platz hat, dass man nur das baufällige Haus abreißen müsste und dann einen zwölfstöckigen Glaspavillon bauen könnte. Als Eventmanager betrachten Sie das alte Haus vielleicht als eine geniale Kulisse, nur mit den Notausgängen gibt es ein paar Probleme. Der Umweltaktivist sieht die Asbestverkleidung und sorgt sich um die Gesundheit der Nachbarn. Und die Eltern? Die flüchten sofort von diesem stark befahrenen Platz, wo die Autos die Luft verpesten und man das Kind keine Sekunde aus den Augen lassen darf.

Es ist derselbe Platz – aber jeder sieht ihn anders. Was bringt diese Erkenntnis? Sobald Sie sich vor Augen halten, dass die Meinung der anderen ganz, ganz stark eingefärbt von *deren* Erfahrungen ist, können Sie den »Ball« sehr häufig bei den anderen lassen, indem Sie sich nicht der Meinung der anderen beugen und aufhören, deren Sichtweise als Wahrheit zu nehmen oder als Richtschnur für Ihr eigenes Verhalten.

Sicherlich kennen Sie den Spruch »Neid ist die höchste Form der Anerkennung« – aber mir hat der noch nie geholfen. Denn ich verstand immer nicht, warum Menschen neidisch sind auf etwas, was sie doch selbst jederzeit auch tun könnten. Warum legten mir einige nach einem Erfolg Steine in den Weg? Warum mobbten mich die Kollegen in einer Redaktion, in der ich zwei Jahre fest als Redakteurin war? Warum verweigerte mir ein Autorenkollege meinen Honoraranteil mit dem Argument, ich sei ja verheiratet und mein Mann könne mich doch versorgen? Warum freuen sich manche Menschen nicht mit mir, sondern vermitteln mir das schlechte Gefühl, ich hätte dies oder das offenbar nicht verdient? Ich Otto-Normal-Menschlein und Scheidungskind aus einer Beamtenfamilie? (Ja, bitte eine Runde Mitleid!)

Erst viele Jahre später verstand ich, dass manche Menschen, die mir neidisch begegneten und mir sogar das Leben schwer machten, je erfolgreicher ich war, in Wahrheit ihren Frust über sich selbst an mir ausließen. Dass sie mir gar nicht meine Erfolge missgönnten, sondern sauer waren auf sich selbst. Weil sie vielleicht selbst den Hintern nicht hochbekamen. Weil sie vielleicht nicht den gleichen Mut (oder die gleiche Naivität – je nach Sicht) hatten wie ich. Weil ihr »Geht-nicht«-Einwand größer war als ihre Lust am Tun. Ich war für sie ein Spiegel ihres – aus ihrer eigenen Sicht – Mangels an Engagement, Biss, Willenskraft. Sie verglichen sich mit mir und wurden unglücklich. Nicht weil ich so toll bin, sondern weil ich eine Saite in ihnen zum Klingen gebracht habe, die sie nicht gern hörten.

Das Vertrackte daran ist, dass viele dieser Bremser-Menschen eine unglaubliche Überzeugungskraft haben. Die bringen ihre Sicht der Dinge so felsenfest vor, dass wir Zweifler ganz schnell einknicken. Selbst wenn sie eigentlich gar keine Ahnung haben, wovon sie sprechen. Der Ehemann einer Bekannten von mir hat in vielen Bereichen eine so feste Meinung, dass man den Eindruck bekommt, der hat wirklich schon sehr, sehr viel erlebt. Jahrelang zog er über die Amerikaner her, über dieses unkultivierte Volk, die doch nur Burger fressen und nicht mal Deutsch lernen wollen. Und auch zu meiner Arbeit hatte er eine dezidierte Meinung: Dass ich Seminare halte, das könne er wirklich nicht verstehen. Denn wer komme denn da schon? Da lerne man doch eh nichts! Die gemeinsamen Abendessen waren eine ungemütliche Angelegenheit, bis ich herausfand, dass dieser Mann noch nie in den USA war und sich seine gesamte Seminarerfahrung auf ein eintägiges Seminar vor rund 30 Jahren beschränkte. Sollte ich mich mit ihm über seine Borniertheit streiten? Nein, ich musste so sehr lachen, mit welcher Inbrunst er seine kleine Weltanschauung unter die Menschen brachte, dass ich mich fortan gar nicht mehr darüber aufregen konnte. Kurz darauf fiel mir ein Zitat von Alexander von Humboldt in die Hände, das ich mir an den Kühlschrank gepinnt habe: »Die gefährlichste Weltanschauung ist die Weltanschauung derer, die die Welt nie angeschaut haben.« Wie wahr! Vermeiden Sie allzu häufigen Kontakt zu den Bremsern, bzw. nehmen Sie die Aussagen der Bremser als das, was sie sind: deren Weltanschauung. Nicht mehr.

»Die gefährlichste Weltanschauung ist die Weltanschauung derer, die die Welt nie angeschaut haben.«
ALEXANDER VON HUMBOLDT

Konkret bedeutet das: Lesen Sie die Aussagen auf Ihren Zetteln durch und fragen Sie sich: Will ich diese Aussage weiter im Spiel meines Lebens auf dem Spielfeld haben? Ja? Prima. Dann behalten Sie diese. Nein? Dann nehmen Sie die Aussagen komplett aus dem Spiel oder ersetzen Sie sie durch einen Ersatzspieler. Dazu gleich mehr unter Impuls 4.

Glaubenssätze und Ängste, die Sie nur behindern, können Sie komplett aus dem Spiel nehmen, beispielsweise weil Sie erkannt haben, dass die Aussage »Der frühe Vogel fängt den Wurm« in unserer Arbeitswelt und Gesellschaft definitiv keine Gültigkeit mehr hat. Und daher können Sie guten Gewissens gegen neun Uhr am

Arbeitsplatz auftauchen – auch wenn andere bereits um 7.00 Uhr die Bleistifte spitzen und demonstrativ zur Uhr schauen, wenn Sie um 9.03 Uhr den PC hochfahren. Und vielleicht überprüfen Sie bei der Gelegenheit auch gleich mal, ob der andere wirklich »demonstrativ« zur Uhr schaut.

Ja, es kann nämlich sein, dass wir mehr Dinge sehen, als da überhaupt sind. Weil Sie ein schlechtes Gewissen haben, immer als Letzter zu kommen, sehen Sie den demonstrativen Blick – aber in Wirklichkeit war der Kollege so vertieft in seine Arbeit, dass er *für sich* die Zeit checkt, als er durch Ihr Ankommen aus der Konzentration gerissen wurde.

Wir sind so häufig Weltmeister im Fehlinterpretieren, und es ist kurios, dass wir sogar unser Verhalten ändern, nur weil wir denken, der andere würde gerade über uns urteilen, sich das Maul über uns zerreißen oder uns kritisieren.

Neulich traf ich einen alten Freund von meinem Mann auf einer Feier und wir kamen auf unsere Hochzeitsparty vor über 15 Jahren zu sprechen. »Euer Fest werde ich nie vergessen«, sagte der Freund, der damals mit seiner neuen Flamme kam und noch vor Mitternacht – ich erinnerte mich feixend – mit ihr abzog. Ich freute mich, denn es war wirklich eine tolle karibische Party bis vier Uhr morgens in einer Kneipe in München gewesen. Doch jäh holten mich seine nächsten Worte runter. »Es war einer der schrecklichsten Abende meines Lebens. Meine Freundin und ich waren komplett falsch angezogen und sind deshalb um elf schon gegangen. Die hatten sich alle so fein gemacht, deine Mutter im Abendkleid, der Schwiegervater im Smoking, und jeder hat uns komisch angeschaut.« Ich war perplex. Wir hatten auf die Einladung geschrieben: »Dresscode: kolonial-elegant oder karibisch-leger«, und so hatten sich einige fein gemacht, während andere wie mein Onkel in Jeans und Hawaiihemd oder meine Freundin im Minirock und Flip-Flops kamen. Doch das hatten die beiden überhaupt nicht wahrgenommen. Und überhaupt: Wer mich und meine Familie kennt, der weiß, dass wir null Wert auf Äußerlichkeiten legen und uns einfach freuen, eine gute Zeit mit anderen zu verbringen. Ob im Smoking oder in der Jogginghose, das Miteinander ist uns wichtig.

Es ist das Bild, das wir uns *selbst* machen, das unser Verhalten beeinflusst. Es ist nicht die Wahrheit. Überprüfen Sie also Ihre Bilder, Ihre »Wahrheiten«, und gehen Sie immer wieder mit den Spielern auf den Platz, die Ihnen momentan am besten den Rücken stärken. Ich weiß, das ist leichter gesagt als getan und mit Sicherheit ein Prozess, der uns über Jahre begleiten kann. Rückfälle eingeschlossen. Ich selbst bin unlängst mal wieder heftig in die »Falsche-Brille-Falle« getappt.

Meine Tochter hat derzeit samstags Firmvorbereitung und abends Gottesdienst, zu dem ich dann auch immer in die Kirche komme. Um 18.50 Uhr schnappte ich mir schnell vom Treppengeländer eine alte Jacke, die ich aus dem Kleiderschrank aussortiert hatte, weil ich sie seit Jahren nicht mehr trage, aber von der ich mich doch noch nicht wirklich trennen konnte. Ich komme in die Kirche, drücke mich in die Bank und nicke meiner Tochter drei Bänke weiter zu. Sie runzelt die Stirn, greift sich selbst an die Jacke, deutet mit dem Kinn auf mich, hebt fragend die Schultern, schüttelt den Kopf. Ihre Freundinnen drehen sich nun ebenfalls zu mir um, und ich denke: »Muss die mich jetzt in meiner alten Jacke so bloßstellen vor ihren Freundinnen? Ja, die ist vermutlich wirklich nicht mehr schick, einen Fleck hat sie auch, aber das muss sie mir doch jetzt nicht so reindrücken, vor allen.« Ich war sauer, hatte Mühe, mich auf den Gottesdienst zu konzentrieren, und es dauerte fast bis zum Ende, bis ich mich beruhigt hatte, indem ich mir sagte: »Gib doch der Meinung anderer keine Macht über dich!« Als wir dann heimradelten, fragte ich meine Tochter, warum sie so auffällig auf meine alte Jacke gedeutet habe. Erstaunt schaute sie mich an. »Ist die alt? Echt? Ich wollte dir signalisieren: Coole Jacke, kenne ich noch gar nicht, ist die neu?« Na toll. Wir kommen aus dem Lernen wirklich nie heraus.

Wir denken, dass wir uns heutzutage von der Realität, von der »echten« Welt da draußen, ja unser eigenes Bild machen können. Denn schließlich haben wir ja genug Fenster zu dieser Welt: Fernsehen, Radio, Zeitungen, Onlinemedien ... Leider ist diese Annahme falsch. Und das nicht nur in Ländern, die die Medien stark zensieren und die den Einwohnern lediglich die jeweils von der Regierung gewünschten Informationen oder propagandistisch gefärbte Berichte liefern. Auch in demokratischen Ländern mit Meinungs- und Pressefreiheit sehen wir nicht die Realität. Sondern nur den Teil der Wahrheit, den die Medien uns sehen lassen wollen. Die Medien machen uns lediglich das Fenster auf, das der jeweilige Journalist oder die Redaktion öffnen will. Das kann manchmal sehr bewusst geschehen, um die öffentliche Meinung zu lenken oder auch schlicht und ergreifend weil bestimmte Storys Auflage bzw. Einschaltquote bringen und andere eben nicht. Als Journalistin habe ich fast 20 Jahre lang für Magazine und Fernsehen gearbeitet. Und ich entdeckte so manche schöne Story, Erfolgsgeschichten, positive Nachrichten oder auch »Aufreger« – die aber leider keinen wirklich interessiert haben. Doch auch wenn es nicht in den Medien verbreitet wird, ist in China ein Fahrrad umgefallen. Es interessiert hier bei uns halt keinen. Schon als Studenten haben wir die alte journalistische Regel gelernt: Ins Blatt kommen Meldungen umso eher, »je näher sie am Leser dran sind oder je mehr Tote es gibt«. Deshalb finden die anderen Dinge dennoch statt – wir sehen es nur nicht.

Und selbst wenn wir es sehen, heißt es nicht, dass es die Wahrheit ist. Gerichtsshows oder Nachmittagsdiskussionen auf den Privatsendern finden mit gecasteten Schauspielern statt. So manche Prominente, die »heimlich« am Strand von Paparazzi abgelichtet wurden, haben acht Wochen vor ihrem Urlaub über ihre Agenten eine Pressemitteilung verschickt, wann sie an welchem Strand zu finden sind. Oder Interviews werden so geschnitten, dass der übrig gebliebene Teil einen medienwirksamen Aufreger gibt. So sagte ein Showgast den Satz: »Die anderen Teilnehmer in dieser Show sind keine Konkurrenz für mich, es sind Freunde, und gemeinsam wollen wir einfach eine gute Zeit hier haben.« Ausgestrahlt wurde aber nur Teil eins des Satzes: »Die anderen Teilnehmer in dieser Show sind keine Konkurrenz für mich« – und prompt hauten die anderen Teilnehmer den »arroganten A...« in die Pfanne.

Auch online sehen wir nicht das große Ganze, sondern das, was uns clevere Agenturen zu sehen geben. Neulich postete ein Kollege von mir total begeistert auf Facebook, dass im Internet immer wieder eine Amazon-Werbung mit seinem Buch eingeblendet werde. Das sei genial, denn offenbar halte Amazon sein Buch für so gut, dass sie dafür so viel Werbung machen. Ich habe ihm nicht gesagt, wie diese Amazon-Werbung auf seinen Bildschirm kam, denn ich wollte ihm seine Freude nicht kaputt machen.

Die Wahrheit aber ist, dass dies ein relativ neues Angebot von Marketingagenturen ist, die mit ausgefeilter Technik die Interessen der User filtern und dann ganz gezielt Werbung zu diesen Themen einblenden. In der Produktbeschreibung eines Anbieters heißt es beispielsweise: »XY analysiert mittels dynamischer Echtzeit-Segmentierung, wie affin ein Nutzer gerade für Ihre Produkte ist. Wir identifizieren die User an jedem einzelnen Punkt des Einkaufszyklus – von Nutzern, die Ihrer Marke ganz generell verbunden sind, über solche, die sich speziell für Ihre Angebote interessieren, bis hin zu Nutzern, die gerade aktiv etwas kaufen möchten.«

Das Ergebnis: Nachdem ich die Telefonnummer von meinem Zahnarzt gegoogelt habe, sehe ich ständig Werbung für Zahnbehandlungen, Zahnreinigungen oder Zahnpflegeprodukte auf dem Bildschirm. Zur Vorbereitung auf ein Seminar in Düsseldorf habe ich »Hotel Düsseldorf« gegoogelt – jetzt lese ich zwischen den Artikeln von Onlinemagazinen Angebote von hotel.de mit Hotels in Düsseldorf. Und weil ich noch mal schnell den Namen eines Autors recherchiert habe, mit dem ich ein Interview machen möchte, bietet mir buch.de auf Spiegel online genau dieses Buch zum Kauf an. Ich weiß, ich kann das abstellen, indem ich den Browserverlauf und die Cookies lösche. Doch darum geht es nicht. Es geht darum, dass jemand, der diese Marketingmasche nicht kennt, den Eindruck bekommen kann, die ganze Welt bestünde aus Zahnpflege, Hotels in Düsseldorf und Büchern eines Autors.

Es ist eine gemachte Wirklichkeit. Und nicht die Realität! Es ist ein kleiner Ausschnitt der Welt, aber nicht die Welt.

Und so sind auch unsere Glaubenssätze und persönlichen Überzeugungen nur ein Ausschnitt aus dem, was wirklich ist. Und in dem Moment, in dem wir unsere »Wahrheit« mal mit Abstand betrachten oder aus einer anderen Perspektive, in diesem Moment können wir uns von einer möglichen lähmenden Wirkung frei machen. Weil wir sehen, es ist nur eine Facette des Gesamtbildes.

Das ist wie beim Fliegen. Noch am Flughafen in Frankfurt telefonieren Sie mit Ihrem Freund in Hamburg. Wie das Wetter in Frankfurt sei, fragt der vielleicht. Miserabel, sagen Sie. Es regnet, neblig, alles grau in grau. Wenige Minuten später starten Sie, die Maschine kommt durch die Wolken und plötzlich: Sonne und tiefblauer Himmel! Wie ist das Wetter in Frankfurt? Sonne! Sie haben lediglich die Ebene gewechselt. Und so ist es auch im Alltag: Wir sehen, was wir glauben zu sehen. Und das kann stimmen. Es kann aber auch »falsch« sein – falsch für jemand anderen, der die gleiche Sache sieht, aber aufgrund seines ganz eigenen »Mindsets« (seiner Erfahrung, seines Wissens, seiner Einstellung oder seiner Erwartung) das Gesehene anders interpretiert. Und deshalb ist es beispielsweise so gefährlich, den Ratschlag eines anderen anzunehmen. Manche Menschen gehen auf eine Party mit der Erwartung: »Das wird ein furchtbarer Abend, da kommen nur langweilige Leute« – und dann wird es auch so sein. Während andere mit einer offenen Haltung hingehen und sich auf Gespräche mit neuen interessanten Menschen einlassen.

Warum unsere persönlichen Überzeugungen sich so »richtig« anfühlen

Und doch fällt es uns meist schwer, zu erkennen und zu akzeptieren, dass unsere Überzeugungen und Glaubenssätze, die uns so lange durchs Leben gebracht haben, lediglich »Brillen« sind, durch die wir blicken. Denn unsere Sichtweise fühlt sich ja ziemlich echt an. Warum sollten wir jetzt plötzlich das Gegenteil glauben? Warum nicht mehr glauben, was andere von uns denken? Schließlich deuten doch einige unserer Erfahrungen darauf hin, dass wir wirklich genau dem Bild entsprechen, das der andere von uns hat (weil wir tatsächlich öfter schon versagt haben, weil wir tatsächlich langsamer sind als andere).

Der Grund, warum andere Menschen mit ihren »Vorhersagen« richtigliegen, der Grund, warum unsere Erwartungen, unsere Vorannahmen *tatsächlich* zutreffen, ist nicht selten der, dass sie tatsächlich beeinflussen können, was wir wahrnehmen und was passiert. Was wir glauben, wird Wirklichkeit. »Erwartungen lenken die Realität«, erklärte Dan Ariely, Psychologe und Verhaltensökonom, in einem Vortrag auf der Chicago Ideas Week im Oktober 2013. Wenn man den Menschen erzähle, es werde etwas Schreckliches oder etwas Großartiges passieren, besteht eine große Chance, dass dies tatsächlich passiert.[46] Als Beispiel nennt Ariely einen seiner Versuche, in dem er eine Gruppe Probanden Bier aus zwei verschiedenen Krügen testen ließ. Sie sollten sagen, welches Bier ihnen besser schmeckt. Was sie nicht wussten: Es handelte sich in beiden Fällen um das gleiche Bier, die eine Probe war allerdings mit einem

Schuss Essig aufgepeppt. Bei einem Blindversuch wurde tatsächlich die gepanschte Version bevorzugt. Einer anderen Gruppe setzte der Forscher der Duke University ebenfalls beide Sorten vor, klärte die Probanden aber *vor* der Verkostung darüber auf, was worin war. Ergebnis: Nun schnitt das reine Bier überdurchschnittlich gut ab. Unsere Erwartung prägt unser Erleben.

Kennen Sie das? Sie lesen einen Artikel über Läuse – und plötzlich juckt der Kopf. Sie lesen einen Artikel über die zunehmende Kriminalität vor Ihrer Haustür, und plötzlich sehen Sie überall dubiose Gestalten herumlungern. Sie möchten gerne ein Baby bekommen? Mit Sicherheit sehen Sie nun ständig Babys oder glückliche Eltern mit Kinderwagen. Sie wollen sich einen weißen 5er-BMW kaufen – unglaublich, wie viele davon es plötzlich auf den Straßen gibt. »Priming« heißt dieses Phänomen in der Wissenschaft: Ein bestimmter Reiz bereitet eine Art »Autobahn« vor, auf der ein anderer Reiz dann sehr viel schneller eine Reaktion auslöst. Als »bahnender Reiz« kann ein Wort, ein Bild, ein Geruch, eine Geste oder Ähnliches fungieren. Das Ganze funktioniert völlig unbewusst, aber höchst wirksam. In manchen Scherzgeschichten machen wir uns diesen Primingeffekt für einen Lacher zunutze. So wie Peter und Jonas.[47]

Peter: Was fließt in deinen Adern?
Jonas: Blut.
Peter: Was trinkt ein Vampir?
Jonas: Blut.
Peter: Was pumpt dein Herz?
Jonas: Blut.
Peter: Bei welcher Farbe gehst du über die Ampel?
Jonas: Rot.

Viele unserer Ängste und Glaubenssätze entwickeln sich zu sich selbst erfüllenden Prophezeiungen. Sie treten nicht ein, weil die Welt so ist. Sondern weil wir sie uns so machen.

Entscheiden Sie jetzt, welche Überzeugungen Sie künftig auf Ihrem Weg begleiten sollen. Denn welche immer es auch sein werden – Sie werden recht behalten. Ihre Glaubenssätze werden weiterhin darüber entscheiden, ob Sie eher zu den Möglichkeitsfindern und

Chancennutzern zählen oder zu den Opfern der Umstände. So wie in dem berühmten Beispiel von den beiden Schuhverkäufern.

Zwei konkurrierende Schuhfabriken schicken ihre Vertreter nach Afrika, um den dortigen Markt zu analysieren. Einer der beiden sieht aus dem Hotelfenster und mailt an sein Unternehmen: »Alles Mist hier. Keiner der Afrikaner trägt Schuhe. Es ist deshalb kein Markt für uns vorhanden. Ich fliege morgen wieder nach Hause.« Der zweite Schuhverkäufer sieht ebenfalls aus dem Fenster und mailt seinem Unternehmen: »Dieses Land ist einfach super! Bisher trägt hier keiner Schuhe! Ein riesiger Markt! Hier bleibe ich wahrscheinlich bis an mein Lebensende. Schickt mir gleich mal 10000 Paar.«

Impuls 4: Die Spieler austauschen

Wie aber können Sie jetzt lange gehegte Überzeugungen austauschen? Vielleicht hat es Ihnen bereits geholfen, Ihren bisherigen Glaubenssatz zu erkennen – und damit war er auch schon entkräftet (Impuls 1). Vielleicht hat auch Impuls 2 oder 3 den Erfolg gebracht, weil Sie erkannt haben, dass dieser Glaubenssatz mitnichten eine Wahrheit ist, die immer gilt – sondern dass es sich lediglich um eine Meinung handelt, um eine Sichtweise (anderer), die Sie jetzt als erwachsener Mensch weiter behalten können oder eben auch nicht.

Wenn allein das Identifizieren von Ängsten, Glaubenssätzen oder Mustern bei Ihnen noch nicht den gewünschten befreienden Effekt bringt, dann können Sie – ähnlich wie bei Ihren Gewohnheiten – Ihre Spieler austauschen, indem Sie die Sätze, die Sie notiert haben, umformulieren. Ich spreche hier jetzt allerdings nicht von »positiven Affirmationen« im Sinne von Aussagen wie:

»Ich bin ein toller Hecht« statt »Ich bin ein Versager«.

»Vogelfrei bin ich superglücklich« statt »Wer hoch fliegt, kann tief fallen«.

»Ich schaffe alles, was ich will« statt »Ich schaffe das nicht«.

Denn solche Aussagen funktionieren bei den meisten Menschen nicht. Viel sinnvoller ist es, Formulierungen zu finden, die die alte Aussage in eine positive Richtung bringen, wie beispielsweise:

»Mir gelingen immer mehr Dinge richtig gut.«

»Ich schaffe diesen nächsten Schritt.«

Nehmen Sie meine Beispiele bitte nur als Anregung; diese Sätze sind nicht unbedingt perfekt für Sie. In meinen Coachings mache ich deshalb auch nie Vorschläge, wie meine Klienten einen neuen Spieler bezeichnen könnten – denn es sollen ihre Worte sein, ihre Formulierungen, die ihnen ein gutes, warmes, sicheres Gefühl geben. Nur dann werden ihre neuen Überzeugungen sie auch motivieren und stark machen.[48]

Achten Sie dabei darauf, dass Sie selbst Ihren Aussagen glauben, und finden Sie Sätze, die Sie sich selbst auch abnehmen können. Schreiben Sie diese auf, und hängen Sie sie an einen Platz, wo Sie sie häufig sehen.

Warum müssen wir uns die neuen Sätze selbst glauben können? Mittlerweile wissen wir, dass positive Selbstverstärkung, also ein positiver Monolog mit uns selbst, einigen Menschen nicht nur nicht hilft, sondern regelrechten Schaden anrichten kann. Zum einen sorgen überzogene Erwartungen an wohlklingende Formulierungen immer wieder für Enttäuschungen, denn positives Denken besitzt ja keine magischen Kräfte. Nur weil wir hübsch positiv denken, dreht sich die Welt nicht andersherum. Wer sich mantraartig immer nur »Alles wird gut« oder »Meine Wünsche erfüllen sich« vorbetet, aber sonst nichts unternimmt – der steht auch noch in 20 Jahren dort, wo er heute steht.

Zum anderen rufen allzu selbstsichere Aussagen bei einigen Menschen eher eine innere Abwehrhaltung hervor. »Ich schaffe alles, was ich will? Ha, wer's glaubt, wird selig!« Woran liegt es, dass positive Affirmationen die einen beflügeln und die anderen eher nicht? In einer Studie wiesen Wissenschaftler um Joanne Wood von der University of Waterloo in Kanada nach, dass sich Menschen mit einem hohen Selbstwertgefühl nach wiederholten positiven Selbst-Aussagen besser fühlten. Probanden mit einem geringen Selbstwertgefühl hingegen berichteten, dass sie sich nach den positiven Aussagen eher schlechter fühlten. Der Grund: Viele positive Affirmationen klingen ziemlich unglaubwürdig und haben mit der Welt, in der unsichere Menschen leben, einfach nichts zu tun.[49] Formulieren Sie darum für sich selbst glaubwürdig. Und stärken Sie im nächsten Kapitel Ihr Selbstwertgefühl.

Ausgeknockt vom Mangel an Selbstvertrauen

In den rund 20 Jahren, in denen ich beruflich mit Erwachsenen und Jugendlichen gearbeitet habe, musste ich immer wieder feststellen, dass sehr viele Menschen nicht an mangelndem Talent oder mangelndem Wissen scheitern. Nein, sie scheitern an mangelndem Selbstwertgefühl.

Wie kommt das? Viele Menschen stellen sich und ihre Leistung immer wieder infrage. Obwohl sie zum Teil sogar sehr positives Feedback erhalten, erweist sich ihr innerer Kritiker als übermächtig. Bei einigen führt das sogar so weit, dass sie am sogenannten Impostor- oder Hochstaplersyndrom leiden und immerzu denken, ihnen würden Erfolge unverdient und nur zufällig in den Schoß fallen. Betroffene haben meist einen extrem hohen Anspruch an sich und neigen zum Perfektionismus. Sie unterschätzen grundsätzlich die eigenen Fähigkeiten und überschätzen die Fähigkeiten der anderen. Die Auswirkungen auf den Selbstwert sind dabei natürlich fatal.[50] Besonders schlimm wird es, wenn das labile Selbstwertpflänzchen dann auch noch mit Kritik konfrontiert wird. Dann ist die Krise perfekt; und alles, was sie sich in ihrem Leben bislang aufgebaut haben, wird in Abrede gestellt. Blöd, oder? Wie aber können wir das eigene Selbst stärken? Was können wir tun, damit wir tatsächlich voller Zuversicht und Selbstvertrauen auch das ambitionierteste »Geht-doch«-Projekt anpacken?

Den ersten Schritt haben Sie bereits gemacht, wenn Sie sich intensiv mit den Gegenwind-Kapiteln dieses Buches beschäftigt haben Denn jeder hinderliche Glaubenssatz, all unsere Ängste und auch die negativen Erfahrungen, die wir in unseren alten Mustern gemacht haben, nähren in der Regel unsere Selbstzweifel. Im Gegenzug können Sie mit jedem bremsenden Glaubenssatz, den Sie auflösen, mit jedem Muster, aus dem Sie sich befreien, Ihr gutes Gefühl für Ihren Wert ausbauen. Auf Ihrer Selbstwertskala haben Sie unter Umständen in den vergangenen Lesestunden bereits ein paar Punkte zugelegt. Jetzt wollen wir Ihr Selbstwertgefühl weiter steigern.

Selbstbewusst ist nicht selbstwertbewusst

Zunächst eine kleine Begriffsdefinition, damit wir vom Gleichen sprechen und damit Sie ganz gezielt das ausbauen und stabilisieren können, was Sie wollen. Im Alltag sagen Menschen häufig: »Der hat aber ein Selbstbewusstsein!«, wenn sie jemanden sehen, der mit erhobenem Kopf und offenem Blick daherschreitet und sehr charismatisch wirkt. Ob derjenige aber wirklich selbstbewusst ist, können sie gar nicht wissen.

* *Selbstbewusstsein* bedeutet: Ich bin mir meiner Stärken, meiner Schwächen, meiner Talente, meines Wissens, meiner Fähigkeiten bewusst. Ich weiß, wer ich bin. Ich habe über mich nachgedacht, mich selbst beobachtet, ich bin mir meiner selbst bewusst.

* *Selbstsicherheit* bedeutet: Ich trete mit einer gewissen Sicherheit auf, weil ich weiß, dass ich in diesem Rahmen, in dem ich mich gerade befinde, gut aufgehoben bin. Hier kann ich das leisten, was von mir erwartet wird. So kann ein Maurer auf der Baustelle total selbstsicher sein – auf einer Opernbühne jedoch nicht. Und stellen Sie umgekehrt den Opernstar mal an den Betonmischer – da wird vom Romeo nicht mehr viel übrig sein. Aber lassen Sie sich hier nicht vom äußeren Anschein täuschen. Zwischen Außenwirkung und Selbstwahrnehmung können Welten liegen. Wir können nämlich sehr selbstsicher auftreten und entsprechend *wirken* (Kopf hoch, Brust raus, lockerer Spruch auf den Lippen), uns aber dennoch völlig unsicher fühlen.

* *Selbstvertrauen* bedeutet: Ich kann mir selbst vertrauen, diese Herausforderung, diese Situation gut zu meistern. Ich habe die Erfahrung gemacht, dass ich auch schwierige Probleme lösen kann.

* *Selbstwertgefühl* bedeutet: Ich weiß, dass ich wertvoll bin. Egal, was ich tue, egal, was ich verbocke: Ich bin ein wertvoller Mensch.

Den Selbstwert erkennen und schätzen lernen

Seit Jahrzehnten propagieren Experten, die Betroffenen müssten nur positiv denken, sollten beharrlich ihre Erfolge und Leistungen auflisten, ihre guten Eigenschaften in den Vordergrund rücken, sich selbst nicht mehr kleinmachen oder kleinreden und auch falsche Scham und übertriebene Bescheidenheit tatkräftig in die Schranken weisen. »Eine ganze Legion von Selbsthilfegurus, aber auch ernsthafte Wissenschaftler sahen das Hauptproblem der Selbstunsicheren darin, dass sie sich selbst nicht genug lieben oder sich wenigstens etwas mehr gernhaben könnten und dass ein ausreichendes Maß an Selbstliebe ihr Leben glücklicher und erfolgreicher machen würde«, stellt US-Autorin Harriet Brown fest.[51] »Die Betroffenen haben diese Rezepte befolgt: Sie klebten Zettel an ihren Badezimmerspiegel, auf denen ihre tollen Eigenschaften standen. Sie murmelten selbstaffirmative Formeln vor sich hin: ›Du bist toll, du bist stark, du bist etwas Besonderes!‹ Und um ihre eigenen Kinder vor dem gleichen Schicksal zu bewahren, sagten sie ihnen täglich, wie extrasupertoll sie seien.« Doch umsonst. Denn der Versuch, unser Selbstwertgefühl durch positive Selbstgespräche zu steigern, funktioniert nur bei Menschen, die eh schon ein gut entwickeltes, stabiles Selbstwertgefühl haben. Bei denen jedoch, die mit ihrem Wert hadern, kehrt sich der Effekt sogar um: Die Selbstwertschwachen fühlen sich nach ihren Monologen sogar noch schlechter, weil das Behauptete für sie ganz offensichtlich von der »Wahrheit« abweicht.

Und auch Lob und Anerkennung können das Dilemma nicht beseitigen. Selbst Erfolge, so stellte die Psychologin Jennifer Crocker von der University of Michigan fest, erhöhen das Selbstwertgefühl nur kurzfristig und sind ein eher unsicherer Faktor in unserer Jagd nach dem persönlichen Glück.[52]

Ja, und jetzt? Wo liegt die Lösung? Zum einen lohnt es sich, wenn wir unserem mangelnden Selbstwertgefühl auch etwas Positives abringen. Denn Selbstzweifel machen es erst möglich, dass wir offen bleiben für Neues, für Lernprozesse, für Weiterentwicklung. Menschen, die einen Topselbstwert haben, können leicht in die Arroganzfalle tappen. Wer selbstkritisch ist, der will besser werden. Wer komplett von sich selbst überzeugt ist, der will bleiben, wie er ist. Und das kann sich als Schuss nach hinten erweisen. Sicher kennen

Sie Menschen, die völlig von sich überzeugt sind und keine andere Meinung neben sich dulden? Die »ihr Ding« machen, wie sie es immer machen, weil das der einzig richtige Weg ist? Der Grad zwischen hohem Selbstwertgefühl und Narzissmus ist schmal. Also freuen Sie sich, dass Sie eine Portion Selbstzweifel haben. Aber lassen Sie sich davon nicht lähmen.

Für Jonathan D. Brown, Sozialpsychologe an der University of Washington, ist Selbstwertgefühl weniger ein Ergebnis von Bewunderung, Lob oder Respekt als vielmehr die »fundamentale Fähigkeit, sich selbst zu mögen, so wie man ist«. Es gehe darum, dass wir lernen, uns selbst zu lieben und zu akzeptieren, auch wenn wir nicht immer alle (eigenen oder fremden) Erwartungen und Anforderungen erfüllen. »Gesunde Selbstliebe ist nicht abhängig von dem, was man leistet. Menschen mit einem gesunden, stabilen Selbstwertgefühl verfügen über eine tief verankerte Selbstakzeptanz. Das heißt nicht, dass sie sich angesichts von Ablehnung, Versagen oder Scheitern nicht auch schlecht fühlen können. Aber das wirft sie nicht aus der Bahn.«[53]

Was uns ein 100-Mark-Schein lehren kann

Können wir diese Selbstakzeptanz trainieren? Ja, das können wir. Während meines Studiums trat unser Psychologieprofessor vor uns rund 200 Studenten, hielt einen 100-Mark-Schein in die Höhe und fragte: »Wer möchte diesen Schein haben?« Fast alle Hände gingen hoch. Der Professor zerknitterte den Schein. Dann fragte er: »Möchte ihn immer noch einer haben?« Die Hände gingen wieder hoch. »Was ist, wenn ich das tue?« Er warf den Hunderter auf den Boden und rieb den Schein mit seinen Schuhen am staubigen Hörsaalboden. Er hob ihn auf, der Hunderter war zerknittert und verdreckt. »Nun, wer will ihn jetzt noch haben?« Wieder gingen fast alle Arme in die Luft. Dann sagte er: »Meine Damen und Herren, Sie haben soeben eine wertvolle Lektion gelernt. Was auch immer mit dem Schein geschah: Sie wollten ihn haben, weil er nie an Wert verloren hat. Er war und ist immer noch 100 Mark wert. Aber was passiert in unserem Leben? Es wird geschehen, dass wir fallen gelassen oder zu Boden geworfen werden, dass wir geknickt und zerknittert werden, dass wir in den Schmutz gezogen und mit Füßen getreten werden. Und die meisten von uns fühlen sich dann wertlos. Doch egal, was Ihnen passiert ist oder passieren wird, Sie werden niemals an Wert einbüßen. Verschmutzt oder sauber, zerknickt oder gebügelt, Sie sind und bleiben wertvoll.«

Diesen eindrucksvollen Vergleich habe ich vor über 20 Jahren in einer Vorlesung erlebt – und nie vergessen. Wenn es mal so gar nicht lief, dann erinnerte ich mich an den kleinen, weißhaarigen, drahtigen Professor und seinen 100-Mark-Schein, und schon ging es mir besser. Gut, nicht immer gleich, manchmal habe ich schon ein paar Tage oder Wochen gebraucht, um mich von einem Schlag zu erholen. Aber der Gedanke an die zerknüllte und schmutzige Geldnote half. Denn er machte mir immer schnell bewusst, dass der Wert eines Menschen nicht von dem abhängt, was gerade mit ihm geschieht.

Manche Menschen sind ihr Leben lang im tiefsten Innern überzeugt, »nicht gut genug« oder »wertlos« zu sein. Das dürfen Sie für sich nicht zulassen, denn das bindet wertvolle Energie, Energie, die Sie besser in Ihr »Geht-doch«-Projekt stecken könnten. Eine gute Übung, um den eigenen Wert (wieder) zu sehen, ist es, wenn wir uns mal angewöhnen, gnädiger mit uns selbst zu sein. Ja, der innere Kritiker hilft uns, besser zu werden. Aber nur, wenn er nicht übermächtig wird.

Bremsen Sie negative Selbstbewertungen, indem Sie Ihren »Makel« mal einem anderen Menschen zuschreiben, und fragen Sie sich dann, wie das auf Sie wirkt. Was mögen Sie an diesem Menschen gar nicht? Welche Schwächen stellen Sie bei ihm fest? Worüber ärgern Sie sich immer wieder?

Wie sehen Sie diese »Makel« bei anderen Menschen? Wirken abstehende Ohren bei einem anderen Menschen auch so albern wie bei Ihnen? Oder denken Sie vielleicht: »Hey, der Kopf hat Charakter«? Welcher Promi hat mit abstehenden Ohren Weltkarriere gemacht? Was ist sein Erfolgsgeheimnis? Vielleicht, dass er das zu seinem Markenzeichen gemacht hat? Statt es zu verstecken? Oder sind Sie am Boden zerstört, weil Ihr Chef Sie vor versammelter Mannschaft zur Schnecke gemacht hat? Wer wurde auch mal vor Publikum »rundgemacht« – und ist gestärkt daraus hervorgegangen? Finden Sie es bei Ihren Freunden auch »unmöglich«, dass sich abends noch die Teller vom Frühstück in der Küche stapeln? Dass im Flur Mützen,

Handschuhe und Schneehosen ein winterliches Stillleben bilden? Oder wirkt es vielleicht sogar gemütlich?

Fragen Sie sich: Wie sehe ich das, was ich an mir nicht mag, bei anderen Menschen? Ist das tatsächlich so dramatisch? Mag ich den anderen, obwohl er so ist, wie er ist? Oder mag ich denjenigen sogar, *weil* er so ist, wie er ist? Dem 100-Mark-Schein ist es egal, wenn er schmutzig, zerknüllt oder getreten wird. Ihm ist es egal, ob er dazu dient, eine Flasche Champagner zu bezahlen oder das Essen für 50 hungernde Kinder in Uganda. Sein Wert liegt in ihm selbst. Und so ist es auch bei Ihnen.

Ihr Wert ist nicht Ihr Gehalt oder Honorar

Natürlich wird unser »Marktwert« als Berufstätiger nicht nur an unserem inneren Wert festgemacht, sondern auch an den Leistungen, die wir bringen, an dem Nutzen, den wir stiften, an dem Erfolg, zu dem wir anderen Menschen verhelfen. Aber schon in unserem Privatleben, als Mutter oder Vater, Freund und Freundin, Sohn und Tochter, ist es völlig unerheblich, ob wir unserem Arbeitgeber oder unserem Kunden zu einer Million Euro Umsatz verholfen haben. Das macht uns zu einem wertvollen Mitarbeiter oder Dienstleister, aber nicht zu einem wertvollen Menschen.

Viele Berufstätige verwechseln das, oder sie vergessen vor lauter »Erfolg«, dass sie selbst und alle anderen komplett austauschbar sind. Sie definieren sich über die Größe ihres Firmenwagens, den ihnen zugeteilten Parkplatz (je näher am Eingang, desto wichtiger ist der Fahrzeughalter), die Exotik ihrer Incentive-Reisen und die Höhe der jährlichen Boni. All dies sind nette Beigaben zu ihrem Wirken – aber es macht nicht ihren Wert aus. Wir sind austauschbar. Jeder von uns. Ich habe in den vergangenen Jahren einige Manager erlebt, die sich für unentbehrlich hielten. Die in ihrem Größenwahn ihre Assistentin baten, bei der Lufthansa anzurufen, damit die Linienmaschine vor Frankfurt nach London bitte warte, weil sie sich um 30 Minuten verspäten. Die Aufgaben delegieren, aber leider nicht die nötigen Informationen weitergeben, damit die Aufgabe gut erledigt werden kann. Und die dann als Feuerwehr anrauschen können, weil ohne sie eben nichts gehe in diesem Laden. Einige erlitten einen

Herzinfarkt, fielen von heute auf morgen aus – und nahtlos schlüpfte ein anderer Mitarbeiter an ihre Stelle.

Vielleicht wundern Sie sich gerade über diese letzten Zeilen, denn Sie haben hier eher erwartet, dass ich Ihren Selbstwert stärken will, indem ich Ihnen sage, wie toll und unersetzlich Sie sind. Doch das wäre der falsche Weg. Denn ich glaube, wir können unseren wahren Wert viel besser erkennen, wenn wir uns von falschen Maßstäben lösen. Auch wenn es in unserer Leistungsgesellschaft immer wieder um Erfolge, um Abschlüsse, um Zahlen geht, bei all dem dürfen wir uns immer wieder vor Augen halten, dass es nicht unsere Leistungen sind, die unseren Wert ausmachen. Wen bitte kümmert es in 20 Jahren noch, dass Sie sich dank zahlreicher Überstunden den 600-PS-Boliden vor die Haustür stellen konnten? Klar, wenn es ihr Herzenswunsch war und ist, ein cooles Auto zu fahren, und Sie jede Fahrt genießen und auch in 20 Jahren noch happy sind, dass Sie dieses Erlebnis hatten – dann machen Sie bitte weiter Überstunden. Wenn Sie die Überstunden aber nur schieben, um mit der Karre Ihre Kollegen oder Nachbarn zu beeindrucken oder von anderen ernst genommen zu werden, dann denken Sie gerne nochmals nach, wie Sie so zum Thema »Gesellschaftsspiel« stehen (vgl. Kap. 1, Unterkap. »Gefangen in den Leinen im sicheren Hafen«). Sind Sie ein »wertvolleres« Mitglied der Gemeinde, nur weil Sie jedes Blättchen im Herbst sofort vom Gehweg fegen? Sind Sie eine »wertvollere« Tochter als Ihre Schwester, weil Sie jeden Abend brav ins Pflegeheim zu Ihren Eltern fahren und Ihre Schwester nur einmal im Monat? Hören Sie auf, Ihren Wert an Äußerlichkeiten festzumachen, hören Sie auf, Ihren Einsatz gegen den der anderen aufzuwiegen, und fragen Sie sich stattdessen, was für Sie wirklich wichtig ist im Leben. Und machen Sie sich klar: Jeder Mensch, jedes Lebewesen ist wertvoll und wichtig, weil wir mit unserem Tun Spuren hinterlassen.

Ihr Wert sind Ihre Spuren im Leben

Es war einmal ein Vater, der zwei Söhne hatte, Tambu und Rafiki. Je älter und gebrechlicher der Vater wurde, desto mehr dachte er über sein Leben nach. Und manchmal kamen ihm Zweifel, ob er seinen Söhnen wohl das Wichtigste für ihr Leben weitergegeben hatte.

Weil ihn diese Frage nicht losließ, beschloss der Vater, seine Söhne mit einem besonderen Auftrag auf eine Reise zu schicken. Er ließ sie zu sich kommen und sagte. »*Ich bin alt und gebrechlich geworden. Meine Spuren und Zeichen werden bald verblassen. Nun möchte ich, dass ihr in die Welt hinausgeht und dort eure ganz persönlichen Spuren und Zeichen hinterlasst.*«

Die Söhne taten, wie ihnen geheißen, und zogen hinaus in die Welt. Tambu, der Ältere, begann sogleich eifrig damit, Grasbüschel zusammenzubinden, Zeichen in Bäume zu schnitzen, Äste zu knicken und Löcher zu graben, um seinen Weg zu kennzeichnen. Rafiki, der jüngere Sohn, jedoch sprach mit den Leuten, denen er begegnete, er ging in die Dörfer und feierte, tanzte und spielte mit den Bewohnern.

Da wurde der ältere Sohn zornig und dachte bei sich: »*Ich arbeite die ganze Zeit und hinterlasse meine Zeichen, mein Bruder aber tut nichts.*«

Nach einiger Zeit kehrten sie zum Vater zurück. Der nahm dann gemeinsam mit seinen Söhnen seine letzte und beschwerliche Reise auf sich, um ihre Zeichen zu sehen.

Sie kamen zu den gebundenen Grasbüscheln. Der Wind hatte sie verweht und sie waren kaum noch zu erkennen. Die gekennzeichneten Bäume waren gefällt worden, und die Löcher, die der ältere der beiden Söhne gegraben hatte, waren fast alle wieder zugeschüttet.

Aber wo immer sie auf ihrer Reise hinkamen, liefen Kinder und Erwachsene auf den jüngeren Sohn zu und freuten sich, dass sie ihn wiedersahen, und luden ihn zum Essen und zum Feiern ein.

Am Ende der Reise sagte der Vater zu seinen Söhnen: »*Ihr habt beide versucht, meinen Auftrag, Zeichen zu setzen und Spuren zu hinterlassen, zu erfüllen. Du, Tambu, hast viel geleistet und gearbeitet, aber deine Zeichen sind verblichen. Du, Rafiki, hast Zeichen und Spuren in den Herzen der Menschen hinterlassen. Diese bleiben und leben weiter.*« *Sprach's und nahm beide Söhne in den Arm.*[54]

Jeder von uns kann Spuren hinterlassen, indem wir das tun, was für uns wirklich wichtig ist, indem wir unsere Werte ausleben und auch immer wieder mal das Leben anderer Menschen verschönern: mit einem Lächeln, einem netten Wort, einer kleinen Hilfestellung. Erinnern Sie sich an das »Sharing« der Hawaiianer – jeder von uns kann etwas geben und damit »Wert« schaffen. Ihr Wert ist das, was Sie im Herzen anderer Menschen hinterlassen.

Ihr Wert ist nicht die Summe an Lob

Das bedeutet aber auch, dass wir leider bei einigen Menschen keinen Wert hinterlassen können. Weil die auf uns und unser Tun eben keinen Wert legen oder es sogar ablehnen. Es ist schwer zu akzeptieren, doch nicht jeder Mensch ist unser Fan, selbst wenn wir uns ganz, ganz arg bemühen. Eine Hilfestellung dazu habe ich vor einigen Jahren von meiner Kollegin Sabine Asgodom[55] erhalten, als ich ihr mein Herz ausschüttete, dass ich nach einem Vortrag auch negative Feedbacks erhalten hatte. Ich war am Boden zerstört, denn ich wollte es doch so gerne *allen* Gästen recht machen. Sabine erklärte mir folgende Grafik:

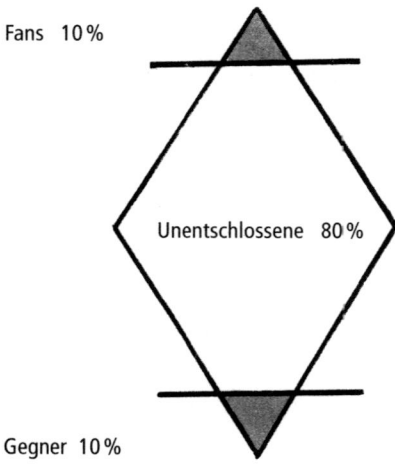

»Im Leben hast du immer zehn Prozent Fans, die finden alles toll, was du machst. Dann hast du aber auch zehn Prozent Ablehnende, die prinzipiell alles ablehnen. Und du hast 80 Prozent Unentschlossene. Versuch jetzt, aus einem Großteil der Unentschlossenen Fans zu machen, dann hast du einen guten Job gemacht, dann hast du denen einen echten Wert gegeben. Vergeude deine Energie aber nicht mit den Ablehnenden, denn die wirst du nie erreichen.« Für mich war das starker Tobak, weil ich mir nicht vorstellen konnte, dass es

Menschen gibt, die einfach aus Prinzip alles doof finden und die nicht offen sind. Heute kann ich das viel besser akzeptieren – auch wenn ein solches Feedback immer noch wehtut. Aber es ist auch ein Ansporn, meine Vorträge noch besser und noch packender zu gestalten.

Lösen Sie sich von den Meinungen, die Ihnen einfach nicht guttun. Achtung: Ich meine jetzt hier nicht konstruktives Feedback oder Kritik, an der Sie wachsen können. Natürlich ist eine andere Sichtweise immer auch hilfreich, um die eigene Leistung oder Performance zu verbessern – aber achten Sie darauf, welche Meinung Sie sich wie stark zu Herzen nehmen. Und auf welche Meinung Sie komplett pfeifen können. Weil diese Menschen es weder gut mit Ihnen meinen noch eine Ahnung haben von dem, was Sie tun.

Wir können nicht allen Menschen gefallen und wir müssen es auch nicht. Leider vergessen wir das häufig – und dann sind Selbstzweifeln Tür und Tor geöffnet. Lösen Sie sich vom Anspruch, es allen recht machen zu müssen, um »wertvoll« zu sein. Das funktioniert nicht. Schauen Sie lieber, dass Sie immer so viel geben, wie Sie derzeit geben können. Und bleiben Sie offen dafür, besser zu werden. Nicht perfekt. Sondern besser in dem Sinne, dass Sie sich weiterentwickeln und wachsen. Dass Sie zum Experten werden für das, was Sie tun. Lassen Sie Ihren Wert wachsen. Suchen Sie sich die Menschen, die das dann wertschätzen – auch wenn sie nicht ständig loben und applaudieren. »Für seine Arbeit muss man Zustimmung suchen, aber niemals Beifall«, sagte der französische Freiheitskämpfer, Schriftsteller und Staatstheoretiker Montesquieu. Und gehen Sie davon aus, dass es immer Menschen gibt, denen Ihr Tun und Sein nichts bedeutet. Das ist halt so. Punkt.

Ihr Wert ist nicht die Summe an geleisteter Unterstützung

Sie kennen den Spruch »Man kann es nicht allen recht machen«. Wer immerzu versucht, es allen recht zu machen, wer sich für alles und jeden verantwortlich fühlt, der manövriert sich in einen enormen Stress hinein und sabotiert sein Selbstwertgefühl. Wer seinen eigenen Selbstwert daran festmacht, was er für andere getan hat, der macht sich abhängig vom Dank und Lob der anderen. Bleibt das Feedback aus, dann sinkt das Selbstwertgefühl. Besonders die

Menschen, die einen hohen Anteil an »Hanny Herzlich« in sich haben (vgl. Kap. 2, Unterkap. »Unsere Stärken und Talente«), ein besonderes Talent zum Fördern und Unterstützen von Mitmenschen, machen häufig ihr eigenes Wohl vom Wohlbefinden der anderen abhängig. Natürlich ist das ein sehr sympathischer Wesenszug, wenn Sie immer wieder andere Menschen unterstützen – aber finden Sie für sich heraus, bis wohin Sie noch gerne und »freiwillig« helfen und ab wann Sie eher von einem Helfersyndrom getrieben werden. Die Kehrseite der Hilfe ist nämlich, dass wir andere Menschen mit zu viel Unterstützung auch kleinhalten! Unterstützen Sie andere, weil Sie das gerne tun – aber machen Sie auf keinen Fall Ihren Wert daran fest.

Pfeifen Sie auf die Meinung der anderen

Inwieweit definieren Sie Ihren Selbstwert (oder den ihrer Kinder) über Besitz und Prestigeobjekte? Menschen mit viel Selbstvertrauen und einem gesunden Selbstwertgefühl lachen, wenn ein Gucci-Gürtel die Eintrittskarte in die Clique bedeutet. Sie sind komplett autonom, komplett selbstbestimmt, weil sie nicht tun, was »man« tut, weil sie nicht die Klamotten tragen, die »man« trägt, oder das Auto fahren, das »man« halt heute so fährt.

Wir leben in einer Zeit, in der die Regeln des gesellschaftlichen Verhaltens so weit gefasst sind wie nie zuvor. Ich glaube, wir machen uns hier selbst oftmals das Leben schwer. Weil wir permanent darüber nachdenken, was die anderen Leute denken. Dabei denken die gar nicht so viel, wie wir denken, dass die denken. Weil die nämlich ihrerseits ständig damit beschäftigt sind, über sich selbst nachzudenken und darüber, was wir wohl von ihnen denken.

Und selbst wenn andere Menschen über Sie nachdenken und sich vielleicht das Maul zerreißen – legen Sie auf die Meinung *dieser* Menschen wirklich Wert? Denken Sie mal einen Moment nach: Die Meinung von welchen Menschen ist Ihnen *wirklich* wichtig? Natürlich wollen wir respektiert werden und in vielen Bereichen unseres Lebens Anerkennung und Wärme erfahren. Aber wie wichtig ist Ihnen tatsächlich, was der Fleischer, die Nachbarn unten an der Straße oder die Lehrer in der Schule Ihrer Kinder über Sie denken?

Fangen Sie an, sich von der Meinung der Menschen zu lösen, auf deren Meinung Sie im Grunde eh überhaupt keinen Wert legen. Machen Sie sich klar, dass Sie diesen Menschen Macht über sich geben. Wir *selbst* sind es, die sich zu Spielbällen der anderen machen. Wir *selbst* geben den anderen Menschen Macht über uns, wenn wir ihren (vermeintlichen) Erwartungen entsprechen. Entscheiden Sie ab sofort bewusst, welchen Menschen Sie Macht über sich geben wollen. Und bei allen anderen pfeifen Sie auf deren Meinung.

»Ich habe meinen guten Ruf verloren – aber nie vermisst.«
MAE WEST

Es sind immer nur Meinungen – keine Wahrheiten. Denn jeder hat seine eigene Sicht der Dinge, und wenn wir dann noch anfangen wollen, es jedem recht zu machen, auf jede Meinung zu achten, dann stehen wir auf verlorenem Posten. So wie Vater und Sohn in der folgenden Geschichte:

Ein Vater zog mit seinem Sohn und mit einem Esel in der Mittagsglut durch die staubigen Gassen von Keshan. Kaum waren sie wenige Schritte neben dem Tier hergegangen, machte sich ein Fremder über sie lustig: »So dumm möchte ich nicht sein. Wozu führt ihr denn den Esel spazieren, wenn er nichts leistet, euch keinen Nutzen bringt und noch nicht einmal einen von euch trägt?« Nach kurzer Überlegung setzte sich nun der Vater auf den Esel, den der Junge führte. »Der arme Junge«, sagte da ein Vorübergehender. »Seine kurzen Beinchen versuchen mit dem Tempo des Esels Schritt zu halten. Wie kann man so faul auf dem Esel herumsitzen, wenn man sieht, dass das kleine Kind sich müde läuft?« Der Vater nahm sich dies zu Herzen, stieg hinter der nächsten Ecke ab und ließ den Jungen aufsitzen. Gar nicht lange dauerte es, da erhob schon wieder ein Vorübergehender die Stimme: »So eine Unverschämtheit. Sitzt doch der kleine Bengel wie ein Sultan auf dem Esel, während sein armer, alter Vater nebenherläuft.« Dies schmerzte den Jungen, und er bat den Vater, sich hinter ihn auf den Esel zu setzen. »Hat man so etwas schon gesehen?«, keifte nun eine Frau. »So eine Tierquälerei! Dem armen Esel hängt der Rücken durch, und der alte und der junge Nichtsnutz ruhen sich auf ihm aus, als wäre er ein Diwan, die arme Kreatur!« Die Gescholtenen schauten sich an und stiegen beide, ohne ein Wort zu sagen, vom Esel herunter. Daraufhin entschlossen sich Vater und Sohn, den Esel an eine Stange zu binden und bis nach Hause zu tragen. Als

sie dort ziemlich spät und völlig erschöpft ankamen, sagte die Frau: »Ihr seid vielleicht zwei Dummköpfe! Warum lasst ihr den Esel nicht selber zu seinem Stall laufen?«
Der Vater schob dem Esel eine Handvoll Stroh ins Maul und legte die Hand auf die Schulter seines Sohnes. »Gleichgültig, was wir machen«, sagte er, »es findet sich doch jemand, der damit nicht einverstanden ist. Ich glaube, wir müssen selbst wissen, was wir für richtig halten.«[56]

Je mehr wir uns von hinderlichen Glaubenssätzen und der Meinung anderer Menschen lösen können, desto leichter leben wir. Manchmal sogar sprichwörtlich. Ich traf im Sommer 2013 auf einer Speaker-Convention in Philadelphia eine amerikanische Kollegin wieder, die ich bereits von einem Kongress in Deutschland kannte. Damals, 2010, war Marilyn Sherman nach eigener Aussage übergewichtig – und nun traf ich in Philadelphia eine schlanke, trainierte Frau mit strahlenden Augen. Sie hatte über 30 Kilogramm abgenommen. In ihrem Vortrag erzählte sie, was hauptsächlich dazu beigetragen hatte: »In dem Moment, als ich aufgehört habe zu überlegen, was die anderen wohl über mich denken, konnte ich auf das hören, was ich über mich denke. Je mehr ich aufhörte, den anderen gefallen zu wollen, desto mehr konnte ich daran arbeiten, mir selbst wieder zu gefallen.«[57]

Wenn wir uns klarmachen, dass die Äußerungen der anderen wenig bis gar nichts mit uns und unserer Leistung zu tun haben, sondern in erster Linie von der Welt der anderen zeugen, dann haben wir eine gute Basis geschaffen, um uns von falschen Ansprüchen und hinderlichen Glaubenssätzen zu befreien und unseren wahren Wert zu schätzen.

Ihr Wert ist nicht die Zeit, die Sie aufwenden

Tappen Sie bitte auch nicht in die Falle, Ihren Wert an ein Maß wie beispielsweise Ihre aufgewendete Zeit zu knüpfen. Als Journalistin der *Süddeutschen Zeitung* machte ich vor einigen Jahren ein Interview mit dem Maler Klaus Silbermann, der mir folgende Begebenheit berichtete, die bei mir nachhaltig Eindruck hinterlassen hat: Eines Tages stand er in Südfrankreich an der Uferpromenade und malte ein Bild von der Festung auf einer kleinen Insel vor Marseille. Ein Pärchen trat zu ihm, bewunderte sein Bild, seinen Stil und fragte, ob er speziell für sie ein Bild von einem anderen Standpunkt im Hafen malen könne. »Natürlich«, meinte er, packte seine Staffelei, rückte alles an die gewünschte Stelle und unter den Augen der Touristen entstand innerhalb von 30 Minuten das Wunschmotiv. Das Pärchen war glücklich. »Das macht dann 1000 Euro«, sagte er. Die Touristen waren entsetzt: »1000 Euro für eine halbe Stunde Arbeit? Das ist ja Wucher!« »Nein«, entgegnete der Maler »Sie zahlen nicht 1000 Euro für eine halbe Stunde. Sie zahlen 1000 Euro für das Bild. Dass ich 30 lange Jahre geübt habe, damit Sie Ihr Bild in nur einer halben Stunde erhalten, das ist inklusive.«

Es ist ein sich hartnäckig haltender Irrglaube, dass unsere Arbeitgeber oder unsere Kunden die von uns aufgewendete Zeit zu honorieren haben. Zu honorieren ist vielmehr der *Wert*, den Sie schaffen. Der *Nutzen*, den Sie bringen. Das Pärchen in Südfrankreich bezahlte den Künstler für ein individuelles Wunschmotiv, für ein Unikat, das es auf der Welt so nicht mehr geben wird. Und sie zahlten für die Erinnerung an ihren schönen Ferienaufenthalt in Marseille. Und sie zahlten für die Geschichte, die mit diesem Bild verknüpft ist. Und sie zahlten für ein Sinnbild ihrer Liebe. Sie zahlten nicht für die 30 Minuten. Im Gegenteil. Eigentlich hätte der Künstler für seine Schnelligkeit sogar noch mehr verlangen können, einen Eilzuschlag sozusagen, denn so haben die Touristen viele Stunden eigene Lebenszeit »gespart«, die sie nicht neben ihm stehen und warten mussten.

Einen Wert schaffen Sie auch, wenn Sie etwas tun, damit die Menschen in Ihrem Umfeld etwas sparen. Zeit, Geld, Nerven. Ein schönes Beispiel lieferte mir dazu der Chef einer Werbeagentur. Seine Agentur produzierte für einen mittelständischen Kunden einen Hörfunkspot und der Kunde wollte gerne Sky du Mont mit seiner markanten Stimme als Sprecher. Kein Problem, der renommierte Schauspieler und erfahrene Sprecher wurde angefragt, Termin und Honorar geklärt. Der Kunde fiel daraufhin fast vom Stuhl, ereiferte sich über diesen völlig übertriebenen Honorarsatz für 30 Sekunden Arbeit (!). Gegen den ausdrücklichen Rat des Agenturchefs entschied sich der Unternehmer, einen seiner Mitarbeiter, der eine ähnliche Stimmfärbung hatte wie du Mont und über den sie auf die Idee mit dem Topschauspieler überhaupt gekommen waren, »die paar Sekunden schnell ablesen zu lassen«. Am Produktionstag trafen sich der Marketingleiter des Kunden, seine Stellvertreterin und der Agenturchef im Tonstudio in München. Der Tontechniker stand bereit, der Aufnahmeleiter wies den Sprecher ein, Soundcheck. Alles prima! Der nicht dafür ausgebildete Mitarbeiter las den 30-Sekunden-Spot. Das Resultat war schlecht. Er las ihn nochmals. Und nochmals und nochmals. Nach drei Stunden waren die Anwesenden leicht zermürbt, nach fünf Stunden genervt, nach sieben Stunden entschied der Marketingleiter, dass das alles keinen Zweck habe. Der Laiensprecher brachte die Botschaft einfach nicht so rüber, wie das Unternehmen es gerne wollte. Und dieses entschied, dass man nun doch lieber Sky du Mont buchen wolle. Wenige Tage später trafen sich wieder alle im Tonstudio, du Mont sprach den Spot ein, zur Sicherheit machten sie eine zweite und dritte Aufnahme, und nach 15 Minuten war die Arbeit abgeschlossen.

Hätte das Unternehmen gleich den Profi rangelassen, dann hätten sie sich die Kosten für einen kompletten Tag Studiobuchung sowie für drei gut bezahlte Marketingprofis gespart, die sich hier für nichts und wieder nichts die Beine in den Bauch gestanden haben. Ganz zu schweigen vom professionellen Ergebnis. Ihr Wert ist nicht die aufgewendete Zeit.

Ihr Wert steigt mit jedem Scheitern!

Für viele Menschen bedeuten Niederlagen oder ein Scheitern ein angeschlagenes Selbstvertrauen und ein dauerhaft ramponiertes Selbstwertgefühl. Zu Unrecht. Denn es ist ein Gesetz der Wahrscheinlichkeit, dass uns auch Sachen misslingen, je mehr wir ausprobieren. »Wer nie einen Fehler beging, hat nie etwas Neues ausprobiert«, sagte Albert Einstein. Natürlich versetzen uns große Niederlagen zunächst mal einen Dämpfer – aber dann können wir daraus lernen und wachsen. Ein Banker verriet mir mal, dass er einem Existenzgründer, der bereits ein Unternehmen in den Sand gesetzt hat, schneller einen Kredit genehmige als einem Gründer-Greenhorn. Warum? »Der hat seine Lektionen gelernt und macht die gleichen Fehler nicht noch einmal!« Und auch kleinere Niederlagen können uns auf unserem Weg weiterbringen.

Sie haben eine tolle Geschäftsidee – aber keiner steigt darauf ein? Das kann ganz viele Gründe haben, und die meisten haben nichts mit Ihnen als Person zu tun. Das habe ich auch erfahren, als ich für mein erstes Buch, *Marketing für Freiberufler und Kleinunternehmer*, einen Verlag suchte und Konzepte einreichte. Es hagelte Absagen mit Argumenten wie »Kein Markt für dieses Thema da«. Traum geplatzt? Nein, denn nun hatte ich die ersten Kontakte zu renommierten Häusern geknüpft, und als wenige Monate später die Gründung der »Ich-AGs« großes Thema wurde, da war ich bereits mit den Verlagen vernetzt, saß in den Startlöchern und konnte meine Idee mit einem neuen Konzept umsetzen.

Mario Moretti Polegato, der spätere Geox-Gründer, blitzte zunächst bei vielen Produzenten ab, denen er seine Erfindung des atmungsaktiven Schuhs anbot. Und auch die Erfolgsstorys von Harry-Potter-Schöpferin Joanne K. Rowling oder Taurus-Krimi-Autorin und Bestsellerstar Nele Neuhaus begannen mit zahlreichen Absagen, Kopfschütteln in der Familie und Rückschlägen. »Natürlich passierte mir das, was wohl jedem Möchtegernautor passiert: Als Antwort auf meine Manuskripteinsendungen gab es höfliche, vorgedruckte Absageschreiben. Nur einmal erhielt ich nach zwei Tagen eine begeisterte Zusage. Bei genauerem Hinsehen erwies sich dieser euphorische Verlag als einer dieser ominösen Zuzahlverlage, sie wollten von mir DM 60 000, um mein Buch zu drucken. Das konnte es auch nicht sein! Niemand sagte mir, woran es wirklich lag, dass niemand mein Manuskript haben wollte, ich bekam langsam erste Zweifel an der Qualität meines Werkes und an mir selbst«, erzählt Nele Neuhaus.[58] 2004 ergriff sie die neue Chance, ihr erstes Manuskript, *Unter Haien*, als Book on Demand auf den Markt zu bringen – doch gedruckt ist nicht verkauft. Und so tingelte sie mit Bücherstapeln auf dem Leiterwagen von Buchhandlung zu Buchhandlung, stellte den Roman bei Amazon ein, und die ersten 500 Exemplare gingen weg. »Mein Exmann und auch viele andere Leute schüttelten den Kopf, denn mir blieb so gut wie keine Zeit für andere Dinge. Vormittags in der Fleischfabrik arbeiten, nachmittags schreiben. Zwischendurch alles andere. Kein Urlaub. Wenn man mich fragte, ob mir nicht etwas fehle, schüttelte wiede-

> »Wer nie einen Fehler beging, hat nie etwas Neues ausprobiert.«
> ALBERT EINSTEIN

rum ich den Kopf. Ich war dabei, mir den Traum meines Lebens zu erfüllen! Wie konnte da etwas fehlen? Ich war zufrieden mit dem, was ich ganz aus eigener Kraft erreicht hatte.« Heute ist Nele Neuhaus eine der meistgelesenen Krimiautorinnen im deutschsprachigen Raum, ihre Taunuskrimis erreichen bisher eine Gesamtauflage von fünf Millionen Exemplaren, die Rechte wurden in 20 Länder verkauft.[59]

Wie oft schon haben Sie neue »Geht-doch«-Projekte, spannende Herausforderungen oder mögliche Veränderungen nicht gewagt, weil Sie Bedenken hatten, einen Fehler zu machen? Wie oft haben Sie Dinge gar nicht erst angepackt, weil Sie Angst hatten, das ganze Vorhaben könnte massiv in die Hose gehen? Die Angst zu scheitern ist eine der größten Ängste in unserer Gesellschaft. Warum eigentlich? Was spricht dagegen, etwas auszuprobieren, obwohl die »Gefahr« besteht, dass das am Ende nicht von Erfolg gekrönt wird?

Offenbar eine Menge. Wir scheuen Veränderungen und haben Bedenken, uns auf Unbekanntes einzulassen. Als Hindernis nennen viele dabei die Angst, eine falsche Entscheidung zu treffen. Dabei können wir keine »falsche« Entscheidung treffen. Eine Entscheidung ist eine Entscheidung – ob wir damit einen »falschen« Weg einschlagen, erkennen wir häufig nur in der Rückschau. Aber auch hier haben wir in den meisten Fällen immer noch eine Korrekturmöglichkeit. Nicht jede Entscheidung ist existenziell. Und nicht jedes »Scheitern« war falsch.

Sie kennen sicherlich einige Geschichten der größten Scheiterer: Kolumbus wollte nach Westindien. Dumm gelaufen, dass er stattdessen in Amerika ankam. Gescheitert! Spencer Silver, Wissenschaftler bei der »Minnesota Mining and Manufacturing Company« (»3M«), sollte neue Klebstoffe entwickeln – bessere und stärkere Klebstoffe. 1968 entdeckte Silver einen neuen Kleber, der sich allerdings sofort wieder entfernen lässt und kaum haftet. Gescheitert! Doch was ist daraus geworden? Sein Kollege Arthur Fry, damals ebenfalls Chemiker bei 3M und Sänger im Kirchenchor, ärgerte sich permanent darüber, dass während der Chorproben immer wieder seine Lesezeichen aus den Notenbüchern fielen. Es dauerte über fünf Jahre, bis Fry auf den schwach haftenden Kleber des Kollegen aufmerksam wurde und probehalber seine Notizzettel damit bestrich. Das erste Post-it war geboren!

Begeistert nutzten die beiden Wissenschaftler ihre Erfindung im eigenen Büroalltag – doch ihr Arbeitgeber 3M zögerte, die selbsthaftenden Klebezettel auf den Markt zu bringen. Der Probelauf in einem Testmarkt scheiterte: Die Verwender reagierten gemischt. Dann traf das Marketingteam eine mutige Entscheidung: Statt nach dem Testmarkturteil das Projekt einzustampfen, brachten sie die Haftnotizen unter die Leute, denn sie waren sich sicher, man müsse die Zettelchen einfach mal ausprobieren, um überzeugt zu werden. Sie statteten unzählige Büros mit Mustern aus – und der Erfolg gab ihnen recht: 90 Prozent der Tester waren begeistert und sagten, sie würden die Post-its kaufen. 1978 kamen sie auf den Markt. Eine Studie von 1993 belegt den Erfolg: Durchschnittlich verbraucht ein Berufstätiger elf Post-its am Tag. Weltweit kleben wir in jeder Sekunde 15 Klebezettelchen.[60]

»Erfahrung ist nicht das, was einem zustößt«

»Erfahrung ist nicht das, was einem zustößt. Erfahrung ist, was du aus dem machst, was dir zustößt«, sagt der britische Schriftsteller Aldous Huxley. Wie schön ausgedrückt und wie wahr!

An der Frage, wann wir »gescheitert« sind, erhitzen sich die Gemüter. Wann gilt ein Projekt als gescheitert? Und wann nicht?

Ich erinnere mich noch sehr gut an ein Gespräch mit der Mutter eines Klassenkameraden meines Sohnes, die mich auf dem Pausenhof ansprach: Ob es denn wirklich stimme, dass wir für vier Monate nach Hawaii gehen? Ihr Sohn habe das erzählt, und sie glaube, er habe gelogen. Ich sagte, ja, das stimme. Fassungslos schaute sie mich an. Und fragte: »Ja, aber was macht ihr, wenn es euch dort nicht gefällt? Wenn es den Kindern nicht gefällt? Oder wenn ihr krank werdet?« Ich glaube, ich sah in dieser Sekunde etwas begriffsstutzig aus. Wie, was sollten wir schon tun? »Nun, zunächst glaube ich mal nicht, dass es uns so gar nicht gefällt, denn wir können ja vor Ort immer etwas verändern, damit wir uns wohlfühlen. Zweitens gibt es auch in Hawaii Ärzte und Krankenhäuser. Und wenn es wirklich überhaupt nicht geht, ja dann buchen wir den Rückflug um und kommen wieder heim«, meinte ich erstaunt. »Aber dann seid ihr ja gescheitert!«, rief die Mutter aus. Und jetzt fiel mir ehrlich gesagt tatsächlich keine Antwort mehr ein. Fischsyndrom. Mund stumm auf und stumm zu.

Was ist denn daran »gescheitert«? Heimfliegen wäre das konsequente Handeln in einer Situation, die uns nicht gefällt. Eine logische Reaktion auf das, was passiert.

Prüfen Sie sich mal selbst: Welche Aktionen in Ihrem Umfeld betrachten Sie als gescheitert? An was sind Sie selbst schon mal gescheitert? An was sind Menschen gescheitert, die Ihnen nahestehen? Natürlich gibt es keine Garantie, dass alles, was wir in die Hand nehmen, auch wirklich gut funktioniert. Wie langweilig wäre das auch! Machen Sie sich klar, dass Scheitern immer nur eine Zwischenetappe ist, ein Erlebnis, auf dem Sie aufbauen können.

Großartige Unternehmer haben früher schon mal andere Unternehmen an die Wand gefahren – und mit diesen Erfahrungen können sie nun wirklich erfolgreich werden. Denn durch nichts anderes lernen wir so sehr wie aus Fehlern. Das Schöne daran: Nicht alle Fehler müssen wir selbst machen. Wir können auch super aus den Fehlern anderer lernen.

Damit wir ins Handeln kommen, ist es aber absolut notwendig, dass wir uns ein Recht auf Fehler zugestehen. Nur wenn Sie sich deutlich sagen: »Es ist auch in Ordnung, wenn es nicht so klappt wie gewünscht«, können Sie entspannt loslegen. Und in vielen Fällen ist es sogar mehr als hilfreich, mögliche Misserfolge einzukalkulieren. Bisweilen können wir dann sogar die Weichen so stellen, dass der Misserfolg unwahrscheinlicher wird. Was meine ich damit?

Nehmen wir die Unternehmenswelt als Beispiel: Rund 30 Prozent aller neu gegründeten Unternehmen machen derzeit in den ersten vier Jahren wieder dicht.[61] In vielen Fällen liegt das daran, dass sie ein Produkt anbieten, das die Welt (noch) nicht braucht. In den meisten Fällen allerdings unterschätzen die Gründer den Aufwand, den sie betreiben müssen, um ihre Geschäftsidee publik zu machen und einen begeisterten Kundenkreis aufzubauen. Nur darauf zu vertrauen, dass sich die »geniale« Idee von allein durchsetzt und die Kunden automatisch zu ihnen strömen, das können wir in unserer Überflussgesellschaft, in der die Konsumenten zwischen Millionen Angeboten wählen können, vergessen.

Wenn jemand ein Unternehmen gründet, sollte er die Grundlagen einer erfolgreichen Geschäftsführung beherrschen oder sie sich so schnell wie möglich holen (vgl. dazu auch Kap. 4). Wer blauäugig und unwissend sein Projekt startet, der hat schlechte Karten. Wer allerdings schon mal schaut, an was das eigene Projekt scheitern *könnte*, oder positiv formuliert: was es braucht, damit die Chance auf Erfolg steigt, der kann rechtzeitig das wichtige und richtige Knowhow an Bord nehmen.

Sich die Erlaubnis zum Fehlermachen zu geben, ist der Antrieb, der Sie zum Handeln bringen kann. Ein gesunder (!) Blick auf die Risiken hilft, die gröbsten und dümmsten Fehler zu vermeiden, und kann uns Sicherheit geben, unser Projekt zu starten.

Das ist keine Garantie für Erfolg. Ganz klar. Sicherlich kennen Sie den Spruch »Wer nicht wagt, der nicht gewinnt«. Die englische Version finde ich allerdings noch besser: »No risk, no fun.« Wer nie scheitert, hat nie etwas ausprobiert. Mit angemessenen Informationen und entsprechender Unterstützung können Sie das Risiko des Scheiterns aber auf alle Fälle reduzieren. Aber machen Sie sich klar: Wir haben es nie komplett selbst in der Hand, ob unsere Ideen auch Früchte tragen. Aber egal – denn wir können ja im Ernstfall immer noch was daraus machen: Wir können lernen, wir können die auftauchenden Probleme als Lernlektion sehen.

Und wir können unser »Lehrgeld« auch an andere weitergeben. Keine Bücher und keine Seminare verkaufen sich besser als solche, in denen andere von ihren Fehlern und ihrem Scheitern berichten. »Am Ende wird alles gut. Und wenn es nicht gut ist, dann ist es noch nicht das Ende« sagte der irische Schriftsteller Oscar Wilde.

Machen statt denken – Ihr Selbst wächst mit dem Handeln

Auch wenn einige Psychologen heute sagen, dass Erfolge nicht helfen, unser Selbstwertgefühl zu steigern – ich glaube, dass das Tun einen ganz massiven Einfluss auf unser Selbstwertgefühl und vor allem auf unser Selbstvertrauen hat. Alle Gedankenspiele, die wir gerade besprochen haben, sind eine wichtige Grundlage dafür. Doch wenn wir nicht ins Handeln kommen, dann werden unsere Versuche, mehr Selbstakzeptanz aufzubauen, nach einiger Zeit wieder einschlafen und der Kritiker kann wieder übernehmen.

Nur positiv zu denken oder gar mit positiven Affirmationen zu arbeiten, das bringt uns nicht voran. Immer wieder an den 100-Mark-Schein zu denken, um sich gut zu fühlen, das ist als einzige Aktion vielleicht ausreichend für Menschen, die so gefestigt sind, dass sie kurz vor der buddhistischen Erleuchtung stehen. Wir Otto-Normal-Sterblichen dürfen hier noch ein wenig mehr investieren.

Gerade wenn wir Niederlagen erlebt haben, ist es notwendig, für neue positive Erfahrungen zu sorgen, die uns dann auch das Selbstvertrauen geben, zu sagen: »Ich kann das!« Je mehr positive Erfahrungen wir machen, desto mehr lernen wir uns selbst zu vertrauen; wir lernen, dass unser Erfolg reproduzierbar ist, dass wir es Stück für Stück (wieder) mehr in der Hand haben, die Dinge zu einem glücklichen Ende zu führen.

> »Am Ende wird alles gut. Und wenn es nicht gut ist, dann ist es noch nicht das Ende.«
> OSCAR WILDE

Sich die Erfolge zu visualisieren (»Ich stehe in meinem eigenen Geschäft und der Kundenstrom reißt nicht ab« oder »Ich fahre die Abfahrt in Bestzeit und stehe mit Olympiagold auf dem Siegertreppchen«), mag dabei helfen, diesen Erfolg zu erringen – aber das ist keine Wenn-dann-Beziehung. »Er-folg« ist die Folge von etwas, was wir *tun*. Und nicht von etwas, was wir uns vorstellen. Und das bedeutet: Fangen Sie in kleinen Schritten an, Projekte mit Leben zu füllen, die in Richtung Ihres großen »Geht-doch«-Projektes gehen. Wenn Sie Ihre Partnerin zu einem Drei-Wochen-Campingurlaub im Gebirge animieren wollen (und das so gar nicht deren Welt ist), dann fangen Sie an mit einer Nacht im eigenen Garten oder auf einem 5-Sterne-Campingplatz. Ist diese erste Nacht gut gelaufen, dann gehen Sie den nächsten Schritt. Wenn Sie aus Ihrem 9-to-5-Job aussteigen wollen, dann gründen Sie Ihr Traumunternehmen im Nebenerwerb, machen Sie aus der sicheren Position Ihrer Festanstellung die ersten Schritte, sammeln Sie Erfahrung, bevor Sie den Absprung machen. Wenn Sie einen neuen Beruf ergreifen wollen, machen Sie zunächst ein Praktikum in Ihrer Urlaubszeit. Dann erleben Sie bereits, wie es in dieser Branche oder diesem Beruf zugeht, und das ist eine super Grundlage für die Zukunft. Gestehen Sie es sich zu, gerade bei sehr großen »Geht-doch«-Ideen langsam in die Aktion reinzuwachsen und durch kleine Schritte Vertrauen zu sich und zu Ihrem »Geht-doch«-Projekt zu schaffen. Damit steigern Sie auch Ihr Selbstwertgefühl und Ihr Selbstvertrauen, dass Sie es schaffen können.

Warum Sie Mentaltraining vergessen können

Besonders aus dem Sport hören wir ja immer wieder, dass die Athleten, Fahrer und Spieler mit Visualisierungsübungen und positiven Affirmationen große Erfolge erzielen. Das habe ich auch versucht! Nach meinem Bandscheibenvorfall wollte ich meine Ängste überwinden, indem ich mir *vorstellte*, wie ich wieder ganz sicher eine Skipiste runterwedele, wie ich mich wieder voller Spaß rückwärts auf das Trampolin in unserem Garten plumpsen lasse, wie ich beim hohen Tempo einer Steppaerobic-Stunde im Fitnesscenter mithalte, wie ich selbstsicher die Reling eines Segelbootes entlanggehe – ohne Angst davor zu haben, blöd zu fallen und mir wieder wehzutun.

Hatten Sie schon mal einen Bandscheibenvorfall? Dann wissen Sie vielleicht, wie heftig diese Schmerzen sind. Und dass es die Angst vor einem wiederholten Vorfall ist, die die Patienten in eine Schonhaltung »zwingt«, was wiederum Gift für unsere Lebensfreude ist. Gut, ich hatte ja in den letzten Jahren viel gelesen und gehört über die Kraft der Gedanken und speziell des Visualisierens; doch trotz bester Absichten wackelte ich ein Jahr nach der OP wie eine alte Oma, festgekrallt am Arm meines damals siebenjährigen Sohnes, einen abschüssigen regennassen Kopfsteinpflasterweg in Kroatien hinunter, als es mir die Füße unter dem Körper wegzog und ich unsanft und heulend auf meinem Hinterteil landete. »Ich bin zu blöd zum Visualisieren!«, beschimpfte ich mich. Und auch in der Steppaerobic-Stunde, als ich hoch konzentriert alle Schritte mitmachen wollte, knallte ich vom Stepper und verletzte mich erneut.

Und dann habe ich die blinde Biathletin Verena Bentele kennengelernt. Vielleicht fragen Sie sich jetzt, wie eine Blinde Biathlon machen kann – Langlauf und Schießen? Wie soll das gehen? Das Geheimnis besteht darin, dass die blinden Sportler einen (sehenden) Vorausfahrer haben, der ihnen genau die Strecke beschreibt, der exakt angibt, was kommt (Biegung links, Steigung, Biegung rechts, Senke), und dem sie hundertprozentig vertrauen müssen. Nun passierte es ihr 2009, dass sie – aufgrund eines Kommunikationsfehlers, wie sie es nennt – aus der Langlaufspur flog und sich schwer verletzte. Wochenlang lag sie im Krankenhaus, es war unklar, wie es mit dem Sport weitergehen könnte. Und das Schlimmste war, so erzählte Verena, dass sie kein Vertrauen mehr hatte in ihren Vorfahrer – und auch nicht mehr in sich selbst. Selbst den kleinen Hügel in München von der Theresienwiese hinunter konnte sie nicht mehr fahren.

Ich hörte ihr zu und dachte: »Tja, Sportler, die haben doch die besten Trainer, auch Mentaltrainer, da muss sie halt einfach besser visualisieren.« Aber was sie dann sagte, das haute mich um. Verena erzählte, dass sie nun wieder ganz klein anfangen musste mit dem Langlaufen. Eine Ministrecke fahren. Aufhören. Einen winzigen Buckel überrutschen. Aufhören. Und in ganz, ganz kleinen Schritten ging sie voran. In ganz, ganz kleinen Schritten baute sie ihr Selbstvertrauen wieder auf – bis sie 2010 fünfmal Gold bei Olympia holte.

Nicht Visualisieren und Mentaltraining baute ihr Selbstvertrauen auf, nein, es war das *Tun*. Das aktive Handeln in kleinen Schritten.

Wie erstarrt saß ich auf meinem Stuhl und erkannte die Sinnlosigkeit meines »Mentaltrainings«. Ich hatte mich in der Theorie wieder völlig fit gesehen, aber in der Praxis meinen Körper nach dem Bandscheibenvorfall immer überfordert. Nach dem Motto »Stell dich nicht so an – gleich ab auf die schwarze Piste« und »Auf geht's zur Steppaerobic«. Ganz oder gar nicht! Wenn schon, denn schon.

Völlig falsch. Und dann begann ich auch in kleinen Schritten das Vertrauen in meinen Körper wiederzufinden. Drei Minuten stehen auf einem Wackelbrett. Langlaufen in der Ebene statt in der Hügellandschaft. Und siehe da – es wurde jeden Tag besser, mein Selbstvertrauen stieg.

Und genau so ist es in unserem Leben, wenn wir Dinge verändern wollen. Machen Sie kleine Schritte, stemmen Sie kleine Herausforderungen. Die gute Botschaft dabei: Es ist egal, in welches Neuland Sie sich vorwagen. Denn jeder kleine Erfolg, egal auf welchem Gebiet, schenkt uns Selbstvertrauen auch auf anderen Gebieten. Beginnen Sie mit drei Minuten Gleichgewichtstraining auf dem Wackelbrett, dann turnen Sie irgendwann durch den Hochseilgarten und schließlich wechseln Sie Ihren Job.

Lernen Sie, für sich einzustehen. Sagen Sie morgen im Restaurant: »Nein, das Essen hat nicht geschmeckt.« Dann sagen Sie in drei Tagen zu Hause: »Nein, lieber Sohn, deinen Hamster bringe ich heute nicht zum Tierarzt.« Und in einer Woche sagen Sie endlich den Kollegen, dass Sie künftig nicht immer als Einzige das Meeting-Protokoll schreiben.

Wir trauen uns mehr, wenn wir mehr Selbstvertrauen haben! Suchen Sie sich deshalb immer wieder neue Herausforderungen – und stärken Sie damit Ihr Selbstvertrauen und Ihren »Geht-doch«-Mut.

Mit der Als-ob-Strategie Selbstvertrauen aufbauen

Sie trauen sich nicht, Ihr »Geht-doch«-Projekt anzupacken? Sie glauben, Sie sind noch nicht gut genug? Sie glauben immer noch, dass Sie es nicht schaffen werden? Sie befürchten, Ihnen fehlt der Mut oder das Durchhaltevermögen? Dann wenden Sie doch einfach die Als-ob-Strategie an: Sie tun so, als ob.

In seinem kurzweilig zu lesenden Buch *Machen, nicht denken!* geht Richard Wiseman mit den herkömmlichen Mentaltheorien streng zu Gericht – und kehrt die Ursache-Wirkungs-Kette um. Normalerweise denken wir wie folgt:

Sie fühlen sich glücklich	⇨ Sie lächeln.
Sie haben Angst	⇨ Sie laufen davon.

Nach der Als-ob-Theorie klappt es auch andersherum:

Sie lächeln	⇨ Sie fühlen sich glücklich.
Sie laufen davon	⇨ Sie haben Angst.[62]

Vielleicht haben Sie von dieser Sichtweise schon mal gehört; und auch ich habe schon vor Jahren in meinen Büchern auf den Zusammenhang von Körperhaltung und Stimmung, auf die magische Wirkung eines Lächelns auf unsere Laune oder auch auf das »Geheimnis« von Lachyoga hingewiesen. Und sicherlich kennen Sie den legendären Cartoon der Peanuts, in dem Charles M. Schulz seinen Helden Charlie Brown an einer Stelle sagen lässt: »Wenn du deprimiert bist, ist es ungeheuer wichtig, eine ganz bestimmte Haltung einzunehmen … Das Verkehrteste, was du tun kannst, ist aufrecht und mit erhobenem Kopf dazustehen, weil du dich dann sofort besser fühlst. Wenn du also etwas von deiner Niedergeschlagenheit haben willst, dann musst du so dastehen.«[63]

Ja, unsere Körperhaltung und Mimik beeinflussen und verstärken unsere Stimmung. Doch noch viel mehr beeinflusst uns das, was wir *tun*. Was tun Sie, wenn Sie glücklich sind? Die meisten von uns singen, pfeifen, tanzen oder umarmen andere Menschen. Drehen Sie die Ursache-Wirkungs-Kette um! Sie möchten sich glücklich fühlen? Dann *verhalten* Sie sich so, als ob Sie glücklich wären. Fangen Sie an zu singen, machen Sie ein paar Tanzschritte, pfeifen Sie eine fröhliche Melodie, umarmen Sie einen lieben Menschen. Und Sie werden merken, wie Ihr Glücksbarometer steigt, wie Sie Glückshormone ausschütten. Also, machen Sie sich diesen Effekt zunutze!

Sie fühlen sich gerade mal wieder völlig wertlos, getreten von der Welt, verlassen von allen? Dann *tun* Sie ein paar Minuten lang so, als ob Sie vor Selbstwertgefühl nur so strotzen – und Sie werden merken, wie sich Ihre Gefühle verändern. Schreiten Sie, statt zu schlurfen, denn allein schon die Gangart hat einen Einfluss auf unsere Stimmung.

Ein anderes Beispiel zum Umdrehen der Ursache-Wirkungs-Kette: Wenn wir verliebt sind, dann haben wir in Anwesenheit unseres Schatzes einen erhöhten Pulsschlag. Wir interpretieren unsere hohe Herzfrequenz als Zeichen des Verliebtseins. Wiseman zitiert nun Experimente, bei denen der Herzschlag der Probanden künstlich beeinflusst wurde (Joggen auf der Stelle oder Anschauen eines gruseligen Films versus Stehen oder Anschauen eines Films über Frösche). Im Anschluss bewerteten die Versuchsteilnehmer die Attraktivität einer Frau. Auffällig dabei: Alle Männer mit erhöhtem Herzschlag fanden die Frau attraktiver als diejenigen mit dem »langweiligen« Vorprogramm. Sein Ratschlag: »Wenn Sie sich auf ein Rendezvous begeben, vermeiden Sie Spaziergänge auf dem Lande und Meditationsgruppen und gehen Sie stattdessen in Freizeitparks, über hohe Brücken, zu Comedy-Shows und in Kinos, die gruselige Filme (...) zeigen.«[64] Klingt einleuchtend.

Was können Sie daraus für Ihr Selbstwertgefühl und Ihr Selbstvertrauen ableiten? Gerade wenn Sie mal wieder die Zweifel überkommen, ob das alles so gut ist, was Sie tun, ob Sie das überhaupt schaffen, dann *tun* Sie einfach so, als ob alles gut wäre. Werfen Sie Ihre Zweifel über Bord, und tun Sie so, als ob alles rundliefe.

Das heißt für mich allerdings jetzt nicht, die eigenen Gefühle, Ängste und Befürchtungen durch ein scheinbar vor Selbstvertrauen strotzendes Gehabe zu übertünchen. Nein! Die Aufmerksamkeit sich selbst gegenüber, der ehrliche Blick auf die eigene Person ist für mich der beste Schlüssel zu Selbstwertgefühl und Selbstvertrauen. Die Als-ob-Methode kann allerdings helfen, wenn nach dem aufmerksamen Hinschauen trotzdem immer wieder die Zweifel und Ängste hochkommen, wenn sie wieder und wieder das Kommando übernehmen. Denn dann sind wir in einem Stadium, in dem wir uns nur noch selbst zerfleischen und uns im Kreise drehen. Dann sind wir gefangen in unserem »Mindfuck«, so meine Kollegin Petra Bock[65], und hier finde ich den Einsatz der Als-ob-Strategie mehr als legitim.

Sie kann Ihnen übrigens auch helfen, wenn Ihnen im Laufe der Zeit die Motivation ausgeht und Sie Probleme haben, am Ball zu bleiben. Wenn Ihr innerer Schweinehund Sie wieder auf die Couch zwingt statt in die Joggingschuhe oder Sie nur geistig in Ihrer »Eigentlich«-Welt sind (»Eigentlich wollte ich den Sprachkurs jetzt machen, aber ...«). In diesem Fall kann es hilfreich sein, sich so zu verhalten, wie Sie gerne sein wollen. Sie kommen nach der Arbeit nach Hause, die Couch winkt – und Sie lassen sich gar nicht auf die Diskussion mit dem inneren Schweinehund ein, sondern verhalten sich einfach so, als ob Sie sportlich wären. Sie verhalten sich so, als ob Sie ein begeisterter Sprachenlerner wären. Und Sie werden sehen – Sie tun es tatsächlich.

> »Menschen, an denen nichts auszusetzen ist, haben nur einen Fehler: Sie sind uninteressant.«
> ZSA ZSA GABOR

Vielleicht klingt das für Sie jetzt arg theoretisch und unglaublich. Aber probieren Sie es einfach aus. Ich habe seit Anfang 2014 die Als-ob-Strategie sehr bewusst in meinen Alltag integriert. Und zwar gestalte ich jeden Tag so, als ob ich sportlich und voller Selbstvertrauen wäre. Das Resultat: Ich fahre seitdem viel häufiger mit dem Fahrrad ins Büro, nehme viel häufiger die Treppe statt den Aufzug, gehe viel häufiger morgens erst mal eine halbe Stunde walken. Und ich trainiere meinen Mut für »Balanceakte«, indem ich so tue, als ob ich sicher auf nassem Kopfsteinpflaster gehe, als ob ich sicher die Reling entlangbalanciere. Und siehe da: Es wird immer besser. Mein Selbstvertrauen wächst mit dem Tun. Und ich habe seitdem acht Kilo abgenommen.

Mein Wunsch ist, dass Sie Ihr »Geht-doch«-Projekt anpacken können. Mit viel Mut und viel Selbstvertrauen! Lassen Sie sich von

Rückschlägen oder blöden Kritikern, auf deren Meinung Sie eh keinen Wert legen sollten, nicht entmutigen. Nehmen Sie Kritik als mögliche Lernlektion an – oder vergessen Sie sie. Sie brauchen nicht perfekt zu sein, um Ihr »Geht-doch«-Projekt zu realisieren. Im Gegenteil. Denn perfekte Menschen sind langweilig. Oder wie Zsa Zsa Gabor sagt: »Menschen, an denen nichts auszusetzen ist, haben nur einen Fehler: Sie sind uninteressant.«

»Ich will den Preis dafür nicht zahlen«

Erinnern Sie sich an meine provozierende Behauptung weiter vorne in diesem Kapitel, wir könnten alles in unserem Leben ändern, wir könnten aus jeder Situation raus? Die Bedingung, die dann allerdings zu füllen ist, ist, dass wir bereit sind, den Preis dafür zu bezahlen. Den Preis in Form von Verzicht auf etwas anderes (wenn wir umziehen, lassen wir unsere Freunde zurück; alle gehen in die Kneipe, ich aufs Fahrrad), in Form von Zeit (z. B. für eine Weiterbildung), in Form von Energie und Anstrengung. Vielleicht setzen wir die Sympathien anderer aufs Spiel oder müssen unangenehme Diskussionen mit unserem Partner, den eigenen Eltern und den Kollegen führen. Sie tun bislang nicht das, was Sie gerne tun möchten? Dann kann ein Grund dafür sein, dass Sie (bislang) nicht bereit sind, den Preis für diese Veränderung in Ihrem Leben zu bezahlen.

Meine Eltern haben früher immer gesagt: »Von nichts kommt nichts!« Damals habe ich diesen Spruch gehasst, doch jetzt, mit Mitte vierzig, stelle ich fest: Sie hatten jedenfalls recht. Wer nicht bereit ist, zu investieren, der kann nicht ernten. Ein Bauer, der nicht sät, dann düngt, wässert und was noch alles nötig ist, der kann keine reiche Ernte einfahren. Und dieses Landwirtschaftsbeispiel zeigt: Mit Säen allein ist es noch lange nicht getan – die nächsten Investitionen sind genauso wichtig für einen Erfolg. Im Alltag ist das natürlich manchmal ganz schön lästig und zeitaufwendig. Doch zu hoffen, dass sich das »Geht-doch«-Projekt von allein realisiert, dass »das Universum« Träume einfach mal so im Vorbeigehen erfüllt, ist leider eine märchenhafte Vorstellung. Viele Menschen kommen nicht ins Handeln, weil sie nicht bereit sind, zu investieren, weil sie nicht bereit sind, Zeit und Energie einzusetzen.

»Ich würde alles dafür tun!«

Kennen Sie Menschen, die sagen, sie würden *alles* dafür tun, endlich zehn Kilo weniger zu wiegen, endlich einen neuen Job zu bekommen oder endlich aus dem Hamsterrad auszusteigen? Und wenn Sie dann fragen, was denn genau sie zu tun bereit wären, dann kommt häufig nach einem kurzen Stocken ein weiteres »Alles«. Als mir letztens ein Unbekannter auf einer Hochzeit seine Unzufriedenheit und sein »Ich würde alles tun!« vor die Füße kippte, da fiel mir ein Witz ein.

> *Die hübsche Studentin zum Professor:* »*Glauben Sie mir, ich würde alles tun, um dieses Examen zu bestehen. Ich meine wirklich alles.*«
> *Der Professor hakt nach:* »*Wirklich alles?*«
> *Sie beugt sich zu ihm, blickt ihm tief in die Augen und haucht:* »*Alles.*«
> *Da fragt er im Flüsterton:* »*Auch lernen?*«

Machen Sie eine ganz einfache Rechnung auf, und berechnen Sie die Wahrscheinlichkeit, dass Sie in Ihrem Leben, in Ihrem Alltag etwas verändern werden:

* ★ Welchen Preis bezahle ich in der gegenwärtigen Situation? (Frust, schlechtes Gehalt, lange Wege zur Arbeit, Streit mit den Vereinskollegen …)
* ★ Welchen Preis bezahle ich für die künftige Situation? (Sprung ins Ungewisse, Verlust des Kündigungsschutzes, Ärger der Vereinskollegen …)
* ★ Welcher Preis ist höher?

Vielleicht stellen Sie jetzt fest, dass der Preis für die neue Situation gar nicht mal so hoch ist – bingo, die Veränderung wird möglich. Oder Sie stellen fest, dass der Preis (momentan) für die Veränderung zu hoch ist – dann sehen Sie auch, dass Sie momentan nichts ändern wollen. Sie bleiben, weil Sie wollen, nicht weil Sie müssen. Und das macht einen Riesenunterschied!

Fritz und Lisa träumen schon seit Langem davon, in Deutschland alles zu verkaufen, einen Lkw umzubauen und auf Weltreise zu gehen. Vor Jahren haben sie von einer anderen Familie gelesen, die das auch gemacht hat, mit drei kleinen Kindern, und seitdem denken sie: Wenn die das können, dann können wir das doch auch! Doch sie kommen nicht ins Handeln. Halbherzig fangen sie immer mal wieder an, an ihren freien Tagen Pläne zu schmieden, suchen nach alten Lkws, doch die Pläne und Recherchen landen dann wieder in der Schublade – begleitet von viel Frust. Eines Tages setzen sie sich hin und ergründen, warum sie nicht längst über alle Berge sind. Was verhindert ihre Abfahrt? Sie stellen fest, dass sie hier »eigentlich« ja ganz happy sind, dass sie beide in ihren jeweiligen Jobs gerne noch vorankommen wollen, dass es für sie als Eltern richtig Stress bedeuten würde, mit den beiden fünfjährigen Zwillingen ohne entsprechende hygienische und medizinische Standards in der Welt unterwegs zu sein, und dass Fritz seine Mutter momentan nicht mit seinem dementen Vater alleine lassen will. Bereits beim Blick auf ihre Notizen wird beiden klar, dass der Preis, den sie momentan für ihre Lkw-Welttour zahlen müssten, zu hoch ist. Sie wollen ihn momentan nicht bezahlen. Sie beschließen, die Idee für die kommenden Jahre auf Eis zu legen – und keine Zeit mehr mit Hadern, Recherche oder Grübeln zu vergeuden. Ich frage sie: »Angenommen, ihr werdet mit 50 oder 60 Jahren krank und könnt nicht mehr reisen, wird es euch dann leidtun, dass ihr die ›Tour eures Lebens‹ nicht gemacht habt?« Die beiden denken nach, schauen sich an und sagen dann wie aus einem Mund: »Nein! Wir machen ja so viele andere schöne Sachen!«

Und das ist der ausschlaggebende Punkt: Wenn wir Dinge nicht tun, dann darf es uns später nicht leidtun, dass wir es nicht getan haben. Denn sonst landen wir wieder in der »Hätte-sein-können«-Falle. Sich bewusst *gegen* eine Idee zu entscheiden, ist auch Selbstbestimmung!

Das Gras wächst nicht schneller, wenn wir daran ziehen

Ihre Entscheidungen und Ihre Einsatzbereitschaft von heute bestimmen, was Sie in Zukunft haben, machen, erleben werden. Und zwar nicht nur in naher Zukunft, sondern auch in einigen Jahren oder Jahrzehnten. Denn manche Frucht braucht ein paar Jahre, bis sie geerntet werden kann. Auch wenn das einigen Zeitgenossen nicht passt, weil wir in einer »Generation Ungeduldig« leben, in der wir sofort ein Resultat unseres Tuns sehen wollen. Aber gerade große »Geht-doch«-Projekte brauchen vielleicht ein wenig Vorarbeit, brauchen einen Einsatz von Ihnen, der sich nicht unmittelbar und direkt sichtbar auswirkt.

»Das Gras wächst nicht schneller, wenn wir daran ziehen«, sagen die Afrikaner. Und doch meinen einige Menschen, sie könnten heute säen und morgen ernten. Wir wollen heute investieren und morgen den Benefit haben. Wir suchen die Turbodiät, mit der wir in drei Tagen zehn Kilo verlieren. Oder noch besser: Wir werden »schlank im Schlaf«. Wir bestellen heute etwas im Internet und morgen soll es gefälligst da sein. Shops mit den kürzesten Lieferfristen machen das Rennen – und dann liegt das geschlossene Paket noch zwei Wochen in der Diele, bis wir es auspacken. Skilifte beamen uns heute in Rekordgeschwindigkeit die Berge hinauf – und dann warten wir oben, bis auf der überfüllten Piste ein Eckleir für unseren Stemmbogen frei wird. Die Pisten sind heute nicht deshalb so voll, weil so viele Menschen plötzlich Ski fahren. Nein, sie sind so voll, weil wir weniger lange unten anstehen müssen. Die Lifte schaffen heute statt 167 Personen pro Stunde (wie einer der ersten Lifte 1934 in St. Moritz[66]) bis zu 3000 Wintersportler auf die Gipfel. Pro Stunde.[67] Weil wir Ski fahren wollen – und nicht anstehen. Unser Alltag ist schnell geworden mit ICE, E-Mails und Smartphones. Wir suchen eine Info? Früher hat das den Gang in die Bibliothek erfordert und einen halben Tag Aufwand, heute klicken wir uns in Sekunden zur gewünschten Auskunft. Und als Gegenpol zum Tempo im Alltag besuchen wir dann Kurse für mehr Achtsamkeit, nach dem Motto »Entschleunigen – aber schnell«.

Der Musiker Harry Belafonte hat einmal gesagt: »Ich habe 30 Jah-

> »Ich habe 30 Jahre gebraucht, um über Nacht berühmt zu werden.«
> HARRY BELAFONTE

re gebraucht, um über Nacht berühmt zu werden.« Machen Sie sich deshalb bitte klar, dass Sie manchmal einen langen Vorlauf brauchen werden, um die optimalen Rahmenbedingungen für Ihr »Gehtdoch«-Projekt zu haben. Investieren Sie frühzeitig und langfristig in all die Dinge, die Ihnen helfen können, einen Erfolg zu feiern.

»Ich habe ein Recht darauf ...«

Manche Menschen investieren einmal in einen künftigen Erfolg – und meinen dann, dass sie ein Recht darauf haben, dass dieser Erfolg eintritt. In manchen Fällen mag das stimmen: Wenn ich mir eine Currywurst kaufe, dann kaufe ich mir damit ein Sättigungsgefühl. Wenn ich mir die Zeit nehme, mit meinem Sohn eine neue Weihnachtskrippe zu basteln, dann werden die leuchtenden Kinderaugen und der Stolz auf etwas selbst Geschaffenes mein Erfolg sein. Wenn ich ein Buch lese, dann bekomme ich Unterhaltung, Spaß, neue Erkenntnisse, Hilfe oder was auch immer. Aber: Diese Erfolge treten leider nicht zwingend ein. Denn es kann genauso gut sein, dass die Currywurst klein und verschrumpelt ist und ich hungrig bleibe. Es kann sein, dass mein Sohn und ich uns beim Basteln in die Haare kriegen, das Projekt abbrechen und ohne Krippe Weihnachten feiern. Es kann sein, dass das Buch fade ist und ich meine Zeit vergeudet habe.

Es gibt im Leben keine Garantie, dass sich unsere Investitionen auszahlen. Doch manche Menschen sind der festen Überzeugung, dass jede Investition Früchte tragen muss. Sie haben es sich »verdient« und verstehen dann häufig gar nicht, warum der Erfolg ausbleibt.

Ja, die Schule vermittelt uns gern, dass unser Leben hübsch geordnet verlaufen wird, wenn wir nur das Richtige lernen, vergisst aber dabei, dass unser Leben nicht linear verläuft! Die Wenn-dann-Formel funktioniert im echten Leben nicht. Erinnern Sie sich an die Jahre, in denen wir Lehrermangel hatten? Und in denen alle Berufsberater zwischen Flensburg und Freilassing Schulabgänger zum Lehramtsstudium ermunterten? Nach der Devise: »Wenn du das jetzt studierst, hast du einen sicheren Job fürs Leben.« Fünf Jahre später waren sie fertig. Eine Lehrerschwemme ergoss sich über die

Schulen und ein Großteil der bestens ausgebildeten jungen Leute stand ohne Stelle auf der Straße.

Der Punkt ist, dass jede Investition uns auf unserem Weg ein Stückchen weiterbringt: Auch ein langweiliges Buch kann eine Idee enthalten, die uns inspiriert. Eine Ausbildung ist eine Basis für bestimmte Tätigkeiten, aber keine Garantie, dass wir damit auch wirklich Geld verdienen. Und dann heißt es, im Fluss zu bleiben – und jeden Tag, jede Stunde, jeden Moment weiter zu investieren.

Viele Menschen finden das zu anstrengend. Ja, sie sind vielleicht bereit, einmal zu investieren – aber dann soll der Erfolg bitte kommen. Und zwar zackig. Und hierbei rede ich nicht mal von der Ungeduld mancher Zeitgenossen, die ihr Vermögen in Offshoreprojekte gesteckt haben, bei denen ihnen zweistellige Sofortrenditen versprochen wurden – und die dann feststellen mussten, dass ihr Investment »weg« war, sprich: in die Tasche der Anbieter gewechselt hatte. Und auch nicht von den E-Mail-Benachrichtigungen, dass leider mein lieber, guter Onkel Samuel Nussbaum in Südafrika verstorben ist und mir 89 Millionen US-Dollar vermacht hat. Damit der Absender – ein Anwalt aus Nairobi – mir den Betrag überweisen kann, solle ich bitte eine Transfersumme in Höhe von 1,2 Millionen US-Dollar auf das angegebene Konto überweisen. Wenn ich nur ein »bisschen« investiere, dann bekomme ich die fette Kohle. Menschen, die hier auf schnelle Wenn-dann-Erfolge hoffen, die werden offenbar blind vor Gier. Und wundern sich, wenn die Wenn-dann-Funktion nicht aufgeht. So blöd kann doch keiner sein? Leider doch.

Stellen Sie sich vor, Sie sind Bodenleger und werden von »Prince Harry« auf Facebook angeschrieben, dass Sie für rund eine Million Pfund im Buckingham Palace die Böden renovieren sollen. Wer kann da schon »Nein« sagen? Ein österreichischer Bodenleger konnte das jedenfalls nicht. Der Unternehmer zahlte zunächst 2500 Euro, um in London im Handelsregister eingetragen zu werden. Danach überwies er eine »Sicherheitsleistung« von 22 000 Euro im Vertrauen auf die englische Krone auf ein Bankkonto, berichtete der österreichische *Kurier*.[68] Sodann wurde ihm eine Auszahlung von 500 000 Euro zugesagt, die allerdings noch von einer Behörde namens »Drugs Law« eingefroren seien. Um dieses Geld freizugeben, wurde der Bodenleger aufgefordert, 18 000 Euro auf ein Konto bei der Western Union einzuzahlen. Hier überwies er zunächst aber »nur«

3000 Euro. In Summe hatte der Burgenländer im Frühjahr 2014 genau 27 500 Euro auf mehrere Konten eingezahlt, bevor er zur Polizei ging. Die Ermittler stufen die Chancen, dass er das Geld zurückbekommt, gering ein.

Wie gesagt: Wenn wir investieren, erhöhen wir die Chance auf einen Erfolg. Aber wir bekommen dafür keine Garantie. Sie hängen in einem Job, der Sie nicht fordert? Dann waren Sie (bislang) nicht bereit, den kompletten Preis für einen Wechsel zu zahlen. Sie leben in einer Stadt, die Sie überhaupt nicht mögen? Dann war Ihnen der Preis für eine attraktive Stadt (bislang) wohl zu hoch. Alles, was Sie heute haben oder tun, ist die Ernte dessen, was Sie früher gesät haben. Und es ist entsprechend die Ernte dessen, für das Sie früher bereit waren einen Preis zu bezahlen. Ein Obstbauer, der günstige Apfelbäume pflanzt, wird keine wertvollen Aprikosen ernten können. Doch wir Menschen erwarten das häufig. Schluss damit! Wir können unsere Vergangenheit nicht ändern. Aber Sie können mit dem, was Sie ab heute tun, Ihre Ernte von morgen bestimmen.

> Alles, was Sie heute haben oder tun, ist die Ernte dessen, was Sie früher gesät haben

Investieren Sie heute in den Erfolg von morgen

Überlegen Sie sich also, was Sie ernten wollen, und seien Sie bereit, den Preis dafür bereits heute zu entrichten. Hier meine Top Seven der besten Investitionen:

1. Investieren Sie Zeit

Setzen Sie Ihr »Geht-doch«-Projekt in Ihrem Alltag an die erste Stelle, und gönnen Sie sich immer wieder Zeitinseln, um in irgendeiner Form etwas dafür zu tun. Das kann eine Recherche sein, ein Termin, Kontaktpflege, Lernen. Nehmen Sie sich die Zeit für das, was Ihnen am Herzen liegt. Warten Sie nicht darauf, dass Sie irgendwann mal Zeit »haben« – wir haben nur die Zeit, die wir uns nehmen.

2. Investieren Sie in Ihr Netzwerk

Bauen Sie sich ein Netzwerk auf, und zwar nicht erst, wenn Sie es brauchen. Beachten Sie dabei die grundlegendsten Regeln: Pflegen Sie Ihre Kontakte regelmäßig. Geben Sie. Geben Sie. Geben Sie. Fragen Sie. Netzwerken kann Ihnen viele Türen öffnen und helfen, über zahlreiche erste Hürden hinwegzukommen. Also investieren Sie. Aber vertrauen Sie nicht nur darauf. Denn wenn es für Ihren Netzwerkpartner nicht attraktiv ist, Ihnen zu helfen, wird er es auch nicht tun.

3. Erhöhen Sie Ihre Attraktivität

Was heißt »Attraktivität«? Fragen Sie sich: Aus welchem Grund könnte es für den anderen interessant sein, mir zu helfen? Was hat der andere davon? Natürlich ist Netzwerken kein Eins-zu-eins-Geschäft im Sinne von »Ich muss einen direkten Gewinn haben«. Nein, Netzwerken heißt, wir geben in einen großen Topf immer wieder etwas hinein, und aus einer anderen Ecke kommt dann auch zu mir wieder etwas Gutes zurück. Aber dennoch hilft es, wenn die anderen einen handfesten Grund sehen, sich für Sie stark zu machen. Was könnte das sein?

Die meisten Menschen vernetzen sich am liebsten »nach oben«. Haben Sie nichts zu bieten, dann können Sie in der Regel nur auf der gleichen Ebene tauschen oder ein klein wenig darüber. Haben Sie bereits viel zu bieten, dann tauschen auch andere »Höherstehende« bereitwillig mit Ihnen. Erhöhen Sie also in kleinen Schritten Ihre Attraktivität: Ihre Bekanntheit, Ihr Netzwerk, Ihr Wissen, Ihre Erfahrungen. Investieren Sie!

4. Geben Sie mehr, als erwartet wird

Alles, was wir tun, kommt irgendwann und irgendwie wieder zu uns zurück. Das gilt im Negativen: Wer anderen schadet, schadet langfristig immer auch sich selbst. Und es gilt vor allem auch im Positiven: Wer Gutes tut, der wird auch Gutes erfahren. In meinem Blog (www.gluexx-factory.de) habe ich zwei Videos eingestellt, die das sehr plakativ umsetzen.[69]

Wo können Sie noch eine Extrameile liefern? Beim Griechen bekommen wir den Ouzo zum Abschluss – welchen Ouzo können Sie ausgeben? Was erleichtert Ihren Kunden oder auch Ihren Kollegen, Vorgesetzten und Mitmenschen das Leben?

Ich liebe das berühmte Zitat von John F. Kennedy: »Frage nicht, was dein Land für dich tun kann, sondern was du für dein Land tun kannst.« Natürlich ist dieser Spruch nicht nur auf unser »Land« beschränkt, vielmehr können Sie sich selbst fragen: Was kann ich tun für meinen Betrieb, meine Familie, mein Dorf, meine Freunde …?

Je mehr (Sinnvolles und Wertvolles) Sie geben, desto mehr Menschen werden Sie im Laufe Ihres Lebens beim Chancennutzen unterstützen und desto mehr Chancen werden sich für Sie auftun. Das ist wie bei einem Magneten. Interessante Menschen ziehen andere interessante Menschen an. Positive Menschen ziehen positive an. Erfolgreiche Menschen ziehen andere erfolgreiche Menschen an.

Schauen Sie beim Geben nicht auf den unmittelbaren Return on Investment, also den unmittelbar daraus entspringenden Nutzen. Viele unserer Chancen wachsen erst über die Zeit.

5. Investieren Sie in Wissen und Erfahrungen

Geld, Häuser, Autos, Uhren, Kleidung – all das kann man Ihnen irgendwann mal wieder nehmen. Aber alles, was Sie in sich selbst investieren, das bleibt Ihnen und kann ein Sprungbrett sein für Erfolg. Oder auch der Notnagel, wenn es mal nicht so läuft, wie es laufen soll. Lernen Sie, besuchen Sie Kurse und Weiterbildungen, auch wenn Sie noch nicht wissen, für was Sie das vielleicht mal brauchen. Wer bereit ist, in sich selbst zu investieren, der eröffnet sich neue Chancen.

In der Baubranche wird das Thema »Sicherheits- und Gesundheitskontrolle auf Baustellen« (SiGeKo) immer wichtiger. In einem mittelständischen Ingenieurbüro werden deshalb die Bauingenieure gefragt, wer hier eine Weiterbildung machen möchte. Der Zeitaufwand dafür beträgt zweimal vier Seminartage. Die Kosten würde der Arbeitgeber übernehmen. Drei der fünf dafür infrage kommenden Angestellten winken dankend ab (»Mir reichen schon die Pflichtseminare, die wir immer machen müssen!«, »Keinen Bock, so lange in Seminaren rumzuhängen!«).

Zwei Angestellte entscheiden sich für den Kurs, ohne einen konkreten Einsatzbedarf zu sehen. (»Fit zu sein in diesem Gebiet, schadet nie!«). Ein Jahr nach dem Kurs wird die Abteilung aufgelöst, alle Mitarbeiter sollen gekündigt werden. Doch dann sprechen die beiden »SiGeKos« ihr neues Wissen an – und werden nicht gekündigt. Mitarbeiter mit diesem Fachwissen können nämlich sehr gut auf externen Baustellen eingesetzt werden. Die drei anderen werden gekündigt.

6. Machen Sie andere Menschen erfolgreich

Immer wieder fällt mir auf, dass erfolgreiche Menschen so erfolgreich sind, weil sie auch die Menschen in ihrem Umfeld größer machen. Wen können Sie größer machen?

Ein Bauer baute auf seinen Feldern große Mengen von bestem Mais an. Jedes Jahr meldete er seinen Mais zum staatlichen Wettbewerb für das beste Saatgut der Umgebung an und jedes Jahr gewann er.

Eines Tages wurde er von einem Journalisten interviewt, der hinter das Geheimnis des preisgekrönten Maises kommen wollte. Die Antwort verblüffte den Reporter sehr: Der Bauer berichtete nämlich, dass er sein Saatgut immer an seine Nachbarn weitergab.

»Aber wie kannst du Saatgut an deine Konkurrenten verschenken?«, fragte der Reporter. »Das ist gar nicht so schwer zu verstehen«, sagte der Bauer. »Der Wind nimmt die Pollen auf und verteilt sie von Feld zu Feld. Wenn meine Nachbarn schlechten Mais anbauen, kommt es zu Kreuzungen, die auch die Qualität meines Maises verschlechtern. Wenn ich guten Mais anbauen will, muss ich meinen Nachbarn helfen.«

7. Investieren Sie dauerhaft

Investieren Sie. Aber nicht nur einmal, sondern dauerhaft. Erinnern Sie sich an den Bauern? Nur einmal säen reicht nicht. Zudem gilt es auch zu wässern, Unkraut zu zupfen, zu düngen. Den Preis für einen späteren Erfolg zahlen wir immer peu à peu und als Anzahlung.

Seien Sie bereit, Opportunitätskosten zu zahlen

Wenn wir etwas in unserem Leben verändern, dann zahlen wir häufig einen Preis in Form von Verzicht auf etwas anderes. Nicht nur in Form von Zeit, sondern auch weil wir zu anderen Möglichkeiten, die wir hätten, »Nein« sagen.
Leider haben die meisten von uns eine tiefe Angst vor Fehlentscheidungen. Und deshalb nehmen wir oft lieber gar nichts als das »Falsche«. Forscher haben dieses Phänomen schon lange im Blick und sprechen dabei von »Opportunitätskosten«, also von dem Preis, den wir für eine Entscheidung zahlen, indem wir auf etwas anderes verzichten (müssen).
Eindrucksvoll belegt hat das die Ökonomin und Psychologin Sheena Iyengar von der Columbia University in New York.[70] Für ihre Studie boten Studenten in einem Lebensmittelgeschäft exotische Fruchtaufstriche zum Probieren an. Dabei stellten sie einmal sechs Sorten auf den Tisch und einmal 24 Sorten. Nun würden wir doch meinen, je mehr Auswahl ist, desto höher ist die Wahrscheinlichkeit, dass für jeden Geschmack etwas dabei sei, sodass mit größerer Auswahl mehr Leute tatsächlich auch kaufen würden. Aber falsch gedacht! Erwartungsgemäß blieben zwar mehr Passanten am 24-Sorten-Tisch stehen (60 Prozent) als beim Sechs-Sorten-Tisch (40 Prozent). Als die Kunden dann aber zum Kaufregal weiter hinten in den Laden gingen, griffen nur drei Prozent der »Vielprobierer« tatsächlich zu und kauften ein Glas. Und das auch erst, nachdem sie bis zu zehn Minuten vor dem Marmeladenregal gestanden und verschiedene Gläser begutachtet oder die Vor- und Nachteile ihrer Wahl mit ihrer Begleitung diskutiert hatten. Von den Sechs-Sorten-Probierern holten sich hingegen 30 Prozent in Minutenschnelle ein Glas der favorisierten Marmelade aus dem Regal. Das Fazit der Wissenschaftler: Das Festlegen auf eine bestimmte Option »kostet« uns die anderen Möglichkeiten. Und auf je mehr Möglichkeiten wir verzichten müssen (wenn ich eine Marmelade kaufe, bleiben 23 bzw. »nur« fünf Sorten im Regal stehen), desto höher die gefühlten Kosten.
Und auch nach einer Entscheidung sind wir offenbar glücklicher, wenn wir weniger Auswahl hatten. Probanden, die unter 30 Schokoladensorten eine auswählen sollten, bewerteten das Angebot in

einer anschließenden Befragung häufig als »zu groß«, stuften die Auswahl als schwieriger und potenziell frustrierender ein als die Probanden, denen nur sechs Sorten Schokolade vorgelegt wurden. Und: Die endgültig gewählte Schokolade erhielt im Fall der großen Auswahl schlechtere Noten als die Sorten, die aus einem kleineren Sortiment gewählt wurden. Also hat nicht nur das Auswählen aus dem großen Angebot gestresst – die Schokolade hat später nicht mal richtig gut geschmeckt![71]

Das heißt jetzt natürlich nicht, dass wir alle glücklichere Menschen wären und alles viel besser schmecken, aussehen oder sich anhören würde, wenn wir weniger Auswahl hätten. Nein, der sogenannte Too-much-choice-Effekt tritt nicht bei jedem am gleichen Punkt ein; es gibt also ein individuelles Optimum an Auswahl. Wobei die »Glückskurve« offenbar ein umgekehrtes »U« beschreibt: Bis zu einem gewissen Punkt macht uns mehr Auswahl glücklicher und dann kippt es wieder. In einer Studie standen abwechselnd sechs, zehn, 15 oder 30 Geschenkschachteln zur Verfügung, und die Probanden sollten eine als Verpackung für ein Geschenk an einen Freund auswählen. Resultat: Bei zehn Schachteln waren die Auswählenden zufriedener mit ihrer Entscheidung als bei fünf Optionen, und 30 Möglichkeiten machten sie genauso unfroh wie sechs.[72]

Opportunitätskosten bewusst akzeptieren

Wenn das bei Marmelade, Schokolade oder Geschenkschachteln – also eigentlich völlig unwichtigen Entscheidungen – schon so ist, dann ist es kein Wunder, dass wir uns bei wichtigeren Entscheidungen, wenn es um unsere Träume, Wünsche und Ziele geht, ungleich schwerer tun. Gestehen Sie sich deshalb bewusst zu, einen Preis in Form der Opportunitätskosten zu bezahlen. Schauen Sie immer wieder, was Ihnen im Leben wirklich wichtig ist (welche Lebensmotive, Werte, Interessen; vgl. dazu Kap. 2), und trösten Sie sich: Wir können in unserem Leben nicht alles haben. Das brauchen wir aber auch nicht. Sofern Sie in Ihrem Ozean Ihren persönlichen und attraktiven Leitsternen folgen, ist es immer das »Richtige«.

Machen Sie es sich leicht!

Manchmal glauben wir, dass wir einen hohen Preis für unser »Geht-doch«-Projekt zahlen müssen. Dass es hart erkämpft sein muss. Sie wissen ja: Glaubenssätze wie »Ohne Fleiß kein Preis« oder »Wenn es leicht geht, ist es nichts wert« machen uns der Leben schwerer, als es sein müsste.

Viele erfolgreiche Menschen betonen, dass sie für ihren Erfolg hart gearbeitet haben, als wäre ein »leichter« Erfolg etwas Böses. Natürlich haben die was getan für ihren Erfolg; die meisten haben viele Stunden mit der Arbeit verbracht und Familie, Gesundheit und Freunde vernachlässigt.

Aber wir können Erfolg auch mit Leichtigkeit erzielen. Weil wir das, was wir tun, gar nicht als hart oder vielleicht sogar nicht mal als Arbeit empfinden. Das ist der Fall, wenn wir unsere Leidenschaft ausleben können. Und wenn wir uns selbst erlauben, dass wir es uns leicht machen dürfen! Machen Sie es sich leicht, um Ihr »Geht-doch«-Projekt zu realisieren. Oder machen Sie es sich zumindest nicht unnötig schwer, nur um vor sich oder anderen den Eindruck zu erwecken, den Erfolg auch »verdient« zu haben. Suchen Sie nicht den schweren Weg, sondern halten Sie die Augen offen nach Möglichkeiten, die Ihnen das Vorankommen erleichtern. Suchen Sie nach dem einfachsten Weg zum Ziel. Warum auch nicht?

Australien, Outback, glühende Hitze. Eine Gruppe Trekker hat sich hoffnungslos in den Weiten der roten Wüste verlaufen. Nach vielen Stunden treffen sie müde und ausgedörrt auf einen Aborigine. »Wir brauchen Hilfe und vor allem schnell Wasser. Bitte nutz doch einen deiner Aborigine-Tricks und kontaktiere einen deiner helfenden Geister«, sagen sie zu dem Ureinwohner. »Okay«, sagt dieser und holt sein Handy aus dem Lendenschurz. »Ich dachte, du machst das mit Telepathie«, sagt ein Trekker erstaunt. Der Aborigine antwortet: »Ja, könnte ich. Aber so ist es einfacher.«[73]

»Ich weiß einfach nicht, was ich will«

Um ein »Geht-doch«-Projekt ernsthaft zu verfolgen, müssen wir natürlich erst mal wissen, was wir eigentlich wollen. Und so kreisen viele Menschen bei der Suche nach ihrem »Geht-doch«-Projekt, nach ihrer Berufung oder der ultimativen neuen Herausforderung oft jahrelang immer wieder um die Frage: Was will ich wirklich?

In meiner Arbeit als Coach habe ich vier Hauptgründe festgestellt, warum so viele von uns heute nicht wissen, was sie wollen.

1. Keine Idee, was ich tun könnte

Manche Menschen sehen einfach viel zu wenig Möglichkeiten, was sie tun könnten. Ihnen fehlt noch die Inspiration für ihr persönliches »Geht-doch«-Projekt. Ihr »Meer der Möglichkeiten« ähnelt eher einer eingetrockneten Pfütze.

2. Erschlagen von der Fülle der Möglichkeiten

Was die einen zu wenig haben, haben die anderen zu viel: Möglichkeiten. Wir leben heute in einer Welt der Chancen. Alles scheint möglich, alle Türen stehen uns offen, alle Wege sind bereitet. Wir haben in unserer westeuropäischen Gesellschaft so viele Freiheiten wie nie – und das lähmt. Ja, es scheint paradox, aber Sie wissen ja schon: Je mehr Wahlmöglichkeiten wir haben, desto weniger kommen wir tatsächlich ins Handeln. Je mehr Optionen wir haben, je mehr Möglichkeiten für Beruf, Freizeit und Selbstverwirklichung, desto mehr haben wir das Gefühl, etwas zu verpassen, wenn wir uns entscheiden. Weil wir denken, wenn ich mich für Option A entscheide, dann fällt ja B unter den Tisch. Und wähle ich B, ist A perdu. Mit dem Ergebnis, dass wir in einer unglücklichen Ehe verharren, dass wir einen verhassten Job behalten, der halt die Miete finanziert, dass wir uns mit zwei Wochen Camping am See begnügen, weil wir hier wenigstens wissen, was wir haben, und keine Fehlentscheidung riskieren.

Über Opportunitätskosten haben wir bereits gesprochen. Seien Sie bereit, den Preis für eine Entscheidung zu bezahlen. Eine »falsche« Entscheidung ist besser als keine Entscheidung. »Keine Entscheidung« haben Sie ja bereits.

3. Das Dilemma der vielseitig Interessierten

Besonders die Ideensprudler und Informationssammler unter den kreativ-chaotischen Querdenkern (vgl. Kap. 2, Unterkap. »Unsere Stärken und Talente«) tun sich häufig sehr schwer, eine klare Vision oder gar ein klares Ziel zu entwickeln. Denn egal, wohin sie schauen, überall blühen Möglichkeiten auf, wachsen Inseln aus dem Ozean, die hübsch genug wären, um dort mal festzumachen. Die Opportunitätskosten sind bei ihnen noch um ein Vielfaches höher als bei anderen Menschen, weil sie geborene Möglichkeitsseher sind – allerdings seltener Möglichkeitsnutzer. Denn sie paddeln im Meer der Möglichkeiten umher, sehen die Inseln und können sich häufig einfach nicht entscheiden, welche sie anlaufen sollen. Sobald eine Entscheidung fällig wird, verliert die Insel schon wieder an Attraktivität; sobald ein wenig Gegenwind aufkommt, sagen sie: »Ach, ist ja doch nicht so wichtig.« Und dann beobachten sie, wie ihre systematischen Zeitgenossen zielstrebig eine Insel nach der anderen anlaufen – Ausbildung, Studium, erste Stelle, Beförderung, eigenes Haus, Beförderung, Dienstwagen, Zweitwohnsitz –, und hadern mit sich, warum sie selbst einfach nichts auf die Reihe bringen. Dann paddeln sie wieder halbherzig auf eine Insel zu, denken »Hm, das ist sicherlich auch nicht das Richtige« und treiben wieder ab. Freuen Sie sich auf Kapitel 2!

4. Keine Zeit zum Nachdenken

Manche Menschen haben keine Wünsche, weil sie so im Hamsterrad stecken, dass sie schon lange nicht mehr darüber nachgedacht haben, was sie »eigentlich« wollen. Sie paddeln jetzt immer noch den Kurs, den sie vor zehn oder 20 Jahren gewählt haben – oder auf den sie von den Eltern oder den damaligen Möglichkeiten gesetzt wurden. Das kann super sein, wenn der Kurs Sie immer noch glücklich macht, dann fahren Sie weiter in diese Richtung. Häufen sich aber Gefühle der Unzufriedenheit, Gedanken wie »Da muss es doch noch was anderes geben«, dann gönnen Sie sich Zeit zum Nachdenken und legen Sie einen neuen Kurs fest.

Nehmen Sie sich eine Auszeit (ohne Laptop, Handy und Kinder) und widmen Sie sich einige Stunden oder Tage dem Nachdenken über sich selbst. Prima geeignet dazu sind Dream-Days[74] oder auch Schweigetage in einem Kloster. Abgeschottet von Impulsen von außen können wir endlich mal hören, was innen ist. »Keine Zeit« ist eine der besten Ausreden, um vor sich selbst davonzulaufen. Viele Workaholics vergraben sich nicht nur aus purer Leidenschaft in die Arbeit – nein, permanent beschäftigt zu sein, befreit uns davon, über uns selbst nachzudenken. Solange wir funktionieren, ist alles fein. Aber nur vordergründig.

Die besten Ideen haben wir, wenn wir eine Pause machen. Ein Sprichwort aus Tibet drückt das meisterhaft aus: »Nur ein ruhendes Gewässer wird wieder klar.« Kommen Sie also zur Ruhe, klinken Sie sich aus, machen Sie Pause. Dann werden Sie viel eher klar sehen, was Sie »eigentlich« wollen. Und das ist der erste Schritt, um mit dem Gewohnten zu brechen und Neues in Ihr Leben zu bringen.

> »Nur ein ruhendes Gewässer wird wieder klar.«
> TIBETISCHES SPRICHWORT

Seien Sie achtsam mit sich selbst, nutzen Sie Ruhephasen, um darüber nachzudenken, was Sie wirklich wollen, und freuen Sie sich, dass Sie die Freiheit haben, zu entscheiden. Entscheiden zu dürfen, ist ein Privileg! Nutzen Sie es. Und machen Sie bitte nicht den Fehler, vor lauter »Ich weiß nicht, was ich will« die schönsten Chancen des Lebens an sich vorüberziehen zu lassen. Denn: Egal ist pink.

Ein Bekannter erzählte mir von der besten Freundin seiner Mutter. Sie arbeitete im Vertrieb eines Brillenherstellers. Immer wenn sie auf ihren Vertriebstouren in Bayern unterwegs war, hat sie für ein paar Tage bei ihnen gewohnt. »Eines Abends hat sie in unserem Wohnzimmer einen großen Koffer mit der neuen Sonnenbrillenkollektion aufgemacht. Das waren echt wilde Brillen, in knallbunten Farben, neonfarben, knallgrün, rot, gelb – ein richtiger Hingucker. Ich war damals 14, fand die echt cool und schaute wohl begehrlich. In Gedanken malte ich mir schon aus, wie ich mit so einem ultramodernen Teil auf der Nase den Schulhof betrete, alle schauen mich an. Mutters Freundin konnte wohl Gedanken lesen, denn sie fragte mich, ob ich eine haben wolle. Ich nickte begeistert. ›Welche Farbe willst du denn gerne haben?‹, fragte sie mich. Ich zögerte. Ich haderte. Und schließlich sagte ich: ›Egal.‹ Zielstrebig griff die Freundin meiner Mutter in den Koffer. ›Egal ist pink‹, sagte sie und gab mir eine pinkfarbene Brille. Entsetzt schaute ich sie an. Pink!

Ich konnte doch unmöglich mit einer rosa Brille bei meinen Freunden auftauchen. Da würde ich ja zum Gespött der ganzen Schule. Ganz die Ruhe selbst, klappte sie den Koffer wieder zu. Dann schaute sie mich an und sagte: ›Wenn du nicht weißt, was du willst, dann musst du das nehmen, was eben kommt. Egal ist pink!‹«

Ich finde diese Geschichte klasse und habe sie damals gleich in meiner Familie erzählt. Immer wenn es bei uns nun darum geht, was wir machen wollen (Schinkennudeln oder Bratkartoffeln? Eine Radtour machen oder lieber schwimmen gehen? *Stromberg* auf Video anschauen oder *The Wolf of Wall Street*?), und einer von uns sagt »Egal«, dann antworten die anderen sofort: »Egal ist pink!« Wir erinnern uns damit immer wieder daran, dass wir frei entscheiden können; und wenn es mir »eigentlich« egal ist, dann darf ich auch nicht maulen, wenn die anderen für mich entscheiden – und ich plötzlich mit der pinkfarbenen Brille auf der Nase *Stromberg* anschauen »muss« und dazu Bratkartoffeln esse.

Natürlich sind mir manche Entscheidungen wirklich egal, zumal ich ein Mensch bin, der für vieles offen ist. Dann ist es auch wunderbar, wenn die anderen entscheiden, die vielleicht mehr zu einer bestimmten Lösung tendieren. Der Punkt ist nur, wie wir dann mit der Entscheidung der anderen umgehen. Wer »pink« nimmt, hat bewusst die Entscheidung anderen Menschen überlassen – oder dem Zufall oder dem Schicksal oder dem Universum … Und wer dann sagt: »Eigentlich hätte ich lieber *The Wolf of Wall Street* geschaut und Schinkennudeln gegessen«, der lügt sich selbst in die Tasche. »Eigentlich« ist auch pink.

Denken Sie also künftig lieber einen Moment darüber nach, was Sie wollen. Im folgenden Kapitel 2 werden wir hier Schritt für Schritt Klarheit schaffen.

»Mein Leben ist schön, weil ich es mir schön mache«

Rüdiger ist seit der Schulzeit einer meiner besten Freunde. Als Teenager träumten wir davon, mal gemeinsam nach Kenia zu fahren. Das Reisen liegt uns im Blut, und Rüdiger ganz besonders. Bereits während seines Informatikstudiums hat er bei der Lufthansa gearbeitet, um für einen Bruchteil der regulären Ticketpreise durch die Weltgeschichte fliegen zu können. Studieren – Arbeiten – Reisen, das war sein Lebensinhalt. Auch nach dem Studium blieb er bei der Lufthansa im Catering, engagierte sich dort im Betriebsrat und blieb seinem Lebensmodell »Arbeiten und Reisen« treu. Monatelang tourte er durch Asien, Lateinamerika, Amerika oder Afrika und hielt uns »Zurückgebliebene« mit seinem Blog auf dem Laufenden. Eines Tages erhielt ich einen Brief aus der Ferne, ja, einen echten Brief aus echtem Papier. Darin schildert Rüdiger, wie er auf einem Berg sitzt, um sich blickt und sinniert. Er schreibt: »Mein Leben ist schön, ich habe sehr viel Glück. Natürlich bin ich auch mal traurig und fühle mich einsam so allein unterwegs, aber dann erinnere ich mich wieder daran, wie viel Glück ich habe. Mein Leben ist schön, weil ich es mir schön mache.«

Dieser Satz hat sich mir tief eingebrannt: »Mein Leben ist schön, weil ich es mir schön mache.« Dieser Satz hat mich inspiriert, auch mein Leben so zu gestalten, dass es schön ist. Natürlich geht das nicht immer, natürlich haben wir immer auch mal Stress, Ärger oder blöde Verpflichtungen. Aber da, wo es geht, da habe ich mir Rüdigers Motto zu eigen gemacht, da mache ich mir mein Leben schön!

Erlauben Sie sich selbst, ein Leben zu führen, das Sie glücklich macht.

Erlauben Sie sich selbst, glücklich zu sein.

Erlauben Sie sich selbst, dass es Ihnen gut geht.

Tun Sie es. Es geht!

WARUM?

KAPITEL 2

Wie wir unseren Geht-doch-Booster aktivieren

Das *Warum* als einziger machtvoller Schlüssel für Spitzenleistung

Seit vielen Jahren zitiere ich in meinen Vorträgen gerne Charles Garfield. Der Psychologe und NASA-Forscher, der unter anderem das Apollo-11-Projekt betreute, sagt: »80 Prozent unserer Motivation entspringen dem ›Warum‹, nur 20 Prozent dem ›Was‹ und ›Wie‹.«[75] Im Klartext: Wenn ich weiß, *warum* ich etwas tun oder erreichen will, dann habe ich den größten Schritt nach vorne getan. Dann habe ich die besten, die zugkräftigsten Motoren in mir entdeckt, die mich magisch über die Ziellinie tragen. Da brauche ich mich nicht mehr zu knechten, nicht mehr zu schinden, nicht mehr zu quälen. Habe ich mein Warum erkannt, steht mir meine volle Kraft zur Verfügung.

Habe ich mein Warum erkannt, dann ist das Wie der kleinste Part der Aufgabe. In den vergangenen Jahren, in denen ich mit vielen Menschen an ihren »Geht-doch«-Projekten gearbeitet habe und in denen ich viele erfolgreiche Menschen treffen durfte, ist mir immer klarer geworden, dass das Warum der einzige wirklich machtvolle Schlüssel für Spitzenleistung ist.

> »80 Prozent unserer Motivation entspringen dem ›Warum‹, nur 20 Prozent dem ›Was‹ und ›Wie‹.«
> CHARLES GARFIELD

Wer sich über sein Warum im Klaren ist, der kommt ins Tun.

Wer sich über sein Warum im Klaren ist, der kann seine Blockaden lösen.

Warum will ich einen neuen Job? Warum will ich zehn Kilo abnehmen? Warum will ich wirklich umziehen? Warum arbeite ich jeden Tag bis spät in die Nacht, obwohl ich doch »eigentlich« mehr Zeit mit der Familie verbringen will? Warum will ich eine Auszeit einlegen? Warum will ich mich selbstständig machen? Warum will ich den Posten als Aufsichtsrat übernehmen?

Der zündende Moment

Bei manchen Menschen ist es ein einschneidendes Ereignis, das sie zu ihrem Lebenstraum oder »Geht-doch«-Projekt führt. Sie erleben einen zündenden Moment, der die Leidenschaft für ein Thema weckt. Einen Moment, der ihnen das Warum auf dem goldenen Tablett serviert.

Nele weiß die Antwort auf diese Frage genau. »Als ich 14 Jahre alt war, ist die beste Freundin meiner Mutter bei der Geburt ihrer Tochter gestorben. Man denkt, das sei heute nicht mehr möglich, aber es ging alles ganz schnell. Damals schwor ich mir, dass ich Medizin studiere und in die Geburtshilfe gehe. So etwas sollte einfach nicht mehr passieren.« Nele arbeitet heute in einer Frauenklinik.

Martin lernte als Achtjähriger den Vater eines Schulfreundes kennen, der im Keller am Computer Programme schrieb und ihm gerne die Geheimnisse dahinter verriet. »Ich fand das aufregend. Der tippte ein paar Wörter, ein paar Befehle in einer seltsamen Sprache ein, und wie von Geisterhand fuhr plötzlich ein Auto über den Bildschirm.« Martin fing Feuer für diese Tätigkeit, schrieb bereits als Teenager selbst Programme und arbeitet heute als Anwendungsprogrammierer bei einem Haushaltsgerätehersteller.

Die Erfahrung »Das ist es« muss dabei nicht mal ein magischer Moment sein; es können auch völlig pragmatische Situationen sein. Der Impuls zu unserer Familienauszeit beispielsweise kam auf einem völlig gewöhnlichen Weg daher: in Form einer Fernsehsendung. Natürlich gab es bei uns schon immer eine große Reiselust, die sich auch auf abgelegene Gebiete richtet. Gestalt angenommen hat der tiefe Wunsch nach einer mehrmonatigen Auszeit, als mein Mann und ich vor rund 15 Jahren eine Reportage über einen jungen Arzt sahen, der für drei Monate auf einer winzigen Insel in der Südsee gearbeitet hat. Diese Insel war mit dem Boot 24 Stunden von der nächsten Insel entfernt, zur medizinischen Grundversorgung gab es zwar eine kleine »Klinik« (ein Zimmer in einem Haus) und eine Krankenschwester, kompliziertere Krankheiten konnten jedoch nicht behandelt werden. Der Deutsche fuhr auf eigene Kosten auf die Insel und half ehrenamtlich in der Klinik mit. Gelebt hat er von den Fischen, mit denen die Einheimischen ihn bezahlten – Geld gab es auf der Insel mit nur 30 Einwohnern nicht. Da wir beide ausgebildete Ersthelfer waren, wandten wir uns an eine Ärzteorganisation, um uns für ein ähnliches Projekt zu bewerben. Doch die nahmen nur »echte« Ärzte und so ließen wir den Gedanken zunächst ruhen. Der Ideen-Samen, in die Einsamkeit zu fahren – und bestenfalls anderen Menschen zu helfen –, war aber nun gelegt.

Finden Sie heraus, *warum* Sie etwas tun wollen. Was hat die Leidenschaft für Ihr »Geht-doch«-Projekt geweckt? Was hat Ihnen dabei besonders gut gefallen? Was hat Sie fasziniert, Sie begeistert? Machen Sie das Feuer, das Sie antreibt, (wieder) sichtbar. Wenn Sie wissen, warum Sie etwas wollen, haben Sie es schon fast geschafft. Das Wie ist dann nur noch ein wenig Recherchearbeit. Der Schlüssel zu Ihrem Erfolg ist die Frage nach Ihrem ganz persönlichen Warum: Warum möchten Sie das tun, was Sie tun wollen?

Was treibt uns an? Was bremst uns aus?

Wenn wir etwas tun oder etwas nicht tun, dann hat das in der Regel handfeste Gründe. Und im Falle des Nicht-Tuns ist der Grund in der Regel nicht der Mangel an Disziplin oder der noch eher unspezifische Zustand Ihres Maßnahmenplans. Im Gegenteil. Besonders kreativ-chaotische Menschen engen Maßnahmenpläne zu sehr ein – und allein das ist schon ein echter Motivationskiller.

Viele Menschen meinen ja, sie brauchten ein glasklar formuliertes Ziel, sie müssten ihr »Geht-doch«-Projekt nur konkret genug benennen können, um ins Handeln zu kommen. Und so quälen sie sich über die Jahre mit der Suche nach »dem« konkreten Ziel.

Besonders häufig erlebe ich zurzeit, dass Menschen nach ihrer Berufung suchen. Sie suchen nach der ultimativen Tätigkeit, die ihre Berufung ist, und es vergeht Jahr um Jahr mit der Suche, was die Berufung konkret sein könnte. Oder sie scheitern nach einiger Zeit mit ihrem Blumencafé oder dem IT-Unternehmen und grämen sich dann, dass sie wohl doch nicht ihre Berufung gefunden hätten, sonst hätte es ja doch geklappt. Andere denken, wenn sie erst mal ein

Haus am See samt Segeljacht besitzen oder ein Buch geschrieben haben, dann wären sie glücklich. Schaffen sie es nicht – unglücklich! Schaffen sie es tatsächlich – leider auch nicht wirklich glücklich.

Machen Sie es sich nicht so schwer! Denn ein »Ziel« ist lediglich *eine* Handlungsmöglichkeit von vielen Möglichkeiten. Und der entscheidende Faktor dafür, ob Sie glücklich oder unglücklich sind, ob Sie ein *er*fülltes Leben oder nur ein *ge*fülltes Leben haben, liegt nicht im Erreichen eines Zieles, sondern liegt viel tiefer in Ihnen. Ob wir glücklich und erfüllt leben, ist eine Frage dessen, ob wir unser Warum leben können. Die Frage nach dem Warum ist die Frage nach den hinter allen Handlungen liegenden Motiven, unseren Bedürfnissen, unseren Werten und unseren Interessen. Lassen Sie uns ein wenig in die Tiefen der Psychologie einsteigen, denn wenn Ihnen diese Zusammenhänge klar sind, dann können Sie sehr gezielt sich selbst motivieren und spielend leicht Ihre »Geht-doch«-Projekte erreichen. Und Sie werden mit einem Schlag so viele Möglichkeiten sehen, dass es eine Pracht ist.

Unsere Motive – der Ozean unseres Tuns

Lösen Sie sich von der Vorstellung, ein klar umrissenes Ziel zu brauchen, um ins Tun zu kommen. Was viel wichtiger ist, ist zunächst die grobe Richtung, in die Sie gehen wollen. Und diese Richtung finden wir, indem wir uns klarmachen, was uns im Grunde unseres Herzens antreibt. Indem wir uns klarmachen, was unsere Motive sind. Motive sind ein im Kern völlig unspezifisches Streben, das einen großen Ozean aufmacht, in dem wir paddeln können. Motive sind in der Regel unveränderlich, also nicht tagesformabhängig, und begleiten uns im Prinzip unser ganzes Leben. Motive bringen uns noch nicht ins Handeln – aber sie sind das Wasser, das uns trägt.

Stellen Sie sich vor, da draußen gibt es mehrere Gewässer, und Sie stehen mit Ihrem Boot da und dürfen sich für eines der Gewässer entscheiden. In welchem Gewässer wollen Sie am liebsten lospaddeln?

Ist es der Ozean »Freiheit«, der Ihnen ein richtig gutes Gefühl vermittelt? Ist es der Ozean »Macht«, in den Sie sich am liebsten stürzen wollen? Oder lieber in den Ozean »Abwechslung«? Die relativ junge MotivationsPotenzialAnalyse, 2012 in Zusammenarbeit mit Dr. Susanne Steiner (TU München) von Axel Janßen, Stefan Lapenat und Dr. Rolf Meier entwickelt, weist 26 Motivationspotenziale aus.[76] Diese sind: Vorsicht, Wagnis, Distanz, Kontakt, Natürlichkeit, Status, Mitentscheidung, Selbstentscheidung, Auslegung, Prinzip,

Erkenntnis, Pragmatik, Aktivität, Ruhe, Abwechslung, Routine, Flexibilität, Ordnung, Selbstlosigkeit, Selbstorientierung, Durchführung, Einfluss, Fremdanerkennung, Selbstanerkennung, Balance, Dominanz. Diese sind in Kategorien zusammengefasst wie zum Beispiel Beziehung, Freiheit, Körper, Offenheit, Struktur, Unterstützung, Verantwortung, Wertschätzung oder Wettbewerb.

Lesen Sie oben stehende Begriffe nochmals in Ruhe durch. Welche bereiten Ihnen ein warmes Gefühl, ein wohliges Kribbeln im Bauch? Markieren Sie diese Begriffe oder notieren Sie sie.[77] Begriffe, die sich für Sie gut anhören, sind in der Regel die Motive, die Sie gerne leben möchten. Stehen Ihre Handlungen im Einklang mit Ihren Motiven, dann fühlen Sie sich gut und werden erfolgreich sein. Laufen Motiv und Handlung womöglich gegeneinander, dann ist das Scheitern vorprogrammiert.

Erika hat als ihr wichtigstes Motivationspotenzial »Abwechslung« erkannt. Sie arbeitet in einer großen Brotfabrik am Fließband – jeden Tag die gleichen Handgriffe an den gleichen Maschinen. Sie kann dieses Motivationspotenzial im Beruf also nicht ausleben – Stress und Unzufriedenheit sind die Folge.

Heinz hat als wichtigstes Motivationspotenzial »Kontakt« erkannt. Er ist Vertriebsmitarbeiter in einem Pharmakonzern und liebt es, zu den Ärzten zu fahren und mit ihnen zu sprechen. Zu vielen seiner Stammkunden hat er ein enges Verhältnis und geht auch gerne mal ein Bier mit ihnen trinken. Er ist mit seinem Alltag sehr zufrieden.

»Motive versorgen uns mit der notwendigen Handlungsenergie; und nur wer mit Lust handelt, fühlt sich wirklich wohl und ist erfolgreich. Die Umsetzung von Entscheidungen, die im Einklang mit unseren Motiven getroffen wurden, fällt uns dann leicht«, erklärt Stefan Lapenat, Geschäftsführer des Institutes für Motivationspotenziale, im Interview.[78]

Wenn Ihnen bewusst ist, in welchem Ozean Sie grundsätzlich unterwegs sein wollen, dann haben Sie schon mal den ersten Schritt für Zufriedenheit getan. Damit Sie jetzt auch ins konkrete Handeln kommen, brauchen Sie noch einen Richtungsweiser – und das sind Ihre Werte.

Unsere Werte – die Sternbilder für unseren Kurs

Unsere Werte grenzen den Ozean der Möglichkeiten, auf dem wir paddeln könnten, ein. Sie geben eine Kursrichtung, einen Korridor vor, in dem wir dann mit einem richtig guten Gefühl unterwegs sein können. Werte sind konkret, spezifisch und bieten uns eine Orientierung, wie wir handeln können. Während unsere Motive eine allgemeine Antwort auf die Frage nach dem Warum geben, definieren unsere persönlichen Werte dies genauer. Werte steuern unser Verhalten. Leider gibt es im wissenschaftlichen und im alltäglichen Sprachgebrauch keine einheitliche Definition für »Wert«, und das führt häufig zu Verwirrung. Aber es gibt einen einheitlichen Grundton, und demnach sind unsere Werte etwas, was wir für besonders wichtig halten, etwas, was für unser Leben besonders wertvoll ist. Beispiele sind Abgrenzung, Genuss, Menschlichkeit, Ruhm, Wohlwollen, Fairness, Einfluss, Sieg, Sparen, Verantwortung, Tradition oder auch Sachorientierung, Selbstgenügsamkeit oder Zugehörigkeit.[79]

Werte sind das, was für uns wertvoll ist, zum Beispiel Glaube oder Familie

Mithilfe unserer Werte entscheiden wir für uns selbst, ob wir etwas für »richtig« oder »falsch« halten. Jeder von uns hat dabei ganz eigene Wertvorstellungen, die aber natürlich von unserer Kultur, unserer Gesellschaft, unserer Religion, unserer Erziehung und unseren Erfahrungen geprägt sind. Einzelne Länder, Gruppen, Unternehmen haben eigene Wertvorstellungen. In den Unternehmen werden diese als »Leitbild« oder »Unternehmensphilosophie« niedergeschrieben, in Staaten spiegeln sie sich in der Verfassung wider, in den meisten Gruppen sind die Wertewelten ungeschrieben. Abhängig von all diesen Einflüssen führt das dazu, dass wir etwas als richtig betrachten, während unsere Eltern, Kollegen oder Geschäftspartner das völlig anders sehen. Jeder Mensch hat extern beeinflusste, aber dennoch individuelle Werte, die sein Handeln und seine Aufmerksamkeit leiten. Jeden Tag, jede Minute, jede Sekunde.

Können wir Dinge tun, die unseren Werten entsprechen, dann fühlen wir uns glücklich und werden auch dauerhaft motiviert und erfolgreich sein. Müssen wir jedoch gegen unsere Werte handeln, dann nimmt uns das gewaltig mit und demotiviert uns.

Nehmen Sie die Mitarbeiter in einem Alten- und Pflegeheim. Die meisten Pfleger ergreifen diesen Beruf, weil sie helfen wollen, weil ihnen Werte wie Menschlichkeit und Unterstützung wichtig sind. Und dann sehen sie sich den rigiden Vorgaben der Heimleitung oder der Kostenträger gegenüber, die dem Mitarbeiter pro Bewohner gerade mal fünf Minuten für die tägliche Morgenpflege zubilligen: waschen, anziehen, füttern als Akkordarbeit. Warum machen die meisten Pflegekräfte trotz schlechter Bezahlung weiter? Weil sie die hilflosen Rentner nicht im Stich lassen wollen. Doch nach rund dreieinhalb Jahren siegen Frust und Stress über die Hilfsbereitschaft und über 50 Prozent der Alten- und Sozialpflegekräfte steigen aus ihrem Beruf aus. Noch kürzer bleiben nur Krankenpflegehelferinnen (1,5 Jahre) oder auch Verkäuferinnen, Maler und Hilfsarbeiter in ihrem Job.[80] Und selbst in den Chefsesseln hält es die Manager der Gesundheitsbranche nicht lange: Mit 33,3 Prozent hatte diese Branche 2011 erneut die höchste Fluktuation im deutschsprachigen Raum, gefolgt von den produzierenden Industrieunternehmen mit einer Wechselquote von 26,1 Prozent.[81]

Menschen, die nach ihren Werten handeln können, sind erfolgreicher und glücklicher. Jede Kultur, jedes Land, jede Region, jedes Unternehmen, jede Familie und jeder Mensch hat seine ganz eigenen Wertewelten – und je besser Sie die Ihren kennen, desto klarer können Sie Ihren Kurs abstecken und Ihr Verhalten verstehen bzw. ausrichten. Denn wir können zwar die gleichen Motive haben wie unsere Mitmenschen – doch erst unsere Werte bringen uns ins Tun. Auf unsere Art.

Unsere Motive bekommen in Verbindung mit den uns wichtigen Werten eine Ausrichtung. Die Werte zeigen, wo mögliche Ziele liegen könnten, die uns auch langfristig glücklich machen. Folglich sind Tätigkeiten, die unseren Motiven *und* unseren Werten entsprechen, auch diejenigen, die wir motiviert anpacken und leichter – im Sinne von weniger kräftezehrend – erreichen.

Überlegen Sie für jeden Ihrer Lebensbereiche (Beruf & Berufung, Sinn & Selbstverwirklichung, finanzielle Situation, Lebensform und Wohnsituation, Freunde & Gemeinschaft, Kernfamilie & Partnerschaft, Freizeit & Hobbys, Gesundheit) jeweils fünf Werte, die eine Art Sternbild für Sie sind. Hilfreich ist dabei die Frage: Was ist mir wichtig in Bezug auf meinen Lebensbereich xy?

Für Christian und Renate ist »Status« eines ihrer wichtigsten Motive, also die öffentliche Anerkennung ihrer Person. Renate hat als wichtigen Wert »ökologisches Gleichgewicht«, während Christian als Wert »Effizienz« hat. Beide kandidieren in ihrer Region als Landrat und fahren zu zahlreichen Wahlkampfveranstaltungen. Renate nimmt dazu so oft wie möglich die öffentlichen Verkehrsmittel, während Christian sich prinzipiell von einem Fahrer in der Limousine zu den Terminen fahren lässt. Beide tun das Gleiche (als Landrat kandidieren), es passt zu Christians und zu Renates Lebensmotiven, aber die Art und Weise, wie sie das tun, ist komplett unterschiedlich. Und es wundert Sie sicherlich nicht, dass sie unterschiedlichen Parteien angehören.

Unsere Stärken und Talente – die hellsten Leitsterne

Es ist schon skurril: Unsere wertvollsten Talente, unsere größten Stärken nehmen wir häufig überhaupt nicht wahr, spielen sie herunter – oder bekämpfen sie sogar. Sie lieben es, immer wieder neue Sachen auszuprobieren? In Ihrem Keller türmen sich das Stand-up-Paddleboard, die Ukulele, der Geigenkasten, die Golfausrüstung und der Zorbingball? Doch Ihr Umfeld hält Ihnen dauernd vor, dass Sie unfokussiert sind, dass Sie doch endlich mal bei dem bleiben sollen, was Sie angefangen haben? Patsch – da landet eine Riesenschaufel Sand auf Ihrer Stärke Neugier und Offenheit für Neues.

Oder lieben Sie es, ordentliche Übersichten zu erstellen, und für jedes Projekt legen Sie erst einmal ein akkurates Excel-Dokument an? Wird jeder Wochenendausflug akribisch geplant und vorgebucht, damit Ihnen keine bösen Überraschungen drohen? Doch Ihr Umfeld macht sich nur über Ihre »Planeritis« lustig? Patsch – hier landet eine Riesenschaufel Erde auf Ihrem Talent Planung.

Ja, richtig gelesen. Das sind echte Talente! Denn jeder von uns bringt nicht nur Talente im klassischen Sinne wie Klavierspielen oder Fußballspielen mit, sondern es sind die alltäglichen Talente, die uns einzigartig machen. Es gibt Menschen, die schaffen es mühelos, andere Menschen zu begeistern und mitzureißen. Manche können perfekt organisieren, andere sind brillante Analytiker und wieder andere wahre Ordnungsgenies. Doch häufig sind uns unsere Talente nicht bewusst und dann können wir sie für unsere »Geht-doch«-Projekte nicht einsetzen.

Finden Sie also heraus, wie Sie ticken, und entdecken Sie so die hellsten Leitsterne am Firmament, die Ihren Kurs ausleuchten. In meinem Buch *Bunte Vögel fliegen höher* habe ich sechs Talenttypen vorgestellt – und zehn Lebens- und Arbeitsmodelle, mit denen besonders kreativ-chaotische Menschen glücklich werden können. Die ersten drei Typen gehören dabei der Welt der »kreativen Chaoten«, der Querdenker und Neue-Wege-Geher an, die Typen vier bis sechs gehören in die Welt der »systematischen Macher«.

Talenttyp 1: Wanda Wills-Wissen – wissbegieriger Informationssammler

Der wissbegierige Informationssammler liebt es, Informationen, Wissen und Erfahrungen zusammenzutragen. Einfach um der Information willen. Zwar gibt er sein Wissen auch gerne verständlich aufbereitet an andere Menschen weiter und unterstützt sie damit bei deren Arbeit oder Entscheidungen – selbst etwas aus dem Wissen »machen« mag er hingegen nicht so sehr. Manche Mitmenschen verwechseln sein Talent zum Sammeln von Informationen mit einem hohen Interesse am jeweiligen Themengebiet. Doch das ist nicht der Fall. Er zieht seine Zufriedenheit lediglich aus dem Akt der Wissensbeschaffung; und sobald er genügend weiß, zieht es ihn zum nächsten interessanten Gebiet. Dem wissbegierigen Informationssammler ist es wichtig, Wissen zu erwerben, Wissen weiterzugeben und immer wieder neue Gebiete erforschen zu können. Dabei kann es ihm passieren, dass er sich leicht in der Infoflut verzettelt, »überrecherchiert« und andere mit zu vielen Informationen überfrachtet.

Talenttyp 2: Igor Ideenreich – visionärer Ideensprudler

Der Ideensprudler liebt die Herausforderung des Neuen. Er ist immerzu gewillt, etwas zu lernen, auszuprobieren oder neu zu schaffen. Das führt dazu, dass er eine Vielzahl von Aktivitäten anfängt, und wenn die erste Euphorie verebbt, liegen die Franchiseprospekte, die Bogenschießausrüstung oder die Zen-Meditationsbank im Keller rum. Neue Ideen und neue Aktivitäten haben beim Ideensprudler immer absolute Priorität. Damit eckt er oft an, denn besonders in einem systematischen Umfeld gilt er als »sprunghaft« oder »undiszipliniert«. Doch gerade in seinem unersättlichen Wissensdurst und der raschen Wechselwilligkeit liegt eine ungeahnte Kraft, um unerwartete Ergebnisse zu erzielen. Der visionäre Ideensprudler liebt die Abwechslung, verfügt über eine enorme Flexibilität und hat in der Regel eine lebensbejahende Einstellung. Er ist oft unpünktlich (außer er hat auch einen hohen Anteil an »Hanny Herzlich«), wirkt auf andere chaotisch und hängt sie manchmal mit seinen Gedankensprüngen, aber auch mit seinem hohen (Denk-)Tempo ab. Ideensprudler beißen sich am klassischen Zeitmanagement wie auch an den gängigen Karrieretipps die Zähne aus: Durchsetzungsvermögen, Disziplin und Zielstrebigkeit sind genau die Dinge, die sie gar nicht mögen. Die gute Nachricht an alle Ideensprudler: Sie brauchen sich nicht passend zu machen, denn es gibt genügend andere Menschen, die aus genau diesen Talentwelten kommen und mit denen Sie sich perfekt ergänzen können. Suchen Sie sich den Freiraum, den Sie brauchen, um Ihre Ideen sprudeln zu lassen und unabhängig damit zu experimentieren. Suchen Sie sich Arbeitsplätze und Arbeitgeber – oder gründen Sie eine eigene Firma –, bei denen Sie abseits vom Tagesgeschäft Ihre Kreativität ausleben und sich und Ihre Arbeit täglich neu erfinden können.

Talenttyp 3: Hanny Herzlich – kommunikativer Unterstützer

Der Unterstützer blüht auf, wenn er anderen Menschen mit Rat und Tat zur Seite stehen kann. Er ist stets hilfsbereit, bietet seine Hilfe entweder aktiv an oder fühlt sich angesprochen, wenn jemand mit dem Zaunpfahl winkt. Diese uneingeschränkte Hilfsbereitschaft kann jedoch dazu führen, dass der Unterstützer darüber seine eigenen Bedürfnisse völlig aus den Augen verliert. Dann überstrapaziert er seine Kapazitäten. Wichtig ist es deshalb, die eigenen Grenzen immer klar für sich und andere zu definieren und ein zu ausgeprägtes Harmoniestreben zu vermeiden. Dieser Typ ist ein guter Vermittler und Mediator und legt großen Wert auf Nachhaltigkeit und soziale Verantwortung. Er liebt Harmonie. Mitmenschlichkeit ist für ihn ein wertvolles Gut, und gegenseitiges Vertrauen ist Grundvoraussetzung. Der Unterstützer kann im Grenzfall sehr konfliktscheu sein, opfert sich für andere auf und zieht keine oder kaum Grenzen.

Talenttyp 4: Marc Macher – zielstrebiger Umsetzer

Der zielstrebige Umsetzer ist ein echter Macher. Was er anpackt, wird auch umgesetzt – er persönlich kümmert sich um die Ressourcen: Menschen, Maschinen, Material. Er konkretisiert Ideen in Maßnahmenpläne und treibt alle an, damit die Dinge vorangehen,

Ziele und Deadlines eingehalten und Ideen tatsächlich realisiert werden.

Der Macher ist eine wichtige Schnittstelle zwischen den kreativen Chaoten und den logischen Ordnern, denn er »übersetzt« unausgegorene Hirngespinste, von deren Wert er überzeugt ist, in machbare, logische Schritte. Er sorgt dafür, dass andere daraus etwas Handfestes machen können. Je nach Persönlichkeit lebt er mehr den Ideenreichtum oder das Systematisch-Planerische aus. Er will Dinge bewegen, liebt den Fortschritt und ist glücklich, wenn etwas vorangeht. Anderen Menschen ist er damit oft ein bisschen zu initiativ und zu schnell. Er wird schnell ungeduldig, und seine Neigung, Druck auszuüben, kann andere stören.

Talenttyp 5: Ottmar Ordentlich – systematischer Ordner

Der systematische Ordner erwartet Zuverlässigkeit, Genauigkeit und Pünktlichkeit – von sich selbst ebenso wie von seinen Mitmenschen. Er liebt ein Arbeitsumfeld, in dem es eher überschau- und planbar zugeht, und arbeitet gerne nach eingeführten und bewährten Methoden, Checklisten oder Plänen, die andere, wie der zielstrebige Umsetzer, für ihn erstellt haben. Routine und Regelmäßigkeit sind ihm wichtig. Veränderungen lehnt er eher ab, und er hat wenig Verständnis für den Ideensprudler, den Routinen lähmen und der bei seinen Aufgaben eine gewisse Abwechslung braucht. Er kann gut auf konkrete Maßnahmen heruntergebrochene Ideen in die Tat umsetzen. Er liebt Beständigkeit, achtet auf Sparsamkeit, und Prinzipientreue ist sein oberstes Gebot. Auf andere wirkt er bisweilen ziemlich unflexibel, ja manchmal sogar langweilig und pedantisch.

Talenttyp 6: Dr. Annalyse Logisch – analytischer Logiker

Ein analytischer Logiker arbeitet sorgfältig, exakt, mit einem Blick für die Details, und er braucht valide Kontrollinstrumente. Er nimmt es sachlich und formal sehr genau, ungenaue Aussagen kann er überhaupt nicht leiden, und in Meetings beharrt er darauf, Ideenblasen zu vermeiden und lieber bei den Fakten zu bleiben. Dieser

Typ beschäftigt sich gerne mit Finanzen und achtet darauf, dass Dinge klar, nüchtern und rational erledigt werden. Er mag eindeutige Vorgaben und kommuniziert dementsprechend sachlich. Das kann auf andere in seinem Team manchmal etwas kalt wirken, doch darauf will er im Prinzip keine Rücksicht nehmen. »Gefühle haben besonders im Job nichts verloren«, scheint sein Motto zu sein. Er mag klare Abgrenzungen. Die Vernunft siegt immer, er schwört auf die Sach- und Fachorientierung. Auf andere wirkt er recht unnahbar und eher leidenschaftslos. Zahlen kommen vor Menschen.

Im realen Leben verbreitet: Mischtypen und Ganzhirner

Als Persönlichkeiten sind wir unglaublich facettenreich, und natürlich haben wir noch mehr Eigenschaften, als eine Typologie darstellen kann. Nehmen Sie diese kleine Talentklassifizierung deshalb als das, was sie ist: als Versuch, unsere komplexe Persönlichkeit ein bisschen greifbarer zu machen, indem wir vereinfachen. Und vielleicht hilft Ihnen diese Vereinfachung, Dinge besser zu verstehen, an denen Sie sich bislang die Zähne ausgebissen haben.

Und natürlich sind wir nie nur ein Talenttyp. In der Regel hat jeder von uns zwei, manchmal sogar mehr Talentwelten, in denen wir zu Hause sind. Und genau diese Mischung macht uns zu den Charakterköpfen, die wir sind, wobei unsere zweite oder sogar dritte Stärke beeinflusst, wie wir unsere erste Stärke ausleben.

★ So wird ein Informationssammler, der auch ein Ideensprudler ist, beispielsweise immer sehr viele neue Wege finden, um Informationen zu ergattern. Er wird die gewünschten Informationen schneller zusammentragen als andere Informationssammler, wobei er womöglich weniger in die Tiefe geht, als wenn seine zweite Stärke die des Logikers wäre.
★ Ein Ideensprudler, der auch ein starker Unterstützer ist, wird viele Ideen mit anderen zusammen generieren, und sie werden alle viel Spaß beim Herumspinnen haben – umgesetzt wird deshalb noch lange nichts.
★ Ein Ideensprudler, der hingegen gleichzeitig viel vom zielstrebigen Umsetzer hat, wird mit Freude seine Ideen voran-

treiben und alle anderen mobilisieren, am gemeinsamen Ziel zu arbeiten.

Talente, die sehr eng beieinanderliegen und allesamt entweder auf der »Spielhälfte« der kreativen Chaoten oder auf der »Spielhälfte« der systematischen Macher liegen, ergänzen sich hervorragend und werden von uns in der Regel als »stimmig« empfunden. Wir können alle Talente ausleben und fühlen uns gut dabei. Anders ist das, wenn die Haupttalente in gegenüberliegenden Welten liegen, beispielsweise in der Kombination Ideensprudler und Logiker. Diese Kombination kommt bei meinen Seminarteilnehmern und Coachingklienten sehr häufig vor. Oftmals arbeiten Menschen mit dieser Talentkombination im technischen Bereich als Entwickler, Softwarespezialisten oder Konstrukteure, sie sind häufig auch technische Troubleshooter, Design-Ingenieure, Topmanager in technischen Unternehmen oder Finanzhäusern oder Wissenschaftler in Forschung und Entwicklung.

Im Prinzip ergänzen sich die Talente in dieser Konstellation sehr gut – wenn da nicht kleine Teufelchen auf der Schulter sitzen würden, die immerzu mosern, dass man seine Arbeit besser machen könnte. Warum? Nun, bei logischen Ideensprudlern fetzt sich das Logiker-Teufelchen, das Wert auf Details legt (Zahlen, Daten, Fakten, messbare Parameter), permanent mit dem ganzheitlichen, manchmal etwas oberflächlichen Ideen-Teufelchen. Und so haben sie immer das Gefühl, es nie richtig zu machen. Sie fühlen sich zerrissen – und fangen häufig gar nicht erst mit ihren Aufgaben an. Der Ausweg? Machen Sie sich die Kraft Ihrer einzelnen Talente klar und setzen Sie diese bewusst ein: Ist in Ihrer Position oder bei der aktuellen Aufgabe eher detailliertes Vorgehen wichtig, um das Ziel zu erreichen, oder sind eher ein grober Überblick und Voranschreiten gefragt?

Finden Sie heraus, welche Alltagstalente Sie haben (einen Gratis-Schnellcheck finden Sie auf meiner Website[82]) – und nehmen Sie diese dann als echte Stärke an. Besonders die kreativ-chaotischen Menschen ecken mit ihrer unkonventionellen Denke in unserer sehr systematischen Welt oftmals an und werden mit Sprüchen wie »Das geht doch nicht« von ihren vermeintlichen Höhenflügen heruntergeholt. Das ist schade für diese Kreativen, denn dadurch werden sie bei so vielen ihrer »Geht-doch«-Projekte ausgebremst. Suchen

Sie sich als kreativer Chaot besonders wertvolle Unterstützer, die genauso ticken wie Sie und die Ihre Denke verstehen. Denn obwohl sich viele Unternehmen »unternehmerische Denke« bei ihren Mitarbeitern explizit wünschen, wird diese dann de facto doch nicht geschätzt: Wenn Sie mit Ihren Ideen kommen, knallen Sie an die gläserne Decke. Suchen Sie sich ein Umfeld, in dem man Ihre bunten Federn schätzt![83]

Und andersherum gilt das ebenso: Ecken Sie in Ihrem Umfeld mit Ihrer systematisch-analytischen Denke an, dann stärken Sie sich den Rücken, indem Sie sich mit Gleichgesinnten umgeben und eine Spielwiese suchen, wo Ihre Talente gefragt sind. Und das Wichtigste: Fangen Sie an, Ihre Talente wertzuschätzen – und auch die Talente der anderen. In viel zu vielen Unternehmen, Gruppen, Familien oder Partnerschaften machen wir uns das Leben gegenseitig schwer, weil wir meinen, der andere wäre »falsch« und wir müssten ihn ändern oder wir selbst wären »falsch« und müssten uns ändern. Zeigen Sie ab sofort eine hohe Wertschätzung für die unterschiedlichen Talenttypen. Jeder von uns ist richtig und wichtig, wie er ist. Wir müssen uns nicht verbiegen!

Hängen Sie über Ihren Motiv-Ozean nun zu den Wert-Sternenbildern helle, funkelnde Sterne, die für Ihre Alltagstalente stehen.

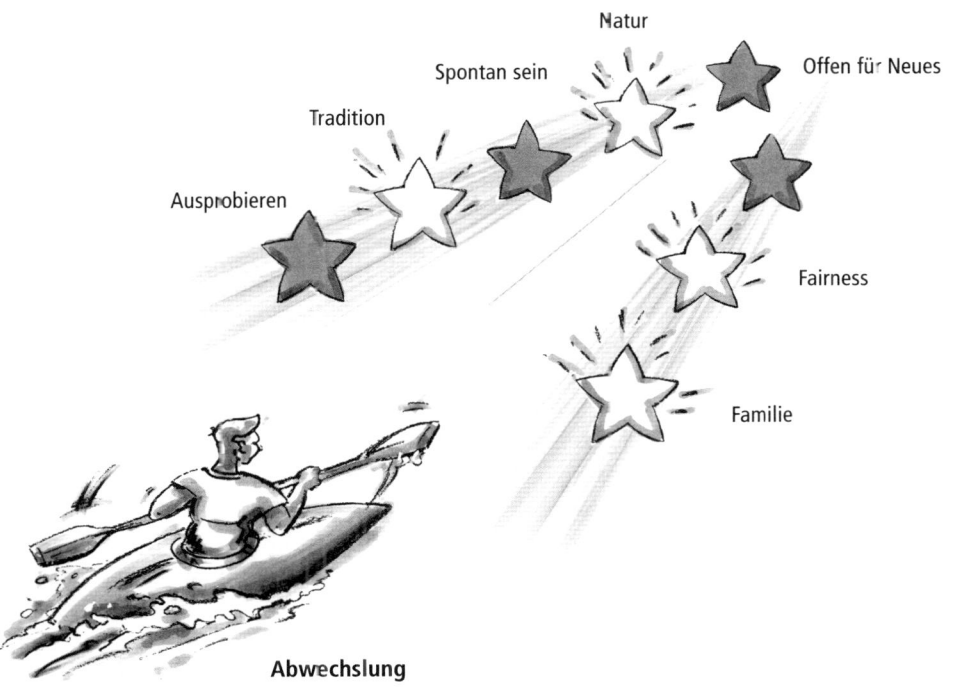

Motive + Werte + Talente + Interessen = Motivation

Sie sind an dieser Stelle ein wenig verwirrt, weil die gleichen Begriffe in verschiedenen Zusammenhängen auftauchen? Da hatten wir den Begriff »Abwechslung« als Motiv, und jetzt taucht er bei den Talenten auch wieder auf? Es gibt »Routine« als Motiv, und Ottmar Ordentlichs Haupttalent ist doch auch, dass er gerne immer wieder die gleichen Handgriffe macht? Ja, das ist wirklich ein wenig verwirrend. Leider wurden in der Forschung und auch in der praktischen Anwendung in den vergangenen Jahren die einzelnen Zuordnungen sehr unterschiedlich gehandhabt. Auch ich habe lange Zeit in meinen Coachings und Seminaren eine »Werteübung« und einen »Talentcheck« eingesetzt. Doch jetzt gibt es neue, wissenschaftlich valide Messverfahren, die eine bessere Abgrenzung der Begriffe vorgenommen haben und »Werte« und »Motive« klar definieren. »Motive treiben uns an, sie versorgen uns mit der notwendigen Handlungsenergie und sind damit die Wurzel dessen, was uns zum Handeln motiviert. Werte hingegen geben unserem Verhalten eine Richtung«, erklärt Motivexperte Stefan Lapenat. Beispielsweise wird eine Führungskraft, die durch ein starkes »Streben nach dem Gewinnen« motiviert ist und sich dabei gleichzeitig vom Wert »Fairness« leiten lässt, ein anderes Verhalten zeigen als eine Führungskraft, die zwar das gleiche Motiv aufweist, der aber der Wert »Fairness« weniger wichtig ist.

Und wie kommen die Alltagstalente ins Spiel? Diese zeigen, wofür wir von Natur aus ein Händchen haben, welche Tätigkeiten uns aufblühen lassen, auf welche Art und Weise wir am liebsten Aufgaben erledigen. Dabei kann es sein, dass unser Talent in die Richtung unserer Werte und Motive geht, es muss aber nicht so sein.

Tom und Jens haben beide das Motiv »Abwechslung«. Als wichtigsten Wert hat Tom »Familie«, Jens hat als wichtigsten Wert »Freiheit« – und beide sind von ihrem Denkstil, von ihrem Talent her Igor Ideenreichs. Tom ist glücklich verheiratet, hat zwei Kinder (Wert: Familie), arbeitet als angestellter Grafiker in einer Werbeagentur für viele unterschiedliche Unternehmen (Motiv: Abwechslung) und gilt in der Branche als Trendsetter für neues Grafikdesign (Talent: Neues kreieren). Jens veranstaltet Tauchreisen an immer neue Destinationen (Motiv: Abwechslung), begleitet selbst auch die Gruppen, wenn er mag (Wert: Freiheit), und steigt gerade in seinem Heimatort in eine Pizzeria ein (Talent: Neues ausprobieren).

Es ist also die Summe aus unseren Motiven, Werten und Talenten, die uns motiviert. Und wenn wir diese Facetten nicht oder zu selten ausleben können, dann demotiviert uns das. Demotivierend kann es auch sein, wenn wir das Gefühl haben, dass sich zwei unserer Talente widersprechen – da fühlen wir uns zerrissen, da schlagen zwei Herzen in unserer Brust.

Ute schreibt: Ich hatte ein ganz tolles Aha-Erlebnis, als ich entdeckt habe, dass es auch Ganzhirner gibt! Bei Tests fühle ich mich oft sehr zerrissen, ja selbst bei den Fragen Ihrer Analyse hätte ich bei fast allen Fragen am liebsten zwei Antworten gegeben. Aber nun »offiziell« zu hören, dass es das auch gibt, fand ich unglaublich befreiend und aufregend für mich! Plötzlich kann ich viel klarer sowohl Vor- als auch Nachteile meiner Anlage erkennen und viel besser meine Alltagsprobleme mit der Zeit verstehen (zum Beispiel dass ich gerne was plane und mich dann aber nicht daran halte).

Vielleicht hat jemand als tragendes Lebensmotiv »Flexibilität« und zugleich den Leitstern »Ordnung«. Dann kann es schon sein, dass er zwar Listen erstellt (weil ihm das ein gutes Gefühl gibt), die Tagesaktualität aber doch seine Flexibilität hervorlockt. Und so wirft er all seine Planung wieder über den Haufen. Das kommt daher, weil wir nie nur »eins« sind – sondern immer eine bunte Mischung aus ganz vielen Facetten. Das ist es ja auch, was unsere Persönlichkeiten so aufregend macht. Zugegeben, im ersten Moment ist das erst mal schwer zu verstehen, für uns selbst und für unser Umfeld. Aber wenn Sie sich in Ihrer Buntheit mal erfasst haben, dann steht Ihnen eine Menge bunte Federn für Ihren Höhenflug und Ihr »Geht-doch«-Projekt zur Verfügung.

Erlauben Sie sich, sich selbst mit Ihren Motiven, Werten, Talenten und auch Ihren Interessen ernst zu nehmen. Denn wir sind alle komplett unterschiedliche Naturen, und je besser Sie sich selbst mit Ihren bunten Facetten kennen und annehmen können, desto mehr Kraft haben Sie für Ihre »Geht-doch«-Projekte. Hören Sie auf, sich passend machen zu wollen. So wie Sie sind, sind Sie richtig und wichtig! Und es ist völlig legitim, ja sogar überlebenswichtig für unsere Kultur, für unsere Gesellschaft und für unsere Wirtschaft, dass jeder von uns für etwas anderes brennt. Wären wir alle gleich, dann wäre Stillstand die Folge. Wir brauchen alle Mitmenschen: mit ihren völlig anderen Lebensmotiven, Werten, Talenten und Interessen, weil wir uns so perfekt ergänzen und gemeinsam wachsen können.

Stellen Sie sich vor, wir wären alle gleich – dann würden zahlreiche Berufe gar nicht mehr existieren können. Nehmen Sie als Beispiel nur mal den Aspekt »Interesse«: Grob gesprochen können wir uns eher für Menschen oder eher für Dinge interessieren, eher für Daten oder für Ideen. Bezogen auf Berufe können beispielsweise folgende Interessen bei Ihnen vorhanden sein, die darüber (mit-)

entscheiden, ob Sie die Werkbank oder den Schreibtisch für attraktiver halten:

Interesse	Mögliche Berufe
Praktisches Interesse	Landwirt, Ingenieur, Kfz-Mechatroniker
Wissenschaftliches Interesse	Professor, Forscher, Fachbuchautor
Künstlerisches Interesse	Musiker, Bildhauer, Schriftsteller
Soziales Interesse	Erzieher, Lehrer, Coach
Unternehmerisches Interesse	Geschäftsführer, Manager, Politiker
Interesse an Zahlen	Buchhalter

Je besser Sie sich selbst kennenlernen, mit all Ihren Motiven, Werten, Talenten und Interessen, desto besser können Sie Ihren Geht-doch-Booster zünden. Denn die Energie, die Ihnen für Ihr Handeln zur Verfügung steht, ist eine Summe aus diesen Persönlichkeitsfacetten.

Sie haben keine Lust auf eine tief greifende Analyse Ihrer Persönlichkeit, sondern wollen gleich durchstarten? Für ein schnelles Ins-Handeln-Kommen hilft Ihnen ein Blick auf Ihre Bedürfnisse. Mit diesem zoomen Sie quasi all Ihre Facetten wie mit einem Teleskop nah zu sich heran, sodass Sie deutlich sehen können, welcher Kurs gerade für Sie Sinn macht.

Unsere Bedürfnisse – das Teleskop

Haben Sie sich schon mal die Frage gestellt: »Was ist momentan mein Bedürfnis?« Für viele Menschen ist »Bedürfnis« ein absolutes Fremdwort; und nicht nur diejenigen, die in einen Burn-out schlittern, ignorieren über Wochen und Monate die eigenen Bedürfnisse. Für Menschen, die zutiefst erschöpft sind, ist es allerdings auch nicht ratsam, ein »Geht-doch«-Projekt anzuschieben. Da fehlt zum einen die Kraft, um mit Hindernissen umzugehen, zum anderen kann es sein, dass das »Geht-doch«-Projekt ein völlig falsches Ziel ist. Wer aussteigen will, um endlich mal seine Ruhe zu haben – der wird auch am schönsten Fleckchen der Welt seine brennendsten Bedürfnisse nicht erfüllen. Wir können vor unseren Problemen nicht davonlaufen. Wer heute und jetzt seine Bedürfnisse vernachlässigt, weil er sich zum Beispiel zu sehr um andere Menschen kümmert und deren Bedürfnisse immer vor die eigenen stellt, der wird das auch auf der einsamen Insel machen und dort eine Kreatur finden, die umsorgt werden »muss«. Oder er schafft es zwar, sich mal um sich selbst zu kümmern, doch das schlechte Gewissen macht den Erholungseffekt gleich wieder zunichte.

Je nachdem was Ihre Motive, Werte und Talente sind, haben Sie andere Bedürfnisse als Ihre Kollegen, Ihre Eltern, Ihr Partner oder Ihre Nachbarn. Natürlich haben wir alle auch ein paar gemeinsame Bedürfnisse – beispielsweise unsere Grundbedürfnisse.

Grundbedürfnisse first!

Seit Längerem versuchen Forscher, unsere Motivation auf unsere Grundbedürfnisse zurückzuführen. Der »jüngste« und wohl bekannteste Ansatz dazu stammt von Abraham Maslow, der 1954 unsere Bedürfnisse in fünf Gruppen einordnete: Bei neugeborenen Babys müssen in erster Linie physiologische Bedürfnisse gestillt werden (essen, trinken, schlafen); schnell kommt ein Bedürfnis nach Sicherheit dazu (Schutz vor Schmerz, Furcht und Ungeordnetheit), später das Bedürfnis nach sozialen Bindungen (GesellIigkeit, Geborgenheit, Liebe), dann Selbstachtungsbedürfnisse (Geltung, Anerkennung, Zustimmung), und schließlich entstehen ab der Pubertät Selbstverwirklichungsbedürfnisse (Ausleben der eigenen Fähigkeiten und Talente). Und in etwa in dieser Reihenfolge versuchen wir auch als Erwachsene unsere Bedürfnisse zu befriedigen. Was konkret bedeutet: Solange wir permanent Hunger leiden, weil es nicht genügend Nahrung gibt, ist es uns ziemlich egal, ob wir uns selbst verwirklichen können oder nicht. Solange wir keine Geborgenheit spüren oder gar in Unsicherheit leben (etwa in Kriegsgebieten), sorgen wir uns nicht so sehr um soziale Anerkennung.[84]

Seltsamerweise stellen wir diese Bedürfnisfolge jedoch in unserer zivilisierten Kultur auf den Kopf: Wir genießen eine sehr hohe

Sicherheit (stabile Demokratie, soziale Absicherung bei Krankheit oder Arbeitsplatzverlust), haben mehr als genug zu essen – aber betreiben Raubbau am eigenen Körper. In den Unternehmen arbeiten heute so viele Menschen bis zum Umfallen, sie schlafen nur vier Stunden pro Nacht – und erzählen das dann auch noch stolz als Beweis für ihre Leistungsbereitschaft. Laut einer Umfrage unter 517 Topentscheidern genügen jedem fünften Manager in Deutschland fünf Stunden Schlaf oder weniger. Rüdiger Grube zum Beispiel, Vorstandsvorsitzender der Deutschen Bahn AG, reichen nach eigener Aussage vier Stunden, ebenso Yahoo-Chefin Marissa Mayer.[85]

Wir haben die Bedürfnisfolge auf den Kopf gestellt

Was für ein Wahnsinn! Wer seine Grundbedürfnisse wie Schlafen oder Essen vernachlässigt, der kann überhaupt nicht mehr aktiv und selbstbestimmt leben und agieren, stellte der US-Schlafforscher Mark Rosekind fest. Wer fünf statt acht Stunden schläft, der reduziert seine Entscheidungsfähigkeit um 50 und seine Gedächtnisleistung um 20 Prozent. Der Körper kann so nicht regenerieren.[86] Charles Czeisler, Professor an der Harvard University in Cambridge, schrieb bereits 2006, dass müde Manager wie Betrunkene handeln: »Ansonsten intelligente und wohlerzogene Manager benehmen sich anders, wenn sie übermüdet sind: Sie beschimpfen ihre Mitarbeiter, treffen unkluge Entscheidungen, die die Zukunft ihres Unternehmens beeinflussen, und halten wirre Vorträge vor ihren Kollegen, den Kunden, der Presse oder den Shareholdern.«[87]

Wer wenig schläft, kann auch nicht mehr träumen und hat keine Visionen. Übermüdete wie auch diätgeschädigte Menschen hangeln sich immer am Limit durch den Alltag und halten gerade noch so eben im sich immer schneller drehenden Hamsterrad mit. »Nur wenige haben verstanden: Abspringen lohnt sich«, schreibt Benedikt Herles in seinem Buch *Die kaputte Elite*.[88]

Persönliche Bedürfnisse

Machen Sie sich klar, wie es momentan um Ihre Bedürfnisse bestellt ist. Was brauchen Sie derzeit ganz dringend? Was kommt im Moment zu kurz? Was können Sie sofort tun, um diese Bedürfnisse zu stillen? Welche Bedürfnisse wollen Sie mit Ihrem »Geht-doch«-Projekt befriedigen? Nehmen Sie dazu ruhig Ihre wichtigsten persönlichen Motive und Werte als Ausgangsbasis. Haben Sie vielleicht im Moment das Bedürfnis nach mehr Ruhe? Oder eher das Bedürfnis nach Abenteuer? Fehlt Ihnen im Moment das Miteinander mit Ihren Freunden? Was können Sie tun, um hier einen kleinen Schritt in die richtige Richtung zu gehen? Am Wochenende in den Hochseilgarten gehen? Heute Abend spontan Freunde zum Essen einladen? Stillen Sie immer wieder in kleinen Schritten Ihre momentanen Bedürfnisse, das macht Ihnen den Weg frei für größere Projekte.

Ja, ich weiß, Angestellten und Managern, die im Highspeed-Hamsterrad laufen und ihre ganze Kraft in den Job stecken, um den nächsten Schritt zu machen und den nächsten, denen bleibt nicht viel Kraft für Nachdenken oder Erholen. Und dann sind sie nach ein paar Jahren plötzlich so leer, dass sie von einem Tag auf den anderen alles hinwerfen. Warten Sie nicht auf den großen Knall! Denn sonst haben Sie zwar vielleicht von einem Tag auf den anderen alle Zeit und Muße der Welt – aber leider kein Geld mehr, um Ihr »Geht-doch«-Projekt zu starten. Sorgen Sie heute bereits in kleinen Schritten für sich und Ihre Bedürfnisse. Da reichen manchmal schon fünf Minuten am Tag aus. Tun Sie es!

Seien Sie achtsam sich selbst gegenüber; schauen Sie genau hin, was Sie wirklich brauchen und was Sie wirklich wollen. Und tun Sie es dann. Manchmal liegen die wahren Bedürfnisse unter den oberflächlichen Wünschen. Vielleicht erkennen Sie sie nicht auf den ersten Blick – deshalb bleiben Sie offen für Ihre Gefühle. Oder wie der Philosophieprofessor Ohad Kamin zu seinem Studenten Tal Ben-Shahar (ja, das ist der Glücksforscher) sagte: »Tal, denke über die Dinge nach, die du tun willst, und schreibe sie auf. Schau dir diese Dinge dann an, und suche die Dinge raus, die du wirklich tun willst. Schreibe sie auf. Und dann schaue, welche Dinge davon du wirklich, wirklich tun willst. Und dann ziehe los und tue sie.«[89]

Unsere Bedürfnisse wachsen – und das dürfen sie auch

Machen Sie sich bitte auch Folgendes klar: Neben den physiologischen Bedürfnissen, deren Erfüllung in unserer westeuropäischen Gesellschaft in der Regel gesichert ist, gibt es die sogenannten Wachstumsbedürfnisse.[90] Bei diesen tritt keine Sättigung ein, sodass sie dauerhaft unser Verhalten bestimmen. Ein Beispiel: Essen Sie sich quer durch ein Buffet, dann sind Sie (als gesunder Mensch) irgendwann mal satt. Beim besten Willen könnten Sie sich jetzt nicht noch ein Nougathäppchen in den Mund schieben. Und wenn doch, dann würde dieses Zuviel an Essen Ekel oder Schlimmeres auslösen. Anders beim Beispiel »Selbstverwirklichung«. Hier werden wir nicht »satt«. Jedes Tun macht uns sogar noch weiter Appetit auf »mehr«. Haben Sie etwas für dieses Bedürfnis getan, zum Beispiel eine Weiterbildung gemacht und den Beruf gewechselt, sind Sie zwar eine Zeit lang happy, aber nicht übersättigt. Ihr Geist sucht immer weiter nach neuen Möglichkeiten zum Wachsen. Wir Menschen sind auf Entwicklung gepolt – Stillstand macht uns unglücklich. Aus diesem Grund werden wir auch kein dauerhaftes Glücksgefühl erleben, wenn wir nun das Traumhaus gebaut oder endlich die Weltreise gemacht haben. Das Glücksgefühl braucht quasi immer neues Futter.

»Oje«, sagen Sie jetzt vielleicht, »ich hatte gehofft, dass ich endlich mal ›ankomme‹ und das Suchen und Lernen ein Ende hat.« Tja, das Suchen wird ein Ende haben – und auch wieder nicht. Solange Sie Ihre Erfüllung und Ihr persönlich empfundenes Glück vom Erreichen konkreter Ziele abhängig machen, so lange werden Sie das Gefühl haben, ständig auf der Jagd zu sein. In dem Moment aber, indem Sie in Ihren persönlichen Ozean eintauchen und Ihre Leitsterne gefunden haben, in dem Moment, in dem Sie nach Ihren Bedürfnissen leben, hat die Suche ein Ende. Denn sobald Sie Ihren Ozean und Ihre Leitsterne haben, sind Sie angekommen. Konkrete Ziele sind dann nur mehr ein Mittel zum Zweck, um diesen Kurs zu halten.

Andere Bedürfnisse hingegen sind »sättlich«, beispielsweise das Bedürfnis nach Ruhe, Erholung, Schlafen oder Nahrung. Sie werden automatisch an einem gewissen Punkt genug haben und das Gefühl haben, dass dieses Bedürfnis nun gestillt ist.

Angela ist freie Producerin bei einer TV-Produktionsgesellschaft und selbstständige Fotografin. Im Coaching möchte sie an ihrer beruflichen Ausrichtung arbeiten, neue Tätigkeitsfelder definieren. Die Mittdreißigerin ist deutlich sichtbar erschöpft, überarbeitet, blass und fahrig. Behutsam klopfe ich bei ihr ab, wo die Ursachen für die Erschöpfung liegen – sie arbeitet rund um die Uhr, hat immer ein Dutzend Projekte gleichzeitig laufen. Pausen? Fehlanzeige. Liegt es am Geld, dass sie so viel macht? »Nein«, winkt sie ab, »ich mache ungeheuer viel Umsatz, das ist es nicht!« Ist es die Angst, dass sie Kunden verlieren könnte, wenn sie mal ein paar Tage nicht aktiv ist? Nein, auch nicht. Woran liegt es, dass sie sich keine Pause gönnt? Angela denkt nach und meint schließlich: »Ich habe Angst, dass ich völlig abschlaffe, wenn ich eine Pause mache. Ich habe Angst, dass das so gut ist, dass ich danach gar keine Lust auf Arbeiten mehr habe. Ich habe Angst, dass ich dann unersättlich und süchtig nach Nichtstun werde.«

Machen Sie sich keine Sorgen, dass Sie unersättlich oder süchtig werden können (sofern es sich nicht um ein Bedürfnis nach Alkohol oder anderen Drogen handelt!). Unser Körper weiß in der Regel sehr gut, wann es genug ist. Natürlich kann es sein, dass ein neues Verhalten langfristige Veränderungen nach sich zieht, dass Sie also zum Beispiel dauerhaft mehr Pausen als früher machen oder sich häufiger mit Freunden treffen. Aber das ist ja auch gut so. Denn wenn wir erholt sind, dann sind wir viel leistungsfähiger, kreativer und produktiver.

Aus eigener Erfahrung kann ich das bestätigen. Früher war ich extrem emsig, habe bis nachts gearbeitet, bin trotzdem mit den Kindern um sechs Uhr aufgestanden und saß um neun Uhr am Schreibtisch. Mein Bandscheibenvorfall und vor allem die ganzheitliche Reha, die ich danach machte, brachten mich aber dann zur Besinnung. Seither verbringe ich viel weniger Stunden mit Arbeiten und Verpflichtungen – und verdiene dennoch erheblich mehr. Und wenn ich das kann, dann können Sie das auch!

WAS?

KAPITEL 3

Wie wir mit der Frage nach dem Was ins Handeln kommen

Unsere Ziele – die Inseln im Ozean

Motivation ist eine Energie, die entsteht, wenn wir die uns wichtigen Motive, die uns wichtigen Werte, unsere Talente, Interessen oder Bedürfnisse umsetzen wollen. Und deshalb haben Sie mit Kapitel 2 eine gute Grundlage gelegt, Ihre »Geht-doch«-Projekte anzupacken. Doch das alleine bringt Sie allerdings noch nicht ins Tun.

Ihre Motive und Werte sind zunächst abstrakte, nicht greifbare Begriffe. Denn: Wie wollen Sie »Freiheit« erreichen? Oder »Menschlichkeit«? Oder »Natürlichkeit«? Die Begriffe sind super, weil sie uns auf den richtigen Kurs bringen, weil sie den Korridor auf dem Ozean ausleuchten, weil sie uns in ein bestimmtes Archipel im Meer der Möglichkeiten bringen.

Jetzt dürfen Sie genauer hinschauen. Sobald wir auf dem glitzernden Korridor lospaddeln, den unsere Sternbilder und Leitsterne in unseren persönlichen Ozean zeichnen, können wir uns überlegen, welche Inseln wir anlaufen wollen. Diese Inseln sind die Fragen nach dem *Was*: Was kann ich tun, damit ich in meinem Korridor ein Stückchen weiterkomme? Was will ich dort erleben? Was will ich haben? Haben Sie sich schon mal überlegt, was Sie in Ihrem Leben noch alles machen wollen? Einen Marathon laufen? Dem Kollegen sagen, dass er ein Vollidiot ist? Den dauerkranken Mitarbeiter endlich entlassen? Einen Bildhauerkurs belegen? Den Jakobsweg gehen? Ein Buch schreiben? Den Himalaja besteigen? Ihre Enkel in den Arm nehmen? Ein BMW-Fahrertraining in der Arktis? Eine Vinothek aufmachen? Erleben, wie Ihr Sohn Abitur macht?

Fragen Sie sich selbst mal bitte zehn Sekunden lang: Was wollen *Sie* noch gern erleben, tun, lernen, sehen – bevor Sie es nicht mehr können? Zehn–neun–acht–sieben–sechs–fünf–vier–drei–zwei–eins. Schluss.

Sie wissen es bereits genau? Sehen Ihre attraktiven Inseln vor sich? Dann paddeln Sie los. Jetzt.

Sie wissen es noch nicht so genau? Dann machen wir uns jetzt auf die Suche nach den attraktiven Inseln, auf denen Sie mit Ihrem Paddelboot anlanden können – und wollen!

Typische Fehlannahmen

Sobald wir unseren Korridor sehen, können wir uns konkrete »Ziele« überlegen. Ihre Ziele sind dabei die Inseln, die Sie unterwegs anlaufen können und die Ihnen mit den Früchten, die dort wachsen, Kraft, Energie und Erfahrungen schenken. Und Sie somit unterstützen, weiter in Ihrem Korridor zu paddeln. Inselziele sind Etappen auf Ihrem Weg – und keine Endstation. Und ich glaube, genau hier liegt das Problem, das viele Menschen mit dem Begriff »Ziel« haben.

»Ich will keine Ziele haben!«

Für viele klingt »Ziel« so endgültig, so hehr, so hochgegriffen, und sie meinen, es muss total ausgereift, total konkret, total durchdacht sein. Besonders für kreativ-chaotische Querdenker ist das Wort »Ziel« ziemlich abschreckend. Für sie klingt »Ziel« kalt, berechnend und in Stein gemeißelt. Die meisten verbinden mit »Zielen« kühle Zahlen, Ellenbogenmentalität und werteverachtendes Verhalten. In den Unternehmen werden mehr oder weniger willkürlich Jahres-, Umsatz- und Gewinnziele definiert, Ziele für die Neukundengewinnung und für die Kundenloyalität; und selten machen sich Manager die Mühe, hinter den Zahlen die Menschen zu sehen oder langfristig zu denken. Schnelle Gewinne, kurzes Schielen auf den Shareholder-Value eines Geschäftsjahres – Hauptsache, die Jahresziele sind erreicht. Egal, dass man dafür 5000 Mitarbeiter entlassen musste.

Ersetzen Sie das Wort »Ziel« durch ein für Sie positiv klingendes Wort, und machen Sie damit einen großen Korridor auf, auf dem Sie erfolgreich sein können. »Ich habe eine Vision, kein Ziel«, sagte mir eine Coachingklientin, eine etablierte Rechtsanwältin, die ihre Kanzlei verkauft und nun eine Bildhauer-Werkstatt eröffnet hat. Sie verkauft ihre Werke sehr erfolgreich und unterrichtet zudem auch noch. Je kreativ-chaotischer Sie sind, desto mehr engen konkrete Ziele Sie ein, und deshalb legen sich der Informationssammler, der Ideensprudler oder der Unterstützer nicht gerne fest. Das ist in Ordnung, wenn Sie zufrieden in einem Archipel paddeln. Es kann Sie aber bremsen, wenn Sie nicht zumindest wissen, ob Sie lieber eine Eis-Insel in der Arktis ansteuern wollen oder eine Kokosnuss-Insel in den Tropen. Oder welche Insel zuerst. Wenn Sie sich gar nicht festlegen, dann kann es passieren, dass gar nichts passiert.

Aktivitäten oder Ziele?

Das junge Mädchen am Nebentisch im Biergarten ist geknickt. Kurz fasst die Schülerin für ihre Eltern und Freunde die Inhalte eines Tagesseminars zusammen, auf dem sie lernen sollte, wie sie erfolgreich im Leben wird. Dabei sollten sie und ihre 100 Kollegen aufschreiben, welche Ziele sie in ihrem Leben haben. »Mir sind da gerade mal drei, vier Sachen eingefallen«, gesteht sie. Darauf fährt ihr Vater sie an: »Wie kannst du nur drei oder vier Ziele haben, wie willst du denn was werden, wenn du so ziellos bist, ich könnte locker über 50 Ziele notieren!« Tränen stehen ihr in den Augen, und sie murmelt, dann werde halt nichts aus ihr. Der Vater lässt nicht locker. »Ich weiß, dass ich unbedingt noch den Programmierkurs ›Limbo‹ machen will, dass ich ein Gartenhaus bauen möchte, dass ich mal nach Australien in Urlaub will ...« Es entspinnt sich eine rege Diskussion über Ziele – über die Tische hinweg, denn leider kann ich mich beim Anblick dieses geknickten Mädchens nicht zurückhalten. »Wie stellst du denn fest, dass du ein Ziel hast?«, frage ich sie. Sie denkt kurz nach. »Ein Ziel, das macht mir ein aufgeregtes Gefühl im Bauch, das macht so einen Jaaaaaa-Effekt, so ein Das-will-ich-unbedingt-erleben-Ziehen.« »Sag mir mal ein Beispiel für so ein Wow-Ziel«, bitte ich sie. Und wie aus der Pistole geschossen kommt: »Na, ich würde total gerne Ärztin werden und dann in Afrika kleine Kinder behandeln.« Der Vater klinkt sich in unser Gespräch ein: »Na, dann sind es bestimmt Ziele von dir, dein Abi zu schaffen, Medizin zu studieren, Afrikaans zu lernen ...« »Nein«, fällt ihm das Mädchen ins Wort, »das sind Aktivitäten, die ich machen könnte, aber doch keine Ziele.«

Nennen Sie es Wortkosmetik, aber genau solche Begrifflichkeiten entscheiden häufig über Frust oder Lust. Machen Sie sich also keinen Stress damit, wie Sie Ihre Inseln bezeichnen, sondern finden Sie ein für Sie motivierendes Wort und den Grad an »Zielstrebigkeit«, der Ihnen wirklich guttut. Und wenn es andere Menschen anders sehen – es sind halt andere Menschen!

»Ziele erreichen macht mich nicht glücklich«

Sie sind nicht glücklich, wenn Sie ein Ziel erreicht haben? Gut, kurzfristig erleben Sie Glücksgefühle, schweben euphorisch einen halben Meter über der Erde, weil Sie den Marathon geschafft, die Meisterschaft im Tennis gewonnen oder die lang ersehnte Beförderung erhalten haben. Doch nach ein paar Stunden oder Tagen überkommt Sie ein Gefühl der Leere. Und dann muss das nächste Ziel her, um dem Leben einen Sinn, dem Alltag eine Richtung zu geben.

Der Grund: Wir sind darauf gepolt, Ziele zu erreichen. Das ist es, was uns von klein auf beigebracht wird. Eine Eins im Zeugnis? Oma und Opa spendieren zehn Euro. Die Vertriebsziele erreicht? Der Bonus ist sicher. »Wir werden nicht dafür belohnt, dass wir die Reise selbst genießen, sondern nur für den erfolgreichen Abschluss der Reise. Die Gesellschaft belohnt das Erreichen eines Ziels, nicht den Prozess dorthin«, schreibt Glücksforscher und Harvard-Dozent Tal Ben-Shahar.[91]

Schade. Denn Glücksforscher haben herausgefunden, dass es in Wirklichkeit nicht das Erreichen eines Zieles ist, was uns glücklich macht. Glücklich macht es uns, ein Ziel überhaupt anzustreben.[92]

Ist das nicht eine gute Nachricht? Solange Sie in Ihrem »Leitstern-Korridor« und in Ihrem Lieblingsozean unterwegs sind, ist es im Prinzip völlig egal, welche Inseln Sie unterwegs ansteuern – denn es ist die Ausrichtung auf das Neue, Unbekannte, die Sie glücklich macht. Es ist die Fahrt in Ihrem Motiv-Ozean in Richtung Ihrer Leitsterne, die Ihnen ein erfülltes Leben beschert. Es ist nicht entscheidend, ob Sie jetzt ein Haus in Frankreich oder doch lieber eines in Italien haben.

> Ziele zu erreichen, ist ein Dauerzustand auf unserer Paddeltour durchs Leben

Insel-Ziele anzusteuern und zu erreichen, ist deshalb ein Dauerzustand auf unserer Paddeltour durchs Leben. Keine Endstation. »Puh«, sagen Sie jetzt vielleicht. »Ich hatte gehofft, wenn ich mein ›Geht-doch‹-Projekt realisiert habe, dann bin ich endlich glücklich, dann bin ich endlich angekommen.« Nein, nicht das Erreichen des Ziels an sich macht uns glücklich. Sondern die Tatsache, dass wir immer wieder neue Inseln anpeilen können.

Erfolgreiche Menschen berichten, sie fühlen sich »angekommen«, wenn sie Dinge tun können, die sie grundsätzlich mit Zufriedenheit erfüllen. »Ich fühle mich endlich angekommen«, sagte eine Journalistin zu mir, als sie vor einigen Jahren Chefredakteurin einer großen Frauenzeitschrift wurde. »Blattmachen ist das, was mich erfüllt.« Heute – zehn Jahre später – ist sie immer noch Chefredakteurin, mittlerweile aber bei einer anderen Zeitschrift.

»Angekommen« fühlen wir uns, wenn wir
★ unseren Ozean oder ein »Misch-Gewässer« aus mehreren Ozeanen gefunden haben und
★ unseren Leitsternen in einem schön ausgeleuchteten Korridor folgen können.

Als Zwischenstopps in unserem »Element« können wir jetzt immer wieder neue Inseln anlaufen. Auf manchen Inseln bleiben wir länger, auf manchen kürzer. Manche Inseln liegen weit weg oder sind schwer zu erreichen. Manche können wir super als Zwischenstopp nutzen, um unsere Proviantbox zu füllen. Manche erweisen sich als Zeitverschwendung. Doch alle tragen dazu bei, dass wir wachsen können, dass wir uns weiterentwickeln. Es ist egal, welche Inseln wir anlaufen – Hauptsache, sie liegen in unserem Ozean und in unserem Leitstern-Korridor.

»Ziele müssen SMART sein«

Allerdings herrscht hier in der Praxis bei vielen Menschen eine völlig andere Auffassung. Gerade sehr strukturierte Menschen sagen, man müsse konkrete Lebensziele haben, und diese Ziele müssten ganz konkret und lehrbuchmäßig – beispielsweise nach der SMART-Methode (spezifisch, messbar, akzeptiert, realistisch und terminiert) – formuliert sein. Und wenn man das so mache und auch aufschreibe, dann sei das die Basis für den Erfolg. »Nur wer sauber definierte Lebensziele hat, der wird es im Leben zu etwas bringen«, sagt ein bekannter Motivationsexperte. Die Erfahrung zeigt anderes. Ich kenne zahlreiche erfolgreiche und vor allem glückliche Menschen, die absolut keine klaren Lebensziele haben. Die ihre Leitsterne kennen – ja. Die ihren Ozean kennen – ja! Aber keiner von ihnen hat ein konkretes, messbares Lebensziel nach dem Motto »Ich habe ein erfülltes Leben gelebt, wenn ich mit 63 Jahren von meinem Häuschen auf Elba in den Sonnenuntergang blicken kann«. Das Häuschen ist ein Mittel, um Erfüllung zu finden, aber es ist nicht die Erfüllung per se.

Mag sein, dass die SMART-Formel im Projektmanagement funktioniert (auch das bezweifle ich!) – in unserem Leben funktioniert sie mit Sicherheit nicht. Denn ein erfülltes Leben ist doch kein Projekt, das ich generalstabsmäßig planen und dann von Meilenstein zu Meilenstein vorantreiben will.

Oder glauben Sie wirklich, erfolgreiche Menschen wie Steve Jobs (Apple-Gründer), Richard Branson (Virgin-Gründer) oder Mutter Teresa haben sich spätestens mit 20 Jahren hingesetzt und einen Lebensplan gemacht? Sehen Sie vor Ihrem geistigen Auge, wie Mutter Teresa als junge Nonne mit Papier und Bleistift in ihrer Klosterzelle in Kalkutta sitzt und einen Maßnahmenplan für die Rettung der Armen entwirft? Vermutlich nicht. Und es war auch nicht so. Erst mit 36 Jahren verspürte sie ihre Berufung, sich für die Armen einzusetzen, tat dies zwei Jahre später und lange Zeit als Einzelgängerin, bis sich ihr immer mehr ehemalige Schülerinnen anschlossen. Erst 1950 gründete sie eine eigene Ordensgemeinschaft. Hätte sie das planen können? Ich glaube nicht. Eine Wegbegleiterin wird mit den Worten zitiert: »Mutter Teresa war immer ganz ungekünstelt und sehr nett. (…) Damals hatte sie nichts Besonderes an sich. Sie war einfach ein schlichtes, normales Mädchen. Sehr sanftmütig, voller Frohsinn. Hatte an allem, was passierte, ihren Spaß. (…) Wir hätten niemals gedacht, dass sie einmal so viel erreichen würde.«[93]

Und dennoch haben wir offenbar tief verinnerlicht, dass wir messbare und konkrete Ziele haben müssen. Und so verursacht es bei vielen von uns Frust, wenn wir eben nicht *genau* wissen, was wir wollen. Doch wir können auch einfach glücklich sein mit den Chancen, die uns das Leben vor die Füße spült. Das heißt jetzt nicht, dass wir die Hände in den Schoß legen und abwarten, was das Leben uns bringt. Nein, denn das kann unter Umständen ziemlich wenig sein. Aber es heißt, den Kurs im eigenen Leben abzustecken und dann zu schauen, was einen auf diesem Kurs weiterbringt: Welche Inseln will ich anlaufen, die genau das erfüllen, was mich gerade glücklich macht? Was entspricht meiner »Vision«?

Die meisten erfolgreichen Menschen, die ich kenne, sind Chancennutzer. Sie gehen mit offenen Augen und offenem Herzen durch die Welt und ergreifen Chancen, die sich links und rechts von ihrem Paddelboot zeigen. Sie haben eine Richtung eingeschlagen, sie haben ihre grundsätzliche Leidenschaft entdeckt; und ob sie jetzt anderen Menschen helfen, indem sie sich um die Armen und Kranken kümmern oder indem sie das iPad entwickeln – jeder erfolgreiche Mensch nutzt die Möglichkeiten in seinem Korridor und orientiert sich idealerweise an seinen Interessen. Und was machen die, die es nicht schaffen? Die nicht erfolgreich, die nicht glücklich und erfüllt sind? Die haben ihren Korridor verlassen und fahren einen falschen Kurs, laufen die falschen Inseln an.

Von der Jagd auf »falsche« Ziele

Wenn wir nicht erreichen, was wir erreichen wollen, oder wenn wir ein Ziel zwar erreichen, aber dann doch nicht glücklich sind, kann es daran liegen, dass wir nicht unseren echten, eigenen Wünschen folgen, sondern »falschen« Zielen.

Aus Angst vor der »düsteren« Zukunft die eigenen Wünsche verleugnen

Sind wir in unserem Paddelboot unterwegs, wägen wir bei zwei Fragen ab: Wie wahrscheinlich ist es, dass ich mein Ziel erreiche? Und: Wie wichtig ist mir das Ziel? Schon eine falsche Erfolgserwartung kann uns vom eigentlich favorisierten Kurs abbringen.

Kurt hat sich für ein Lehramtsstudium entschieden, obwohl sein Kindheitstraum Arzt war und sein Interesse für Medizin eigentlich deutlich größer ist. Aber weil er es eher für unwahrscheinlich hält, dass er ein Medizinstudium erfolgreich absolvieren und anschließend eine attraktive Stelle finden würde, hat er sich für das Lehramt entschieden. Die Variable »Erwartung« hat also letztlich den Ausschlag gegeben. Er hat – um in unserem Bild zu bleiben – sich der leichter zu erreichenden Insel

»Lehramt« zugewandt und die vermeintlich unerreichbare Insel »Medizin« links liegen lassen.

Was wird passieren? Im besten Fall ist Kurt angetrieben von seinem Motiv »andere Menschen unterstützen« und seinem Wert »Menschlichkeit« – und dann kann es durchaus sein, dass er mit seiner Berufsentscheidung zum Lehramt auch langfristig glücklich wird und ein erfülltes Leben lebt. Vielleicht ist Kurt nach einigen Jahren von den einengenden Lehrplänen wie auch von den Kindern und ihren Eltern aber so genervt, dass er eine Sinnkrise bekommt und sich über seine damalige Berufsentscheidung und verschenkte Möglichkeiten ärgert.

Wenn wir (Berufs-)Entscheidungen treffen, dann tun wir dies aufgrund der uns vorliegenden Informationen und Annahmen. Doch die können sich sehr schnell ändern. Dies wurde mir kürzlich wieder auf einer Lehrer-Veranstaltung deutlich. Ein Ministerialrat erklärte nämlich klipp und klar den anwesenden Pädagogen: »Ihre Aufgabe ist es heute nicht mehr, die Kinder zu fördern, sondern den Stoff durchzubringen!« Ich dachte, ich höre nicht richtig. Aus welchem Antrieb heraus werden Menschen Lehrer? Mit Sicherheit verspüren sie nicht die Berufung »Stoff durchbringen«. Doch das ist das, wozu sie in unserem System mittlerweile gezwungen werden.

Und wenn wir uns die Entscheidung von Kurt nochmals anschauen: Wer, bitte schön, behauptet denn, dass es im Bereich der Medizin schwieriger ist, einen guten Job zu finden, als im Bereich Lehramt? Das sind doch alles hohle Behauptungen! Wie oft hieß es schon »Wir brauchen dringend Lehrer« oder »Wir können bald keine Stellen mehr in der Informatik besetzen, weil uns der Nachwuchs fehlt«! Dann strömen die Abiturienten in die jeweiligen Studiengänge – und vier Jahre später ergießt sich eine Lehrer- bzw. Informatikerschwemme auf den Arbeitsmarkt, sodass zahlreiche top ausgebildete und engagierte junge Leute auf der Straße stehen. Die Chance, in einem »gesuchten« Beruf einen Arbeitsplatz zu bekommen, ist häufig bereits vertan, wenn die entsprechende Ausbildung abgeschlossen ist.

Und waren die Jobprognosen nicht schon immer ein Auf und Ab? In den 1990er-Jahren machten sich die Stammtischbrüder über »Dr. Taxifahrer« lustig; im Jahr 2001 schrieben die Medien, dass wir dringend mehr Akademiker brauchen – und betonten die geringen

Arbeitslosenzahlen unter Hochschulabsolventen. Und heute warnen selbst ernannte Experten wieder mal vor einer Akademikerschwemme, dabei sind die Arbeitslosenzahlen in dieser Gruppe mittlerweile sogar auf unter drei Prozent gesunken.[94]

Also warum orientieren sich dann so viele an solchen Prognosen? Weil es ihnen einen Hauch von Sicherheit gibt, und Orientierung in einer Welt, in der wir kaum noch Orientierung haben. In einer Welt, in der wir vor lauter Chancen gar nicht mehr wissen, was wir wirklich wollen. Doch diese vermeintliche Orientierung oder Sicherheit bringt uns nur eines: Frust.

Erfolgreiche und zufriedene Menschen pfeifen auf Prognosen. Sie hören nicht auf das, was andere sagen. Sie hören auf ihr Herz! Sie hören auf das, was sie im tiefsten Inneren wirklich wollen – und finden dann auch Möglichkeiten, das zu tun.

Glückliche und erfolgreiche Menschen hören auf ihr Herz!

Sind wir hingegen stark verunsichert, ist es kein Wunder, dass wir uns von unserem Kurs abbringen lassen und die vermeintlich beste Chance am Schopfe packen. Und prompt jagen wir den für uns falschen Zielen hinterher. Dabei sind die Einschätzungen zu künftigen Entwicklungen auf dem Arbeitsmarkt völlig subjektiv!

Je wahrscheinlicher es mir scheint, dass ich das angestrebte Ziel erreiche, und je wichtiger mir dieses Ziel ist, desto motivierter werde ich sein. Und im Umkehrschluss gilt: Wenn ich glaube, eh keinen Erfolg zu haben, packe ich nicht an. Wenn Sie glauben, Sie werden ohnehin nie eine Auszeit nehmen können, nie einen neuen Beruf ergreifen oder nie 20 Kilogramm abnehmen, geht Ihre Motivation, dieses Projekt überhaupt anzupacken, gegen null. Das Gleiche gilt, wenn es Ihnen eigentlich völlig schnuppe ist, ob Sie mal eine Auszeit nehmen bzw. 20 Kilo mehr oder weniger auf den Hüften haben. Eigentlich eine ganz einfache Rechnung – doch im Alltag machen wir uns das Leben schwer, indem wir »Ziele« verfolgen, die uns im Prinzip völlig egal sind.

Warum erzähle ich Ihnen das alles? Der Grund ist ganz einfach: Sie möchten gerne ein »Geht-doch«-Projekt verwirklichen – und ich möchte, dass Sie das schaffen. Sie werden aber Ihr »Geht-doch«-Projekt nicht erfolgreich umsetzen, wenn …

1. dieses Projekt überhaupt nicht Ihre grundlegenden Motive befriedigt,
2. das Projekt eigentlich keinen rechten Wert für Sie hat oder
3. Sie gar nicht glauben, dass Sie es schaffen können.

Viele Menschen, die sich im Hamsterrad abstrampeln, sagen zwar, sie würden so gerne etwas anderes machen, sie würden so gerne ein »Geht-doch«-Projekt realisieren – haben aber für sie völlig falsche Ziele auf dem Zettel. Sie haben sich vorgenommen, Chopin spielen zu können, im Basketball ein großes Licht zu werden, einen lukrativen Nebenjob zu haben, um die Welt zu reisen, einen Masterabschluss zu machen, sich unsterblich zu verlieben, in die Politik zu gehen, ein Buch zu schreiben und vieles mehr. Doch sie können trotz immenser Anstrengung ihre Ziele nicht erreichen. Sie haben zwar ihre Ziele lehrbuchmäßig formuliert, Milestones und Deadlines definiert und auf konkrete Aktionsschritte runtergebrochen – doch umsonst. Die Ziele werden einfach nicht erreicht, und dann denken sie, sie wären zu faul, zu undiszipliniert oder hätten es einfach nicht verdient. Tatsächlich liegt das Problem darin, dass sie versuchen, Ziele zu erreichen, die ihnen nichts bedeuten oder sogar ihren Motiven widersprechen.

Alibiziele

Jedes Jahr zu Silvester haben sie Hochsaison: die guten Vorsätze oder Alibiziele. Warum nenne ich sie Alibiziele? Nun, weil die meisten dieser Vorsätze überhaupt nicht ernst gemeint sind, sondern halt formuliert werden, weil »man« doch fürs neue Jahr gute Vorsätze braucht. Und so reihen sich wohlklingende Worthülsen wie »mehr Sport treiben«, »nicht mehr rauchen« oder »weniger Alkohol trinken« immer neu in die Liste der Vorsätze ein – und ihre Verbindlichkeit ist schneller abgelaufen, als der Champagner im Glas verperlt. Alibiziele werden wir nicht erreichen, weil sie nur gesellschaftlich gefordertes Verhalten abbilden; sie sind für den Einzelnen reine Worthülsen.

Doch selbst bei klarem Kopf formulierte Ziele können Alibiziele sein. Dann nämlich, wenn sich Menschen nach der Maxime »Jeder erfolgreiche Mensch hat ein Ziel« richten. Das stimmt so übrigens gar nicht. Erfolgreiche Menschen haben nicht unbedingt »Ziele« wie Geige spielen oder Basketball. Sie kenne ihre Motive und Werte und haben einen Kurs, dem sie folgen.

Wie lauten Ihre Ziele? Sind es echte Ziele oder nur Alibiziele? Verabschieden Sie sich von den Alibizielen! Oder ist es zwar ein echtes Ziel, ein Traum von Ihnen – aber irgendetwas hält Sie davon ab, es anzupacken? Vielleicht die »Angst vor der Leere danach«?

Die Angst vor der Leere danach

Vor einigen Jahren fuhr ich mit der S-Bahn in die Münchner Innenstadt und bekam unweigerlich das Gespräch meiner beiden Sitznachbarinnen mit. Eine der beiden Mittvierzigerinnen seufzte: »Ach, ich würde ja so gerne noch den Führerschein machen. Das wäre wirklich großartig, das ist schon seit Jahren mein Traum.« »Ja, dann mach ihn doch!«, sagte die andere. »Nein, das kann ich nicht tun. Denn wenn ich den Führerschein mache, dann habe ich ja kein Ziel mehr!« Perplex schauten die andere und ich uns an. Sprachlos. Dann sagte sie: »Also, da würde mir eine Menge einfallen; wenn du den Führerschein hast, dann kannst du eine Reise machen oder ...« Leider musste ich aussteigen, doch dieser Dialog geht mir noch heute nach, und diese »Angst vor der Leere danach« ist mir seither auch häufig begegnet.

Für kreativ-chaotische Menschen ist so eine Aussage nicht nachvollziehbar, denn sie sprudeln sofort Ideen raus, was sie alles tun könnten, wenn sie mal dies oder jenes getan haben. Weniger kreative Menschen können sich mit dem Wenn-dann-Szenario ins Handeln bringen: Schreiben Sie zehn Möglichkeiten auf, was Sie tun könnten, wenn Sie Ihr Projekt gestartet haben. Filtern Sie nicht danach, ob das überhaupt machbar ist, sondern denken Sie auch für Sie unrealistische Möglichkeiten durch: Wenn ich den Führerschein hätte, dann könnte ich selbst mal eine Fahrschule aufmachen, dann könnte ich mich auf eine neue Tätigkeit im Vertrieb bewerben, dann könnte ich mir das Auto meiner Nachbarn leihen und für sie einkaufen fahren ... Es ist nicht ausschlaggebend, dass Sie ein konkretes Folgeprojekt finden, sondern der Sinn der Übung ist es, Ihren Horizont zu erweitern und über den Tellerrand »Projektende« hinauszublicken. Mehr Ideen, um Ihr Querdenken anzuregen, finden Sie in Kapitel 4, Unterkapitel »Querdenken macht's möglich«.

Die Angst vor der Leere danach ist übrigens einer der häufigsten Gründe für Prokrastination (Aufschieberitis) und Perfektionismus im Endstadium von Projekten. Gerade Selbstständige, die nach einem laufenden Auftrag noch keinen Folgeauftrag haben, verplempern eine Menge Zeit mit unwichtigen Nebenarbeiten, nur um nicht zum Ende kommen zu müssen. Ausweg: Fangen Sie spätestens nach der Hälfte des Projektes an, Folgeaufträge zu akquirieren. Das hilft.

Und lernen Sie von Günther Fielmann (Brille: Fielmann), der einmal in einem Interview mit dem *Stern* gesagt hat: »Vielleicht ist Erfolg nur die Erfüllung eines Traums, der fünf neue gebiert.«[95] Ich weiß, der Mann hat recht.

Fremde Ziele

Fremde Ziele sind Ziele, die Sie sich zwar auf die Fahne geschrieben haben, die aber eigentlich Träume von anderen Menschen in Ihrem Umfeld sind. Klassischerweise sind es häufig Ziele unserer Eltern, die diese für sich nicht erreicht haben und die uns sozusagen in die Wiege gelegt wurden. Die Eltern konnten damals nicht studieren? Jetzt sollen Sie das machen (obwohl Sie viel, viel lieber eine Lehre als Schreiner machen würden). Die Eltern träumten davon, in die Politik zu gehen? Jetzt sollen Sie die entsprechenden Ämter erreichen. Oder Ihre Eltern haben ein Unternehmen aufgebaut, und jetzt sollen Sie natürlich die Bäckerei, das Hotel oder die Anwaltskanzlei übernehmen. Fremde Erwartungen werden so zum vermeintlich eigenen Ziel.

Aber auch umgekehrt können Erwartungen, die aus dem eigenen Scheitern entstehen, die Kinder prägen: Die Eltern konnten damals nicht studieren? Jetzt »dürfen« Sie das auch nicht! Ihre Mutter wollte eigentlich Schauspielerin werden und stand schon als junges Mädchen mit der städtischen Theatergruppe auf der Bühne? Doch dann hat sie geheiratet und sich – wie es sich für eine Frau gehört – brav hinter ihren Mann gestellt und die eigenen Berufswünsche aufgegeben? Wie tief muss ihr Frust über die verschenkten Möglichkeiten sitzen, wenn sie über ihre beste Freundin lästert, die an der Volkshochschule einen Diavortrag über ihre Reisen hält (»Die muss sich auch immer ins Rampenlicht drängen!«), oder ihrem Sohn nach einer gelungenen Schulaufführung die Freude mit den Worten »Du bist schon wie dein Vater, der muss sich auch immer im Beifall der anderen suhlen!« kaputt macht. Wäre ja noch schöner, wenn Sie die tiefsten Sehnsüchte der Eltern plötzlich *für sich* wahr machen würden.

Die Krux dabei ist, dass solche »fremden Ziele« gar nicht offen ausgesprochen werden müssen. Das Ziel ist ein latentes Thema in der Familie – und Sie folgen blind den Wünschen der anderen. Da fielen höchstens Bemerkungen wie »Du sollst es mal besser haben als wir!« oder »Die Studierten sind doch alles theoretische Hohlköpfe!« ... und solche Sätze prägen Ihre vermeintlich eigenen Ziele. Fragen Sie sich also, wenn Sie zum Beispiel das Ziel haben, in Ihr Heimatdorf zurückziehen: Wollen Sie wirklich in das Dorf zurück, weil es dort so schön ist – oder wollen Sie eine brave Tochter bzw. ein braver Sohn sein? Wenn es Ihr Ziel ist, sich selbstständig zu machen, aber Ihre Familie immer wollte, dass Sie einen »sicheren Job« machen: Ist Ihre Bewerbung für eine Führungsstelle in der Bank wirklich Ihr Ziel oder wollen Sie den Erwartungen der Eltern genügen?

Sehr häufig ist uns gar nicht klar, dass die Fische, die wir angeln, gar nicht unsere eigenen Ziele sind, sondern fremde Ziele. Weil wir noch nie so genau darüber nachgedacht haben. Tun Sie es jetzt! Fragen Sie sich: Warum will ich dieses Ziel erreichen? Was steckt möglicherweise dahinter? Warum möchte ich mein »Geht-doch«-Projekt anpacken? Die Frage nach dem Warum kann Ihnen enorme Klarheit und damit Motivation geben. Oder auch den Grund, warum Sie sich von diesem Ziel verabschieden sollten.

Peter und Lisa haben früher immer davon geträumt, mal ein eigenes Unternehmen zu gründen. Bis vor Kurzem arbeitete das Ehepaar bei einem Energieversorger in Bayern, und als hier auf einen Schlag 6000 Arbeitsplätze abgebaut wurden, fanden sich die beiden Führungskräfte mit einer schönen Abfindung plötzlich freigestellt. Jetzt oder nie, war ihre Devise, und sie steckten die Abfindung in ihr Gründungsvorhaben. Doch es ging nicht voran. Sie entschlossen sich, ein Gründungscoaching zu machen, und kamen getrennt zu den Sitzungen. Im Coa-

ching nahmen wir das Warum unter die Lupe. »Warum wollen Sie ein eigenes Unternehmen haben?«, frage ich Lisa. Sie denkt nach und sagt: »Es war schon immer Peters Traum, sein eigener Chef zu sein, und ich fand die Idee reizvoll, aber momentan ist bei mir so die Luft raus, nach der Freistellung und allem, dass ich echt Angst vor der vielen Arbeit im eigenen Betrieb habe.« »Warum wollen Sie ein eigenes Unternehmen haben?«, frage ich wenig später Peter. »Ich glaube, Lisa hat mich mit der Idee angesteckt, sie hat früher immer so begeistert von ihren selbstständigen Großeltern erzählt, und mich hat dann auch die Idee begeistert, mein eigener Chef zu sein. Aber jetzt, wo Sie so fragen ... Ich weiß es gerade nicht.«

Prüfen Sie, ob Ihr Vorhaben wirklich *Ihre* Idee ist – oder ob Ihnen jemand bewusst oder unbewusst einen Floh ins Ohr gesetzt hat. Lisa und Peter haben übrigens das Gründungsvorhaben auf Eis gelegt und arbeiten, während ich das schreibe, als Stallhelfer und Reitlehrer auf einem Bauernhof in der Toskana.

Fifty-fifty-Ziele

Fifty-fifty-Ziele sind solche Vorhaben, bei denen Sie sagen: »Ja, wäre cool, wenn ich das mache«; wenn Sie es aber nicht machen, dann ist es auch okay. Das sind eher die kleinen Träume, die uns das Leben für einen Moment schöner machen können; aber weil sie uns nicht wirklich wichtig sind, setzen sie keine motivierende Energie frei. Sie sind »nice to have«, aber kein »must«. Mein Dauerbrenner bei den Fifty-fifty-Zielen ist der Wunsch, Spanisch zu lernen. Es wäre fein, wenn ich es könnte; wenn ich es nicht kann, ist es jedoch auch kein Problem. Ich war erst motiviert, Spanisch zu lernen, als wir für ein paar Wochen nach Lanzarote fuhren. Da wollte ich dann schon in der Landessprache meinen »café con leche« bestellen und so zog ich mir die letzten drei Wochen vor dem Abflug jede Nacht eine Portion DVD-Sprachkurs rein. Mit Erfolg. Ich kam mit einigen Grundkenntnissen gut über die Insel – heute habe ich das übrigens alles wieder vergessen. Macht aber nichts!

Konkurrierende Ziele

Manchmal haben wir Wünsche, die mit anderen Wünschen von uns konkurrieren. In einem Seminar sagte ein Teilnehmer, Steffen, mal, er habe überhaupt keine Lust, seine Wohnung selbst zu putzen. Aber eine Putzfrau wollte er sich auch nicht nehmen, weil er keine fremden Menschen in seinen eigenen vier Wänden haben wollte. Der Ausweg? Entscheiden Sie sich für das kleinere Übel, oder fangen Sie an, neue Möglichkeiten in Betracht zu ziehen. Im Seminar schlug eine Teilnehmerin Steffen spaßeshalber vor: »Dann frag doch deine Mutter, ob die das machen will.« Steffen blickte auf und lächelte: »Das ist genial, danke. Daran habe ich noch gar nicht gedacht! Die würde sich sogar mit Sicherheit total freuen, dass sie mir helfen kann.« »Echt?«, rief ein anderer Teilnehmer. »Für mich wäre es das totale No-Go, dass meine Mutter kommt.« Ja, jeder hat andere mentale »Konkurrenten«.

Weg-von-Ziele

Oft wissen wir besser, was wir nicht (mehr) wollen, als was wir wollen. Ich nenne das »Weg-von-Ziele«. Wir wissen, dass wir nicht mehr so faul auf der Couch liegen, nicht mehr diese alte Rostlaube fahren oder nicht mehr so viel Wein trinken wollen. Sie wollen nicht mehr im Hamsterrad laufen? Sie wollen nicht mehr diesen unbefriedigenden Job im Großraumbüro machen? Sie wollen nicht mehr neben den Schwiegereltern wohnen? Sie wollen von ihren Kollegen nicht länger so abwertend behandelt werden? Solche Weg-von-Ziele sind als Ausgangsbasis schon mal nicht schlecht – aber sie bringen uns nicht ins Handeln.

Wenn ich sage: »nicht mehr so faul auf der Couch liegen« oder »nicht mehr die Visage der Kollegen sehen müssen«, habe ich noch keinen konkreten Ansatzpunkt, um aktiv zu werden. Fragen Sie sich in diesem Fall: Was will ich stattdessen tun? Und dann kommen vielleicht Antworten wie »wieder Volleyball spielen«, »mich häufiger mit Freunden treffen« oder »öfter mal abends weggehen«. Denken Sie darüber nach, was Sie *stattdessen* tun wollen, denn das sind Ihre wirklichen Wünsche! Dabei geht es nicht darum, Gründe zu finden, warum wir das andere nicht wollen. Denn wie die Sängerin Ina Müller so treffend sagt: »Du brauchst keinen Grund, um zu gehen, wenn du keinen mehr hast, um zu bleiben.« Nein, bei dieser Fragestellung geht es darum, den Blick auf Möglichkeiten zu werfen.

Und vielleicht wollen Sie auch alles: Volleyball spielen, Freunde treffen und öfter ausgehen? Dann nur zu. Wenn Sie den Kurs eingeschlagen haben, dann ist jede Insel, die Sie anlaufen, die richtige. Und sofern Sie zu den kreativ-chaotischen Querdenkern zählen, werden Sie Abwechslung in Ihren Zielen auch sehr genießen; ja, vielleicht ist es sogar erst die Abwechslung, die Sie ins Tun bringt.

Sie finden so leicht keine Antwort auf die Frage, was Sie stattdessen wollen? Weil Sie sagen: »Wenn ich das wüsste, dann würde ich es ja schon längst tun! Ja, ich will nicht mehr diesen Job machen, aber wo bitte schön ist die Alternative?«

»Du brauchst keinen Grund, um zu gehen, wenn du keinen mehr hast, um zu bleiben.«
INA MÜLLER

»Wenn ich ein klares Bild vor Augen hätte, wohin es gehen könnte, dann wäre ich aber so was von schnell aus meinem Job raus«, sagte Hendrik, Topmanager in einer Versicherung. Die Suche danach, was es sein könnte, verlangt tatsächlich ein wenig Hirnschmalz, und wir werden uns im Unterkapitel »Attraktive Inseln finden« dieser Herausforderung in Ruhe widmen. Warum in Ruhe? Nun, so manche Zeitgenossen erleben an einem bestimmten Punkt im Leben das heftige Gefühl, »so« könne es einfach nicht mehr weitergehen. Und dann verlassen sie von heute auf morgen den Partner, werfen im Job alles hin, suchen sich eine jüngere Geliebte, kaufen sich ein schickes Auto oder wandern aus. Doch ihre Probleme nehmen sie mit! Denn auch eine schlanke 20-Jährige kann nicht plötzlich Sinn in das Leben eines 47-jährigen Controllers bringen …

»Weg von« ist ein guter Indikator, um ins Nachdenken zu kommen und ein Hin-zu-Ziel zu finden. Denn erst das »Hin zu« wird die Kraft und Energie in uns freisetzen, die wir brauchen, um dauerhaft in eine Richtung zu paddeln.

Zu detaillierte Ziele

Erinnern Sie sich an die bereits erwähnte Frage »Wo sehen Sie sich in fünf Jahren?« – eine beliebte Frage in Einstellungsgesprächen? Und erinnern Sie sich an die detaillierte Antwort? Hauptabteilungsleiter in der Sparte Pharma HA 1718, Audi Q7, Haus in Grünwald ... Bringen solche Angaben Sie tatsächlich ins Tun, dann machen Sie so weiter. Dann vermögen detaillierte Ziele Sie offenbar sehr gut ins Handeln zu bringen.

Einem Großteil der Menschen gelingt es jedoch nicht, so genaue Angaben zu machen, oder wenn sie sie machen, dann gelingt es ihnen nicht, diese detaillierten Pläne auch zu verfolgen. Der Grund hierfür ist allerdings nicht – wie viele denken –, dass sie »zu doof sind für eine vernünftige Lebensplanung«. Auch wenn sämtliche Erfolgsratgeber Ihnen einimpfen wollen, dass man nur so Erfolg haben könne: Für 60 Prozent der deutschsprachigen Menschen ist diese präzise, detaillierte Herangehensweise falsch. Denn sie zählen nach einer Studie[96] zu den »kreativen Chaoten«, also zu den flexiblen, spontanen, empathischen Querdenkern. Und anders als bei den Systematikern setzen allzu konkrete Vorgaben bei ihnen keine Energie frei. Im Gegenteil. Zu enge Vorgaben schnüren vielen den Atem ab, lassen ihnen die Zukunft wie eine graue Masse erscheinen, rauben ihnen jegliche Motivation. Das heißt also, zu detaillierte Ziele sind *für sie* falsch – für andere mögen sie goldrichtig sein.

Diese Erkenntnis ist für viele meiner Leser und Zuhörer ein großes Aha-Erlebnis. Denn unsere doch sehr systematisch-analytisch geprägte Gesellschaft verkündet seit Jahrzehnten stoisch, dass es nur den *einen* Weg zum Erfolg gäbe, und wer nicht so funktioniert, der wird als »falsch« hingestellt. FOCUS TV hat 2013 einen Bericht über meine Arbeit gemacht und gesagt: »Cordula Nussbaum (...) hat eine besondere Mission. Sie will mit verstaubten Ansichten von Selbstmanagement aufräumen.« Ja, das will ich, und ich bin froh, dass immer mehr Menschen, immer mehr Medien, immer mehr Unternehmen mittlerweile aufwachen und merken: Es gibt nicht nur *den einen* Weg. Es gibt *viele* Wege zum Erfolg.

Und das bedeutet auch, dass die Behauptung, man müsse sich auf eine Sache konzentrieren, so einfach nicht für alle Menschen gilt. Wer sich mit tausend Ideen und Projekten beschäftigt, wer mehrere

Standbeine oder gar Berufe hat, der verzettelt sich hoffnungslos und kann niemals erfolgreich sein? Das stimmt nicht für jeden. Natürlich gilt die rein mathematische Formel: Je mehr Projekte ich gleichzeitig laufen habe, desto weniger Zeit bleibt mir für das einzelne. Aber das muss nicht unbedingt schlecht sein. Denn in vielen Bereichen brauchen wir heute gar keine High Potentials oder »Monopotentials«, sondern fahren viel besser mit »Polypotentials«. Menschen, die über den Tellerrand schauen, die sich schnell in neue Themen einarbeiten können, die eine breite Basis an Wissen, Kompetenzen und Fähigkeiten mitbringen, haben wesentlich mehr Möglichkeiten, eine spannende und herausfordernde Tätigkeit zu finden als Spezialisten mit einem sehr engen Fachgebiet. Das ist wie bei einem Luftballon: Wenn ich den nur ein wenig aufblase mich also auf ein einziges Thema in meinem Leben beschränke, dann ist die Fläche, die entsteht, relativ klein. Je größer ich ihn aufblase, je mehr verschiedene Themen ich in meinen Ballon (in meinen Kopf, in mein Herz) lasse, desto größer wird die Fläche und desto größer wird damit der Kontakt mit den uns umgebenden Chancen und Möglichkeiten.

Viele Menschen sehen keine Möglichkeiten, wie sie ihre »Geht-doch«-Projekte schaffen könnten, ja, sie sehen nicht mal, was ihr »Geht-doch«-Projekt überhaupt sein könnte. Der Grund ist, dass sie viel zu viele Jahre zu »monopotential« unterwegs waren. Sie fahren jeden Tag mit der Bahn um 6.20 Uhr zur Arbeit, reden jeden Tag mit denselben Leuten, kümmern sich jahrelang um die gleichen Themen, kommen jeden Abend um die gleiche Zeit heim, essen und gucken dann die immer gleichen Sendungen im Fernsehen. Monopotentials köcheln im eigenen Saft. Und der schmeckt natürlich irgendwann total verkocht. Neue Möglichkeiten sehen wir erst, wenn wir neue Impulse in unser Leben lassen, auf fremde Menschen offen und interessiert zugehen, andere Bücher lesen oder Medien nutzen als gewohnt, wenn wir neugierig sind auf alles, was »da draußen« im Leben passiert, wenn wir lernwillig und lernfähig bleiben. Und genau das sind die kreativ-chaotischen Querdenker!

Statt also ein schlechtes Gewissen zu haben, weil Sie nicht der »Norm« entsprechen, weil Sie einfach ein bunter Vogel sind, fangen Sie an, Ihre Sicht der Dinge zu schätzen – und lösen Sie sich von den traditionellen Vorstellungen, wie »man« erfolgreich wird.

Allzu detaillierte Ziele würden Sie nur einschränken, also machen Sie sich gar nicht erst den Stress, solche zu formulieren. Gerade für Sie reicht die Orientierung an Ihren Motiven und Ihren Werte-Leitsternen völlig aus; die Inseln, die Sie anlaufen, sehen Sie eher als »Aktivitäten« denn als Ziele.

Wann wir Ziele verabschieden dürfen

Hüpfen Sie raus aus Ihrer Komfortzone und halten Sie die Augen offen nach schönen, attraktiven Inseln. Einige Menschen müssen allerdings zuerst veraltete Ziele und Wünsche über Bord werfen. Was meine ich damit?

Früher habe ich auf meinen Seminaren und Vorträgen häufig ein Foto von Arnold Schwarzenegger bei seinem triumphalen Wahlsieg 2003 in Kalifornien gezeigt. Ich teilte sein Credo »›Geht nicht‹ gibt's nicht!« und sprach begeistert darüber, dass wir mit Querdenken, Geduld, Hartnäckigkeit oder auch Netzwerken alles erreichen könnten, was uns wichtig ist (unrealistische Wünsche wie fliegen mal außen vor gelassen). Ich provozierte meine Zuhörer mit der Aussage: »Und ich bin sicher, wenn Schwarzenegger Präsident der Vereinigten Staaten werden will, dann wird er das auch schaffen!« Mit 99-prozentiger Sicherheit warf an dieser Stelle ein Zuhörer laut ein: »Nein, das geht nicht!« Aus welchem Grunde es nicht gehe, fragte ich dann immer nach. Und meist wusste der Zwischenrufer gut Bescheid: »In der amerikanischen Verfassung steht, dass nur ein Bürger, der in den USA geboren wurde, dieses Amt übernehmen kann!« Ich erwiderte dann: »Ja, das stimmt. Aber wer hat die Verfassung gemacht?« Meist kamen mir an dieser Stelle andere Zuhörer zu Hilfe. »Die Verfassung wurde von Menschen gemacht und kann deshalb auch von Menschen verändert werden«, warfen sie in den Raum. »Ja«, sagte ich, »und deshalb glaube ich, wenn Schwarzenegger wirklich Präsident werden will, dann wird er so lange in seinem Netzwerk interagieren, so lange seinen Einfluss, seine Macht, seine Kontakte nutzen, bis er ins Weiße Haus einzieht.«

Damals war die Stimmung für ihn extrem gut, und ich bin auch heute noch davon überzeugt, dass er es hätte schaffen können – wenn er es wirklich gewollt hätte, wenn er damals nicht so viele Fehler gemacht hätte, wenn er nicht seine Frau betrogen hätte, wenn der Staat Kalifornien nicht pleitegegangen wäre. Aber in einem Punkt habe ich meine Meinung seither geändert: Ich habe mich von seinem Credo »›Geht nicht‹ gibt's nicht!« verabschiedet. Denn mittlerweile sehe ich deutlicher, dass wir manche unserer Trauminseln tatsächlich nicht mehr anlaufen können. Entweder weil wir es selbst vermasselt haben (wie Schwarzenegger) oder weil sich die Rahmenbedingungen geändert haben. Oder weil es einfach nicht passt. Es ist nicht wahr, dass alles geht, wenn wir es uns nur fest genug wünschen. Denn unser Leben ist kein planbares Wenn-dann-Szenario. Da spielen schon noch ein paar andere Faktoren eine Rolle.

»Geht nicht« gibt es doch!

Es geht mehr in unserem Leben, als wir denken. Aber es geht nicht alles. Bei aller Euphorie, bei allem »Großdenken« und bei aller Motivation – manche Dinge werden nicht klappen, weil es (momentan) einfach nicht passt. Auch wenn Sie eine geniale Idee haben und total davon überzeugt sind, dass es doch gehen muss, kann es sein, dass es so, wie Sie sich das vorstellen, eben nicht passt.

Konrad versteht die Welt nicht mehr. »Ich habe jetzt schon so viele Themenvorschläge an Men's Health *geschickt, aber die halten es nicht mal für nötig, mir zu antworten«, regt sich der 34-jährige Journalist in meinem Seminar »Marketing für Freiberufler« auf, das den Teilnehmern zeigen soll, wie sie gut bezahlte Aufträge bekommen – und wie nicht. »Welche Art von Themen hast du denn angeboten?«, frage ich nach. »Das waren politische Themen und Kommentare, aktuell zum Thema, dass sich Deutschland am Friedenseinsatz im Kongo beteiligen wird.« Die Teilnehmer schweigen. Vorsichtig hake ich nach. »Kennst du* Men's Health, *weißt du, welche Themen die so behandeln?« »Ja klar«, sagt Konrad, »ich kenne das Heft in- und auswendig.« »Dann weißt du auch, dass die gar kein Politikressort haben?«, frage ich. »Das sollten sie aber!«, ruft Konrad empört.*

Wir können manche Dinge nicht beeinflussen, auch nicht mit viel Hartnäckigkeit. Konrad könnte noch 100 Themenvorschläge an die Chefredaktion schicken, es würde nicht klappen. Weil seine Ideen einfach nicht zur Heftlinie passen. Ist es also absolut unmöglich, dass er seine Ideen dort umsetzt? Nein, Konrad könnte durchaus die Möglichkeit bekommen, über politische Themen in *Men's Health* zu schreiben. Er könnte einen Soldaten porträtieren, der in den Kongo fährt – und mit diesem Dreh ein paar politische Aussagen unterbringen. So würde es zum Heft passen. Und natürlich könnte er die Heftgestaltung massiv beeinflussen, wenn er selbst die Chefredaktion des Magazins übernimmt oder Herausgeber wird. Als freier Journalist aber hat er diesen Einfluss nicht.

Ein »Geht nicht« als Wegweiser, um neue Möglichkeiten zu entdecken

Allerdings können wir viele unserer »Geht-nicht«-Ideen umsetzen, wenn wir anfangen, querzudenken und zu überlegen: Wo könnte diese Idee denn passen? Oder auf welche Art und Weise kann ich die Idee passend machen? So wie eine freiberufliche Journalistin, die ebenfalls vor einigen Jahren an einem meiner Marketingseminare teilnahm. Sie hatte sich auf das Thema Altersvorsorge spezialisiert. Um neue Auftraggeber zu akquirieren, nahm sie sich die zahlreichen Verbands- und Branchenblätter der Handwerksbranche vor. Gab es in Publikationen wie der *Bäckerblume* eine Rubrik »Altersvorsorge«, für die sie mal einen Artikel schreiben könnte? Nein, gab es nicht. Aber der Dreh war, dass ja jeder Selbstständige an seine Altersvorsorge denken muss, und so schlug sie mehreren Magazinen nicht einen einzelnen Artikel, sondern eine monatliche Rubrik zu diesem Thema vor. Mal sollte es um die richtige Versicherung gehen, dann um Infos zur Riester-Rente. Kurze Zeit später belieferte die junge Frau rund zehn verschiedene Handwerkermagazine mit ihren Artikeln – mit dem gewissen Dreh konnte sie ihre Idee realisieren.

Die Reset-Taste drücken

Manche unserer »Geht-nicht«-Ideen werden tatsächlich »Geht-nicht«-Ideen bleiben müssen, und das liegt in der Regel daran, dass wir bestimmte Fähigkeiten nicht (mehr) haben. Und hier meine ich in erster Linie körperliche Fähigkeiten. Damit wir unsere Wünsche realisieren können, brauchen wir neben einem Bild (was will ich?) und einer klaren Motivation (warum will ich das?) auch das nötige Wissen, die nötigen Kompetenzen und die nötigen Fähigkeiten. Vieles können wir uns in den nächsten Jahren noch aneignen, und wenn ich heute beispielsweise sage, ich möchte gerne in meinem Leben Vorstandsvorsitzende von Siemens werden, dann ist das zwar momentan ziemlich unrealistisch – aber grundsätzlich machbar. Warum auch nicht? Irgendwer muss den Job ja machen. Und Wissen, Geld, Zeit, Kompetenzen oder Kontakte können wir uns immer aneignen – körperliche Gesundheit manchmal aber nicht mehr.

Manche unserer Ideen werden nie Realität werden, sosehr wir uns auch anstrengen. Und dann heißt es loslassen. Das wurde mir wieder sehr deutlich klar, als ich im Herbst 2013 einen Vortrag in der Schweiz hielt und danach den Vorträgen der anderen Referenten zuhörte.

Japan, 20. September 2000. Ein falsch geparkter Lieferwagen verändert das Leben des ehrgeizigen Sportlers und Studenten Christian Wenk auf einen Schlag. Mit seinem Rennbike prallt der damals 26-jährige Schweizer, einer der weltbesten Duathleten (Radfahren und Laufen), reif für WM-Gold, nach einer Kurve mit 70 km/h in das Fahrzeug. Mit einer gequetschten Lunge, Rippenbrüchen, durchgebissener Zunge, einer schweren Gehirnerschütterung und drei gebrochenen Brustwirbeln kommt er lebensgefährlich verletzt ins Krankenhaus; die Ärzte geben ihn schon fast auf. Doch er kämpft und wird so weit gesund, dass seine gebrochenen Wirbel operiert werden können. Ab dem dritten Brustwirbel abwärts ist Wenk nun gelähmt, er hat keine Brustmuskulatur mehr, die ihn beim aufrechten Sitzen unterstützen kann. »Aus Wenk, dem Spitzensportler, wurde plötzlich Christian, der Querschnittgelähmte, ein 26-Jähriger im Rollstuhl, der statt Hochleistungstraining das Anziehen eines T-Shirts übte und sich hilflos in die Hose machte«, erzählt Christian Wenk auf dem Kongress. Doch in nur zehn Wochen zieht er seine

Reha durch, und er entwickelt seine ganz eigene Technik zum Sitzen: Er kompensiert die fehlenden Rumpfmuskeln mit den Armen.

Kurz darauf beendet er sein Medizinstudium und wird Assistenzarzt im Uni-Spital in Zürich. Als wir uns kennenlernen, ist er Oberarzt auf der Notfallstation Luzern und erzählt, er werde sich demnächst einen Traum erfüllen: Landarzt werden. »Sie denken vielleicht, Landarzt im Rollstuhl – das geht doch nicht!«, ruft er den Kongressteilnehmern zu. »Aber ja, das geht. Und ich freue mich darauf. Sehen Sie, früher, da wäre ich gerne Rettungsarzt bei der Schweizer Rettungsflugwacht geworden, was mit dem Rollstuhl aber unmöglich ist. Und so ist es einfach im Leben: Manchmal musst du den Reset-Knopf drücken. Zurück auf Start.« Im Herbst 2014 bin ich wieder mit Christian Wenk in Kontakt – er hat sich seinen Traum erfüllt und ist jetzt als Landarzt am Sempachersee in der Zentralschweiz tätig.

Zurück auf Start. Es macht keinen Sinn, zu lamentieren oder gar aufzugeben, wenn Dinge, die wir früher mal wollten, nicht (mehr) gehen. Und vor allem unser Körper kann uns einen Strich durch unsere Wünsche und Pläne machen. Da ist das Ehepaar, das keine Kinder bekommen kann und nach einer medizinischen Odyssee nun sagt: »Jetzt haben wir erst mal die Reset-Taste gedrückt und schauen, welche anderen Ziele und Träume wir noch so haben.« Da ist die angehende Opernsängerin, deren Stimmritzen-Entzündung eine Weltkarriere verhindert hat. Oder die 67-Jährige, die immer davon geträumt hatte, mal Miss Germany zu werden.

Um in die Zukunft blicken zu können und die Augen tatsächlich für neue Chancen zu öffnen, müssen wir die Reset-Taste drücken und aus der »Hätte-könnte-sollte-Falle« rauskommen. Denn solange wir andere Menschen, die Umstände oder das Schicksal für unser Dilemma verantwortlich machen, werden wir blind sein für die vielen neuen Möglichkeiten im Leben.

Sich mit entgangenen Chancen versöhnen

Ja, es ist schmerzlich, sich von seinen Wünschen zu verabschieden. Aber erst wenn wir uns von dem lösen, was eh nicht mehr geht, können wir wirklich produktiv nach neuen Chancen schauen und diese nutzen. Wir können die Vergangenheit nicht ändern. Aber wir können unsere Zukunft aktiv gestalten: durch das, was wir heute tun.

Die Reset-Taste zu drücken, befreit uns von falscher Wehmut und macht den Kopf frei für neue Ideen.

> Wir können die Vergangenheit nicht ändern – aber die Zukunft gestalten

Silke will im Coaching neue berufliche Entwicklungsmöglichkeiten erarbeiten. Alles sei möglich, erzählt sie. Noch sei sie in ungekündigter Stellung und sie wolle einfach etwas komplett anderes machen als derzeit in ihrem Job als Key-Account-Managerin. Sie wolle keine Kompromisse mehr eingehen, sondern endlich das tun, was sie wirklich will. »Was könnte das sein, was Sie unbedingt tun wollen?«, frage ich. Als Kind, so berichtet sie, habe sie gerne Klavier gespielt. Und das sei genau das, was sie heute glücklich machen würde. Konzertpianistin, mit Auftritten in der ganzen Welt. »Ich sitze oft da, in meinem Büro oder in Meetings, und bin traurig über die verpasste Chance in meinem Leben. Ich wäre heute ein Weltstar, aber meine Eltern hatten nicht genügend Geld für die Klavierstunden«, sagt die 36-Jährige mit wehmütigem Blick. »Was gäbe ich nicht alles, um heute dort zu stehen, aber dann hätte ich eben reiche Eltern haben müssen.« »Sie wollten also als Kind unbedingt Klavier lernen, aber Ihre Eltern hatten kein Geld dafür?«, fasse ich zusammen. »Stellen Sie sich mal vor, Ihre Eltern hätten genügend Geld gehabt, hätten Ihnen die besten Lehrer zahlen können – inwiefern hätte sich Ihr Alltag als Kind und Jugendliche dann von dem Alltag unterschieden, den Sie ohne Klavier erlebt haben?« Silke denkt nach. »Nun, ganz sicher hätte ich nicht Tennis und Volleyball in der Schule spielen können, ja nicht mal dürfen. Vermutlich hätte ich auch nicht auf die Klassenreisen mitfahren dürfen oder später die langen Urlaube machen. Ja, und an den Nachmittagen hätte ich mich nicht mit meinen Freundinnen treffen können, draußen spielen oder lesen – ich liebe lesen –, denn dann hätte ich ja vermutlich jeden Tag üben müssen.« Ich erzähle, dass ich mal gelesen habe, dass der Weltklasse-Pianist Lang Lang be-

reits als Kind acht bis zehn Stunden täglich geübt hat. »Oh, das hätte ich nicht gekonnt, ich habe viel zu viele Hummeln im Hintern, als dass ich so lange sitzen könnte«, ruft Silke aus, *und dann wird sie still.* »Ich glaube, ich habe mir was vorgemacht. Wenn ich jetzt so zurückblicke, dann bin ich überhaupt nicht der Typ für eine Pianistenkarriere, und aus mir wäre vermutlich eh nie ein Weltstar geworden, weil ich keine geduldige Überin gewesen wäre. Ich habe mich wohl in einen falschen Traum verrannt.«

Wir können unsere Vergangenheit nicht mehr ändern, und deshalb ist es müßig, verlorenen Träumen nachzutrauern. Verabschieden Sie sich von Ihren früheren Träumen, die heute definitiv nicht mehr umsetzbar sind. Streichen Sie Aussagen wie »Ja, wenn ich reiche Eltern gehabt hätte, dann ...« Oder »Ja, wenn ich Red Bull an der Seite gehabt hätte, dann ...«

Drücken Sie die Reset-Taste und bauen Sie auf dem auf, was heute noch geht. Und das kann sehr viel sein. Und vielleicht finden Sie sogar etwas Besseres als das, was Sie auf dem ersten Lieferweg bekommen hätten.

Und wenn doch noch eine Minichance besteht, dass Sie Ihren alten Traum leben können? Dann fragen Sie sich: Bin ich bereit, den Preis dafür zu bezahlen? Für Silke besteht – bei entsprechendem Talent und täglichem Üben – durchaus noch die Chance, in die Konzerthäuser dieser Welt zu kommen. Wie ist das bei Ihnen? Vielleicht haben Ihnen Ihre Eltern oder Ihr Umfeld nicht die Welt zu Füßen gelegt. Aber jetzt sind Sie erwachsen und können dies selbst tun. Indem Sie Verantwortung für sich selbst und Ihre Lebensfreude übernehmen.

Hindernisse bringen uns auf den »richtigen« Weg

Und selbst unser Hawaii-Aufenthalt war so nicht geplant. Als die Idee reifte, für einige Monate ins Ausland zu gehen, da klärten wir zunächst, ob wir das prinzipielle Okay von der Schulleitung unserer Kinder bekommen würden. Denn dies schien uns das größte Hindernis zu sein: Dürfen wir sie überhaupt aus der Schule nehmen? Nervös vereinbarte ich zunächst einen Termin bei der stellvertretenden Leiterin am Gymnasium unserer Tochter und erzählte, dass wir gerne für vier Monate ins Ausland gehen würden. »Wo soll es denn hingehen?«, fragte sie. »Wissen wir noch nicht, in jedem Fall in ein englischsprachiges Land, aber wohin, so weit haben wir noch nicht geschaut, wir wollten erst mal wissen, ob das überhaupt geht ...« Ihre Antwort war schnell und klar. »Aber natürlich, das ist überhaupt kein Problem!« Wie bitte? Da hirnen wir wochenlang herum, wie wir unser Anliegen der Schule am besten darstellen – und dann ist es ein Kinderspiel? Doch mein innerer Jubel wurde gleich wieder gebremst. »Die Kinder müssen dort halt zur Schule gehen!« Können wir sie nicht selbst unterrichten? Nein, das ginge leider nicht, weil sie schulpflichtig sind. Okaaaaay. Eine Schule für ein paar Monate zu finden, war also der Engpass, aber das sollte doch zu machen sein.

Wir schauten zunächst Richtung Australien und Neuseeland. Eine Gegend, in der wir noch nie waren und die uns richtig reizte. In Internetforen suchte ich nach Infos, wie das mit dem Schulbesuch dort sei – und fragte die Community, wie wir unsere Kinder für rund vier Monate in einer Schule unterbringen könnten. Die Antwort eines Mitglieds ließ unseren Traum platzen: In Australien dürfen Kinder nur zur Schule gehen, wenn die Familie komplett immigriert. Für vier Monate – keine Chance. Sollten wir unser »Geht-doch«-Projekt deshalb aufgeben? Nein!

Nach einigen Tagen ›Trauerphase‹ streckten wir unsere Fühler in die andere Richtung des Globus aus und fragten verschiedene Schulen in der Karibik an. Eine schließlich antwortete uns: Kein Problem, sie würden unsere Kinder gerne für die vier Monate nehmen. Wir müssten lediglich die Aufnahmegebühr und die Schulgebühr für die vier Monate zahlen. Jippieeeehhhh, unsere Freude kannte keine Grenze. Schnell mailte ich zurück, das sei perfekt, und wie hoch die Gebühren dann für unsere beiden Kinder wären? Die Antwort ließ unseren Traum platzen: 3000 US-Dollar Aufnahmegebühr plus 2000 Dollar je Kind und Monat Schulgebühr.

Wieder trauerten wir ein paar Tage, und dann erzählte mein Mann, dass einer seiner Kollegen vor 20 Jahren mit seinem Sohn für vier Monate nach Hawaii gegangen war, den Buben am zweiten Tag auf Maui einfach an der Hand genommen hatte, in die nächste Dorfschule marschiert war und ihn dort eingeschult hatte. No problem! Gut, das war zwar 20 Jahre her – aber es schien machbar. Und so legten wir uns auf Hawaii fest, schrieben die Insel-Obersten sowie einzelne Schulen an. Und erhielten von zwei Schulen auf Molokaii eine Zusage. Wir entschieden uns für eine Elementary School im Osten der Insel, weil es dort viel grüner und fruchtbarer war als im Westen. Schulgeld? Nein, wir freuen uns, wenn Sie kommen. Wir hatten die erste Hürde gemeistert! Unserem Auslandsaufenthalt stand nun abgesehen von Visa, Impfungen, Unterkunft suchen, Flüge buchen, das eigene Haus vermieten, Versicherungen abschließen und noch ein paar »Kleinigkeiten« nichts mehr im Weg.

Unsere »Geht-nicht«-Idee wurde zum »Geht-doch«-Projekt. Mit kleinen Veränderungen, die uns sogar noch viel besser gefielen. Rückblickend glaube ich, dass ich vermutlich doch nicht aus vollem Herzen nach Australien wollte – denn hätte ich mich sonst von einer (!) Aussage gleich komplett von der Idee abbringen lassen? Tja, manche Hindernisse bringen uns erst auf den gangbaren Weg und dorthin, wohin es uns wirklich zieht.

Probleme sind neue Chancen!

Probleme sind neue Chancen. Oder wie der begnadete Jazzmusiker Duke Ellington sagte: »Probleme sind Gelegenheiten, zu zeigen, was man kann.« Immer wieder erzählen mir Menschen, sie hätten so gerne ein sorgenfreies Leben, einen Alltag ohne Probleme. Doch dieser Wunsch ist wie die Jagd nach dem Märchenprinzen und dem rosaroten Schloss: unrealistisch. Solange wir leben, werden wir immer wieder Sorgen und Probleme haben. Oder nennen wir sie lieber »Aufgaben«. Solange wir atmen, werden wir Aufgaben haben. Und manche dieser Aufgaben werden wir als »Problem« identifizieren.

> **»Probleme sind Gelegenheiten, zu zeigen, was man kann.«**
> DUKE ELLINGTON

Aber worin liegt denn unser Problem mit einem Problem? Ich glaube, die meisten Probleme machen uns Probleme, weil wir heutzutage denken, keine Probleme haben zu dürfen. Vor einigen Jahren setzte es sich in den Unternehmen durch, dass man nicht mehr von Problemen sprechen darf, sondern sie als Herausforderungen bezeichnen muss. Probleme zu haben, ist in unserer effizienten Leistungsgesellschaft verpönt.

Und genau das bläht sie zu ekelhaften Energiefressern auf. »Ironischerweise können Menschen Probleme nicht lösen, bis sie denken, das seien keine Probleme«, sagt der Organisationsforscher und Psychologe Karl E. Weick.[97]

Sehen Sie auftauchende Probleme als ungeplante Zwischenstopps auf Ihrer Paddeltour durchs Leben, und nutzen Sie diese Inseln: um sich neue Lösungen auszudenken, um Ihren Erfindergeist anzuregen, um zu wachsen.

Wenn wir an Grenzen stoßen, fangen wir an, darüber hinauszuwachsen. Denken Sie dabei nur mal an die vielen Erfindungen, die uns heute das Leben leichter machen. Hätte nicht irgendjemand ein Problem gehabt, dann wäre unser Leben heute um einiges komplizierter. In den 1940er-Jahren hatten viele Hausfrauen das Problem, dass Nahrungsmittel schnell verdarben; der Kühlschrank gehörte damals noch nicht zur Standardausstattung in den Küchen. Da erfand Earl Silas Tupper, ein Farmerssohn aus New Hampshire (USA), die »wonderlier bowl«. Die »Wunderschüssel« aus Plastik war eine luft- und wasserdichte Vorratsdose mit Sicherheitsverschluss, in der sich Lebensmittel länger frisch hielten. Die Tupperware war geboren – Problem gelöst![98]

Sie haben zu wenig Geld für eine große Unternehmensgründung? Das ging auch den Gebrüdern Albrecht so. Als die beiden jungen Männer 1948 ihr erstes Supermarktgeschäft gründeten, wollten sie schnell weitere Filialen eröffnen. Und deshalb blieb für die erste Niederlassung nur wenig Geld, um auch Waren in die Regale zu stellen. Aus der Not heraus starteten die beiden mit einem ganz kleinen Sortiment, das sie später ausbauen wollten. Dann erkannten sie jedoch, dass ihre Kosten dank des begrenzten Sortiments erheblich niedriger waren als die der Konkurrenz. Und so machten sie die Sortimentsbegrenzung zum Grundsatz und suchten einen anderen Vorteil für die Kunden. Den fanden sie in den niedrigen Preisen. Der erste Discounter war geboren – und der Gewinn um ein Vielfaches höher als die Gewinne der Vollsortimenter.[99] 2011 kam Aldi Süd bei 13 Milliarden Euro Umsatz auf eine Vorsteuerrendite von 4,3 Prozent[100] – Mitbewerber wie Edeka weisen eine Umsatzmarge von 3,6 Prozent aus, Rewe kommt auf knapp unter zwei Prozent.[101]

Sie leiden unter Schweißfüßen? Mario Moretti Polegato, einem italienischen Winzer, der 1992 in der Wüste von Nevada unterwegs war, schmolzen fast die Füße weg – bis er ein Messer nahm und Löcher in die Sohlen seiner Sneakers bohrte. Die Idee ließ ihn nicht mehr los, und er entwickelt eine neue Schuhsohle, mit der er von Schuhhersteller zu Schuhhersteller zog – aber keiner wollte die Mikroklima-Sohle verwenden. Da gründete er ein eigenes Unternehmen: Geox. Heute gehen 22 Millionen Geox-Schuhe pro Jahr über den Tresen, Geox avancierte zum zweitgrößten Schuhhersteller Europas.[102]

Probleme lassen Sie wachsen

Probleme stellen Hindernisse dar, die wir überwinden oder umgehen können. Und damit sind sie eine Chance, neue Wege kennenzulernen oder unsere Chancen-Sprungkraft zu trainieren. Immer wenn wir ein Problem lösen, dann lernen wir dazu und können uns weiterentwickeln. Menschen, die keine Aufgaben mehr lösen dürfen, bleiben stehen oder degenerieren sogar. Wir kennen das aus der Altersforschung: Wer sich im Alter geistig und körperlich nicht mehr fordert, der baut sehr schnell ab. Und umgekehrt gilt: Ein hohes Maß körperlicher und geistiger Aktivität kann tatsächlich den kognitiven Verfall bremsen. Forscher um Dr. Robert S. Wilson vom Rush Alzheimer's Disease Center in Chicago befragten ältere Menschen ohne Demenz, womit und wie häufig sie sich aktuell geistig beschäftigen und wie sie ihr Gehirn früher auf Trab hielten.[103] Die US-Neurologen fragten ab, wie häufig die Senioren Bücher lasen, eine Bibliothek besuchten, Briefe schrieben oder nach bestimmten Informationen recherchierten. Anschließend wurde ihre kognitive Leistung jährlich anhand von 19 Tests untersucht. »So verlief der geistige Abbau im Laufe der Studie bei den 10 Prozent der zu Studienbeginn geistig aktivsten Teilnehmer um etwa ein Drittel langsamer als im Schnitt, bei den 10 Prozent der geistig trägsten dagegen um 50 Prozent schneller«, berichtet die Ärztezeitung.[104]

Und genau wie ein Bodybuilder seinen Bizeps trainieren kann, so können wir unseren »Problemlösungsmuskel« trainieren. Je öfter wir Probleme lösen, desto stärker werden wir. Und desto mehr wachsen wir auch in unserer Persönlichkeit. Denn jedes gelöste Problem bedeutet nicht nur einen Lerneffekt, sondern lässt auch unser

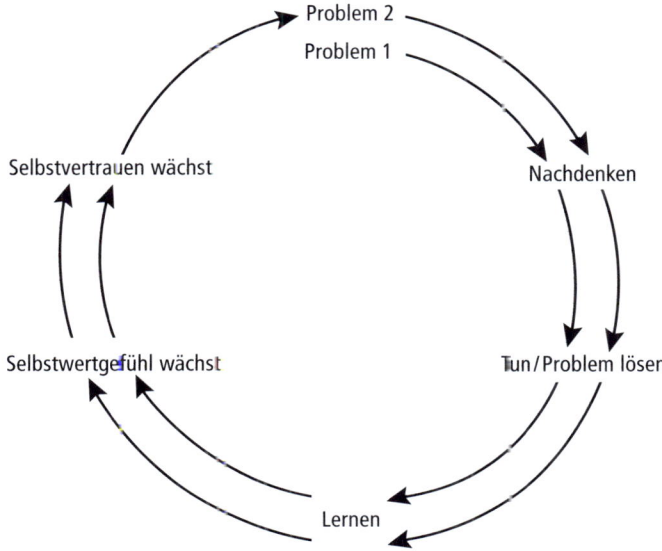

Selbstwertgefühl, unser Selbstvertrauen und uns als Menschen reifen und wachsen.

Kirpal Singh, ein indischer Meditationslehrer, hat einmal gesagt: »Wir sollten nicht versuchen, unsere Probleme zu lösen, sondern versuchen, uns von den Problemen zu lösen.« Ich glaube, da steckt viel Wahrheit drin. Und zuallererst sollten wir uns von der Vorstellung lösen, dass wir keine Probleme haben dürfen. Probleme lassen uns wachsen, lassen uns reifen und bringen uns auf völlig neue Ideen, wie Sie in diesem Kapitel gesehen haben. Legen Sie also die Erwartung ab, dass Ihr »Geht-doch«-Projekt ohne Probleme Realität wird. Gegenwind gehört bei den meisten »Geht-doch«-Projekten dazu. Je größer oder je ungewöhnlicher Ihr Projekt ist, desto stärker wird der Wind sein. Machen Sie sich Ihre künftigen Probleme zum Freund. Nicht umsonst heißt es ja *Pro*-blem (etwas, was *für* uns ist) und nicht *Contra*-blem.

So mancher Sturm, der uns auf unserer Paddeltour entgegenbläst, hat auch einen guten Grund. Schimpfen Sie also nicht, sondern überlegen Sie: Was will dieses Problem mir sagen? Warum ist es aufgetaucht? Was soll ich daraus lernen? Schauen Sie sich Ihre Probleme künftig entspannt an, und überlegen Sie, was Ihre Lernaufgabe, Ihr »Gewinn« aus dem Problem sein kann. Fragen Sie sich dann: Kann und will ich das Problem lösen? Ja? Dann tun Sie es. Nein? Sie können oder wollen das Problem (noch) nicht lösen? Dann halten Sie es mit Buddha: »Wenn du ein Problem hast, versuche, es zu lösen. Kannst du es nicht lösen, dann mache kein Problem daraus.« Oder machen Sie es wie die Protagonisten in der folgenden Geschichte:

Ein kleiner Junge kam eines Tages an den Tunnel, der unter der Bahn in seinem Wohnort durchführte. Ein großer Lastwagen war dort stecken geblieben, und rundherum standen Feuerwehrleute, Polizisten und Passanten, die lauthals diskutierten, wie der Lkw am besten wieder freikommen könnte. Der Junge hörte den Vorschlägen der Erwachsenen eine Weile zu und fragte dann: »Und was wäre, wenn Sie einfach die Luft aus den Reifen lassen? Dann ist der Lkw kleiner und kann wieder raus.«

Lassen Sie ruhig mal ein wenig Luft aus Ihren Problemen. Das macht den Kopf und den Weg frei für Ihr »Geht-doch«-Projekt.

Das Dilemma der Polypotentials

Sind Sie ein Polypotential? Die meisten kreativen Chaoten dürfen das zu Recht von sich behaupten. Wenn dem so ist, lösen Sie sich davon, ein ähnlich konkretes Ziel haben zu müssen wie Ihre systematisch-analytischen Kollegen oder Freunde – für Sie gilt genau das Gegenteil. Je kreativ-chaotischer Sie sind und je höher Ihr Ideensprudler-Anteil oder auch der Informationssammler-Anteil ist, desto mehr dürfen Sie sich von herkömmlichen Zieldefinitionen lösen und desto mehr dürfen Sie Ihre abstrakten Leitsterne als Ziele betrachten.

Abstrakt motiviert besser

Kreative Chaoten haben sehr wohl »Ziele« – sie sind nur in der Sichtweise unserer systematisch-analytischen Welt »falsch«. Das bekommen momentan auch gerade die Vertreter der Generation Y zu spüren. Die Gedanken und Sichtweisen der nach 1980 Geborenen weisen eine starke Übereinstimmung mit denen der kreativ-chaotischen Querdenker auf, und ich bin überzeugt, dass sich diese Lebensart in den nächsten Jahrzehnten weiter durchsetzen wird.

Eindrücklich schildert das die Journalistin und Autorin Kerstin Bund in ihrem Buch *Glück schlägt Geld. Generation Y: Was wir wirklich wollen*. »Wir sind nicht faul! Wir wollen arbeiten«, sagt sie. Y-er wollen arbeiten – wie die kreativen Chaoten. Nur eben anders. Nachhaltiger. Im Einklang mit ihren Bedürfnissen. Sie wollen anders leben. Anders arbeiten. Anders sein. Kreative Chaoten lassen sich nicht in ein Schema pressen. Sie wollen sich als Freigeister nicht (hirnrissigen) Vorgaben in Konzernen aussetzen, wie beispielsweise nachts um 3 Uhr an internationalen Calls teilnehmen. Petra, Führungskraft in einem internationalen Konzern, sieht sich dazu gezwungen: »Wir haben die Pflicht, mehrmals pro Monat an den Telefonkonferenzen teilzunehmen, die weltweit zum Gedankenaustausch stattfinden. Dann liege ich nachts um 3 Uhr im Bett, mein iPhone auf dem Schoß, die Ohrenstöpsel drin, damit ich meinen Mann nicht wecke, und soll mit den Kollegen in Schanghai und Los Angeles über Produktlaunches oder neue Marketingkampagnen diskutieren. Dass dabei nichts rauskommen kann, ist ja wohl klar.« Kreative Chaoten wollen nicht unbedingt Karriere machen im Sinne von Führungsverantwortung übernehmen. Sie legen keinen Wert auf einen größeren Dienstwagen, sondern würden viel lieber ein cooles Bike fahren. Sie haben keine Lust, sich an feste Arbeitszeiten und hierarchisch vorgegebene Dienstwege zu halten – sie wollen Freiheit in allen Bereichen ihres Lebens und Wirkens.

Genießen Sie die Fülle

Machen Sie sich klar, dass Sie immer (!) viel zu viele Möglichkeiten sehen werden, was Sie jetzt gerade tun könnten. Oder tun »müssten« – weil Sie sonst vielleicht Ihr Potenzial nicht ausleben, Ihrer Bestimmung nicht folgen. Bringen Sie die kleinen Antreiber in sich zum Schweigen: Ihre Bestimmung ist es nicht, Insel A oder Insel B anzulaufen – Ihre Bestimmung ist es, in Ihrem Leitstern-Korridor voranzupaddeln. Fragen Sie sich immer wieder: Was will ich momentan gerade tun? Und tun Sie es. Von allen anderen Möglichkeiten verabschieden Sie sich dankbar und mit einem guten Gewissen. Wir müssen nicht alles tun, was wir tun könnten; schließlich gibt es auch andere Menschen, die das, was wir selbst nicht gerne machen, mit Vorliebe tun. Stellen Sie Ihre Projekte auf den Prüfstand: Wollen Sie wirklich, dass eine Idee umgesetzt wird? Dann geben Sie sie an systematische Macher in Ihrem Umfeld ab. Verschenken Sie Ideen, verkaufen Sie Ideen – nur weil es Ihnen eingefallen ist, müssen Sie nicht persönlich für die Umsetzung sorgen! Sind Sie selbstständig, dann bauen Sie sich ein Umfeld auf, das Ihre Ideen mit Freude übernimmt und zu Leben erweckt. Der Macher müssen nicht zwingend Sie sein! Oder halten Sie es wie Ohad Kamin: »Das Leben ist zu kurz, um alles zu tun, was wir meinen tun zu müssen. Aber es ist lang genug, um das zu tun, was wir tun wollen.«[105]

> »Mein Bestreben ist es, lieber an Erschöpfung zu sterben als an Langeweile.«
> SIR ANGUS GROSSART

Nutzen Sie doch die »Wat-nu«-Strategie: Steuern Sie eine Insel an, ernten Sie dort die Früchte, und fragen Sie sich dann: Wat nu? Was könnte ich als Nächstes tun, um unter meinem Leitstern zu paddeln? In Ihrem Korridor werden Sie immer weitere attraktive Inseln finden, die anzusteuern Ihnen Spaß macht.

Oh, das klingt aber anstrengend, sagen Sie jetzt vielleicht? Dann muss ich ja ständig neu überlegen, was ich jetzt will. Kann ich nicht auch ein großes, klares Ziel festlegen und dann in Ruhe die nächsten Jahre darauf zupaddeln? Tja, das könnten Sie schon – aber wenn Sie das so aussprechen, welche Motivation spüren Sie für diese Reise? Kreative Chaoten wünschen sich häufig das »große, klare Ziel«, weil sie denken, das bringe Ruhe rein. Doch meist ist es dann gerade die Ruhe, die sie ganz schnell langweilt. Weil diese Ruhe ja das durchaus mal stürmische Meer der Möglichkeiten drastisch einschränkt. Ja, je kreativ-chaotischer Sie sind, desto eher ist es Ihre Mission der kommenden Jahre, dass Sie immer wieder die Augen und Ohren offen halten, welche Möglichkeiten es wert sind, dass Sie als Nächstes Ihre Energie dort investieren. Das klingt für Sie ziemlich anstrengend? Dann denken Sie an den schottischen Unternehmer Sir Angus Grossart, der – vielleicht in Anlehnung an den schottischen Essayisten Thomas Carlyle – sagte: »Mein Bestreben ist es, lieber an Erschöpfung zu sterben als an Langeweile.«[106]

Drei Ideen, mit denen Sie sich leichter entscheiden können

Um Ihnen die Orientierung im Meer der Möglichkeiten zu erleichtern, hier ein paar Ideen, wie Sie den Kurs auf die nächsten Inseln leichter abstecken können.[107]

Entscheidungshilfe Nummer 1: das Tetralemma

Es gibt im Leben immer wieder Situationen, die bildlich gesprochen eine Weggabelung darstellen: Soll ich einen Partner ins Unternehmen reinholen oder lieber allein weitermachen? Soll ich beruflich kürzertreten, um ein Buch zu schreiben, oder lieber mit Vollgas an meiner innerbetrieblichen Karriere arbeiten? Soll ich den Job wechseln oder nicht? Diese Entscheidung kann sich zu einem wahren Dilemma auswachsen. Machen Sie gedanklich aus Ihren beiden Möglichkeiten vier – damit haben Sie das sogenannte Tetralemma[108] (anstelle des Dilemmas mit zwei Optionen). Die vier Optionen sind: ja / nein / beides / beides nicht.

Nehmen Sie nun vier Blätter Papier, notieren Sie auf jedem Blatt eine der vier Möglichkeiten und ergänzen Sie dann jeweils Ihre Gedanken. Legen Sie anschließend die Zettel in den vier Ecken Ihres Zimmers aus, gehen Sie von Ecke zu Ecke, und spüren Sie auf jeder Position, wie es sich anfühlt. Verlassen Sie dabei bewusst die rationale Ebene, auf der Sie Ihre Entscheidungssituation sicher eh schon lange analysiert haben, und vertrauen Sie auf Ihr Bauchgefühl.

Mit diesem Blick auf vier Optionen holen Sie sich aus der starren Denkweise des Entweder-oder heraus und weiten den Blick für andere Kombinationen und Möglichkeiten. Nach meiner Erfahrung in zahlreichen Seminaren und Coachings bewirkt vor allem die dritte Option Wunder. Dabei ist die erste Reaktion meist: »Beides? Das ist ja völlig unrealistisch, das schaffe ich nie!« Doch mit ein wenig Nachdenken tun sich oft ungewohnte Möglichkeiten auf, für die Sie sich trotzdem nicht zweiteilen müssen. Und deshalb ist das auch eine geniale Lösung für kreativ-chaotische Querdenker, die noch weniger als andere Menschen auf Optionen verzichten wollen. Fragen Sie sich: Wie könnte *beides* funktionieren? Bleiben Sie also bei dem Punkt offen und gönnen Sie sich ein paar Tage zum Nachdenken. Die Erfahrung zeigt: Auch bei völlig gegensätzlichen Optionen findet sich meist ein gemeinsamer Nenner. Wir müssen nur erst mal danach suchen.

Entscheidungshilfe Nummer 2: Tun oder nicht tun? Die klärenden Fragen nach den Folgen

Stellen Sie sich bei einer Entscheidung für oder gegen etwas die folgenden vier Fragen:

★ Frage 1: Was passiert, wenn ich mich dafür entscheide?
  (Welche Konsequenzen hat das für mich, meine Familie, meine Arbeit, meinen Tagesablauf, meine Freunde, meine Finanzen …? Welchen zeitlichen und / oder finanziellen Aufwand zieht es nach sich? Welche Vorteile und Chancen habe ich dadurch? Welche Nachteile und Einschränkungen?)
★ Frage 2: Was passiert *nicht*, wenn ich mich dafür entscheide?
★ Frage 3: Was passiert, wenn ich mich dagegen entscheide?
★ Frage 4: Was passiert *nicht*, wenn ich mich dagegen entscheide?

Denken Sie in Ruhe darüber nach, vielleicht machen Sie sich auch Notizen, und achten Sie vor allem auf Ihr Gefühl. Welche Aspekte wiegen emotional mehr als die anderen? Welche weniger? Welche Konsequenzen existieren vermutlich nur in Ihrem Kopf – und welche werden tatsächlich eintreten?

Entscheidungshilfe Nummer 3: Luft rauslassen

Erinnern Sie sich an die Empfehlung, aus Problemen einfach mal die Luft rauszulassen? Die gleiche Taktik können Sie auch bei Entscheidungen anwenden. Denn mal ehrlich: Bei vielen unserer Entscheidungen ist es doch nüchtern betrachtet völlig egal, was wir tun. Ob wir nach Australien oder nach Hawaii gehen – Hauptsache warm, Strand und die Familie ist dabei. Ob wir mit der Telekom oder E-Plus telefonieren und hier oder dort 100 Euro mehr im Jahr ausgeben – unterm Strich doch völlig nebensächlich. Ob wir dieses Auto fahren oder jenes – wer fragt schon in 30 Jahren noch danach? Viele Menschen tun sich selbst mit Alltagsentscheidungen extrem schwer, weil sie nicht auf die anderen Optionen verzichten wollen (siehe oben: Opportunitätskosten).

Nehmen Sie Luft aus Ihren Entscheidungen und fragen Sie sich: Welche Auswirkungen hat diese Entscheidung in zehn Minuten? In zehn Monaten? In zehn Jahren?[109] Und Sie werden sehen: kaum eine. Denn jede Insel ist ein Zwischenhalt auf Ihrem Weg, es ist nicht für immer!

»Es ist nicht schwer, Entscheidungen zu treffen, wenn du deine Werte kennst.«
ROY E. DISNEY

Und blicken Sie dabei ruhig auch immer wieder auf Ihre Motive und Werte. Sie kennen ja jetzt Ihren Ozean und Ihre Leitsterne – da dürfte es ihnen bereits bedeutend leichter fallen, A oder B oder vielleicht sogar AB zu sagen. Ganz im Sinne von Roy E. Disney, dem Neffen des legendären Walt Disney, der lange Jahre als Führungskraft im Disney-Konzern arbeitete: »Es ist nicht schwer, Entscheidungen zu treffen, wenn du deine Werte kennst.« Wie recht er hat.

Denken Sie »verrückt«

Polypotentials, vor allem die bunten Vögel und kreativ-chaotischen Querdenker unter ihnen, verzweifeln manchmal daran, dass sie zu viele Ideen haben. Zu viele Möglichkeiten, zu viele Wege, die ihnen offenstehen. Ja, das ist wirklich ein Problem. Denn dann verzetteln wir uns, fühlen uns zerrissen und kommen überhaupt nicht voran. Erfolgreich sein? Fehlanzeige. Und gerne kommen dann Tipps aus dem Umfeld wie: »Konzentrier dich mal auf eine Aktivität, sonst kann das ja auch nichts werden«, »Man kann nicht auf allen Hochzeiten tanzen« oder »Mit deinem Bauchladen findest du nie eine vernünftige Arbeit«.

Doch sich einzuschränken, würde den bunten Vögeln die Lebensenergie und den Spaß am Tun rauben. Die gute Nachricht: Sie müssen sich nicht festlegen! Solange Sie etwas tun, was Ihren Werten, Alltagstalenten und Motiven entspricht, werden Sie immer erfolgreich sein![110]

Woher ich das weiß? Weil ich seit Jahrzehnten Erfolgsgeschichten von bunten Vögeln sammle, die sich nicht dem Diktat der systematisch-analytischen Welt gebeugt haben, sondern Wege gefunden haben, ihre Buntheit auszuleben. Über Dutzende von ihnen habe ich bereits in meinen Büchern oder in meinem Blog (www.gluexxfactory.de) berichtet und täglich kommen neue Erfolgsgeschichten dazu. Kennzeichnend ist, dass jeder bunte Vogel seinen ganz eigenen Weg geht.

Manche besinnen sich auf ihre Kernkompetenzen und Kernmotive und geben alles andere ab. Richard Branson, Gründer von Virgin, steuert sein weltumspannendes Imperium am liebsten aus der Hängematte auf seiner Insel Necker Island.[111] Sobald er eine neue Geschäftsidee ausgeheckt und angestoßen hat, übergibt er das Tagesgeschäft an seine Manager. »Zur Führungskraft taugt er einfach nicht«, attestierte ihm die *Welt*.[112] Macht nichts, denn Branson lebt nach dem Motto »Geschäft soll Spaß machen« – und jeden Tag in einem Büro zu hocken, sei definitiv nichts für ihn. So hat der Brite, der von der Queen sogar geadelt wurde, in keiner seiner Niederlassungen ein eigenes Büro. »Ich selbst habe in meiner beruflichen Laufbahn Büros gemieden und immer nur an drei Orten gearbeitet: auf dem Hausboot, zu Hause und in der Hängematte.«[113] Und was hat ihn angetrieben, so viele Firmen zu gründen, vom Plattenlabel über Mobilnetze bis hin zu einer Fluglinie? Er gründete einige einfach nur, um seine Insel im türkisblauen Wasser der Karibik finanzieren zu können, sagt der Multi-Unternehmer. »Hab Spaß und das Geld kommt von alleine.«[114] Verrückt? Ja, weil alles, was nicht dem »normalen Tun« entspricht, was von der Norm abrückt, »verrückt« ist. Denken Sie ein wenig »verrückt«, damit steigen Ihre Chancen auf Erfolg immens. Was ist Ihr verrückter Traum? So ein verrückter

Traum kann Ihnen genau die Impulse geben, die Sie für Ihr heutiges Tun brauchen. Denn jetzt können Sie sich fragen: Was kann ich heute bereits tun, damit ich mir eine Insel in der Karibik kaufen kann, damit ich für vier Monate nach Hawaii gehen kann, damit ich mal ein Krankenhaus in Afghanistan bauen kann?

Denken Sie groß, denken Sie »verrückt«. Das setzt unglaubliche Energien frei. Ergänzen Sie bitte mal den folgenden Satzanfang: »Es wäre genial, wenn ich irgendwann mal …« Was? Mit einem Fallschirm aus dem Weltall springe? Ein Haus mit einem riesen Obstgarten hätte? Alles verkaufe und mit dem Katamaran durch die Weltmeere schippere? Denken Sie groß, denken Sie »verrückt«. Und werfen Sie all die kleinen Teufelchen, die Ihnen ins Ohr flüstern: »Das geht doch nicht!«, »Das kannst du doch nicht machen!«, weit weg. Wie Sie das alles umsetzen können, das schauen wir uns später an. Zunächst denken Sie groß.

Sicherlich werden Sie auch andere Dinge erreichen wollen als viele Menschen in ihrem Umfeld. Vielleicht macht das manchmal etwas einsam – denn viele Querdenker gelten als Spinner, als Verrückte. Gut so! Trauen Sie sich Ihre Verrücktheiten zu. Tanzen Sie aus der Reihe, machen Sie Ihr Ding. Wollen Sie normal sein? Oder glücklich? Entdecken Sie Ihre bunten Seiten, Ihre verrückten Wünsche, Ihre abgedrehtesten Träume. Und erleben Sie, wie Sie diese leben können. Geht nicht? Oh doch!

Attraktive Inseln finden

Und was machen Sie, wenn Sie einfach immer noch nicht wissen, was Ihre Inseln sein könnten? Dann sperren Sie Augen und Ohren auf, und schauen Sie, was andere Menschen so machen. Lesen Sie mehr, schauen Sie mehr Dokumentationen an, treffen Sie sich öfter mit anderen Menschen. Seien Sie offen für all die Impulse, die uns das Leben gibt. Und lernen Sie das Querdenken (vgl. Kap. 4, Unterkap. »Querdenken macht's möglich«).

Vor allem aber: Erlauben Sie sich (wieder), zu träumen.[115] Als Kinder konnten wir das perfekt, doch dann wurde es uns von »wohlmeinenden« Eltern, Verwandten oder Lehrern ausgetrieben. In den von mir regelmäßig im Januar veranstalteten Dream-Day-Seminaren[116] ziehen wir uns in ein kleines Hotel mitten in der Natur zurück; dort klinke ich mich mit meinen Teilnehmern für einen kompletten Tag aus dem Alltag aus. Intensiv widmen sich die Unternehmer, Angestellten und Privatleute, begleitet von Coaching-Impulsen von mir, Fragen wie: »Was will ich wirklich? Wohin soll es im kommenden Jahr oder in den folgenden Jahren für mich beruflich, persönlich oder unternehmerisch hingehen? Was macht mich glücklich?« Wir kristallisieren ihre Motive, Werte und Talente heraus, erforschen, was sie gerne sein wollen (beispielsweise unabhängig, sportlich, zufrieden, selbstbewusst, anerkannt, frei, reich), und erarbeiten, was sie dazu tun können oder was sie dazu haben wollen. Im Laufe des Tages kommen wir vom »Traum« zum konkreten Tun und jeder Teilnehmer findet seine individuelle Karte mit dem Weg zur nächsten Trauminsel.

Warum Leidenschaft Sie weiter bringt als Disziplin

Waren Sie schon einmal in einem Disney-Park? Diese gibt es heute nur, weil ein »Spinner« eine verrückte Idee hatte und die Leidenschaft ihn antrieb, das Unmögliche möglich zu machen. In den 1940er-Jahren, als die Disney-Brüder Walt und Roy bereits gute Geschäfte mit Trickfilmen machten, kam einer Anekdote nach[117] Walt Disney eines Tages in das Büro seines Bruders Roy und rollte einige Papierpläne vor ihm aus. Walt erklärte seine Vision eines riesigen Vergnügungsparks für Kinder und Erwachsene, bei dem die Besucher nur ein einziges Mal Eintritt zahlen sollten und dann alle Attraktionen so oft, wie sie wollen, nutzen dürfen – damals eine geradezu revolutionäre Idee. 650 Millionen Dollar sollte der Park kosten. Zu jenem Zeitpunkt hatte die Disney Company gerade einmal gut 50 Millionen Dollar in der Kasse. Walt klapperte der Überlieferung zufolge daraufhin eine Bank nach der anderen ab, um einen Kredit zu bekommen – ohne Erfolg. 301 Banken wiesen ihn ab. Erst die 302. Bank sprang auf die verrückten Pläne des Visionärs an. Heute zählen die Vergnügungsparks zu den wichtigsten Standbeinen des Disney-Konzerns und begeistern Millionen Menschen in der ganzen Welt.

Es ist die Leidenschaft für eine Sache, die uns hilft, am Ball zu bleiben. Nicht die Disziplin. Denn nur mit »Gehorsam« oder Selbstbeherrschung können Sie nicht großartige Dinge bewegen oder gar andere Menschen mit Ihrer Begeisterung anstecken. Entdecken Sie Ihre Leidenschaft für das, was Sie tun wollen – und legen Sie los. Immer wieder untersuchen Wissenschaftler, was Menschen glücklich macht. Eine Studie der Harvard University suchte den gemeinsamen Nenner von Menschen, die sich selbst als »glücklich« bezeichneten. Ist es Geld? Liebe? Erfolg? Nur im weitesten Sinne. Die Befragten haben vor allem zwei Dinge gemeinsam: Sie wissen genau, was sie wollen, und sind dabei, dies zu verwirklichen.[118] Die Liebe und Leidenschaft für ihr Vorhaben ist der Antrieb, länger bei der Sache zu bleiben. Ein einziges, richtig starkes *Warum* kann Ihnen so viel Kraft geben, Ihr »Geht-doch«-Projekt anzupacken, wie Disziplin es nie vermögen würde.

Auf dem Schulfest der Elementary School auf Molokaii gab es eine ganz besondere Wurfwand: Traf der Werfer das Ziel, dann löste er einen Mechanismus aus, der eine Art Fallbrett zum Einklappen brachten. Dieses Fallbrett war rund zwei Meter über einem kleinen Pool angebracht und auf dem Fallbrett durfte jeweils ein Schüler sitzen. So war der Werfer motiviert, zu treffen und den Mitschüler ins Wasser purzeln zu lassen. Als ich an dieser Station stand, trat eine Lehrerin zu mir, zeigte auf das Kind, das stolz und lächelnd auf dem Brett saß, und sagte: »Für diesen Moment hat Keano zwei Jahre lang gelebt.« Ich blickte sie fragend an. »Auf das Brett dürfen nur Kinder, die weniger als 75 Kilo wiegen. Keano hatte immer zu viel Gewicht. Nun hat er die Hürde gepackt – und es war der brennende Wunsch, endlich auch mal da oben sitzen zu können, der ihn motiviert hat.«

Den Lebenssinn und die eigene Berufung leben

Gehen Sie dabei ruhig mal der Frage auf den Grund, welchen Sinn Ihr Leben gehabt haben soll, wenn Sie mal abtreten. Oder welche Berufung Sie wohl zu erfüllen haben. Welche Spuren wollen Sie hinterlassen? Was funkelt über Ihnen so attraktiv, dass es sich lohnt, in diese Richtung zu marschieren?

In den letzten Jahren haben sich die Wünsche vieler Berufstätiger verändert. Sie zielen nicht mehr (nur) auf materiellen Wohlstand, sondern sehnen sich nach Sinn und Erfüllung. Dabei ist der Sinn des Lebens für jeden Menschen anders. Und über Berufung kann man nicht diskutieren. Denn was für den einen genau das Richtige ist, mag für einen anderen völlig undenkbar und unvorstellbar sein. Nun aber strengen sich viele Menschen – und besonders die kreativen Chaoten – an, ihre *eine* Mission zu finden, das *eine* Thema, für das sie brennen und dem sie sich den Rest ihres Lebens widmen wollen. Diese »Sinnsuche« kann einen ganz schnell zur Verzweiflung bringen. Denn immer wenn sie etwas tun, dann fühlt es sich doch noch nicht »richtig« an, und sie sausen los, das Nächste auszuprobieren, ob das vielleicht endlich die ersehnte Erfüllung bringt.

Lange Jahre hat mich das Thema »Sinn« und »Berufung« beschäftigt, und heute weiß ich: Unsere Berufung, unser Lebenssinn, das muss gar nichts Spektakuläres sein, sondern kann auch etwas ganz Kleines sein. Eine kleine Tat, die in einem größeren Zusammenhang ihre Wirkung zeigt. Wir dürften ruhig ein wenig Luft aus diesem Thema »Sinn des Lebens« lassen und aufhören zu denken, dass der »höhere Grund unseres Tuns« tatsächlich etwas ganz Großes sein muss.

Was mir half, Klarheit ins Thema »Berufung und Sinn des Lebens« zu bringen, war eine Geschichte, die sich bei dem großen Philosophen Georg Wilhelm Friedrich Hegel findet. Darin geht es um einen Mann, dem der Arzt »Obst« verordnet hatte. Man brachte ihm Äpfel, die er verschmähte, da er ja Obst wollte. Er wollte keine Birnen, er wollte Obst. Er wollte keine Pflaumen, er wollte Obst. Er wollte keine Kirschen, er wollte Obst.

Wenn wir nach dem Sinn des Lebens suchen, verhalten wir uns wie jener Mann. Wir klammern uns an das Abstrakte und übersehen das Handfeste, das direkt vor unserer Nase liegt. Das Abstrakte kann uns natürlich den Weg weisen – aber dann wird es völlig banal und praktisch.

So können Sie sagen: Ich will für andere da sein. Dann folgen Sie Ihrer Berufung, Ihrem Leitstern, Ihrem Lebensmotiv »Selbstlosigkeit«; und Sie können das tun, indem Sie zu *Ärzte ohne Grenzen* gehen oder Kindergärtnerin werden oder als Sänger gratis auf der Bühne stehen oder eine liebevolle Mutter, ein liebevoller Vater sind – oder der älteren Dame in der U-Bahn Ihren Sitzplatz anbieten.

Wenn Ihre Berufung, Ihr Sinn des Lebens, darin besteht, eine schöne Welt zu gestalten (Lebensmotiv: Verantwortung), dann können Sie eine Gärtnerei aufmachen oder als Müllmann arbeiten oder ein Unternehmen gründen, das Bioplastik oder gemütliche Wohnzimmermöbel herstellt. Oder Sie lächeln Ihre Mitmenschen an und bücken sich, wenn Sie ein Kaugummipapier auf der Erde finden, und werfen es in den Müll.

Wenn Ihr Sinn des Lebens darin besteht, die Freiheit zu genießen (Lebensmotiv und Wert: »Freiheit«), dann können Sie eine Befreiungsorganisation gründen, freiberuflich arbeiten, ohne feste Hotelbuchung in den Urlaub fahren oder auch einfach nur eine in der Garage eingesperrte Katze befreien.

Ist das nicht fantastisch? Wenn Sie diese Art von Leitstern haben, dann bringt dieses Gefühl der endlich gefundenen Bestimmung unglaublich viel Ruhe und Entspannung in Ihren Tag. Es ist wie ein Sternendach, unter dem all Ihre Tätigkeiten und Aktivitäten plötzlich mehr Sinn ergeben. Und das macht Sie zufriedener. Und jetzt ist es auch völlig egal, welche Inseln Sie ansteuern – solange Sie unter dem »Dach«, unter Ihren Leitsternen liegen, leben Sie Ihre Berufung, leben Sie Ihren Sinn des Lebens.

Wichtig: Es gibt nicht nur den *einen* Sinn des Lebens. Eine »Berufung« ist eine Mischung aus unterschiedlichen Lebensmotiven und Leitsternen. Und Ihre ganz persönliche Mischung macht Ihre Mission einzigartig. Diese Mischung kann sich im Laufe der Jahre durchaus verändern: Sie werden sich immer zu vielen unterschiedlichen Sachen hingezogen fühlen, weil Sie entweder Abwechslung in Ihrem Leben brauchen oder auch weil Sie sich persönlich weiterentwickeln. Mag sein, dass Sie einige Jahre sehr zufrieden leben, weil Sie anderen Freude bringen, Genuss bringen, andere unterstützen wollen. Dann folgen vielleicht ein paar Jahre, in denen Sie lieber die Welt retten wollen und sich für Nachhaltigkeit oder soziale Themen engagieren. Gefolgt von einer Zeit, in der Sie einfach nur Ihre Freiheit ausleben wollen.

Eine Sache bis an Ihr Lebensende zu machen – das würde vielen von uns die Lebensfreude rauben. Sie hätten das Gefühl, eingesperrt zu sein oder innerlich abzustumpfen. Vielleicht ist es Ihre Mission, so viel wie möglich zu entdecken? Dann legen Sie sich nicht auf ein Interessengebiet fest, sondern loten Sie die Vielfalt unserer Welt aus.

Lieber kleine Inseln anlaufen als an den großen zerschellen

Setzen Sie Ihr »Geht-doch«-Projekt in kleinen Schritten um. Viele große Träume sind nie verwirklicht worden, weil die Köpfe dahinter gedacht haben: entweder richtig oder gar nicht. Mich persönlich hat hier eine Frau sehr inspiriert und ins Tun gebracht, die ich vor einigen Jahren kennenlernen durfte.

Karla Schefter, heute 72 Jahre alt, gelernte Krankenschwester, ist die Mitgründerin und bis heute auch Leiterin des Chak-Hospitals in Afghanistan. 1989 ging sie mit dem Deutsch-Afghanischen Komitee für ein Jahr in das hoch gelegene Tal Wardak, drei Fahrstunden von Kabul entfernt. Die Zustände im kriegsgebeutelten Gebiet dort bewegten sie so sehr, dass sie sich entschloss, zu bleiben und auch weiterhin zu helfen. Aus der ursprünglich notdürftigen medizinischen Unterkunft in einem Wasserkraftwerk machte sie gemeinsam mit vielen Helfern ein richtiges Krankenhaus, das sie seit 1992 koordiniert und leitet. Es gibt unterschiedliche Fachabteilungen mit insgesamt gut 60 Betten. Rund 100 000 Patienten werden hier pro Jahr behandelt – die stationären Patienten kostenlos, da sich die extrem arme Bevölkerung in diesem Gebiet eine Behandlung ansonsten nicht leisten könnte. Finanziert wird das Krankenhaus komplett über Spenden.

Einmal im Jahr kommt Karla Schefter nach Deutschland, unter anderem an mein ehemaliges Gymnasium, an dem die Schüler nun bereits seit 23 Jahren am »Afghanistantag« Projekte umsetzen, um Spendengelder zu sammeln. Mich beeindruckte diese stille, bescheidene Frau wirklich sehr. Sie sagt: »Viele Menschen glauben, es sei nur ein Tropfen auf dem heißen Stein, unser kleines Krankenhaus, und es gebe doch noch so viel Leid, das wir nicht heilen können. Ja, das stimmt. Aber ich sage: Ich kann nicht die Welt retten, aber ich kann das Leben einiger weniger Menschen retten.«[119]

Wir zielen so häufig auf den großen Wurf – und weil der nicht realisierbar scheint, fangen wir gar nicht erst an. Denken Sie nach, was Ihnen einen Sinn vermittelt, und nehmen Sie kleine Taten in Angriff. Machen Sie die Welt ein bisschen schöner und besser, einfach indem Sie sich an das alte Pfadfindermotto halten: Hinterlasse einen Platz schöner, als du ihn vorgefunden hast. Seine Ideale ausleben kann ganz einfach sein. Und denken Sie beim Thema Sinn auch an den Dalai Lama, der sagt: »Der Sinn des Lebens besteht darin, glücklich zu sein.« Also los!

> »Der Sinn des Lebens besteht darin, glücklich zu sein.«
> DALAI LAMA

WIE?

KAPITEL 4

Wie wir auf Erfolgskurs gehen und bleiben

Vom Wollen zum Tun

Kennen Sie das? Ihr »Geht-doch«-Projekt steht Ihnen klar vor Augen, alle Hindernisse und inneren Saboteure sind beseitigt, Sie sind motiviert bis in die Haarspitzen und jetzt … und jetzt … passiert nichts. Und drei Monate später hängen Sie immer noch in Ihrem Hamsterrad und ärgern sich, warum Sie die Chancen nicht genutzt, warum Sie im Meer der Möglichkeiten nicht losgepaddelt sind, warum Sie Ihren Allerwertesten nicht hochbekommen haben.

Ärgern Sie sich nicht! Denn zwischen Wollen und Tun liegt … unser Alltag. All unsere Verpflichtungen, alle Termine, alle Aufgaben, die einfach immer dringlicher sind als die Dinge, die uns »eigentlich« wichtig sind. Holen Sie sich in diesem Kapitel ein paar Ideen, wie Sie wirklich ins Handeln kommen und bleiben.

Der Zeitraum zwischen der Motivation, etwas zu tun, und der tatsächlichen Ausführung der Handlung ist eine sehr störanfällige Phase. Nicht selten siegen in diesem »Volition« genannten Zeitraum unsere Selbstzweifel, der innere Schweinehund oder die lieben Menschen in unserem Umfeld mit ihrem »Das-geht-doch-nicht«-Gerede.

> »Misserfolg ist lediglich eine Gelegenheit, mit neuen Ansichten noch einmal anzufangen.«
> HENRY FORD

Noch ist unser »Geht-doch«-Projekt klein und zart, und wir haben noch nicht den »richtigen Zug« entwickelt, um es auch wirklich durchzuziehen. Nur weil wir gerade motiviert sind, eine bestimmte Leistung zu erbringen, geht es ja nicht gleich los. Wir müssen zunächst einmal überlegen, wie wir was am besten angehen. Wir müssen unsere Absichten konkreter machen und unsere Handlung mehr oder weniger konkret planen. Und dann müssen wir uns erst einmal aufraffen, die gewünschte Tat auch wirklich umzusetzen. Wir müssen anfangen. Das Dumme dabei: Wir können zu unglaublich vielen Dingen motiviert sein – aber ob und wann wir der Motivation auch nachkommen, steht auf einem ganz anderen Blatt.

Die fünf Phasen zwischen Wünschen und Erfolg

»Wenn mich die Arbeitswut packt, setze ich mich still in eine Ecke und warte, bis der Anfall vorüber ist«, heißt es in einem bekannten Witz – und tatsächlich schlafen viele ambitionierte »Geht-doch«-Projekte in dieser Phase sang- und klanglos ein. Warum denn bloß? Lassen Sie uns das am banalen Beispiel »etwas trinken« näher betrachten, denn jede motivierte Handlung läuft (im Gegensatz zum Reflex) immer in fünf Phasen ab.[120]

★ **Phase 1: Empfinden eines Mangels oder Bemerken eines Bedürfnisses**
Ich habe Durst. Ich habe das Bedürfnis zu trinken. (Wünschen, Motiv)

★ **Phase 2: Erwartung, dass ich durch eine bestimmte Handlung den Mangel beseitigen kann**
Ich denke nach: Welches Getränk könnte meinen Durst löschen? Wo könnte ich dieses Getränk finden? Was muss ich tun, um das Getränk zu bekommen? Ich könnte mit dem Auto zum Supermarkt fahren und mir eine Limo kaufen. Ich könnte fünf Schritte zum Wasserhahn gehen. Ich könnte die Milch aus dem Kühlschrank nehmen. Ich komme zu dem Ergebnis, dass das Getränk, das sowohl meinen Durst löscht als auch gut erreichbar ist, die Milch im Kühlschrank ist. (Abwägen, wählen, Motivation)

★ **Phase 3: Instrumentelles (vorbereitendes) Handeln**
Ich gehe zum Kühlschrank, hole die Milch heraus. Ich gehe an den Schrank, hole mir ein Glas und schenke mir die Milch ein. Vielleicht stelle ich fest, dass ich auch eine Limo im Kühlschrank habe, und nehme jetzt doch lieber diese (freiwillige Planänderung). Oder ich sehe, dass die Milch sauer ist, und entscheide mich daher für Wasser aus dem Wasserhahn (unfreiwillige Planänderung). (Planen, vorbereiten)

★ **Phase 4: Konsumatorisches Verhalten (Endhandlung)**
Ich trinke. (Tun, ausführen)

★ **Phase 5: Zustand der Sättigung (Gefühl der Befriedigung)**
Ich habe keinen Durst mehr. (Bewerten)

Genau diese Phasen durchlaufen Sie auch, wenn Sie Ihre »Geht-doch«-Projekte anpacken und erleben wollen. Im idealen Fall gehen die Phasen störungsfrei ineinander über und Sie kommen schnell, zielstrebig und voller Energie vom Wunsch zum Erfolg.

★ **Phase 1: Wunsch**
Sie möchten mit Ihrem »Geht-doch«-Projekt ein Bedürfnis befriedigen: mehr Spaß im Job durch einen Tätigkeitswechsel, neue Impulse durch eine Auszeit, mehr Zeit für sich selbst durch eine Reduzierung der Arbeitszeit etc.

★ **Phase 2: Abwägen, wählen**
Sie suchen nach Möglichkeiten, wie Sie Ihr »Geht-doch«-Projekt mit Leben füllen könnten: Welche neue Tätigkeit könnte ich ausüben? Wie lange könnte eine Auszeit sein? Auf wie viele Stunden könnte ich reduzieren? Wie könnte ich das finanzieren? Welche negativen Konsequenzen könnte das haben? Welche Schwierigkeiten könnten auftauchen? Werden meine Erwartungen erfüllt werden? Sie wägen ab und suchen eine Option aus. Diesen Zeitpunkt, an dem Ihr Wunsch zur Intention (Absicht) wird, bezeichnen Motivationspsychologen als Rubikon (nicht im Sinne eines Point of no Return, sondern als jähes Ende des Abwägens): Sie überschreiten den Rubikon.[121] Die Entscheidung ist gefallen.

★ **Phase 3: Planen und vorbereitendes Handeln**
Sie haben sich entschieden und empfinden den einmal gefassten Entschluss als *verpflichtend und unumstößlich*. Sie überlegen, wie Sie Ihren gefassten Entschluss am besten *umsetzen* können, und *bilden* ganz konkrete, von der Zielintention abgeleitete Absichten.

★ **Phase 4: Handeln**
Jetzt geht es los, Sie geben Gas! Die geplante Handlung beginnt, wobei Ihre Volitionsstärke (der Grad der »Selbstverpflichtung«

aus Phase 3) über Ihre Anstrengungsbereitschaft entscheidet. Je stärker Ihre Selbstverpflichtung ist, desto mehr werden Sie sich jetzt reinhängen. Je höher ihre Erwartung an Erfolg ist, desto mehr Biss werden Sie zeigen.

★ **Phase 5: Rückblick**
Sie haben Ihr Ziel erreicht, Ihren Wunsch umgesetzt. Ihr Erfolg ist da. Jetzt fragen Sie sich: »Und? Hat es sich gelohnt? Haben sich Zeit, Geld, Energie, die ich in mein ›Geht-doch‹-Projekt gesteckt habe, ausgezahlt?« Wenn ja, dann werden die Freude und der Stolz Sie zu neuen Ideen anregen oder eine gute Motivation sein, so etwas in ähnlicher Form zu wiederholen. Ihr Selbstvertrauen wächst, dass Sie auch außergewöhnliche »Geht-doch«-Schritte gehen können. Oder sind Sie enttäuscht vom Ergebnis? Dann stehen Ihnen immerhin wertvolle Erkenntnisse für künftige Abwägeprozesse zur Verfügung. Sie können künftige »Geht-doch«-Projekte viel besser einschätzen und genau überlegen, ob Sie diese wirklich anpacken wollen. Oder wie der Unternehmer Henry Ford sagte: »Misserfolg ist lediglich eine Gelegenheit, mit neuen Ansichten noch einmal anzufangen.«

So weit die Theorie. Doch in der Praxis haben Sie sicherlich bereits erlebt, wie in den Übergängen zwischen den Phasen sich Ihre Wünsche in Luft aufgelöst haben. Die gute Nachricht: Ab heute wird das nicht mehr so sein! Denn für zahlreiche Störfeuer haben Sie bereits Ideen und Strategien erhalten, um diese gar nicht mehr auftauchen zu lassen oder ihnen schneller begegnen zu können.

Phase 1: Den Wunsch erkennen

Bei der Lektüre dieses Buches haben Sie Stück für Stück Ihre Wunschkompetenz ausgebaut und Hindernisse und Gegenwinde überwunden, die Sie bislang vom Träumen und Wünschen abgehalten haben. Sie haben achtsam und genau hingeschaut, was Sie wirklich wollen, und Störfeuer so gut wie möglich beseitigt. Kleine Erinnerung: Wenn Sie etwas zum »Geht-doch«-Projekt machen, was sowohl Ihren Lebensmotiven (z. B. Freiheit, Beziehung) entspricht als auch Ihren Werten und Talenten, dann werden Sie automatisch überzeugt hinter Ihrer Entscheidung stehen.

Phase 2: Die attraktive Insel identifizieren, abwägen und auswählen

Sie haben sich bereits Gedanken gemacht über die Opportunitätskosten und gegebenenfalls über den Polypotential-Wunsch nach »Ich will alles«. Sie haben auch hier Ihren Gegenwind der Ängste und Glaubenssätze abgewendet und sollten an dieser Stelle mit einem richtig guten Gefühl den Rubikon überschritten haben. Trifft das zu? Super, dann können Sie direkt zu Phase 3 übergehen.

Oder sehen Sie noch nicht so klar, was Ihren Wunsch im echten Leben Wirklichkeit werden lassen könnte? Sie wissen zwar, dass Ihr neuer Job »irgendwas mit Menschen zu tun haben sollte«, dass Ihre Auszeit »irgendwo ins Warme führen sollte«, dass Sie in einem »spannenden Unternehmen« Geschäftsführer oder Vorstand werden möchten oder »einfach weniger arbeiten wollen«? Doch Ihnen fehlt noch ein klares Bild, wie Sie Ihren Wunsch Wirklichkeit werden lassen können? Kein Problem, dann gehen wir jetzt ins Feintuning Ihrer »Inseln«.

In Kapitel 3 (Unterkap. »Attraktive Inseln finden«) haben Sie einen Blick auf die möglichen Inseln geworfen, die Ihnen auf Ihrem Kurs zum Leitstern als Zwischenstationen dienen können. Machen Sie sich keine Sorgen, wenn Sie hier noch kein glasklares Bild vor Augen haben. Manchmal reicht die grobe Richtung völlig aus, um ins Tun zu kommen – je kreativ-chaotischer Sie sind, desto weniger konkret muss es sein. Und das Gute dabei: Wenn Sie Ihren richtigen Kurs eingeschlagen haben, dann tauchen die passenden Inseln oftmals völlig automatisch am Horizont auf. Denn wenn Sie sich bereits im richtigen Gewässer und im richtigen Korridor befinden, dann ist es ein Naturgesetz, dass Chancen und Möglichkeiten sich zeigen – vorausgesetzt, Sie halten die Augen und Ohren offen.

Pia möchte gerne »irgendwas mit Marketing machen«. Gerne auch irgendwas mit Menschen, und organisieren macht ihr auch Spaß. Doch leider hat sie keine konkrete Ahnung, was genau ihr Traumjob ist. In den Sommerferien zwischen der 11. und 12. Klasse macht die Schülerin ein vierwöchiges Praktikum in einer Düsseldorfer Werbeagentur. Doch weder Anzeigen texten noch Bilder sortieren, Werbezeiten einbuchen oder grafisch arbeiten machen ihr wirklich Spaß. Dennoch ist sie weiterhin jeden Tag in der Agentur, zeigt sich offen für Neues, redet viel mit den Mitarbeitern, schaut sich das Organigramm an und geht mit den Kollegen in die Kantine. Eines Tages sitzt beim Mittagessen eine Mitarbeiterin eines Tochterunternehmens am Tisch und erzählt von einem Event, das sie gerade für einen amerikanischen Kosmetikkonzern organisiert. Pia ist gebannt, fasziniert, begeistert. Jetzt weiß sie, was sie machen will: Eventmanagement.

Je mehr Sie Ihre Augen und Ohren offen halten, je mehr Sie über Themen lesen, die Sie grob interessieren, je mehr Sie mit anderen Menschen reden, die bereits auf für Sie halbwegs interessanten Inseln unterwegs sind, desto eher tauchen auch bei Ihnen attraktive Inseln auf. Es gibt so viele spannende Dinge im Meer der Möglichkeiten, dass wir sie unmöglich alle kennen können. Aber wir können darauf stoßen, je offener wir unserem generellen Interesse folgen, je neugieriger wir einfach mal lospaddeln.

Für sehr systematische Menschen wie Ottmar Ordentlich (zu den Talenttypen vgl. Kap. 2, Unterkap. »Unsere Stärken und Talente – die hellsten Leitsterne«), der nichts tut, ohne einen konkreten Plan zu haben, ist diese Vorstellung mehr als unangenehm. Ist es aber genau das Fehlen eines konkreten Zieles, das Sie noch im sicheren Hafen hält, dann probieren Sie es einfach mal aus, am besten bei einem kleinen, nicht lebensbestimmenden Thema wie einem Wochenendurlaub: Fahren Sie einfach drauflos, und schauen Sie, wo Sie landen. Das ist eine gute Übung.

Für die kreativ-chaotischen Menschen ist loslegen eh die richtige Strategie. Denn sie lieben es, sich überraschen zu lassen. Also halten Sie sich nicht mit Plänen auf, sondern legen Sie los.

Machen Sie sich klar: Es gibt auch hier kein »richtig« oder »falsch«, es gibt lediglich ein »anders«. Der Osnabrücker Psychologieprofessor Julius Kuhl erklärt das mit zwei unterschiedlichen Orientierungen, mit denen wir an unsere Wünsche herangehen. Auf der einen Seite gibt es die eher handlungsorientierten Menschen. Sie werden nach der Intentionsbildung schnell aktiv; und wenn ein

Projekt nicht funktioniert, entwickeln sie auch schnell neue Ideen und einen Plan B. Auf der anderen Seite stehen die lageorientierten Menschen. Sie zögern sehr lange mit der Umsetzung der Intention, blicken nach einem Fehlschlag voller Unsicherheit zurück und wiederholen letzten Endes die fehlgeschlagene Handlung nach dem Motto: »Was ich anfange, muss ich durchziehen, ein Abweichen von Plan A ist keine Option!«[122]

> »Du findest den Weg nur, wenn du dich auf den Weg machst.«
> MARIA WARD

Erinnern Sie sich an die Beispiele von Menschen wie Mutter Teresa, die ihre Vision entdeckt haben, einfach weil sie losgegangen sind? Unser Leben ist nicht komplett planbar, und vielleicht ist Ihre Trauminsel gerade erst im Entstehen begriffen – so wie die Vulkaninsel Lo'ihi an der Südspitze des Archipels von Hawaii, wo der Vulkan Kilauea unablässig Feuer spuckt. Diese Insel können Sie noch gar nicht anvisieren – aber wenn Sie im richtigen Archipel unterwegs sind, dann schiebt sie sich Ihnen direkt vor die Nase. Gut, bei Lo'ihi ist das erst in rund zehn- bis hunderttausend Jahren der Fall – aber ist diese Metapher nicht wunderschön?

Wege entstehen dadurch, dass man sie geht, soll Franz Kafka gesagt haben; und die englische Ordensschwester Maria Ward sagte: »Du findest den Weg nur, wenn du dich auf den Weg machst.« Also – paddeln Sie los!

Sobald Sie zumindest die Spur einer Ahnung haben, wie eine attraktive Insel ausschauen könnte, greifen Sie in die Paddel. Hören Sie auf, nach dem »Perfekten« zu suchen. dem absoluten Traumjob, der 1-a-Wohnung, der perfekten Auszeitdestination, dem haargenau passenden Partner. So viele Menschen vertun ihr halbes Leben mit der Suche nach dem Perfekten – und ärgern sich die andere Hälfte darüber, dass sie nicht einfach irgendwas gemacht haben, sondern im Mittelmaß kleben geblieben sind. Auf meinen Vorträgen und Seminaren verteile ich häufig Postkarten mit dem Spruch »Lieber unperfekt begonnen als perfekt gezögert«. Fragen Sie sich: Was kann ich tun, um zumindest ein Stück in eine mir angenehme Richtung zu paddeln – und legen Sie los. Auch wenn es noch nicht die perfekte Lösung ist.

Phase 3: Planen und vorbereitendes Handeln

Sie wissen jetzt genau, was Sie wollen, und möchten gerne loslegen. Doch auch jetzt, in der Phase der konkreten Planung, lauern noch so einige Gefahren, die Ihr »Geht-doch«-Projekt torpedieren können. Die folgenden sieben Ideen können helfen, Ihre Willenskraft, ihren Biss zu stärken.

Willenskraft-Idee Nummer 1: Die 18-Stunden-Regel

Eine alte Erfolgsformel lautet: Wenn du etwas in deinem Leben verändern willst, dann lege innerhalb von 72 Stunden nach deinem Entschluss los. Die Erfahrung zeigt, dass wir Dinge, die wir innerhalb einer relativ kurzen Zeitspanne anfangen, tatsächlich durchziehen. Die Wahrscheinlichkeit, dass wir am Ball bleiben, steigt. Bei guten Vorsätzen aber, die wir nicht innerhalb von drei Tagen anpacken, erleben wir es häufig, dass der Alltag mit all seinen Verpflichtungen uns mit sich fortreißt – und all die guten Absichten bleiben auf der Strecke.

Ich empfehle seit einiger Zeit meinen Seminarteilnehmern und Coachingklienten, am besten innerhalb der *nächsten 18 Stunden* einen ersten kleinen Schritt zu gehen, um das »Geht-doch«-Projekt ans Laufen zu bringen. Der Grund: Unser Alltag ist heute so viel schneller und komplexer geworden, dass in drei Tagen schon wieder alles Mögliche »dazwischenkommen« kann. Erst recht, wenn Sie ein Ideensprudler sind und in drei Tagen schon wieder unzählig viele neue Ideen generiert haben, was Sie denn noch alles tun könnten. Legen Sie sich fest und legen Sie los.

Innerhalb von 18 Stunden einen ersten kleinen Schritt zu gehen, bringt uns ins Handeln, solange die Motivation noch frisch ist. Und der erste Schritt darf wirklich auch sehr klein sein. Sie wollen Fallschirmspringen lernen? Suchen Sie heute Abend eine Schule in Ihrer Nähe, wo Sie das tun können, und mailen Sie eine Anfrage. Oder rufen Sie jemanden an, der das, was Sie tun wollen, bereits tut, und fragen Sie ihn nach einer Empfehlung für eine gute Schule. Fragen Sie sich dann: Was kann ich in den nächsten 24 Stunden tun? Und in den nächsten 24? Gehen Sie jeden Tag (oder jeden zweiten) einen Minischritt und Sie werden ankommen.

Willenskraft-Idee Nummer 2: Schweigen Sie!

Entgegen der Überzeugung der Psychologen, die das Fünf-Phasen-Modell entwickelt haben, sind wir meiner Meinung nach in Phase 3 noch in einer Phase, in der Zweifel aufkommen oder in der kritische Stimmen von außen den »unumstößlichen Entschluss« ins Wanken bringen können. Ja, vielleicht haben wir uns selbst geschworen, »es« jetzt auch wirklich zu tun. Aber gerade zu Beginn dieser Phase trauen wir uns selbst häufig nicht, und »Das-geht-doch-nicht«-Stimmen können uns immer noch vom gewählten Kurs abbringen. Sprechen Sie deshalb in dieser Phase nicht oder nur mit ausgewählten Menschen über Ihre Ideen. Halten Sie sich von Kritikern und ängstlichen Menschen fern.

Sprechen Sie in diesem frühen Stadium nur mit solchen Menschen über Ihre Pläne, die Sie wohlwollend unterstützen in Ihrem Tun, die es prinzipiell gut finden, was Sie vorhaben – und beschützen Sie das zarte Pflänzchen Ihres »Geht-doch«-Projekts vor den Miesmachern, den Bedenkenträgern und Knüppel-zwischen-die-Beine-Werfern.

Willenskraft-Idee Nummer 3: Reden Sie!

Suchen Sie sich gezielt Menschen, die Sie in Ihrem Tun unterstützen. Diese müssen Ihnen nicht konkret bei der Umsetzung Ihrer Ideen helfen, vielmehr geht es darum, dass Sie Menschen in Ihrem Umfeld haben, die Ihnen den Rücken stärken, die Ihnen immer wieder sagen, dass es gut ist, was Sie tun wollen. Suchen Sie sich dazu beispielsweise einen T.i.d.A.-Partner: einen Tritt-in-den-Allerwertesten-Partner, der Sie – auf Ihren ausdrücklichen Wunsch hin – immer wieder an einen weiteren Schritt erinnern darf oder der regelmäßig nachfragt, wie weit Sie denn nun in Ihren Inselvorstellungen sind. Wichtig dabei ist, dass Sie dem T.i.d.A.-Partner bewusst diese Rolle übertragen und dass es sich dabei um einen Menschen handelt, der nicht nur gut findet, was Sie tun (wollen), sondern der seinerseits von der Entscheidung nicht betroffen ist. Die eigenen Eltern oder Partner eignen sich zu dieser Rolle also häufig nicht so gut. Selbst enge Freunde können weniger gut unterstützen als ein eher weiter entfernter Netzwerkpartner, ein Partner in einem Erfolgsteam oder einer Mastermind-Gruppe oder auch ein Coach, der bewusst in die Rolle des (liebevollen) Antreibers schlüpft.

Der Grund: Menschen, zu denen Sie eine sehr enge Beziehung haben, möchten Sie auf ihrer bewussten Ebene natürlich gern unterstützen – doch unbewusst macht ihnen Ihre Veränderung Angst. Aus diesem Grund passiert es auch immer wieder, dass die lieben Verwandten ihre volle Unterstützung beim Abnehmen zusagen und dem Betreffenden am nächsten Sonntag den Silberteller mit den Tortenstücken unter die Nase halten.

Mastermind-Gruppen oder Erfolgsteams haben den Vorteil, dass jeder in der Gruppe seine eigenen attraktiven Inseln erreichen möchte und die Mitglieder sich wechselseitig inspirieren und motivieren können, am Ball zu bleiben. Das ist auch der Grund, weshalb ich im Rahmen des E-Coachings »Geht ja doch!« einen Mastermind-Onlinebereich eingerichtet habe, denn hier können sich alle virtuell treffen und sich gegenseitig unterstützen.[123]

Willenskraft-Idee Nummer 4: Besinnen Sie sich zurück auf den Auslöser

Es kann sehr hilfreich sein, sich auf den Moment zurückzubesinnen, als die Idee sich in Ihrem Herzen eingenistet hat. Was hat Sie auf die Idee zu Ihrem »Geht-doch«-Projekt gebracht? Was hat das Feuer in Ihnen entzündet? Warum möchten Sie tun, was Sie tun wollen? Welchen Gewinn haben Sie dabei? Was ist ihre Belohnung? Dies zu wissen, kann Ihre Motivation lebendig halten oder auch – wenn Sie unterwegs vergessen haben, warum Sie das überhaupt tun – Ihre Insel wieder als klares Ziel am Horizont auftauchen lassen.

Gerade bei größeren Zielen, bei größeren Projekten überkommen uns manchmal Zweifel und Frust. Wir fragen uns: Warum tue ich das überhaupt? Wenn Sie sich jahrelang durch eine berufsbegleitende Ausbildung beißen und die Wochenenden in einem miefigen Klassenzimmer verbringen, während die Kollegen zum Skifahren gehen, können schon mal Zweifel hochkommen. Wenn alle an diesem heißen Junitag bei über 30 Grad im Schatten an den See fahren und mein Mann und meine Kinder beim Pfingsturlaub in Südfrankreich sind, frage ich mich auch schon mal, warum ich im abgedunkelten Büro sitze und an diesem Buch schreibe. Warum tue ich es? Weil ich hoffe, Sie bei Ihrem »Geht-doch«-Projekt zu ermutigen und meinen kleinen Beitrag dazu zu leisten, dass Sie ein bisschen glücklicher werden, als wenn es dieses Buch nicht gäbe.

Ich bin fest davon überzeugt, dass die Welt viel besser, viel friedlicher wird, wenn immer mehr Menschen glücklich sind. Menschen, die das tun können, was sie von Herzen gerne tun, die brauchen keinen Streit, keinen Krieg, keine Gewalt. Nennen Sie mich ruhig eine Träumerin, aber ich bin überzeugt, wenn jeder das tut, was er gerne tut und was er gut kann, und damit auch andere Menschen stärker macht, dann werden wir gemeinsam eine bessere Welt schaffen.

Und verzweifeln Sie jetzt nicht, wenn Sie Ihre Leidenschaft nicht lauthals nach außen posaunen wollen oder kein riesiges inneres Feuer verspüren. Es gibt Menschen, die sprühen aus allen Poren, wenn sie sich für etwas begeistern, und lassen die ganze Welt daran teilhaben. Andere, die eher introvertierten Typen, haben vielleicht »nur« ein warmes Gefühl in der Bauchgegend – und das reicht auch völlig aus. Jeder von uns ist anders und brennt auf eine andere, manchmal eben eher stillere Art.

Willenskraft-Idee Nummer 5: Bleiben Sie offen

Achtung: Mit Willenskraft an Ihr Projekt herangehen heißt nicht, dass Sie einmal gefällte Entscheidungen nun radikal durchziehen müssen. Nein, bleiben Sie offen für neue Impulse, und achten Sie darauf, dass diese von *Ihnen* als attraktiv eingeschätzt werden – und nicht von Menschen, die sich das, was Sie tun möchten, einfach nicht trauen würden oder es sogar ablehnen. Denn natürlich haben Sie in dieser Phase immer noch die Möglichkeit, die Art und Weise, wie Sie Ihren Wunsch realisieren wollen, anzupassen. Erinnern Sie sich an unser Beispiel: Wenn Sie sehen, es ist Limo im Kühlschrank, und die würde Ihnen sehr viel besser schmecken – greifen Sie zu! Wenn Sie merken, die Milch ist sauer – disponieren Sie um. Das Leben ist ein Meer an Möglichkeiten, und bei den meisten unserer Wünsche ist es unerheblich, wie wir diese konkret erfüllen. Hauptsache, wir erfüllen sie. Und das heißt auch, dass wir offen bleiben dürfen gegenüber neuen Chancen, die im Meer der Möglichkeiten auftauchen. »Lageorientierte« Menschen verstehen das oftmals nicht und halten auf Biegen und Brechen an Plan A fest.

Horst und Linda träumen bereits seit 17 Jahren davon, mal ein Ferienhäuschen auf Mallorca zu besitzen. Nun waren sie im Urlaub auf Sizilien und kommen total entzückt zurück: Sie haben ihr Traumhaus gefunden! Und? Kaufen sie es? Nein. Die Lage wäre allerdings schon ideal. Das Haus ist perfekt von der Größe, vom Schnitt her. Die Nachbarn nett. Die Behörden: kein Problem. Der Preis würde passen. Aber? »Na, wir wollten halt immer nach Mallorca.«

Sie können an Ihrer Insel arbeiten, sie gestalten. Passen Sie Ihre konkreten Inseln Ihren sich wandelnden Vorstellungen an und passen Sie sie auch (ein wenig) den sich bietenden Möglichkeiten an. Nur weil wir uns einmal zu einem bestimmten Ziel, zu einer bestimmten Insel bekannt haben, bedeutet das nicht, dass wir eisern daran festhalten müssen. Verwechseln Sie nicht »konsequent« mit »verbohrt«. Vielleicht stellen Sie im Laufe Ihrer konkreten Planung in Phase 3 auch fest, dass eine andere Insel wesentlich attraktiver oder leichter zu erreichen ist – dann modifizieren Sie ruhig den Kurs. Und wenn Sie merken, dass Ihr Wunsch plötzlich nicht mehr da ist, dann stoppen Sie die Fahrt und orientieren Sie sich neu. »Wenn du entdeckst, dass du ein totes Pferd reitest, steig ab«, sagen die Dakota-Indianer.

Willenskraft-Idee Nummer 6: Rechnen Sie mit Leerlauf

Jetzt – in Phase 3 – entscheidet Ihre Volitionsstärke, Ihre Willenskraft, inwieweit Sie mögliche Handlungen konkretisieren können. Und vielleicht stellen Sie fest, dass Sie die Planungen ein paar Tage total engagiert vorangetrieben haben – und dann war die Luft raus. Prüfen Sie an dieser Stelle, ob Ihnen Ihr Vorhaben überhaupt noch wichtig ist. Vielleicht klang zu Beginn alles ganz toll, doch je mehr Sie sich mit dem Thema beschäftigen, desto mehr merken Sie, dass es doch nicht Ihr Ding ist oder dass Ihnen momentan der Preis zu hoch ist. Dann verabschieden Sie sich von dieser Insel. Und suchen Sie sich lieber ein neues »Geht-doch«-Projekt.

Oder ist Ihr »Geht-doch«-Projekt trotz Durchhänger nach wie vor sehr attraktiv? Dann knüpfen Sie jetzt eben wieder an. Es ist in unserem schnellen und fordernden Alltag heute ziemlich normal, dass wir nicht in einem Rutsch »durchziehen«, was wir machen wollen. Ablenkungen sind normal. Freuen Sie sich lieber, dass Sie wieder im Boot sind, und machen Sie weiter. Ärgern Sie sich nicht über die ungenutzten Tage, sondern nutzen Sie lieber die Tage, die jetzt vor Ihnen liegen.

Willenskraft-Idee Nummer 7: Hangeln Sie sich im Archipel voran

Mit ziemlich hoher Wahrscheinlichkeit werden Sie Ihr »Geht-doch«-Projekt nicht nonstop erreichen, sondern zwischendurch ein paar kleinere Inseln ansteuern. Auf diesen Inseln können Sie etwas lernen (Sprachen, Führungskompetenzen), Geld ansparen, Kontakte knüpfen, sich ein Netzwerk aufbauen oder Ihre Verhandlungskompetenz trainieren. Genießen Sie diese Zwischenstopps und nutzen Sie sie aktiv; bleiben Sie aber auch hier offen für Überraschungen. Vielleicht klappt unterwegs das ein oder andere nicht – egal. Werden Sie kreativ und suchen Sie neue Wege und Möglichkeiten.

Phase 4: Die Muskeln spielen lassen und handeln

Sie haben Ihre attraktive Insel bestimmt, die Zwischenstopps fest im Auge, das Boot gepackt, Proviant geladen, die Ruder geölt, die Muskeln aufgewärmt – es geht los. Bestenfalls haben Sie auch den Gegenwind so gut wie möglich abgestellt oder sogar einen Rückenwind daraus gemacht. Und jetzt kommen Sie auf Ihrer Insel an – Sie tun, was Sie tun wollen. Eigentlich sollte jetzt nichts mehr schiefgehen, oder?

Genießen Sie Ihre Zeit auf der Insel, solange es Ihnen Spaß macht. Und wenn Sie nach einiger Zeit merken: »Jetzt wird es allmählich fad«, dann brechen Sie eben wieder auf. Nichts ist für die Ewigkeit, das gilt hier mehr denn je. Je kreativ-chaotischer Sie sind, je mehr Sie der Ideensprudler sind, desto schneller wird der Wunsch nach Abwechslung Sie wieder packen.

Rechnen Sie grundsätzlich auch damit, dass Sie nicht jede Sekunde freudejauchzend das Erreichen Ihrer Trauminsel feiern. Oftmals fällt mit dem Ankommen die Euphorie ein Stück weit in sich zusammen. Und auch jetzt noch stecken Sie insofern in der Phase der Volition, als nicht hundertprozentig sicher ist, dass Sie tatsächlich weitermachen.

Ja, es kann sein, dass Sie Ihr »Geht-doch«-Projekt nun leben – aber nach drei bis sechs Wochen schleicht sich die Routine ein, und Sie merken vielleicht, dass Sie doch nicht mehr voller Inbrunst das tun, was Sie eigentlich tun wollten. Sie haben es vielleicht geschafft, in die Volleyballmannschaft aufgenommen zu werden oder die Hauptrolle im Theaterstück zu ergattern oder ein Fernstudium aufzunehmen. Doch jetzt quälen Sie sich jeden Tag nach Feierabend zum Training, verzweifeln am endlos langen Text, der auswendig zu lernen ist, oder beißen sich an Statistik die Zähne aus? Und überlegen, ob sich der ganze Zirkus überhaupt lohnt?

Nehmen Sie die Motivationsflaute wahr und ärgern Sie sich nicht. Es ist völlig normal, dass unsere Lust und Motivation schwanken. Seien Sie ein wenig gnädiger mit sich selbst. Lösen Sie sich vom Anspruch, jederzeit zu hundert Prozent alles geben zu müssen – denn es ist oftmals allein dieser Anspruch, der Sie demotiviert.

Erinnern Sie sich zurück, warum Sie dieses Projekt unbedingt machen wollten. Warum haben Sie dafür gebrannt? Bringen Sie das Flämmchen, das Sie ins Tun gebracht hat, wieder zum Lodern. Leidenschaft trägt uns weiter als Disziplin!

Don't break the chain!

Blicken Sie nicht auf die Demotivation, sondern blicken Sie auf Ihr Tun. Holen Sie sich kleine Hilfsmittel, um sich Ihre (täglichen) Erfolge vor Augen zu halten. Das kann Ihre Motivation neu beleben. Ein prima Mittel ist die Technik »Don't break the chain«. Erfunden hat sie der Komiker Jerry Seinfeld, der eine Strategie suchte, um sich dazu zu motivieren, jeden Tag einen Gag zu schreiben. Er bastelte sich ein Kalenderblatt und markierte jeden Tag, an dem er einen Witz zu Papier brachte. Dabei entwickelte er den Ehrgeiz, dass diese Kette niemals abreißen möge.

Ich habe diese Idee aufgegriffen und extra eine solche »Kette« designen lassen.[124] Viele meiner Klienten nutzen diese Technik heute, um sich Tag für Tag zu belohnen, wenn sie etwas geschafft haben. Die Selbstverpflichtung steigt dabei auf spielerische Art und Weise, und das kann Ihnen helfen, am Ball zu bleiben. Besonders wenn Sie Gewohnheiten ändern wollen, ist dies eine prima Idee.

Phase 5: Rückblick

Gönnen Sie sich, wenn Sie Ihr Projekt realisiert haben, einen Moment, um zurückzublicken. Viel zu häufig rattern wir mit Vollgas durchs Leben und von einer Aufgabe zur nächsten – doch ein Rückblick kann uns unseren Erfolg so richtig bewusst machen. Und das ist Gold wert! Denn jetzt können wir uns auf die Schulter klopfen für unsere Leistung, unseren Mut oder unsere Sternstunden. Das schüttet zum einen Glückshormone aus. Zum anderen legen Sie damit den Grundstein, auch Ihr nächstes »Geht-doch«-Projekt wieder motiviert in Angriff zu nehmen.

Eine prima Methode ist dabei übrigens der »Rückblick an einer Hand«, den ich in meinem Buch *111 Lifehacks* ausführlich beschreibe. Hier machen Sie sich an den einzelnen Fingern Ihrer Hand Ihre Erfolge in verschiedenen Bereichen deutlich: Der Daumen zeigt Ihnen, was Sie heute dazugelernt haben, der Zeigefinger erinnert Sie an Ihre Ziele, der Mittelfinger fragt nach schönen Erlebnissen mit Ihren Mitmenschen, der Ringfinger fragt, wem Sie heute ein Ratgeber waren, und der kleine Finger fragt, was Sie heute für Ihren Körper getan haben.[125]

Querdenken macht's möglich

Viel zu häufig packen wir unsere Ideen nicht an, weil wir einfach nicht sehen, wie es gehen könnte. Der Grund dafür ist, dass die meisten Menschen auf ihren gewohnten Denk-Autobahnen bleiben, wenn sie Lösungen suchen. Allerdings sind Autobahnen eben in der Regel nicht der beste Weg. Entweder weil auf der Autobahn auch schon viele andere unterwegs sind und »Ihre« Chance nutzen. Oder weil dort asphaltierte Ödnis herrscht. Die schönsten Möglichkeiten blühen nicht im Asphalt – sie blühen auf den Nebenwegen.

Sie können es sich nicht leisten, dass Ihre Tochter für ein Schuljahr nach Indonesien geht? Ein Stipendium als »Botschafter Bayerns« kann es möglich machen. Sie haben kein Geld für eigene Räumlichkeiten, um gleich nach Ihrer Ausbildung als Heilpraktiker zu arbeiten? Schauen Sie im Internet auf Sharing-Portalen nach, wer seine Praxis teilt. Sie nervt der Kabelsalat hinter Ihrem Schreibtisch und das dauernde Abtauchen nach Kabeln? Basteln Sie sich mit ausrangierten Legofiguren eine Halterung. Und überhaupt: Machen Sie sich mit Lifehacks[126] das Leben leichter.

Querdenken bedeutet, über den Tellerrand zu blicken und das »Undenkbare« zu denken. Es bedeutet, vermeintlich unmögliche Lösungen so lange hin und her zu wenden, bis sie machbar werden; und es bedeutet vor allem, sich zu fragen: Was kann ich tun, um zumindest ein kleines Stück in die gewünschte Richtung zu gehen? Unkonventionelle Ideen sind dabei die besten. Denn wer das tut, was auch alle anderen machen, bewirbt sich vielleicht zusammen mit 1000 anderen Kandidaten um den Traumjob, buhlt mit 50 anderen um die schöne Ferienimmobilie auf Mallorca oder bringt das 97. Fertiggericht mit Geschmacksverstärker raus, während sich die hungrigen Konsumenten womöglich längst von Chemie & Co. abgewandt haben.

Mit abgedrehten Ideen schaffen wir es leichter – und mit mehr Spaß –, das zu bekommen, was wir bekommen wollen. Der Kanadier Kyle MacDonald, damals Mitte zwanzig, schaffte es, seinen Traum mithilfe einer roten Büroklammer umzusetzen. In seinem Blog[127] bot er am 12. Juli 2005 eine kleine, rote Büroklammer an: »Ich möchte sie gegen etwas Besseres, Größeres tauschen. Vielleicht gegen einen Stift, einen Löffel oder einen Schuh.« Erklärtes Ziel: Kyle wollte per Tausch zu einem eigenen Haus kommen. Oder einer eigenen Insel. Am 12. Juli 2006, nach 14 Tauschvorgängen, war der Deal perfekt: Schlüsselübergabe in Kipling Saskatchewan, Kanada. Hauptstraße 3! Auf dem Weg dorthin wurde Kyle unter anderem Besitzer eines Kugelschreibers, eines Bierfasses, eines Schneemobils und eines Plattenvertrages. Die komplette Tauschkette können Sie in meinem Blog (gluexx-factory.de) nachlesen.[128] Noch heute profitiert der Kanadier von dieser »bescheuerten« Idee und hält Vorträge mit der Botschaft: »Was ich kann, können Sie auch!« Recht hat er.

Trainieren Sie Ihren unkonventionellen Ideenbooster und sorgen Sie mit folgenden Ideen für großartige Synapsenfeuerwerke:

★ Verlassen Sie Ihre gewohnten Bahnen, und tun Sie Dinge, die Sie noch nie getan haben. Verändern Sie beispielsweise am

Morgen Ihr Ritual, ein Brot zu schmieren. Streuen Sie zuerst Schokostreusel auf einen Teller, buttern Sie dann Ihr Brot und tunken Sie es verkehrt herum in die Schokolade. Probanden, die diese ungewöhnliche Prozedur durchlaufen hatten, schnitten in Kreativitätstests besser ab.[129]
* Sorgen Sie für gute Laune und ausreichend Schlaf.
* Ablenkungen wirken Wunder. Und es ist tatsächlich inspirierend, einen vollen Schreibtisch zu haben. Studien zufolge regen herumliegende Dinge die Kreativität an, an einem leer gefegten Tisch fehlen Gedankenimpulse.[130]
* Bewegen Sie sich! Das durchblutet Ihr Gehirn und Sie kommen auf bessere Ideen.
* Nehmen Sie zufällige Impulse mit und bauen Sie eine Brücke zu Ihrem Thema. Nehmen Sie sich einen beliebigen Gegenstand in Ihrem Umfeld, und schildern Sie, was Ihr Problem mit diesem Gegenstand gemein hat. Was bedeutet die Schildkröte auf dem Poster neben Ihnen für Ihre Herausforderung? Gut funktioniert das auch mit Texten. Schlagen Sie ein Buch oder eine Zeitschrift an einer beliebigen Stelle auf und bringen Sie die Inhalte mit Ihrem Thema in Verbindung. Bewerten Sie nicht; je skurriler Ihre Einfälle, desto anregender. Nutzen Sie online den Zufallsgenerator von Wikipedia, der Ihnen immer wieder andere Texte anbietet.[131]
* Lösen Sie auch immer wieder Querdenkeraufgaben und Alltagsrätsel oder beschäftigen Sie sich mit Strategiespielen. Querdenkeraufgaben haben in der Regel nichts mit Ihrem aktuellen Thema, dem beruflichen oder privaten Alltag oder den täglichen Anforderungen zu tun. Mit Absicht. Denn Fragen – und Antworten –, die nicht in unsere gewohnten Denk- und Erklärungsmuster passen, wecken besser unsere assoziativen und kreativen Fähigkeiten als Themen, die uns eh täglich begegnen. Denken Sie bewusst um![132]

Gewohnheiten und bisheriges Verhalten ändern

»Wer das tut, was er schon immer getan hat, wird auch das bekommen, was er schon immer bekommen hat«, heißt ein bekannter Spruch. Und er stimmt. Wie viele Menschen wollen so gerne Großartiges in ihrem Leben erleben – aber kommen aus dem täglichen Quark nicht heraus. Der Alltag mit all seinen Routinen hat uns fest im Griff, und zwischen Abwasch machen, ins Büro gehen, Chinchilla bürsten, Dahlien pflanzen, E-Mails checken, Fatburnertraining absolvieren und Zeitungen zum Altpapier fahren geht vielen ambitionierten »Geht-doch«-Projekten die Luft aus.

Was Sie hierher gebracht hat, wird Sie nicht dorthin bringen

Doch nicht genug damit, dass unser derzeitiges Verhalten Zeit und Energie von den »Geht-doch«-Projekten abzieht. Nein, wir können regelrecht unsere Träume und Ideen torpedieren und von Grund auf verhindern, dass sie Wirklichkeit werden. Wie viele Menschen träumen von einer Weltreise oder einem Ausstieg auf Zeit, aber tragen ihr Geld jeden zweiten Abend in die Kneipe oder klicken sich munter durch Zalando & Co.? Und sagen dann, eine Auszeit können sie sich nicht leisten. Wie viele Menschen träumen davon, ihr eigener Herr zu sein, aber können sich im Restaurant zwanzig Minuten nicht für ein Essen entscheiden, bis schließlich der Kellner seine eigene »Empfehlung des Tages« notiert. Und sagen dann, sie würden nie eine Chance auf etwas Selbstbestimmung bekommen. Getarnt als innerer Schweinehund, fesseln uns unsere Gewohnheiten an unser altes Leben, und da ist es oft kein Wunder, dass so viele Menschen im »Geht nicht« verharren. Nehmen Sie also zunächst mal Ihr Verhalten und insbesondere Ihre Gewohnheiten unter die Lupe, denn diese verhindern oder beflügeln Ihr »Geht-doch«-Projekt.

»Liebe Frau Nussbaum«, sagen Sie jetzt vielleicht, »ich habe Ihr Buch gekauft, damit ich mein ›Geht-doch‹-Projekt jetzt endlich mal in Angriff nehmen und beispielsweise genau wie Sie mal für vier Monate ans andere Ende der Welt verschwinden kann. Ich will doch keine Gewohnheiten ändern, sondern mal was Außergewöhnliches machen!« Gut, ich sage es Ihnen: Buchen Sie einen Flug, nehmen Sie Ihre Kinder aus der Schule, sagen Sie Ihrem Arbeitgeber, dass Sie jetzt vier Monate weg sind, und ab geht's. Ach so, wenn es so einfach wäre, hätten Sie es schon längst gemacht? Aber Ihnen fehlt noch das nötige Geld? Oder Sie trauen sich nicht, eine Auszeit zu beantragen, weil Sie Angst vor einem Karriereknick oder Jobverlust haben? Oder Ihr Partner zieht nicht mit? Oder Sie haben Angst vor der Reaktion Ihrer Familie? Das verstehe ich, denn in all diesen Fällen kann ein solches »Geht-doch«-Projekt ein ziemlicher Schock für Ihr Umfeld sein und viel Unruhe bringen. Und es kann sein, dass selbst *Ihnen* persönlich dieser Schritt vielleicht zu groß ist und Sie ihn deshalb noch nicht gemacht haben.

Den Veränderungsmuskel trainieren

Die gute Nachricht: Wissenschaftler haben beobachtet, dass Menschen, die immer wieder Kleinigkeiten in Ihrem Leben verändern, plötzlich auch viel leichter mit großen Veränderungen klarkommen. Es ist fast so, als ob wir unseren »Veränderungsmuskel« trainieren können, und je größer dann unsere Herausforderungen werden, desto leichter stemmen wir sie. Und das bedeutet für Sie: Verändern Sie ab sofort Kleinigkeiten in Ihrem Leben, das macht Sie fit für Ihr persönliches »Geht-doch«-Projekt. Gewohnheiten zu verändern, bringt dabei für Sie fünf Vorteile:

Vorteil 1: Gewohnheiten zu brechen, raus aus der Routine zu kommen, weckt Ihre grauen Zellen auf. Sie werden plötzlich viel mehr Chancen sehen, die Sie nutzen können, Sie werden wacher für ungewöhnliche Lösungen, Sie kommen auf völlig neue Wege, die Sie zu Ihrem Ziel führen können. Wer Routinen bricht, fängt an querzudenken.

Vorteil 2: Gewohnheiten zu brechen, stellt auch Ihr Umfeld behutsam auf Veränderungen ein. Menschen, die Tag für Tag in ihren gewohnten Bahnen schwimmen, haben es schwerer, Akzeptanz oder sogar Unterstützung von ihrem Umfeld zu bekommen, als Menschen, deren zweiter Vorname »Veränderung« ist.

Kirstin träumt seit Jahren davon, mal für drei Wochen zu einer Ayurvedakur nach Indien zu fliegen. Doch die Mutter des siebenjährigen Luis war noch nie allein weg, hat noch nie ihre Männer allein zu Hause gelassen. Vorsichtig klopft sie immer mal wieder bei ihrem Mann an, ob sie jetzt nicht doch mal ... ist ja nicht sooo lang ... und die Oma wäre auch noch da ... Aber Ehemann und Sohn stellen sich vehement quer: Schließlich sei sie ja noch nie alleine weggewesen und überhaupt.

Auch Olivia träumt davon, mal für drei Wochen zu einer Ayurvedakur nach Indien zu fliegen. Vor der Geburt ihrer Tochter Lina ist sie immer mal wieder für ein Wochenende allein verreist und gleich nach dem Abstillen auch für fünf Tage ohne Mann und Kind ans Meer gefahren. Auch ihr Mann verbringt regelmäßig einige Tage Urlaub allein mit seinen Freunden oder Kollegen. Für März hat Olivia nun ein tolles Angebot für einen Indientrip gefunden – und ihr Mann und Lina freuen sich, mal drei Wochen die Bude allein zu rocken.

Vorteil 3: Besonders wenn wir negative Gewohnheiten verändern, wächst unser Selbstbewusstsein, dass wir auch noch ganz andere Dinge wuppen können. Wer das Rauchen aufgibt oder abends weniger Alkohol trinkt, der lernt, dass er selbstbestimmt eine Menge bewegen kann. Es geht also nicht nur um die Gewohnheit an sich, sondern auch um das Selbstvertrauen: Egal, was es ist, ich schaffe es!

Vorteil 4: Wer Gewohnheiten verändert, schafft Zeit, Raum und Möglichkeiten für die großen »Geht-doch«-Projekte. Wie wollen Sie Ihren Traum von der dreimonatigen Sahara-Durchquerung per pedes wahr machen, wenn bereits zehn Treppenstufen Sie ins Schnaufen bringen? Wie wollen Sie Ihren Traum von der eigenen Tauchbasis in Indonesien verwirklichen, wenn Sie Ihr Geld in die Kneipe tragen? Wie wollen Sie selbstbewusst ein Unternehmen leiten, wenn Sie nicht mal in den persönlichen Finanzen Klarschiff haben? Großartige realisierte »Geht-doch«-Projekte haben viel, viel früher begonnen, als Außenstehende erkennen können. Vier Monate Hawaii, der zu sanierende Bauernhof oder das eigene Unternehmen – die Basis dafür schaffen Sie bereits weit vorher, indem Sie Ihr Verhalten ändern. Verändern Sie das Naheliegende in Ihrem Leben und nutzen Sie die gewonnenen Ressourcen für Ihr »Geht-doch«-Projekt.

Pit ging früher jeden Abend mit seinen Kumpeln zum Dorfwirt, Karten spielen und ein paar Weißbiere trinken. Der gelernte IT-System-Elektroniker liebte seine abendliche Routine, aber er träumte auch davon, eines Tages nicht mehr in dem kleinen 200-Leute-Nest am Inn zu wohnen und in der IT-Abteilung eines Mittelständlers zu versauern, sondern eine eigene IT-Firma in München zu haben. Langsam reduzierte er die Wirtshausbesuche (sehr zum Spott seiner Kumpel), sparte damit rund 50 Euro pro Woche und machte ein Fernstudium zum IT-Betriebswirt. Heute leitet er ein IT-Haus mit 23 Mitarbeitern.»Hätte ich damals nicht mit meiner Wirtshaus-Gewohnheit gebrochen, dann hätte ich es nicht geschafft«, erzählt der heute 26-jährige Unternehmer.

Vorteil 5: Gerade wenn Sie selbst (oder der Partner) Angst vor der Wucht Ihres »Geht-doch«-Projektes haben, können kleinste Veränderungen in Ihren Gewohnheiten helfen, solche Ängste abzulegen. Wer eine Weltreise machen will, der lernt, sich auf das Ungewisse einzulassen, allein dann schon, wenn er jeden Tag einen anderen Weg vom Büro nach Hause fährt.

Vielleicht besteht Ihr persönliches »Geht-doch«-Projekt sogar darin, dass Sie endlich mal mit ein paar Ihrer schlechten Gewohnheiten brechen wollen? Dass Sie vielleicht auf die Süßigkeiten zwischendurch und den Knabberkram am Abend beim Fernsehen verzichten wollen, um endlich wirklich und dauerhaft Ihr Gewicht zu reduzieren? Dann ist dieses Kapitel genau *Ihres*.

Gewohnheiten auf den Prüfstand stellen

Was tun Sie als Erstes, wenn Sie in der Früh aufstehen? Greifen Sie nach dem Smartphone oder küssen Sie Ihren Partner? Machen Sie dann zunächst einen Kaffee oder gehen Sie duschen? Greifen Sie im Vorbeigehen nach einem Keks oder frühstücken Sie in Ruhe? Putzen Sie Ihre Zähne vor oder nach dem Frühstück? Ziehen Sie zuerst sich oder zuerst die Kinder an? Begrüßen Sie, im Büro angekommen, zuerst die Kollegen oder checken Sie die Mails? Bestellen Sie in der Kantine mehr Gemüse oder mehr Pommes? Geben Sie großzügig Trinkgeld oder gehen Sie gar nicht auswärts essen?

Ziehen Sie abends zu Hause die Pantoffeln an und essen vor dem Fernseher? Oder ziehen Sie Laufschuhe an, drehen noch eine Runde um den Block und nutzen die Zeit beim Abendessen, um mit Ihren Kindern und Ihrem Partner zu reden? Jede Gewohnheit bedeutet an sich relativ wenig. Und doch haben die Küsse für den Partner, der Griff nach dem Keks, das Trinkgeld, die Gespräche mit den Kindern, unsere Gedanken und unsere Abendgestaltung eine enorme Auswirkung auf unsere Gesundheit, unsere finanzielle Situation, unsere Schaffensfreude und Produktivität sowie insgesamt auf unser Wohlbefinden. Wenn Sie Ihre »Geht-doch«-Projekte in Angriff nehmen wollen, dann lohnt es sich, die eigenen Gewohnheiten auf den Prüfstand zu stellen. Denn in der Summe bilden sie die Autobahnen, auf denen Sie dann unterwegs sind.

Haben Sie das Gefühl, Ihre Gewohnheiten bringen Sie auf Ihrem Weg zum »Geht-doch«-Projekt voran? Prima, dann machen Sie so weiter! Aber es kann auch sein, dass momentan noch viele Ihrer Gewohnheiten *gegen* Ihr »Geht-doch«-Projekt arbeiten. Jeden Tag. Jede Stunde. Jede Minute. Und dann lohnt es sich, dass Sie hier ansetzen und bewusst wieder das Ruder in die Hand nehmen. Wir denken zwar, dass wir die meisten unserer Entscheidungen aufgrund sorgfältiger Abwägung treffen. Doch das stimmt nicht! Forscher der Duke University fanden heraus, dass über 40 Prozent unserer täglichen Handlungen nicht auf bewussten Entscheidungen beruhen, sondern auf Gewohnheiten.[133] Gut, dass Neurologen und Psychologen mittlerweile entdeckt haben, wie Gewohnheiten funktionieren. Und – was für uns noch wichtiger ist – wie wir sie verändern können. Das geht nicht unbedingt schnell und leicht. Aber es geht! Gewohnheiten lassen sich verändern, wenn wir verstehen, wie sie funktionieren. Also los.

Gewohnheiten lassen sich verändern, wenn wir verstehen, wie sie funktionieren

Der Vorteil von Gewohnheiten

Gewohnheiten sind per se nichts Schlechtes. Im Gegenteil. Gewohnheiten helfen uns, mit den zahlreichen alltäglichen Aufgaben klarzukommen, ohne dass unser Hirn wegen Überforderung aufgibt.

Gewohnheiten machen den Kopf frei. Das wiesen Forscher des Massachusetts Institute of Technology (MIT) nach. Sie setzten Ratten kleine Sensoren im Gehirn ein, die die Hirntätigkeit messen konnten, und platzierten die Ratten anschließend in einem T-förmigen Kasten, an dessen linkem Ende eine Tafel Schokolade lag. Dann öffneten die Wissenschaftler eine kleine Trennwand mit einem leisen »Klick«.

Die Ratten wanderten zunächst den Mittelgang auf und ab, schnüffelten, kratzten an den Wänden. Sie schienen die Schokolade riechen zu können, wussten aber nicht, wo diese zu finden war. Im Gabelungsbereich des T-Kastens wandten sich viele zögerlich erst nach rechts, kehrten um, hielten inne, und die meisten von ihnen fanden nach einiger Zeit die Schokolade im linken »T-Eck«. Es schien, als hätten die Tiere einfach ins Blaue hinein gesucht, doch die Hirnscans der kleinen Nager zeigten ein anderes Bild. Ihre Gehirne arbeiteten auf Hochtouren und verarbeiteten jeden Sinneseindruck. Die Forscher wiederholten die Versuche mit den Tieren immer wieder. Und stellten fest, dass die Ratten mit jedem Durchlauf zielstrebiger wurden, schneller durch den Kasten liefen und schließlich völlig ohne Kratzen und Schnüffeln die Schokolade fanden. Sie hatten den Weg »gelernt«. Und ihr Gehirn? Die Forscher waren überrascht: Je besser die Ratten lernten, durch den Kasten zu laufen, desto *geringer* wurde ihre mentale Aktivität. Je mehr das Durchwandern eine Routine wurde, desto weniger dachten die Ratten nach!

Ein genauerer Blick ins Gehirn der Ratten zeigte, dass die neue Gewohnheit in den sogenannten Basalganglien Spuren hinterlassen hatte. Die Basalganglien sind zentral im Gehirn verborgen. Sie liegen zwischen den ganz innen liegenden älteren, »primitiven Strukturen«, wie zum Beispiel dem Hirnstamm (der Nahtstelle zwischen Rückenmark und Gehirn), die unser automatisches Verhalten wie Atmen, Schlucken und Fluchtreflex steuern, und den äußeren Segmenten, in denen unsere komplexen Denkprozesse ablaufen. Waren bei den Ratten also zunächst die äußeren Segmente extrem aktiv, so schalteten diese Bereiche nach einer Woche Training völlig ab; stattdessen hatte die sehr alte Hirnstruktur der Basalganglien das Kommando übernommen. Vereinfacht ausgedrückt: Die Basalganglien speicherten die Gewohnheiten, während der Rest des Gehirns schlief.[134]

Genau aus diesem Grund erleichtern uns Gewohnheiten den Alltag. Nicht auszudenken, wenn wir jeden Handgriff (Zahnpasta auf die Bürste drücken, Bürste zum Mund führen, Putzbewegungen ausführen …) immer und immer wieder neu entdecken müssten. Wir wären wohl kurz nach dem Aufstehen schon völlig erschöpft. So aber verwandelt unser Gehirn eine Folge von Handlungen in automatische Routinen. Diese Automatisierung bildet die Basis unserer Gewohnheiten. Dank dieser Abläufe schaffen wir es auch, sehr komplexe Vorgänge mit wenig Energieaufwand zu absolvieren. Wir nehmen in der Früh den Schlüsselbund in die Hand und sind einige Zeit später auf der Autobahn. Haben Sie bewusst die Zündung betätigt, den Gang eingelegt, die Einfahrt rückwärts verlassen, geblinkt? Sicherlich nicht (mehr). Ja, als wir Fahrschüler waren, da hat uns das eine Menge Aufmerksamkeit und Denkleistung abgefordert. Heute springen einfach nur unsere Basalganglien an, identifizieren die Gewohnheit, die mit dem Griff nach dem Schlüsselbund beginnt und mit dem Parkvorgang an unserem Ziel endet, und lassen uns richtig handeln.

Gewohnheiten machen den Kopf frei und erleichtern uns den Alltag. Sie entstehen, weil unser Gehirn ständig nach Wegen sucht, sich weniger anzustrengen. Gewohnheiten sind also eine wunderbare kräftesparende Erfindung unseres Kopfes, damit wir mehr Kapazitäten für die wichtigen Dinge im Leben haben. Die Gewohnheiten laufen einfach automatisch ab, nachdem das Gehirn den entsprechenden Auslöser erhalten hat. Im Versuch mit den Ratten war der Auslöser für den Weg zur Schokolade der vernehmbare »Klick«. Der Auslösereiz signalisierte den Ratten: »Auf geht's zur Schokolade!«

Und genau das passiert in unserem Gehirn: Erhalten wir einen Auslösereiz, dann bekommt unser Gehirn die Aufforderung, in einen automatischen Modus umzuschalten. Der Auslöser sagt unseren Basalganglien, welche Gewohnheit sie aktivieren sollen. Dann kommt die Routine (bei den Ratten: den T-Gang entlanglaufen) bis hin zur Belohnung (Schokolade), die uns dann zeigt: super, alles erwartungsgemäß abgelaufen!

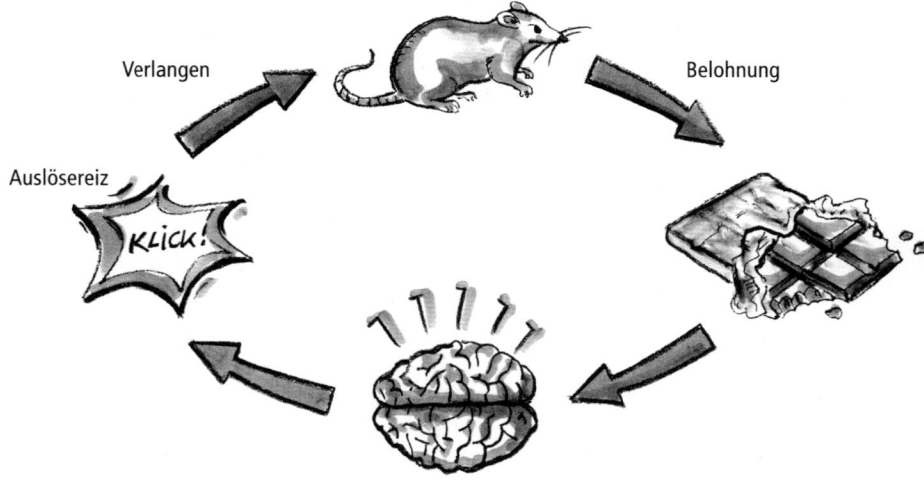

Die Gewohnheitsschleife

Im Laufe der Zeit wird dieser Ablauf – Auslösereiz, Routine, Belohnung; Auslösereiz, Routine, Belohnung – in unserem Gehirn komplett automatisiert und tief in den Basalganglien verankert. Auslösereiz und Belohnung wachsen eng zusammen, bis wir beim kleinsten Reiz ein großes Verlangen nach der Belohnung verspüren und sofort, ohne nachzudenken, handeln. Das ist wie in einem Dominospiel: Ist der erste Stein angestoßen (Auslösereiz), fallen die anderen Steine auch (Handlungen), bis wir die Belohnung ernten. Wir sehen ein Glas Rotwein – und »es« drängt uns geradezu, es zu trinken. Sie sehen die Couch im Wohnzimmer – und »es« zwingt Sie geradezu in die Horizontale. Sie sehen die Tüte Chips – und »es« lässt Sie die Tüte aufreißen und sofort eine Handvoll in den Mund schieben.

Prima, sagen Sie jetzt vielleicht. Genauso ist es! Das ist tief in meinen ältesten Gehirnwindungen eingegraben; ich kann gar nicht anders, als meinem inneren Schweinehund nachzugeben! Doch, Sie können anders! Denn unsere Gewohnheiten sind kein unabänderliches Schicksal. Jeder von uns kann auch lange bestehende Gewohnheiten verändern oder sogar ersetzen. Eher kreativ-chaotische Menschen haben hier vielleicht einen Vorteil: Aufgrund ihrer Neugierde lieben sie eh Abwechslung; und alles, was neu in ihrem Alltag ist, schüttet im Gehirn das Belohnhormon Dopamin aus.

Nur eines wird, da sind sich die Wissenschaftler offenbar einig, nicht passieren: Wir werden alte Gewohnheiten nie komplett ausradieren können. Selbst wenn wir uns über Monate oder Jahre an ein neues Verhalten gewöhnt haben, so sind die alten Gewohnheiten immer noch in den Strukturen unseres Gehirns eingraviert. Zum Glück! Denn stellen Sie sich mal vor, Sie müssten jeden Sommerurlaub neu schwimmen lernen. Oder bei jeder Party neu tanzen lernen. Nein, es ist schon gut, dass auch Verhalten, das wir länger nicht nutzen, nicht einfach gelöscht wird. Dumm ist dabei allerdings, dass unser Hirn nicht zwischen »guten« und »schlechten« Gewohnheiten unterscheiden kann. Und deshalb erleben wir häufig Rückfälle in unsere alten Gewohnheiten. »Wenn wir eine schlechte Gewohnheit haben, liegt sie immer auf der Lauer und wartet auf die richtigen Auslösereize und Belohnungen«, erklärt MIT-Wissenschaftlerin Ann Graybiel.[135] Kein Wunder also, dass Sie (bislang) immer wieder gescheitert sind, wenn Sie mehr Sport treiben, sich gesünder ernähren oder andere neue Verhaltensweisen (nicht mehr jammern, sich selbst loben) umsetzen wollten.

Die gute Nachricht: Wir können dem Rückfall in alte Gewohnheiten entgegenwirken. Dazu gleich mehr.

Alle Gewohnheiten sind tief im Hirn eingraviert – auch die guten!

Wir fallen also immer wieder gerne und leicht in alte Gewohnheiten zurück. Und das bedeutet zugleich: Wir fallen auch leicht in gute (!) Gewohnheiten zurück. Erkennen Sie, welches Potenzial wir da haben? *Gute* Gewohnheiten, die wir früher mal hatten, können wir ebenso leicht reaktivieren wie die anderen. Sie haben früher jeden Abend nach Büroschluss Sport gemacht? Prima, Ihr Gehirn wird diese Gewohnheit schnell reaktivieren können. Sie haben früher schneller »Nein« gesagt und nicht den Drang gehabt, es allen recht zu machen? Perfekt! Lassen Sie uns gleich mal auf die Suche gehen, wo dieses Verhalten in Ihren grauen Zellen abgelegt ist, und es wieder anfeuern. Sie haben sich früher für vieles begeistern können, bevor der Alltagstrott mit seinem »Wie immer« Ihre Lebensfreude erstickt hat? Wunderbar! Es ist nur ein kleiner Schritt, den Funken wieder zu entzünden.

Gewohnheiten entstehen auch durch Vorbilder

Gewohnheiten entstehen, indem wir etwas tun – oder auch immer wieder beobachten. Aus diesem Grund etablieren sich zahlreiche kulturelle Gewohnheiten: In südländischen oder US-Haushalten läuft oft den ganzen Tag der Fernseher, die Japaner trinken Tee statt Bier, Menschen in einem sportlichen Umfeld treiben mehr Sport als diejenigen, die unter lauter Couch-Potatoes leben, Kinder mit rauchenden Eltern greifen häufiger später selbst zum Glimmstängel als Kinder aus Nichtraucherfamilien. Und auch den abendlichen Griff zum Bier oder Wein übernehmen viele Menschen als Gewohnheit von ihren Eltern: Nach einem anstrengenden Tag hat »man« sich ein kleines Schlückchen einfach verdient. Oder braucht es einfach zum Runterkommen. Wir übernehmen häufig – unbedacht! – Gewohnheiten aus unserem Umfeld, selbst wenn sie uns nicht guttun. Denn bis wir es merken, ist es schon zu spät. Aus dem »Nachahmen« sind Gewohnheitsautobahnen im Hirn geworden.

Denken Sie einen kurzen Moment nach: Welche Ihrer heutigen Gewohnheiten haben Sie, weil Sie andere Menschen einfach nachgeahmt haben? Welche Verhaltensmuster haben Sie übernommen? Von Eltern, Freunden, Kollegen? Gehen Sie gedanklich Ihren Tages- und Wochenablauf durch: Warum sind Sie ein morgendlicher Teetrinker geworden? Warum ein Kaffeetrinker? Warum fahren Sie einen Toyota? Oder einen Mercedes? Lesen Sie viel? Oder sehr wenig? Warum kleiden Sie sich so, wie Sie sich kleiden? Wie verbringen Sie Ihre Mittagspause? In der Kantine? Oder mit einem schnellen Snack am Arbeitsplatz? Was trinken Sie zum Abendessen?

Hinterfragen Sie Ihre Gewohnheiten. Denn indem wir verstehen, wie es zu diesen Gewohnheiten gekommen ist, bekommen wir den Schlüssel für eine Veränderung in die Hand. Wer erkannt hat, dass übernommene Muster oder Glaubenssätze (»Zu einem guten Essen gehört ein schöner Wein«, »Gute Nachbarn sind immer füreinander da«) den Aufbau von Gewohnheitsschleifen begünstigen, kann die Routine stoppen.

Ich will jetzt hier nicht als Spaßbremse »Wehret den Anfängen« rufen. Aber ich möchte Sie motivieren, sich bei den Gewohnheiten, die Sie »eigentlich« nerven, für die Option »Zurück auf Los!« zu entscheiden. Und ich finde, das geht ganz leicht, wenn wir uns mal klarmachen, wie wir zu manchen unserer Gewohnheiten gekommen sind. Besonders wenn wir erkennen, wie gezielt und raffiniert wir in so manche Gewohnheit reingetrieben werden.

Warum wir Gewohnheiten so schnell annehmen – ein Beispiel

Eine US-Studie beschäftigte sich vor einigen Jahren mit der Frage, warum Familien häufig in Fast-Food-Lokale gehen. Vielleicht haben die Eltern einen langen Tag hinter sich, die Kinder quengeln hinten im Auto? Da erscheint es als schnellste und praktischste Variante, kurz mal in den nächsten McDonald's oder Burger King zu springen. Und so ungesund ist es ja nicht, sich mal hier zu verköstigen. Zumal, hmmm, sind ja ganz lecker, die salzigen Pommes ... und der Hamburger ist schön saftig. Alle werden satt und schnell geht es auch. Die Belohnung ist da. Der Auslösereiz? Die Eltern sind erschöpft, die Kinder quengeln, das McDonald's- oder Burger-King-Schild ist in Sichtweite. Und so fahren sie wenige Wochen später wieder hin, dann wieder, dann wieder und aus der einmaligen Ausnahme wird eine Dreimal-die-Woche-Gewohnheit.

Aber warum erhöhen Familien ihre Besuchsfrequenz? Das wollten Forscher der Universitäten von North Texas und Yale genauer wissen. Bei ihren Untersuchungen »stießen sie auf eine Reihe von Auslösereizen und Belohnungen, von denen die meisten Verbraucher nicht wussten, dass sie ihr Verhalten beeinflussten«, schreibt der Journalist Charles Duhigg in seinem Buch *Die Macht der Gewohnheit*.[136] Warum sieht jede McDonald's- oder jede Burger-King-Filiale nahezu gleich aus? Das hat nicht nur Kostengründe, wie die Wissenschaftler herausfanden. Ihre Theorie: Die Unternehmen versuchen, das Einkaufserlebnis so weit wie möglich zu standardisieren, von den Produkten über die Architektur, die Kleidung des Personals, die Musikberieselung im Hintergrund, den Geruch bis hin zu den

Dialogen während der Bestellung, »sodass alles ein konstanter Reiz zur Auslösung von Kaufgewohnheiten wird«[137]. Auch die Produkte selbst sind so gestaltet, dass wir einen sofortigen Belohnungseffekt verspüren: Die »Pommes frites sind zum Beispiel so aufbereitet, dass sie in dem Moment, wo sie die Zunge des Verbrauchers berühren, zu zerfallen beginnen, um so schnell wie möglich einen Schub von Salz und Fett freizusetzen, der die Lustzentren im Gehirn aktiviert und das Gehirn veranlasst, dieses Muster abzuspeichern«[138]. Geht es Ihnen gerade wie mir? Während ich diese Zeilen schreibe, läuft mir tatsächlich das Wasser im Mund zusammen, und am liebsten würde ich jetzt gleich eine Tüte Pommes verputzen. Gut, dass ich sicher in meinem Homeoffice sitze und der nächste Supermarkt ein paar Kilometer entfernt ist. Da nehme ich doch gleich einen Schluck grünen Tee, Gott sei Dank ist die Lustattacke damit vorüber.

Warum aber sind wir in der Regel unbeherrscht und gieren nach dem Ungesunden? Der Grund ist, dass wir einem ganz ausgeklügelten Belohnungssystem auf den Leim gehen. Einem Belohnungssystem, dem wir – solange wir es nicht kennen – tatsächlich hilflos ausgeliefert sind. Und das Belohnungssystem nennt sich »Rezept«.

Warum essen wir so gerne ungesund?

Warum stürzen wir uns mit Vorliebe auf Salziges, Fettes und Süßes? Gut, bei unseren Vorfahren in den Höhlen und Wäldern war das klar: War etwas süß, dann war es genießbar (im Gegensatz zu herben, womöglich giftigen Beeren), Salz lieferte wertvolle Mineralien und Fett brachte unsere Urahnen gut über den Winter. Dass ihnen diese Nahrungsmittel gut schmeckten, war also überlebenswichtig. Aber heute? Tja, hier haben sich unsere Vorlieben so tief in unser Gehirn eingegraben, dass unser Belohnungszentrum auch heute noch Regie führt: Neurobiologisch gesehen übernimmt es das Zepter und sorgt dafür, dass wir bei bestimmten Speisen weiteressen – und einfach nicht mehr aufhören können. Obwohl wir keinen Hunger mehr haben, obwohl uns von der halben Packung Chips schon schlecht ist, geht die Hand fast schon zwanghaft in die Tüte, so schmackhaft sind die krossen Kartoffelscheibchen in ihrer industriell aufbereiteten Version. Und genau diese »Schmackhaftigkeit« ist es,

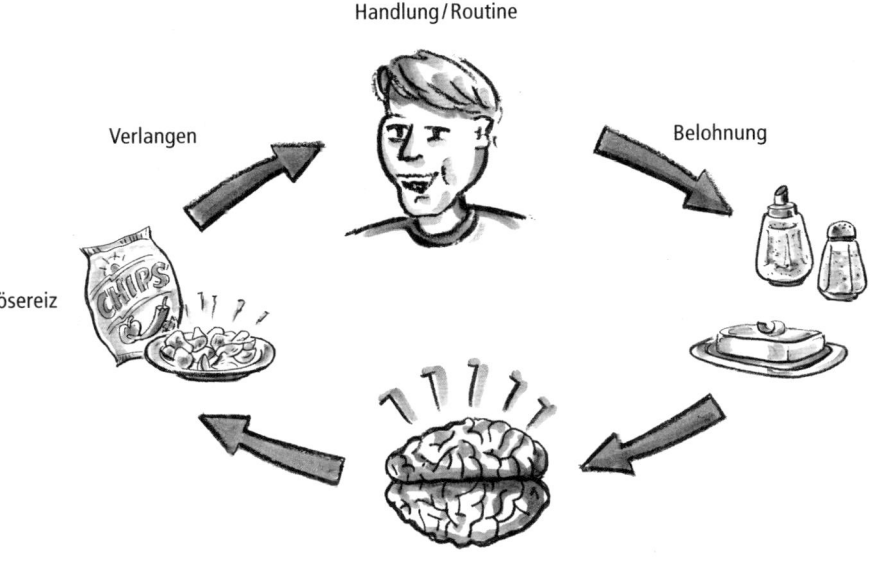

die von den Nahrungsmittelproduzenten gezielt weiter- und weiterentwickelt wird.

Während wir im normalen Sprachgebrauch unter »schmackhaft« verstehen, dass etwas angenehm schmeckt, bezieht sich dieser Begriff in der Wissenschaft »in erster Linie auf die Fähigkeit eines Nahrungsmittels, den Appetit anzuregen und uns zum Weiteressen zu animieren. Schmackhaftigkeit hat natürlich mit dem Geschmack zu tun, aber insbesondere auch mit der Motivation, sich diesen Geschmack zu sichern. Sie ist der Grund, weshalb wir mehr wollen«, schreibt David A. Kessler, ehemaliger Kommissar der amerikanischen Gesundheitsbehörde FDA.[139] Zahlreiche Forscher haben in den vergangenen Jahren untersucht, welche Zutaten uns dabei besonders schmackhaft vorkommen. Ihr Ergebnis: Förmlich eine Explosion der Geschmacksknospen erleben wir, wenn die drei Zutaten Zucker, Fett und Salz in einer perfekten Mischung stehen. Unser Belohnungszentrum im Gehirn schlägt Purzelbäume vor Vergnügen – und wir wollen diesen Belohnungseffekt wiederholen. Das heißt:

Speisen mit viel Zucker, Fett und Salz steigern das Verlangen nach Speisen mit viel Zucker, Fett und Salz. Wir werden »süchtig« nach dem Kick, denn die richtige Mischung aus Salz, Zucker und Fett macht uns glücklich. Und so gieren wir genau nach diesem Essen.

»Mehr Zucker, Fett und Salz steigern den Appetit«, erklärte eine hochrangige Führungskraft der Lebensmittelindustrie im Interview gegenüber Kessler. Mit »bemerkenswerter Offenheit« schilderte sie ihm, dass die Lebensmittelindustrie ihre Gerichte anhand der »drei Punkte auf dem Kompass« maßschneidere. Zucker, Fett und Salz machen Speisen unwiderstehlich und verleihen dem Lebensmittel einen hohen Lustwert. »Achten Sie beim Lebensmitteldesign gezielt auf einen hohen Lustfaktor?«, fragte Kessler. »Aber natürlich«, antwortete der Spezialist ohne jedes Zögern. »Wir werfen so viel wie möglich davon in die Waagschale.«[140] In den Labors von Kentucky Fried Chicken, McDonald's, Burger King, Kraft Foods oder Ferrero arbeiten Lebensmittelspezialisten beständig daran, den Geschmack der Speisen zu »verfeinern« – sprich: uns die Gaumenfreuden zu kreieren, nach denen wir dann gieren. Schieben wir uns diese »schmackhaften« Lebensmittel in den Mund, dann schüttet unser Gehirn Opioide oder Endorphine aus, die eine ähnliche belohnende Wirkung wie Morphium oder Heroin haben. Wenn Nahrungsmittel diesen Opioidschaltkreis stimulieren, möchten wir essen.[141] Und essen. Und essen. Weil es uns glücklich macht.

Den Effekt sehen wir dann auf der Waage. Als Beweis für den Zusammenhang zwischen dem »schmackhaften« Essen und unseren Rettungsringen sehen Experten Entwicklungen wie in Mexiko: Seit dort im Jahr 1990 amerikanische Fast-Food-Ketten eröffnet haben, wächst der Bauchumfang der Mexikaner. Zusätzlich zu den traditionellen mexikanischen Fettmachern wie Taco und Tortilla, auch scherzhaft Vitamin T genannt, konsumierten sie Fast-Food-Menüs und Softdrinks (die Mexikaner sind die größten Coca-Cola-Trinker der Welt) und liefen den Vereinigten Staaten den Rang als fetteste Nation der Welt ab. »Mit 70 Prozent übergewichtigen und 32,8 Prozent fettleibigen Bürgern (USA: 31,8 Prozent) hat das südliche Nachbarland ein dickes Problem«, schrieb die Schweizer Zeitung *20 Minuten*.[142]

Manipulation durch Unternehmen und Mitmenschen

Mittlerweile nutzen viele Unternehmen das Wissen um unsere neuronalen Belohnungsmuster, um Produkte so zu kreieren, dass ein gewisser Suchtfaktor entsteht. Programmierer von Onlinespielen halten uns beispielsweise mit einer ausgeklügelten Mischung zwischen Erfolg und Scheitern bei der Stange. Kennen Sie das? Sie haben gerade ein Level bei Candy Crush geschafft und sagen sich: Ach, nur eines noch. Jetzt aber kommen Sie einfach nicht weiter. Sie schieben die roten Stäbchen und blauen Kugeln umher, doch es hakt. Gescheitert. Gut, dann noch ein Versuch. Gescheitert. Noch ein Versuch. Gescheitert. Noch ein Versuch, ein letzter. Und gerade als Sie entnervt das Smartphone an die Wand werfen wollen, schaffen Sie das Level. Ui, zur Belohnung spielen wir doch gleich noch eines.

Tja, mal wieder sind wir den Tricks der Entwickler auf den Leim gegangen. Etwa dem Loot-System, bei dem Gegenstände erbeutet werden können. Ergattern wir den ersehnten Gegenstand, so schüttet unser Gehirn Dopamin aus – und wir sind motiviert, noch mehr von diesem Gefühl zu erzeugen, also noch mehr Gegenstände zu erbeuten. Klassische Belohnungen sind bei vielen Spielen auch das Freischalten von Objekten (neue Autos, neue Songs, neue Hilfsmittel) und die Möglichkeit, sich ab einem gewissen Punktestand mit anderen Spielern zu verbinden.[143] Egal, welchen Motivationszirkel die Programmierer anwenden, wir folgen wie der pawlowsche Hund. Und die Hersteller verdienen. Genau im richtigen Moment, wenn wir nämlich wirklich die Nase voll haben, bieten sie uns an, ein Hilfsmittel zu kaufen, um das Level zu knacken. Und die meisten Spieler denken sich: »Sind ja nur 39 Cent.« Ja, aber 39 Cent, die Sie definitiv nicht »freiwillig« zahlen, sondern zu denen Ihr Gehirn Sie quasi zwingt.

Manipulation kann nicht nur von geschickten Rezepten oder Spieledesigns ausgehen, sondern auch von anderen Menschen. Jeder von uns hat ein paar Knöpfe, bei deren Aktivierung wir automatisch »Ja« sagen, obwohl wir viel lieber »Nein« sagen würden. Solche Knöpfe können Äußerungen sein wie »Du meldest dich aber auch nie!« oder »Du bist die Einzige hier im Unternehmen, der ich das anvertrauen kann«. Oder »Ich komme mit dieser Exceltabelle einfach nicht klar«, verbunden mit einem tiefen Seufzer.

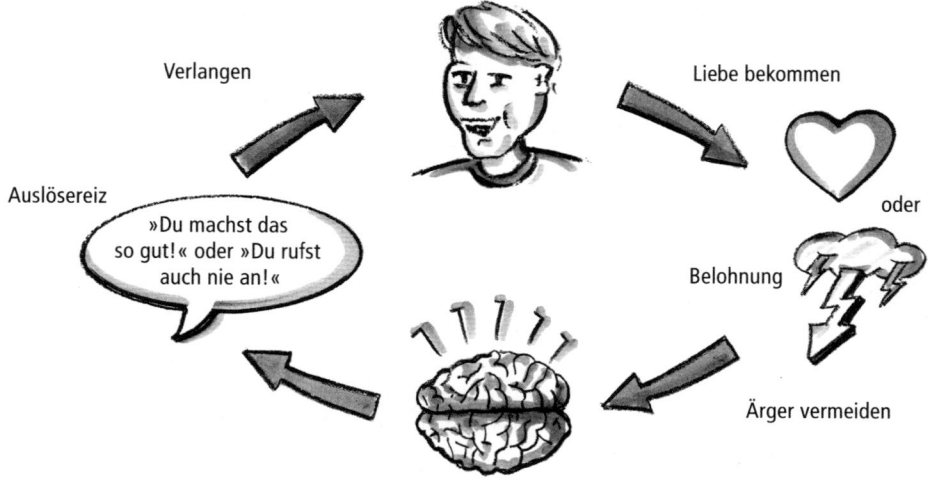

Mit solchen Aussagen – sei es in Form von Vorwürfen oder in Form von Lob – zielen unsere Mitmenschen (bewusst oder unbewusst) auf unsere Automatikknöpfe, und wir tun anschließend immer automatisch das, was die anderen wollen. Unsere Fähigkeit, eine überlegte und bewusste Entscheidung zu treffen, ist außer Kraft gesetzt, und unsere gewohnten Handlungen laufen ohne unser weiteres Zutun ab. Wir funktionieren, weil wir mit unserem braven Tun eine feine Belohnung erhalten, sei es in Form von Anerkennung, Lob, Liebe, Aufmerksamkeit, Zuwendung oder in Form von »Vermeiden von Ärger«.

Wir funktionieren automatisch und ärgern uns höchstens im Nachhinein, dass wir uns mal wieder »fangen« lassen haben. Und selbst wenn uns diese Manipulation später bewusst wird, fällt es den meisten von uns schwer, jetzt noch einen Rückzieher zu machen und eine einmal gegebene Zusage wieder zurückzunehmen. Vor allem wenn wir sehr hilfsbereit sind und es gerne allen Mitmenschen recht machen.

Schluss mit vorauseilendem Gehorsam

Das Hinterhältige an solchen (manchmal gar nicht bewusst getätigten) manipulativen Aussagen ist, dass wir sehr schnell in einen vorauseilenden Gehorsam verfallen. Wenn Ihnen Ihr Chef immer wieder gesagt hat, wie unentbehrlich Sie für ihn sind, dann trauen Sie sich erst recht nicht, Ihr außerbetriebliches »Geht-doch«-Projekt durchzuziehen, weil Sie ihn nicht enttäuschen wollen. Wenn Ihre geschiedene Mutter Ihnen immer sagt: »Werd ja nicht so arbeitssüchtig wie dein Vater«, dann werden Sie unter Umständen kein eigenes Unternehmen aufmachen, weil Sie nicht die Enttäuschung in ihren Augen sehen wollen. Wenn Ihnen Ihr neuer Partner sagt: »Wenigstens du machst keine Probleme«, dann werden Sie vermutlich der unkomplizierteste Mensch der Welt werden – und all Ihre eigenen Bedürfnisse immer brav hintanstellen.

Ich treffe immer wieder erwachsene Menschen, die sagen, sie müssten jeden Tag ihre Mutter anrufen, und die davon total genervt sind. Wenn ich dann frage, was denn passieren würde, wenn sie es nicht täten, kommt meist als Antwort: »Dann ist sie total beleidigt.« Beleidigt sein ist natürlich auch eine Art der Manipulation. Manchmal frage ich dann weiter: »Was würde dann passieren?« Und gewöhnlich lautet die Antwort ungefähr so: »Dann redet sie drei Wochen nicht mehr mit mir.« Super, damit hätte sich das Problem ja erledigt. Natürlich nur oberflächlich gesehen.

Warum machen wir das? Warum passen wir unser Verhalten allein schon aufgrund der Erwartung einer bestimmten Reaktion an und zwingen uns oft zu etwas, was wir »eigentlich« gar nicht wollen? Zum einen mit Sicherheit, weil wir denkende und vorausschauende Wesen sind und wissen, was passiert, wenn wir etwas tun oder nicht tun. Zum anderen aber auch, weil unsere Reaktion auf einen Auslöser völlig unreflektiert und gewohnheitsmäßig geschieht. Wolfram Schultz, Professor für Neurowissenschaft in Cambridge, fand heraus, dass das Lustempfinden im Gehirn nicht erst einsetzt, wenn wir eine Belohnung erhalten haben. Sondern bei eingefahrenen Gewohnheiten sogar schon *vorher*. In einer Studie bekam der Affe Julio Brombeersaft auf die Lippen geträufelt, wenn er eine Figur auf seinem Bildschirm sah und einen Hebel betätigte (Auslösereiz: Figur; Handlung: Hebel drücken; Belohnung: Saft. Effekt: Lustgefühl im Hirn). Nach einer Zeit stellte Schultz fest, dass Julios Lustzentrum im Gehirn bereits aktiv wurde, wenn er die Form sah – also lange bevor er den Hebel drückte oder der Brombeersaft seine Lippen berührte. Allein die Aussicht auf die Belohnung sorgte in seinem Gehirn offenbar für neuronale Freudensprünge. Blieb dann allerdings der Saft aus, wurde Julio wütend. Sein durch den Auslösereiz gewecktes Verlangen musste auch gestillt werden.[144]

Und ich glaube, etwas Ähnliches passiert bei uns: Jahrelang wurden wir für ein bestimmtes Verhalten belohnt (gelobt, nicht ausgeschimpft), und kommt nun wieder eine solche Situation, ein bestimmter Auslösereiz, dann nimmt unser Gehirn die Belohnung (Glücksempfinden) vorweg, die Handlung folgt automatisch. Bleibt dann aber die wirkliche Belohnung aus, werden wir sauer.

Petra ist frustriert. Am Wochenende hat ihr Vater seinen 70. Geburtstag gefeiert. Schon immer ist Petra, Vollzeit arbeitende Mutter von zwei Kindern, zur Stelle, wenn er etwas braucht oder einlädt. Mehrmals die Woche kümmert sie sich um ihn, kauft ein, hilft ihm im Haus, und anfangs sagte ihr Vater immer, wie dankbar er für ihre Unterstützung sei. Ihr Bruder Jochen hingegen war schon seit Ewigkeiten nicht mehr bei seinem Vater, und auch bei den letzten Feierlichkeiten hatte er immer einen guten Grund, nicht zu kommen. Zum 70. Geburtstag allerdings tauchte er dann doch auf. Als der Vater die Gäste mit einer kleinen Rede offiziell begrüßte, sprach er minutenlang darüber, wie glücklich er sei, dass Jochen sich die Zeit genommen hat, er, der Vielbeschäftigte, es sei eine besondere Ehre, dass dieser bei seiner knappen Zeit und seinen vielen Aktivitäten den Weg hierher gefunden habe. »Kein Wort über mich. Kein Wort des Dankes, was ich für ihn getan habe in den letzten Jahren. Nichts. Nur sein toller Sohn, der war Thema des Abend«, erzählt Petra traurig. Hätte sie Worte des Dankes erwartet? »Na ja, wenn ich ehrlich bin, schon. Und vor allem nachdem Paps so lange über Jochen gesprochen hat, spätestens da habe ich auf Anerkennung für mein Tun in den letzten Jahren gewartet. Aber da kam nix. Vermutlich bin ich doch nicht so selbstlos, wie ich immer dachte.«

Unser Gehirn nimmt die Belohnung vorweg. Sieht ein Raucher einen Auslösereiz (Schachtel Zigaretten), dann antizipiert sein Gehirn einen Nikotinschub. Vibriert unser Handy, wenn eine neue Nachricht eingegangen ist, oder macht es »Pling« am Computer, dann antizipiert unser Gehirn die Ablenkung, die Überraschung, das Neue, das das Öffnen der Nachricht mit sich bringt. Und deshalb zieht es uns magisch zum Glimmstängel oder zum Eingangsfach unserer Mails – unser Verlangen will befriedigt werden. Und was passiert, wenn wir die Benachrichtigung abstellen, also den Auslöser beseitigen? Dann können wir stundenlang konzentriert an etwas arbeiten, ohne auch nur einmal an unsere Mails zu denken.

So verändern Sie Ihr gewohntes Verhalten

Wir können alte Gewohnheiten verändern, ganz einfach, indem wir wieder die Herrschaft über die Gewohnheitsschleife übernehmen. Wie geht das? Nun, Forscher haben herausgefunden, dass Gewohnheiten erstaunlich störanfällig sind. Verändern sich die Auslösereize nur ein kleines bisschen, fallen die Dominosteinchen nicht mehr automatisch um. Und darin liegt unsere Chance: Wenn wir herausfinden, was ein (negatives) gewohntes Verhalten bei uns auslöst, dann können wir die Gewohnheitsschleife durchbrechen.

Auslöser erkennen und verbannen

Die erste Chance, die wir haben, liegt darin, herauszufinden, welche Reize jeweils unsere Routinehandlungen auslösen. Denken Sie bitte an eine Gewohnheit, die Sie verändern wollen. Welcher Reiz löst bei Ihnen den nächsten Schritt aus? Reize können sein: Sie sehen einen Schokoriegel, ein Glas Wein, Ihre Couch. Der Auslöser kann eine bestimmte Beleuchtung sein, eine Tageszeit, die Anwesenheit (oder Abwesenheit) bestimmter Menschen, ein TV-Spot, eine Melodie, ein Geruch, ein Geräusch, eine bestimmte Umgebung. Meist kommen die Auslösereize aus einer der fünf folgenden Kategorien[145]:

★ Standort
★ Uhrzeit / Tageszeit
★ Emotionaler Zustand
★ Andere Menschen
★ Unmittelbar vorangegangene Handlung

Sobald Ihr Gehirn eine entsprechende Information erhält, fallen die nächsten Dominosteinchen automatisch um. Bekommt Ihr Gehirn den Auslösereiz aber nicht mehr, dann können auch die weiteren Steinchen nicht mehr fallen. Und das bedeutet: Wenn wir den Auslösereiz dauerhaft aus unserem Umfeld verbannen können, dann ist auch die Gewohnheit weg.

Dietmar möchte unbedingt wieder mehr Sport machen. Das hat er seit der Geburt seiner Zwillinge, heute sechs Jahre alt, völlig schleifen lassen. »Doch kaum sperre ich die Haustür auf, überkommt mich bleierne Müdigkeit und meine Motivation ist beim Teufel. Dann will ich nur noch auf die Couch.« Dietmar beobachtet sich eine Weile und stellt fest, dass der Auslöser für sein »Runterfahren« offensichtlich der Haustürschlüssel im Schloss ist. Wir probieren einige Veränderungen aus: gleich nach der Arbeit zum Sport. Kein Problem. Bingo. Zweites Experiment: heimkommen, klingeln und sich aufmachen lassen. Kein Problem. Er bleibt wach, tobt gleich mit den Zwillingen, geht dann zum Sport. Aus welchem Grund auch immer hat Dietmar »Schlüssel ins Schloss stecken« mit »Luft ist raus« verknüpft. Fällt der Auslösereiz weg, bleibt auch die »Luft drin« für Sport.

Können Sie den Auslöser dauerhaft aus Ihrem Umfeld verbannen, dann wird sich auch die Gewohnheit verdrücken. Es zieht Sie abends auf dem Heimweg magisch ins Fast-Food-Lokal? Fahren Sie eine andere Strecke! Das klingt unglaublich simpel – und ist es auch. »Gewohnheiten sind störanfällig. Wenn ein Fast-Food-Lokal schließt, werden die Familien, die bis dahin dort gegessen haben, häufiger anfangen, wieder zu Hause zu Abend zu essen, statt sich nach einem anderen Restaurant umzusehen«, so Duhigg.[146] Bereits geringfügige Veränderungen können also unsere Muster brechen. Genial, oder?

Ist es nicht möglich, den Auslöser dauerhaft zu verbannen? Kein Problem! Oft reicht es bereits aus, wenn wir den Auslöser bewusst wahrgenommen haben. Gefahr erkannt, Gefahr gebannt. Jetzt sind wir darauf vorbereitet, innerlich gewappnet und die Routine ist bereits unterbrochen. Und nun können wir viel eher als früher entscheiden: Will ich den nächsten Schritt machen – und die Chipstüte aufreißen? Die Mutter anrufen? Dem Kollegen helfen? Oder will ich mich nicht wieder aufs Glatteis führen lassen?

Ablenkungen finden

Bei sehr alten, eingefleischten Gewohnheiten reicht das Erkennen unter Umständen nicht aus. Dann kann eine Ablenkung helfen, die Gewohnheitsschleife zu durchbrechen. Die folgenden Tipps verändern Ihre Gewohnheit noch nicht, aber sie helfen Ihnen dabei, nicht automatisch in die Gewohnheitsschleife zu tappen, indem sie Ihnen ein paar Sekunden schenken, in denen Ihr Gehirn den Basalganglien das Kommando abnehmen kann.

Lenken Sie sich ab, indem Sie ...
★ schnell die Situation (den Raum) verlassen,
★ ein Glas Wasser trinken,
★ die Arme hochreißen, in die Hände klatschen und laut »Stopp« rufen (sind Sie gerade unter Leuten, dann können Sie diese Übung nach ein paar »lauten Trainingseinheiten« zu Hause oder im Wald auch super im Stillen machen), oder
★ lächeln (schüttet Glückshormone aus – und diese bringen die gewohnheitsmäßigen Prozesse im Hirn durcheinander).

Die echte Belohnung erkennen

Um dauerhaft negative Gewohnheiten zu verändern, können wir versuchen, mit positiven Handlungen, die uns guttun, das gleiche Ergebnis zu erreichen. Dazu ist es notwendig, dass wir uns klarmachen, worin genau denn die Belohnung besteht. Und zwar nicht nur vordergründig, sondern »in echt«.

Finden Sie heraus, was Ihre *wirkliche* Belohnung ist, denn nur so werden Sie eine Ersatzhandlung finden können, die dazu *wirklich* passt. Wirkliche Belohnungen hinter unseren Handlungen können sein: Geselligkeit, Flucht aus der Wirklichkeit, Entspannung, Sorgen vergessen, jemand anderem eins »auswischen«, dazugehören, Langeweile vertreiben, sich bewegen, sich mit anderen unterhalten, nicht auffallen, keinen Ärger riskieren, bestimmte Aufgaben verhindern und vieles mehr.

Vor einigen Jahren engagierte mich ein großer deutscher TV-Sender als Expertin für eine mehrteilige Anti-Stress-Serie. Einer der Kandidaten, die ich gemeinsam mit einem Mediziner coachen sollte, war ein circa 40-jähriger Lkw-Fahrer. Jeden Abend kam er nach Hause und fing schon an der Haustür an zu schimpfen und sich über seinen »Scheißtag« zu beschweren. Er knallte seine Jacke auf den Küchenstuhl, ranzte seine Frau an, sie solle ihn bloß in Ruhe lassen, er habe heute ja so was von die Schnauze voll, und tatsächlich muckte seine Partnerin überhaupt nicht auf. Sie stellte ihm still das Abendessen vor den Fernseher, holte frisches Bier und erzählte in den Vorgesprächen, sie halte alle Alltagssorgen komplett von ihrem Mann fern, denn der habe ja so einen Stress, da könne sie ihm nicht mit einer defekten Waschmaschine oder anderen Kleinigkeiten oder gar eigenen Wünschen kommen. Die Frage, die wir Experten uns stellten, war: Empfindet er seinen Arbeitstag tatsächlich als so stressig und belastend, oder war sein abendliches Verhalten einfach eine perfekte Strategie, um sich den »Alltagskram« zu Hause von der Backe zu halten?

Wenn Sie an eine Ihrer Gewohnheiten denken, die Sie gerne ändern möchten: Was suchen Sie *eigentlich*, wenn Sie dieser Gewohnheit folgen?

Ersatzhandlungen finden – und das Verlangen danach schüren

Warum hängen wir so an alten (schlechten) Gewohnheiten? Ganz einfach, weil die neuen in uns noch kein Verlangen geweckt haben. Natürlich *wissen* wir, dass uns Bewegung glücklich macht. Irgendwie. Natürlich *wissen* wir, dass uns unser »Geht-doch«-Projekt happy machen wird. Aber wir haben es noch nicht *gespürt*. Erinnern Sie sich an den Affen Julio: Er hat brav den Hebel gedrückt, dann kam Saft und die Lustexplosion in seinem Hirn. Bis er nach einiger Zeit die Lust bereits verspürte, *bevor* er den Hebel drückte. Er hatte ein Verlangen entwickelt. Und genau das sollten wir auch machen, damit wir gewohnheitsmäßig auf die Erfolgsspur kommen, damit wir gewohnheitsmäßig in den Modus Chancennutzer umschalten. Wir sollten ein Verlangen entwickeln nach dem, was wir als Belohnung tun wollen. Und zwar nicht nur rational im Kopf (»ich will«), sondern spürbar.

Menschen, die regelmäßig Sport treiben, berichten häufig, dass sie sich dabei wohlfühlen. Und tatsächlich schüttet unser Körper Endorphine und andere neurochemische Stoffe aus, wenn wir körperlich aktiv sind. Je häufiger wir uns bewegen, desto öfter erleben wir dieses Gefühl, und nach einer Weile entwickeln wir ein Verlangen nach diesem Gefühl. Stehen wir dann abends vor der Couch, verlangt unser Körper seinen Glückskick, und automatisch werden wir die Straße dem Sofa vorziehen. Legen wir uns zudem noch einen Auslösereiz in den Flur (die Joggingschuhe), dann verlangt es uns geradezu nach Loslaufen. Nicht weil wir uns zwingen, nicht weil wir diszipliniert sind, sondern weil alles in uns danach schreit: Ich will jetzt laufen! Der Auslösereiz erzeugt dann die Routine, weil er auch ein *Verlangen* nach der künftigen Belohnung erzeugt.

Schlüsselgewohnheiten verändern

Wenn Sie Ihr »Geht-doch«-Projekt realisieren wollen, wenn Sie ein echter Möglichkeitsfinder und Chancennutzer werden wollen, dann fangen Sie heute an, Ihre Gewohnheiten zu verändern. Selbst wenn diese auf den ersten Blick nichts mit Ihrem großen, außergewöhnlichen Traum zu tun haben. Ja, manchmal können Menschen sehr genau sagen, dass sie das Ziel xy haben und dass es dafür absolut notwendig ist, die Gewohnheit yz zu verändern. Das sind eher die systematischen Macher. Andere wissen aber vielleicht noch gar nicht so genau, was das konkrete »Geht-doch«-Projekt ist; sie wissen nur, dass sie was ändern wollen, und dann ist es natürlich schwierig zu entscheiden, an welchem konkreten Verhalten sie ansetzen sollen.

Machen Sie sich keinen Stress. Sie müssen hier absolut nicht mit Plan vorgehen. Die gute Botschaft nämlich ist, dass sich in unserem Leben sehr viel plötzlich verändern kann, wenn wir eine einzige Gewohnheit verändern. Und diese wird dann zum Schlüssel für viele neue Veränderungen.

Wie Sie eine Kettenreaktion auslösen können

Wenn wir die richtigen Schlüsselgewohnheiten verändern, dann setzen wir einen Prozess in Gang, der im Laufe der Zeit alles ändern kann: eine Kettenreaktion. Dabei erweisen sich die Schlüsselgewohnheiten oft erst im Nachhinein als *der* Schlüssel für eine größere Veränderung. Manchmal ist es nicht wichtig, welche Gewohnheit wir bewusst verändern – allein dass wir überhaupt etwas in unseren Leben verändern, ist der Start für viele andere, neue Dinge. Wir stoßen irgendeinen Dominostein in unserem Lebensbild an und die Steine fallen in eine für uns passende Richtung. Und das bringt uns zum weiteren Handeln.

Wir lernen, dass wir Dinge verändern können, und das gibt uns das Selbstbewusstsein, auch größere Dinge anzupacken. Wir lernen eine Art »Erfolgsmuster«. Wie zahlreiche Studien bewiesen haben, können kleine Gewinne eine verblüffend große Wirkung bringen. »Sobald ein kleiner Gewinn erzielt wurde, werden Kräfte in Bewegung gesetzt, die einen weiteren kleinen Gewinn begünstigen«, stellt der Organisationspsychologe Karl E. Weick fest.[147] Nehmen Sie das Ende der Rassentrennung. Die 42-jährige Schneiderin Rosa Parks hat die Bewegung ins Rollen gebracht, als sie sich am 1. Dezember 1955 in Montgomery (USA) weigerte, ihren (für Angehörige aller Rassen freigegebenen) Sitzplatz im Bus für einen Weißen zu räumen. Die zierliche, stille Frau wurde verhaftet und aus ihrer kleinen Aufsässigkeit formierte sich in den kommenden Monaten eine ganze Bewegung. Der damals in Montgomery lebende Pastor Martin Luther King jr. kam ins Spiel, als ein Freund Parks' ihn bat, ein Boykott-Treffen in seiner Kirche abhalten zu dürfen. King hob in den Predigten der kommenden Monate die Botschaft der Gewaltlosigkeit immer stärker hervor und wurde zum Anführer der friedlichen Bürgerrechtsbewegung[148], deren Höhepunkt sicherlich seine berühmte Rede »I have a dream« am 28. August 1963 war.

Und genauso verhält es sich mit unseren persönlichen Erfolgen. Wenn wir Kleinigkeiten verändern, dann bringen wir eine Kettenreaktion in Gang.

Mark war mit seinem Leben unzufrieden. Nicht richtig unglücklich, aber es war irgendwie so eingefahren, so fade. Der 37-jährige Programmierer hatte in den letzten Jahren 40 Kilo zugenommen (»Die Gummibärchen liegen bei uns in der IT immer rum«) und wollte im Coaching herausfinden, was er »eigentlich« will. Er war auf der Suche nach einer Herausforderung, nach etwas Neuem, Spannendem. Was das allerdings sein könnte, da tappte er völlig im Dunkeln. Um Klarheit zu bekommen, einigten wir uns auf Geh-Spräche. Das heißt, wir setzten uns nicht in meinem Büro an den Tisch, sondern redeten im

Gehen. Erfahrungsgemäß kommt auch unser Geist in Bewegung, wenn sich der Körper bewegt, und so liefen wir Kilometer um Kilometer rund um den kleinen Ort südlich von München, in dem ich mein Büro habe. Nach einigen »Gehungen« erzählte Mark, dass ihm das Gehen so viel Spaß mache und neue Impulse bringe, dass er auch privat angefangen habe zu walken. »Ich freue mich auf die Walks, weil ich hier viel Klarheit bekomme.« Wenig später berichtete Mark, dass er seit einiger Zeit gar keine Lust mehr auf die Gummibärchen habe, mittlerweile ganz ohne Diät acht Kilo weniger auf den Hüften trage und auch aus seiner Wohnung ausgezogen sei, die ihm schon immer zu laut war. Die Veränderungen in seinem Leben waren in Gang gekommen und in den nächsten »Gehungen« kristallisierte sich Marks neuer Berufswunsch deutlich heraus: Uhrmacher. Heute hat Mark eine kleine Werkstatt in Mitteldeutschland und sagt: »Es war verblüffend. Ich habe zunächst nur meine Abendgestaltung verändert – statt auf der Couch zu sitzen, bin ich rausgegangen, und irgendwie nachdem ich in Bewegung gekommen bin, ist auch mein komplettes Leben in Bewegung gekommen.«

Schlüsselgewohnheiten können auch Verhaltensweisen sein, die auf ein eher grundlegendes Verhalten, eine Einstellung verweisen. Dazu zähle ich Charaktereigenschaften wie: Biss haben, hilfsbereit sein, anpacken wollen, offen für Neues zu sein, mehr geben als erwartet, ausprobieren wollen, auf die Chancen blicken und nicht auf den Preis, risikofreudig sein, empathisch sein, leben und leben lassen. Diese Charaktereigenschaften sind nicht zwingend angeboren, wir können sie uns auch aneignen. Und das sollten wir auch dringend.

Internationale Studien zeigen, dass unser beruflicher oder persönlicher Erfolg nur zur Hälfte von unseren Fachkompetenzen, also unserem Fachwissen und Fertigkeiten, abhängt.[149] Die andere Hälfte unseres Erfolgs machen Soft Skills aus, also »weiche Fähigkeiten« wie:

★ soziale Kompetenz (z. B. Teamfähigkeit, Empathie, Networking)
★ kommunikative Kompetenz (Rhetorik, Dialogbereitschaft, Konfliktlösung, Kommunikation)
★ personale Kompetenz (konstruktive Lebenseinstellung, Lernkompetenz, Selbstvermarktung, Ausstrahlung, Kritikfähigkeit, Vertrauenswürdigkeit, Selbstbeherrschung, Biss, Disziplin, Neugier)

* Führungskompetenz (Delegieren, Durchsetzungsvermögen)
* Umsetzungskompetenz (Entscheiden, Initiative, Kreativität, Zeitmanagement, Arbeitstechniken)
* mentale Kompetenz (Einstellungen, Haltungen, Glaubenssätze, Stressbewältigung, Eigenmotivation, Selbstwertgefühl, Selbstbewusstsein)

Diese Eigenschaften beschreiben das Potenzial einer Person, gut mit anderen Menschen und deren Handlungsweisen, aber auch gut mit sich selbst umzugehen. Gerade der zweite Aspekt – wie gehe ich mit mir um? – ist ein wichtiger Punkt, der in unserer schnellen und fordernden Arbeitswelt und Gesellschaft weiter an Bedeutung gewinnen wird – und der Ihrem »Geht-doch«-Projekt direkt in die Hände spielt!

Wer sich gut um sich selbst sorgt, wer seine Bedürfnisse kennt und lebt, der gilt in den Augen von Personalverantwortlichen und Führungskräften als »kompetent«. Vorbei die Zeiten, als man fast schon mit Bewunderung zu den Menschen mit Burn-out blickte und als diese stolz behaupteten: »Wer ausgebrannt ist, hat gebrannt für das, was er tut.« Dieser Spruch ist Humbug. Wer einen Burn-out erleidet, der ist mit sich selbst nicht gut umgegangen. Der hat permanent seine Grenzen überschritten, der hat permanent seine wichtigsten (körperlichen und geistigen) Bedürfnisse ignoriert. Ja, ich weiß, gerade hilfsbereite Menschen rutschen schneller in die Erschöpfung rein, als sie es selbst mitkriegen. Wer aber bereits den dritten oder vierten Burn-out anführen kann, der darf tiefer auf seine Antreiber schauen und seine grundlegenden Verhaltensmuster lösen.

Persönliche Kompetenzen wie eine konstruktive Lebenseinstellung oder Initiative sind also immens wichtig; und ich glaube, gerade im Berufsleben hat sich dieses 50-50-Verhältnis zwischen Fachwissen und Soft Skills sogar noch weiter verschoben. Ein solides Fachwissen ist in den meisten Unternehmen und für die meisten Auftraggeber die Basis, die einfach da sein muss – und dann entscheiden unsere persönlichen Eigenschaften, unsere Haltung und unsere Einstellung, ob wir wirklich erfolgreich werden oder nur so herumkrebsen.

Zu wichtigsten Schlüsselgewohnheiten gehört auch Zuverlässigkeit: dass wir Dinge, die wir vereinbart haben, liefern; dass man sich auf uns verlassen kann. Integrität, Vertrauen, Wertschätzung – wer das hat und lebt, der wird auch seine kühnsten »Geht-doch«-Projekte umsetzen können. Wer diese Charaktermerkmale nicht hat, der fährt an die Wand. Und denkt dann immer noch: Die anderen sind schuld!

Es lohnt sich also unbedingt, die eigenen »menschlichen Fähigkeiten« zu kennen und zu trainieren, wenn wir unsere »Geht-doch«-Projekte erfolgreich realisieren wollen. Denn die meisten Menschen, die mit einem Projekt scheitern, scheitern nicht an mangelndem Fachwissen, sondern an mangelnden Schlüsselqualifikationen. Sie scheitern am Fehlen von Ausdauer, Empathie, Flexibilität, Biss, Eigeninitiative und Selbstwertgefühl. Unser Erfolg (das Ergebnis unseres Einsatzes und dessen Wahrnehmung durch andere) hängt oft viel stärker davon ab, *wie* etwas getan und *wie* etwas gesagt wird, als davon, *was* getan wurde. Vielleicht kennen Sie das, wenn Sie sich schon einmal in Ihrem Leben massieren lassen haben: Selbst wenn ein Masseur alle Kurse der Welt gemacht hat und er technisch brillant ist – wenn ihm das Einfühlungsvermögen dafür fehlt, was sein Kunde gerade braucht (z. B. Ruhe statt eine Unterhaltung), dann kommt der Kunde womöglich nicht wieder.

Trainieren Sie Ihre Soft Skills

Finden Sie also heraus, wie es um Ihre Soft Skills steht, denn die werden einer der wichtigsten Faktoren sein, damit Sie vom »Geht nicht« ins »Geht doch« kommen. Welche persönlichen Eigenschaften, Einstellungen, Fähigkeiten und Fertigkeiten (Methoden) haben Sie bereits, die Ihnen den Weg für Ihr »Geht-doch«-Projekt ebnen können?

Stärken Sie immer wieder Ihre Soft Skills, denn sie helfen Ihnen, unabhängig von Job, Auftrag- oder Arbeitgeber im Leben mehr zu erreichen, und ebnen Ihnen den Weg zu einem erfüllten Leben. Welche Schlüsselgewohnheiten bringen Sie in die gewünschte Richtung? Was würde Ihnen helfen, Ihren Traum, Ihr erfüllendes »Geht-doch«-Projekt zu realisieren? Welches grundlegende Verhalten können Sie ab sofort (wieder) leben, das eine Basis für Erfolg ist? Welche Soft Skills können Sie trainieren?

Ist es die Schlüsselqualifikation Ausdauer? Dann fangen Sie heute an, auch in kleinen Dingen mehr Ausdauer an den Tag zu legen: Sie lesen Briefe oder E-Mails, die Sie bekommen, nur noch quer, weil

Sie die Schreiben eh nur langweilen? Eröffnen Sie Ihre persönliche Challenge, und gewöhnen Sie sich an, *jedes* Schreiben in Ruhe und aufmerksam zu lesen.

Ist es die Schlüsselqualifikation Risikobereitschaft? Dann tun sie heute etwas, wofür Sie ein klein wenig aus Ihrer Komfortzone rausgehen müssen: Sprechen Sie den neuen Kollegen an, gehen Sie allein abends essen oder kaufen Sie sich ein Rubbellos – je nachdem, was Sie unter »Risiko« verstehen.

Ist es die Schlüsselqualifikation Zuverlässigkeit? Dann fangen Sie an, heute alles zu erledigen, was Sie anderen Menschen versprochen haben, oder geben Sie Bescheid, dass Sie es leider nicht mehr tun können oder tun wollen. Zuverlässigkeit bedeutet nämlich auch, Bescheid zu geben, wenn wir etwas nicht tun werden. Frühzeitig!

In den letzten Jahren habe ich Hunderte Interviews mit erfolgreichen Menschen geführt und Tausende Interviews und Biografien gelesen. Was dabei immer wieder auffiel: Die Menschen, die sich selbst als erfolgreich fühlten, sagten nie (!), dass ihr Fachwissen sie erfolgreich gemacht habe. Hier ein kleiner Querschnitt durch die Erfolgsbooster erfolgreicher und zufriedener Menschen:

- ★ »Die Sachen selbst in die Hand nehmen« (Richard Branson, Gründer von Virgin)
- ★ »Für die eigenen Ideen brennen und sich nicht beirren lassen« (Oliver Samwer, Internet-Unternehmer)
- ★ »Sich leidenschaftlich mit seiner Aufgabe identifizieren und mit ganzer Hingabe bei der Arbeit sein« (Martin Winterkorn, Vorstandsvorsitzender der Volkswagen AG)
- ★ »Erfolg hat zu tun mit Offenheit und Ehrlichkeit« (Nico Hofmann, Filmproduzent)
- ★ »Engagement und Herzblut« (Marion Schick, bis 2014 Personalchefin der Deutschen Telekom)
- ★ »Das Wichtigste ist die Begeisterung – ohne die schafft man es nicht« (Maria Höfl-Riesch, ehemalige Skirennläuferin)
- ★ »Sich selbst nicht ganz so ernst nehmen« (Michelle Hunziker, Moderatorin)
- ★ »Du musst dich streiten, aber dich auch wieder versöhnen können« (Franz Beckenbauer, Fußball-Kaiser)

Fangen Sie also an, Ihr Verhalten in Schlüsselbereichen zu verändern – und Sie werden eine Kettenreaktion vom Feinsten auslösen.

Neues Verhalten leben – den Durchhänger meistern

Fangen Sie an, Kleinigkeiten in Ihrem Alltag zu verändern – und stellen Sie sich bereits heute darauf ein, dass Sie auch wieder in alte Gewohnheiten zurückfallen werden. Sie erinnern sich? Alle Gewohnheiten sind tief in den Basalganglien vergraben und werden nie gelöscht. Deshalb reißen sie gern bei der erstbesten Gelegenheit die Arme hoch und rufen: »Hier bin ich wieder!«

Sie haben in diesem Kapitel gelernt, wie Sie neue Gewohnheiten etablieren können, die die alten Gewohnheiten ablösen, und auch, wie Sie die Auslösereize der unerwünschten Gewohnheiten so gut wie möglich aus Ihrem Gesichtsfeld tilgen können. Aber: Unser Leben ist kein planbares, in einem Vakuum ablaufendes Szenario. Und wir sind Menschen, keine Roboter! Aus diesem Grund sind Rückfälle ziemlich wahrscheinlich. »Mensch, Frau Nussbaum«, sagen Sie jetzt vielleicht, »nun war ich gerade so motiviert, meine Gewohnheiten und mein bisheriges Verhalten zu verändern, und jetzt unken Sie hier herum, dass doch eh alles für die Katz ist? Dann brauche ich ja gar nicht erst anzufangen!« Sehen Sie, genau das ist der Grund, warum ich Sie hier bereits darauf hinweise. In den vergangenen Jahren habe ich in puncto Veränderungen ein paar spannende Verhaltensmuster beobachtet. Die einen legen total motiviert los, doch dann kommt nach ein paar Wochen der Durchhänger, der Rückfall – und an dieser Stelle werfen die meisten Menschen die Flinte ins Korn. »War ja klar, dass ich mal wieder nicht am Ball bleibe«, beschimpfen sie sich dann selbst und geben tatsächlich das neue Vorhaben komplett auf. Die anderen »wissen« von vornherein, dass sie es eh mal wieder nicht durchziehen werden – und fangen gar nicht erst an.

Wappnen Sie sich gegen Rückfälle mit folgenden Ideen:
★ Fragen Sie sich: »Wie kann ich mich immer wieder an meine neue Gewohnheit erinnern?« Die Lösung kann sein: ein bestimmtes Bild aufhängen oder einen entsprechenden Bildschirmschoner basteln, eine Klatschhand zum Selbstloben auf

den Wohnzimmertisch legen, die Joggingschuhe im Wohnungseingang liegen lassen, ein Armband kaufen, das Sie an Ihre neuen Lerninhalte erinnert, einen Menschen in Ihrem Umfeld mit einer sanften Erinnerung beauftragen, einen Wecker stellen, zum Beispiel einen »Trinkwecker«, wenn Sie mehr Wasser trinken wollen etc. Lassen Sie Ihrer Fantasie freien Lauf, um einen »Anker« für Ihr neues Verhalten zu schaffen.

★ Wenden Sie die So-tun-als-ob-Methode an (vgl. Kap. 1, Unterkap. »Ausgebremst vom Gegenwind da draußen«) und drehen Sie den Spieß um. Sie fragen sich nicht mehr, wie Sie Ihr Verhalten ändern können, sondern Sie verhalten sich einfach so, wie Sie sich gerne verhalten möchten. Sie tun beispielsweise so, als ob Sie sportlich *seien*.

★ Richten Sie den Blick auf die Erfolge. Wir Westeuropäer haben schon eine spezielle Technik entwickelt, um uns immer wieder selbst kleinzumachen und zu frustrieren. Und diese Technik heißt: Suhle dich in deinen Misserfolgen, ergötze dich an deinen Fehlern, richte den Scheinwerfer auf dein Scheitern. Den Marathon nicht in 3:22 Stunden gelaufen wie geplant, sondern nur in 3:24? Furchtbar! Den neuen Job nicht bekommen? Entsetzlich! Drei Wochen vergessen, sich selbst zu loben? Selbst dafür bist du zu blöd!

★ Hören Sie auf, in Ihren Misserfolgen zu baden; schauen Sie lieber, was gut gelaufen ist. Und wenn Sie tatsächlich mal in eine alte, negative Gewohnheit zurückfallen: egal! Stellen Sie es einfach nur fest (»Ups, das war jetzt der neunte Abend ohne Lob für mich selbst!«), und dann docken Sie einfach wieder da an, wo es Sie aus der neuen Bahn geworfen hat. Ja, Sie haben eben einen Durchhänger gehabt, na und? Das ist menschlich! Freuen Sie sich über die Male, wo es bereits gut geklappt hat. Wir denken immer, wenn wir etwas machen, dann müssen wir es hundertprozentig machen. Sonst sei es nichts wert. Das ist aber falsch. Alles, was wir tun, hat einen positiven Effekt. Und wenn Sie sich bereits sechsmal selbst gelobt haben – toll. Wenn Sie bereits zehnmal laufen waren – super. Wenn Sie schon dreimal zu einer Anfrage, die Sie nicht machen wollten, »Nein« gesagt haben – spitze! Jede Kleinigkeit, die Sie tun, macht einen Unterschied.

Vergleichen – aber richtig!

»Vergleichen macht unglücklich«, behauptet die Studie »Who Compares to Whom« der Wissenschaftler Andrew Clark und Claudia Senik[150] ganz im Geiste des dänischen Philosophen Sören Kierkegaard, der vor fast 200 Jahren sagte: »Das Vergleichen ist das Ende des Glücks und der Anfang der Unzufriedenheit.«
Doch das ist so nur die halbe Wahrheit. Denn Vergleichen kann uns sehr wohl glücklicher und erfolgreicher machen – wenn wir ein paar Dinge dabei beachten. Das belegt eine Studie des Humanwissenschaftlers Thomas Mussweiler von der Uni Köln. Sein Spezialgebiet sind die sogenannten »sozialen Vergleiche«. In einem seiner bekanntesten Experimente lud er eine Gruppe Studenten in sein Psychologielabor ein, um die eigene Sportlichkeit einzuschätzen. Wie schnell laufen sie die 100 Meter? Wie viele Liegestütze schaffen sie? Während sie solche Fragen beantworteten, blickten die Probanden auf einen Computermonitor, über den scheinbar sinnlose Buchstabenfolgen flimmern. Doch in Gruppe A tauchte für wenige Millisekunden der Name des Basketballstars Michael Jordan auf, während Gruppe B den Namen des damaligen Papstes, Johannes Paul II., sah. Zwar nahmen die Studenten die Signale nur unbewusst wahr – aber sie wirkten: Die Michael-Jordan-Gruppe hielt sich anschließend für deutlich unsportlicher als die Kollegen aus der Papstgruppe.[151] Der Grund: Ob wir beim Vergleich gut abschneiden, hängt wesentlich davon ab, mit wem wir uns (unbewusst) vergleichen. Psychologen sprechen von »Aufwärtsvergleichen« und »Abwärtsvergleichen«: Vergleichen wir uns mit jemandem, der schöner, reicher, klüger ist, dann fühlen wir uns in der Regel schlechter. Vergleichen wir uns mit jemandem, der hässlicher, ärmer, dümmer ist, dann fühlen wir uns in der Regel besser. In der Regel. Wäre da nicht noch ein bislang nahezu unbekannter Mechanismus, der Vergleiche zu wahren Motivationsturbos machen kann …

Gemäß der »Papst-Studie« müssten wir uns nach jedem Abwärtsvergleich automatisch besser fühlen, nach Aufwärtsvergleichen automatisch mies. Ist aber nicht so! Gott sei Dank, denn sonst müssten alle Meditationseleven die Buddhastatue aus dem Fenster werfen

> »Das Vergleichen ist das Ende des Glücks und der Anfang der Unzufriedenheit.«
> SÖREN KIERKEGAARD

und alle Eltern in den Kinderzimmern die Poster von Philipp Lahm oder Lady Gaga von den Wänden reißen und durch das Bild eines lokalen Altherrenteams oder des örtlichen Kirchenchors ersetzen. Nein, Aufwärtsvergleiche können uns sogar regelrecht motivieren, uns dem Vorbild anzunähern. Dann fühlen wir uns positiver, erleben eine höhere Motivation und zeigen in der Folge bessere Leistungen. Vorbilder können also motivieren. Aber wann tun sie das?

Mussweiler fand auf diese Frage eine simple Antwort: Fühlen wir uns dem anderen ähnlich, gleichen wir uns an. Zu einfach, um wahr zu sein? Nein. Forscher in den USA haben diesen simplen Zusammenhang belegt: Der Psychologe Jonathan Brown zeigte Probanden das Bild eines sehr gut aussehenden Models und bat sie darum, danach die eigene Attraktivität zu bewerten. Einige Teilnehmer zeigten den erwarteten Kontrasteffekt, sie beurteilten sich selbst als weniger gut aussehend. Doch einige der Teilnehmer beurteilten sich deutlich attraktiver, selbst wenn sie das nach Einschätzung der Versuchsleiter nicht wirklich waren. Der Grund? Zusätzlich zum Bild hatten die Befragten der zweiten Gruppe eine für die eigene Schönheit völlig irrelevante Nebeninformation erhalten. Ihnen wurde nämlich gesagt, das Model habe am gleichen Tag Geburtstag wie sie selbst. »Offenbar genügt also eine beliebige Gemeinsamkeit, damit wir eine Vergleichsperson als ähnlich wahrnehmen und unser Selbstbild automatisch angleichen«, erklärt Mussweiler.[152]

Inspirator statt Sockelsteller

Wenn Sie Ihr »Geht-doch«-Potenzial aktivieren wollen, dann suchen Sie sich Vorbilder, die das, was Sie tun wollen, bereits erfolgreich tun oder getan haben, und suchen Sie bewusst nach Gemeinsamkeiten. Das können Menschen sein, die exakt das getan haben, was Sie tun wollen, beispielsweise ein Unternehmen gründen, innerhalb von 24 Stunden mit dem Fahrrad von München nach Venedig fahren oder ein Auslandsjahr machen. Das können aber auch Menschen sein, die so sind, wie Sie gerne sein wollen: die sportlich sind, mutig, fröhlich oder frei.

»Vorbild« bedeutet dabei allerdings nicht, dass Sie eine Person insgesamt als Vorbild sehen und alles an ihr großartig finden. Nein, es bedeutet, dass Sie eine oder zwei Facetten an dieser Person nachahmenswert finden, inspirierend, wertvoll. Es geht nicht darum, eine Person auf einen Sockel zu stellen, sie zu bewundern wie ein Kunstwerk und ihr nachzueifern, genauso zu werden. Im Gegenteil. Wer andere Menschen so über sich erhöht, der wird irgendwann feststellen, dass die andere Person auch nur ein Mensch ist, mit zahlreichen Fehlern, Schwächen und Schattenseiten. Und dann ist die Enttäuschung riesig. Aus diesem Grund spreche ich lieber von »Leitbildern«.

Außerdem sagen viele Menschen, sie möchten ein Unikat sein, einzigartig und kein Abklatsch irgendeines Vorbilds. Richtig! Seien Sie einzigartig, seien Sie ein Original, und erleichtern Sie sich den Weg dorthin, indem Sie sich Inspiratoren suchen. Wer inspiriert Sie? Wer erleichtert Ihnen das Anfangen, Dranbleiben, Ankommen bei Ihren Wünschen?

Ich finde beispielsweise den Mut bewundernswert, den die deutsche Pilotin und Journalistin Thea Rasche gezeigt hat.[153] Die 1899 in Unna geborene Tochter aus bürgerlichem Haus träumte von Unabhängigkeit und Selbstständigkeit. Ihr Vater, Direktor der Essener Actien Brauerei, war aber ein strenger Mann, der seine Tochter zu einer Heirat zwang, und sie – als sie eine halbe Stunde vor der Trauung die erzwungene Zustimmung zurückzog – im Haus einsperrte. Einige Monate später luden Bekannte aus Münster Thea Rasche zu sich ein, und ihr Vater ließ sie reisen. Diese Freunde führten eine Flugschule. Gegen den Willen der Eltern blieb sie in Münster und lernte fliegen. Sie riskierte den Bruch mit den Eltern, riskierte es, enterbt zu werden – und folgte ihrem Traum. *The Flying Fräulein* war die erste deutsche Frau mit Kunstflugschein und eine der international bekanntesten deutschen Fliegerinnen aller Zeiten. Warum finde ich das bewundernswert? Weil Thea Rasche etwas getan hat, was »doch nicht geht«, schon gar nicht in jenen Zeiten, schon gar nicht als Frau.

Oder Pep Guardiola. Was er macht, macht er ganz. Mit vollem Herzen, mit vollem Einsatz, mit Blick auch auf vermeintliche Kleinigkeiten. Mir hat es imponiert, dass der Ausnahmetrainer, der er ja längst war, bevor er den FC Bayern München übernahm, in seiner New Yorker Auszeit Deutsch lernte. Wie bitte? Da hat er noch nicht mal deutschen Boden unter den Füßen, da lernt der Katalane schon

Deutsch? Hätte er doch gar nicht nötig! Schon ganz andere Trainer standen mit Dolmetscher auf dem Trainingsgelände – und das noch Jahre nach ihrem Start. Für mich war dies Ausdruck einer echten Wertschätzung seines künftigen Teams: »Ich trainiere eine deutsche Mannschaft, da ist es das Mindeste, ihre Sprache zu sprechen.« Was er macht, macht er ganz. Und er experimentiert. »Manchmal scheint es, dass Pep seiner Zeit weit voraus ist, dass er beobachtet und vorausschaut, während alle nur zuschauen. Dass er vorführt, wie in zehn Jahren Fußball gespielt werden wird«, schreibt sein Biograf Guillem Balagué.[154] Ein wertschätzender Ich-gebe-alles-Mann, ein Out-of-the-Box-Denker – das inspiriert.

> »Ich nehme mir die Frechheit heraus, mein Leben so zu führen, wie ich es für richtig halte.«
> REINHOLD MESSNER

Denken Sie in diesem Zusammenhang auch an Zitate von Menschen, die Ihnen Mut machen können oder die Ihnen helfen, Selbstvertrauen und Selbstwert aufzubauen (vgl. Kap. 1, Unterkap. »Ausgeknockt vom Mangel an Selbstvertrauen«). Suchen Sie sich gezielt Sprüche wie »Ich nehme mir die Frechheit heraus, mein Leben so zu führen, wie ich es für richtig halte« von Bergsteiger Reinhold Messner[155] und hängen Sie diese als Postkarte auf. Oder legen Sie sich eine eigene Mediathek auf Ihrem iPod oder Smartphone an, mit Songs, die Ihnen den Rücken stärken, Ihr Ding zu machen. Meine Lieblingstitel und die zahlreicher Ihrer »Geht-ja-doch«-Kollegen können Sie übrigens in meinem Blog (gluexx-factory.de) nachlesen.[156]

Sie müssen Ihre Leitbilder nicht in allen Facetten ihrer Persönlichkeit mögen, ja diese nicht mal kennen. Viele Menschen können in einem Punkt ihres Tuns oder Seins ein Leitbild sein – und in vielen anderen nicht. Rasche und Guardiola sind nicht eins zu eins meine Vorbilder, sondern einige ihrer Charakterzüge motivieren mich, besser zu werden. Überlegen Sie sich, welcher Charakterzug an einem Menschen Sie fasziniert, und sehen Sie diese Facette dann als Leitbild. Schalten Sie nun den Motivationsturbo an, und schauen Sie, welche Gemeinsamkeiten Sie mit den jeweiligen Menschen haben. Denn wenn die Theorie der Forscher stimmt, dass Gemeinsamkeiten dazu führen, dass wir uns dem Leitbild annähern, uns positiver einschätzen, eine höhere Motivation erleben und in der Folge bessere Leistungen zeigen, dann ist das doch eine super Idee.

Ehrlich gesagt, hatte ich über diesen Mechanismus bislang nicht bewusst nachgedacht; aber seit ich diese Studien kennengelernt habe, fragte ich mich natürlich, wie ich mich immer motiviert habe, Neues auszuprobieren, Dinge anzupacken. Und tatsächlich: Wollte ich etwas Neues tun, dann haben mich Erfolgsgeschichten anderer Menschen immer inspiriert – besonders wenn ich Gemeinsamkeiten gefunden habe. Das Aufbaustudium in Paris – hey, ich lese, dass das schon mal eine Studentin aus Deutschland bekommen hat. Welche Wirkung hatte das auf mich? Na, wenn die das geschafft hat, dann kann ich das auch! 1995 bin ich tatsächlich zum Studieren nach Paris gegangen. Barfuß in der Karibik am Strand heiraten? Als Jugendliche habe ich mit meinem damaligen Freund am Strand ein Brautpaar beobachtet, der Priester mit den Füßen im Meer. Und wir sagten: Falls wir mal heiraten sollten, dann auch barfuß am Strand. Wenn die das können, dann können wir das auch! 1999 gaben wir uns in der Karibik das Ja-Wort. Und gibt es Gegenbeispiele? Dinge, die ich nicht angepackt habe? Natürlich! Jahrelang habe ich davon geträumt, mal ein eigenes Buch zu schreiben. Aber ich habe niemanden direkt erlebt oder gar persönlich gekannt, der das gemacht hatte. Klar kennt man viele Autoren, aber die waren alle zu weit weg von meinem Leben. Immer wieder überlegte ich mir, wie toll es wäre, ein Buch zu schreiben. Ich hatte auch ein Thema: »Erfolgreich als Freelancer und Kleinunternehmer«. Aber meine Selbstzweifel waren riesig – und inspirierende Leitbilder nicht in Sicht. Erst als ich zufällig (?) auf einer Weihnachtsfeier mit einem ehemaligen Verlagsleiter ins Gespräch kam und er mich ermutigte, ein Konzept zu schreiben, habe ich diesen Traum angepackt.

Praktiker statt Theoretiker

Besonders hilfreich ist es für Ihr »Geht-doch«-Projekt, wenn Sie mit Menschen reden oder sich Inspiration holen, die das bereits *tun*, was Sie tun möchten. Also nicht nur *theoretisch* sagen, wie es gehen könnte, sondern bestenfalls den Weg bereits selbst einmal gegangen sind.

Eckart von Hirschhausen sagte mir mal in einem Interview: »Der Wegweiser muss den Weg nicht mitgehen.«[157] Natürlich gehen wir als Autoren, Trainer oder Speaker den Weg unserer Klienten nicht mit – obwohl das schon sehr spannend wäre, all diese Aufbrüche und Erlebnisse zu teilen. Trotzdem ist es vielen Kollegen wie Hirschhausen und auch mir ein persönliches Bedürfnis, mir immer wieder selbst zu beweisen: »Geht ja doch!«, und selbst ein Leben zu führen, indem ich so lebe, wie ich erzähle, dass es gehen kann. Muss ein Fußballtrainer selbst in der Bundesliga oder der Nationalmannschaft gespielt haben, um ein guter Coach zu sein? Ich bin überzeugt: Es hilft jedenfalls sehr. Ich bin sicher, dass Jupp Heynckes, der 2013 mit dem FC Bayern das Triple holte und 2014 zum Welttrainer des Jahres gekürt wurde, nicht eine solche Motivation in das Team hätte bringen können, hätte er nicht selbst jahrelang ein Tor nach dem anderen geschossen und Pokale über Pokale mit erstürmt. Ich glaube, Jogi Löw hätte die deutsche Nationalelf nicht zur Weltmeisterschaft geführt, wenn er nicht selbst auch ein »Mann vom Platz« gewesen wäre. Ein »menschlicher Wegweiser« sollte nicht nur Richtungen aufzeigen und Orientierung ermöglichen. Sondern er sollte auch wissen, was auf den Wegen passiert, welche Höhen und Tiefen zu bewältigen sind, welche Schwierigkeiten lauern können und welche Gefühlsschwankungen dabei auftreten. Suchen Sie also gezielt nach Inspiratoren, die Ihren Weg durchlaufen haben, dann steigt Ihr Vertrauen in Ihre Leitbilder.

Leitbilder im direkten Umfeld prägen mehr

Wir vergleichen uns immer mit Menschen, die unserem Denken gerade verfügbar sind. Das können Menschen sein, denen wir gerade zufällig begegnet sind, oder Menschen, über die wir etwas lesen oder hören. Weitaus häufiger nehmen wir uns aber Personen zum Vergleichen, die wir schon lange kennen und mit denen wir häufig zu tun haben. Sie werden für uns zu mentalen »Routinestandards«. So wie sie sind, so werden wir auch. Warum? Kollegentum, Freundschaft, Bekanntschaft oder gar Verwandtschaft ist eine starke »Gemeinsamkeit« – und meist vergleichen wir uns unbewusst mit den Personen, die uns am nächsten sind.

Ich komme in meiner Funktion als Trainerin und Coach in sehr viele Unternehmen rein und registriere dabei immer wieder, dass es beispielsweise einen unausgesprochenen Dresscode gibt. Eine Eventagentur in München mit Kunden aus dem Luxusbereich hat eine sehr schicke, gepflegte Chefin, die immer modisch gekleidet ins Büro kommt. Ihre Mitarbeiter könnten ebenfalls problemlos vom Büro auf die ersten Seiten einer Modezeitschrift gehen. Sie passen sich an. Unausgesprochen. Eine PR-Agentur in Hamburg mit vielen Kunden aus dem Non-Profit-Bereich hat eine Chefin, die immer in Sneakers, Jeans und Rolli aufläuft – ihre Mitarbeiter machen dem gerade wieder hip gewordenem Grunge-Look alle Ehre.

Unser Umfeld färbt ab. Nehmen Sie alleine mal das Lachen: Wenn Menschen um uns herum lachen, dann können wir (nach einiger Zeit) meist nicht anders, als mitzulachen. Im Filmklassiker *The Devil's Brother* erleidet Stan Laurel einen spontanen Lachanfall. Oliver Hardy wird sauer und will Stan zum Schweigen bringen. Unmöglich! Nach einiger Zeit stimmt er ungewollt in das völlig enthemmte Gelächter seines Freundes ein – und wir Zuschauer lachen mit. Mit den Emotionen färben dabei auch Gedanken, Meinungen, Einstellungen, die Grundhaltung, Optimismus oder Pessimismus von unseren Mitmenschen auf uns ab. Und das nicht nur, wenn wir uns treffen, sondern selbst dann, wenn wir uns gar nicht persönlich kennen.

> Zeige mir, wen du kennst, und ich sage dir, wer du bist

Die Wissenschaftler James H. Fowler von der University of California, San Diego, und Nicholas A. Christakis von der Harvard University, Boston, stellten sogar einen Einfluss auf das Gewicht fest.[158] Sie untersuchten die sozialen Beziehungen von über 5000 US-Bürgern, von denen jeder im Schnitt zehn engere Kontakte hatte. Nahmen nun jeweils die nächsten Freunde der Studienteilnehmer zu oder ab, so veränderte sich auch deren Gewicht entsprechend.

Dabei spielten gemeinsame Mahlzeiten keine Rolle. Den beiden Forschern zufolge erhöht ein fettsüchtiger Freund die Gefahr, selbst Fettsucht zu entwickeln, um 57 Prozent. Und auch ein dicker Freund eines Freundes könne das eigene Gewicht beeinflussen. Der Grund: Angenommen, Ihr Freund Mick hat einen Freund namens Nico, der etwas zugenommen hat. Mick mag ihn sehr und findet nun, es sei doch gar nicht so schlimm, etwas fülliger zu sein. Heute ruft er Sie an, weil Sie immer gemeinsam zum Sport gehen, wobei er bisher eigentlich immer Ihr Antreiber war. Aber Sie haben heute so gar keine Lust auf sportliche Aktivitäten – und da Mick nun dank Nico toleranter gegenüber Couch-Potatoes ist, wird er Sie dieses Mal nicht überreden, sondern einfach alleine gehen. Selbst wenn Mick also sein eigenes Verhalten nicht verändert, kann sich seine neue Einstellung auf Sie auswirken.

Warum erzähle ich Ihnen das? Viele Menschen, die sich (beruflich oder persönlich) verändern wollen, schleppen mit ihrem Umfeld ein riesiges Bündel an »Leinen« mit, die sie in ihrem Hafen halten. Diese »Leinen« sind Menschen, die mit ihren eigenen Sorgen, Einstellungen und (fehlenden) Wünschen Ihr Paddelboot daran hindern, in das Meer der Möglichkeiten aufzubrechen. Manche tun das bewusst, viele aber unbewusst. Allein weil sie »ängstliche« Aussagen machen oder Ihnen vorleben, dass »man« doch mit dem zufrieden sein muss, was man hat. Ich arbeite sehr viel mit kreativ-chaotischen Querdenkern, mit Out-of-the-Box-Denkern und bunten Vögeln, die in einem sehr konventionellen Umfeld gnadenlos an die gläserne Decke knallen. Sie erleben in einem sehr systematischen, konservativen Umfeld immer wieder, dass »man« dies oder jenes nicht tue. Dass das nicht gehe, dass man das noch nie gemacht habe. Vorsicht, diese Einstellung färbt ab! Umgeben wir uns zu lange mit solchen Menschen, dann denken wir womöglich bald (wieder) genauso – und unsere Träume bleiben auf der Strecke.

Sie haben Ihre (veralteten) Annahmen bereits abgelegt, suchen Sie sich jetzt zusätzlich bewusst Leitbilder im direkten Umfeld, die bereits so leben oder denken, wie Sie gerne möchten. Das kann Ihnen viel Kraft und Motivation geben, an Ihrem »Geht-doch«-Projekt dranzubleiben.

Suchen Sie sich Menschen in Ihrem Umfeld, die ähnlich ticken wie Sie, die ähnliche Wünsche und Vorstellungen haben oder die das, was Sie tun wollen, bereits erfolgreich und glücklich tun. Suchen Sie die Nähe dieser Menschen. Schauen Sie in Ihrem Bekanntenkreis, in den örtlichen Vereinen, abends im Restaurant: Wer inspiriert Sie? Suchen Sie das Gespräch mit diesen Menschen. Sind es Personen, die in der Öffentlichkeit stehen, dann abonnieren Sie deren Newsletter, Blogs, Tweets oder die Facebook-Postings. Lesen Sie Artikel oder Biografien der Inspiratoren. Schauen Sie sich YouTube-Videos oder TED-Beiträge[159] an – im Internet sind inspirierende Menschen nur Sekunden von Ihnen entfernt. Versuchen Sie, sie auch persönlich zu treffen und mit ihnen zu sprechen.

Ersparen Sie sich viel Zeit, Energie und Lehrgeld, indem Sie Ihre Inspiratoren ansprechen oder sich anschauen, wie die es geschafft haben, was Sie schaffen wollen. Wie sind sie vorgegangen? Was hat ihnen geholfen? Was haben sie gebraucht? Vielleicht bringt ein einstündiges Telefonat für Sie bereits das nötige Know-how, um loszulegen. Oder ein ausgiebiges Abendessen. Sie brauchen mehr Input? Einige erfolgreiche Inspiratoren geben ihr Wissen ganz offiziell in Seminaren oder im Coaching weiter. Andere nicht. Aber auch diese können Sie jederzeit fragen, ob sie Ihr Mentor sein wollen. Sehr viele Menschen freuen sich, wenn sie ihr Wissen und ihre Erfahrungen weitergeben können. Einige schließen sich zusammen, um leichter gefunden zu werden, wie zum Beispiel die Wirtschaftssenioren, die Gründern und Jungunternehmern ehrenamtlich zur Seite stehen. Und auch für das persönliche Leben, für den persönlichen Erfolg lassen sich Mentoren und Mastermind-Kollegen finden.

Unterstützer suchen

Erfolgreiche Menschen sind deshalb erfolgreich, weil sie sich auf das konzentrieren, was sie wirklich gut können. Und weil sie sich für all die anderen Tätigkeiten, die auch noch so anfallen, Unterstützer suchen, die im jeweiligen Gebiet wieder richtig gut sind.

Lassen Sie andere Menschen an Ihrem »Geht-doch«-Projekt streckenweise mitwirken, denn als »Team auf Zeit« können Sie wesentlich mehr erreichen als im Alleingang. Sogar Weltmeister werden. »Brasilien hat Neymar, Argentinien hat Messi. Portugal hat Ronaldo. Deutschland hat eine Mannschaft«, twitterte der Schotte Seumas Beathan, der sich als Steven Gerrard ausgab[160], nach dem WM-Finale in Rio. Gemeinsam sind wir viel besser, erfolgreicher und haben mehr Power. »Schwarmintelligenz« heißt das neue Erfolgsprinzip, das auch in immer mehr Unternehmen Einzug hält. Nicht der Einzelne, sondern die Gemeinschaft kann Großartiges bewirken.

Das heißt für Sie jetzt nicht, dass Sie für Ihr »Geht-doch«-Projekt prinzipiell immer eine echte Mannschaft bilden müssen. Nein. In manchen Fällen kann das Sinn machen, beispielsweise wenn Sie einen Waldkindergarten in Ihrer Gemeinde gründen wollen. Bei anderen Ihrer »Geht-doch«-Projekte holen Sie sich aber nur zeitweise Profis und Rückenstärker ins Boot, die einen Teil der Strecke mit Ihnen mitpaddeln, dann jedoch unterwegs auch wieder aussteigen. Der Wegweiser geht den Weg nicht mit – aber einen Teil des Weges kann er durchaus mit im Boot sitzen.

Holen Sie sich Ergänzer: Schauen Sie darauf, was Sie selbst nicht so gut können oder wozu Sie nicht so viel Lust haben, und suchen Sie dann gezielt Menschen, die Sie auf Ihrem Kurs im Meer der Möglichkeiten unterstützen.

Ein Ideensprudler hat große Lust und ein Geschick dafür, Dinge anzufangen, Projekte ins Laufen zu bringen, Unternehmen zu gründen – dauerhaft an diesem Thema weiterarbeiten will er eher nicht. Der Informationssammler liebt es, zu recherchieren, Neues zu lernen, Wissen zu sammeln – anwenden will er es nicht. Idealerweise suchen diese beiden Talenttypen sich einen systematischen Macher, der das Staffelholz übernimmt und die neuen Prozesse dauerhaft und mit Spaß immer wieder macht oder der aus dem gesammelten Wissen etwas macht.

Ein empathischer Unterstützer hat oftmals Probleme, ausreichend Geld für seine Leistung zu verlangen. Idealerweise holt er sich einen logischen Analytiker ins Boot, um hier mal eine solide Finanzplanung zu machen, denn langfristig können wir unseren Kurs nur halten, wenn wir auch ausreichend für unseren Lebensunterhalt verdienen.

Einem systematischen Macher fehlt so manche Idee, wie er Dinge voranbringen kann, wie er Veränderungen meistern kann – er sollte sich einen Ideensprudler an Bord holen.

Vielleicht haben Sie derzeit in Ihrem Leben noch nicht die Menschen, die Sie ergänzen können. Dann machen Sie sich jetzt auf die Suche, und blicken Sie sich bewusst nach Mitspielern um, die gerne das Staffelholz von Ihnen übernehmen. Das können Freunde, Bekannte oder Netzwerkpartner sein, die Sie eng mit in Ihr »Gehtdoch«-Projekt nehmen. Das können aber auch zeitweilige Wegbegleiter sein, wie Berater oder Coaches, die einen bestimmten Part (gegen Honorar) übernehmen und die Sie schneller voranbringen, als Sie es alleine vermocht hätten.

Fragen Sie wirklich (!) nach Unterstützung

Viele Menschen sagen, sie würden ja andere um Unterstützung bitten, aber es funktioniere einfach nicht. In meinem Buch *Familienalltag locker im Griff* habe ich dazu viele Beispiele aus dem familiären Alltag zusammengestellt und Lösungen beschrieben. Und die Kernideen gelten natürlich auch im Beruf oder bei Ihren »Geht-doch«-Projekten. Warum klappt es häufig nicht, wenn wir um Unterstützung fragen? Eine der häufigsten Fallen ist, dass wir im Grunde gar nicht wirklich *fragen*. Sondern etwas *sagen*, in der stillen Hoffnung, der andere würde schon ganz genau verstehen, was ich will: »Oh, der Mülleimer ist schon wieder voll!« oder »Die Müllers machen es richtig, die machen ein Jahr Sabbatical« oder »Als Kind wollte ich immer mal an den Südpol und Robben retten«. Wir hoffen, dass der andere die zwischen den Zeilen versteckte Botschaft versteht und entsprechend handelt: den Müll wegbringt, den Wunsch nach einer Auszeit aufgreift, den Kindheitstraum ernst nimmt und unsere berufliche Unzufriedenheit erkennt (vgl. dazu auch das Vier-Ohren-Modell in Kap. .. Unterkap. »Ausgebremst vom Gegenwind da draußen«).

Wenn Sie Unterstützung haben wollen, dann fragen Sie danach: aufrichtig, konkret und offen. Folgende Tipps können dabei helfen:

Sich selbst fragen

Fragen Sie sich zuerst *selbst* mal, was Sie eigentlich wollen. Und zwar präzise. Die Aussage »Ich brauche Geld für mein ›Geht-doch‹-Projekt« ist schon mal eine gute Feststellung – aber wie viel wäre nötig? 100 Euro, 1000 Euro oder 10 000 Euro? Oder haben Sie festgestellt: »Ich brauche mehr Wissen«? Fragen Sie sich selbst: »Was kann ich tun, um diesen Betrag bzw. dieses Wissen zu bekommen? Vielleicht jemanden danach fragen?«

Übrigens: Ich habe in den letzten Jahren immer wieder festgestellt, dass viele Menschen den nötigen Aufwand für ihr »Geht-doch«-

Projekt weit überschätzen. Und deshalb nicht ins Tun kommen. So meinte ein Exleistungssportler, er brauche für die Gründung eines eigenen Fitnessstudios 100 000 Euro Startkapital. Dank Gerätesponsoren war es dann tatsächlich nur ein Bruchteil – und den hatte er bereits angespart. Tief in mein Gehirn gegraben hat sich in diesem Zusammenhang auch die Aussage von Meike Winnemuth, die bei Günther Jauch 500 000 Euro gewann und damit auf eine Weltreise ging. Sie sagte: »Ohne den Gewinn im Rücken hätte ich die Reise in meiner Betriebsblindheit nicht mal ansatzweise in Erwägung gezogen, und jetzt stelle ich fest: Ich hätte das Geld gar nicht gebraucht.«[161]

Jemanden fragen, der wirklich helfen kann

Fragen Sie jemanden, der Ihnen auch wirklich helfen kann. Es bringt nichts, bei Ihrer Bank nachzufragen, wenn Sie eh schon den Dispo überzogen haben, oder bei einem Kollegen über die fehlenden Scheinchen zu jammern, wenn der Kollege selbst nicht liquide ist. Überlegen Sie sich, wer das, was Sie brauchen, hat und weitergeben kann: Wer hat das nötige Know-how, das nötige Wissen? Wer hat Kapital, die richtige Einstellung, das Verständnis, die Kontakte oder die nötige Erfahrung? Mit großer Wahrscheinlichkeit werden wir diese Menschen nicht in unserem bisherigen engen Umfeld finden – also bauen Sie Ihr Netzwerk aus, knüpfen Sie Kontakte zu Menschen, die bereits das haben, was Sie sich wünschen.

Geben Sie

Wenn wir Unterstützung aus unserem (neuen) Netzwerk haben wollen, gilt, wie Sie wissen, die Regel: Geben Sie! Geben Sie! Geben Sie! Und dann erst fragen Sie nach Unterstützung. Anders ist das natürlich, wenn Sie einen Profi fragen, dem Sie den Rat, die Unterstützung oder das Tun als Dienstleistung bezahlen.

Fragen Sie klar und deutlich

Formulieren Sie Ihre Frage deutlich. Dem anderen muss klar werden, was er zu tun hat, in welcher Form er jetzt reagieren kann:

Wissen vermitteln, Kapital geben, einen Kontakt herstellen. Warten Sie nicht darauf, dass der andere den Wink mit dem Zaunpfahl versteht! Die meisten Menschen haben heute keine Lust mehr auf diese Spielchen und sagen: Wenn jemand etwas von mir will, dann soll er es auch klar sagen.

Und das Schöne ist: Die meisten Menschen freuen sich sogar, wenn sie einem helfen können. Besonders wenn sie selbst etwas davon haben. Und sei es das gute Gefühl, etwas Gutes getan zu haben.

Geben Sie nicht auf

Sie bekommen nicht, was Sie wollen? Obwohl Sie klar und präzise waren? Obwohl der andere Ihnen doch tatsächlich helfen könnte? Dann fragen Sie weiter! Fragen Sie sich selbst, aus welchem Grund der andere Ihnen helfen sollte. Es gibt keinen Grund? Dann fragen Sie einen anderen Menschen. Fragen Sie sich zudem, ob Sie Ihr Ziel auch mit einer anderen Hilfestellung erreichen könnten. Vielleicht auf einem unkonventionellen Weg? Nehmen Sie Hindernisse als Anlass, einen Umweg zu gehen. Aber nicht als Grund aufzugeben.

Andere »anzünden«

Entzünden Sie in anderen die gleiche Begeisterung, die Sie für Ihr »Geht-doch«-Projekt haben. Das klappt am besten, wenn Sie sich fragen, welchen Nutzen welchen Vorteil der andere davon hat. Nur wenn der andere auch sieht, was für ihn drin ist, wird er an Bord gehen. Hat der andere nichts davon – warum sollte er seine wertvolle Lebenszeit, sein Geld oder sein Know-how teilen? Es ist Ihre Aufgabe, den Nutzen für den anderen zu erkennen und deutlich zu machen.

Suchen Sie sich Unterstützer, die Ihre Ängste ernst nehmen

Vor unserer Auszeit in Hawaii war es ein absoluter Traum von mir, dort Wellenreiten zu lernen. Ich dachte, wenn ich es schaffe, auf dem Brett zu stehen und eine Welle zu nehmen, dann schaffe ich alles in meinem Leben. Aber, Sie erinnern sich, ich hatte damals immer noch mit den Auswirkungen meines Bandscheibenvorfalls zu kämpfen, hatte Angst, zu fallen, Angst, mich zu verletzen. Wellenreiten lernen war also eine echte Konfrontation mit meinen Ängsten. In Waikiki, an einem der genialsten Surfspots der Welt, war es schließlich so weit, ich meldete mich zu einer Surfstunde an. Morgens um 8 Uhr traf ich unausgeschlafen meinen Lehrer Jo – vor lauter Angst hatte ich nachts kein Auge zugetan. Nach ein paar Trockenübungen am Strand ging es schon in die Wellen. Mit mir und meinen Mitschülern waren bereits an die 50 Surfer in der Bucht. »Paddle«, rief der Lehrer, der mich auf eine Welle geschoben hatte. Ich paddelte wie wild. »Stand!«, schrie er – doch weiter als bis auf die Knie kam ich nicht. Ständig sah ich links und rechts von mir die anderen Surfer, hatte Angst, dass wir zusammenstoßen und ich blöd auf mein oder deren Brett falle. Wieder und wieder schob mich Jo in die Wellen, nie kam ich zum Stehen. »Was ist los?«, schnauzte er mich an. »Steh halt mal auf!« Ich unterdrückte meine Tränen. »Ich kann nicht, ich habe so Angst!« »Warum hast du Angst?«, rief er und klatschte mit der flachen Hand immer wieder aufs Wasser. »Es ist nur Wasser. Wasser!« Nach 60 Minuten war der Frust endlich zu Ende und ich wieder an Land. Ich fühlte mich als der größte Versager der Welt – es war doch nur Wasser!

Tja, vielleicht. Vielleicht aber auch nicht. Die nächsten Wochen verbrachte ich damit, meinem Mann und meinen Kindern vom Strand aus beim Surfen zuzuschauen. Sie hatten es alle in der ersten Stunde geschafft, sich aufzurichten, und nahmen die Wellen schon richtig sportlich.

Erst drei Wochen vor dem Abschied von Hawaii nahm ich nochmals meinen Mut zusammen. Ich wollte sooo gerne meinen Traum realisieren und surfen lernen. Das musste doch zu schaffen sein! Auf Big Island suchte mein Mann mir nochmals eine Surfschule[162], ich buchte eine Stunde Einzelunterricht, um die Gruppe nicht zu behindern. Am Strand gingen mein Surflehrer Ben und ich die Technik durch, und ich erzählte ihm, dass ich Angst hatte, mich zu verletzen, Angst hatte, mit den anderen Surfern zusammenzustoßen. »No problem!«, sagte er und ging mit mir ganz an den Rand der Bucht, wo kein anderer Surfer war, und er versprach mir, dass er mein Brett nicht loslassen würde, um noch zu lenken und mich zu stabilisieren. Wow – keine blöden Sprüche, Ben nahm mich ernst! Dann warteten wir auf eine gute Welle, er rief »Paddle!«, kurz darauf »Stand!«, und ich fühlte, wie er mein Brett von seinem Brett aus sicher im Wasser stabilisierte. Es gelang mir, auf die Füße zu kommen und für Bruchteile von Sekunden sogar die Hände vom Brett zu lösen. Ein halbes Dutzend Tandem-Versuche später stand ich sicher und in perfekter Position. Wenig später ließ Ben mein Brett los und ich glitt alleine mit den Wellen Richtung Strand. Ein Wahnsinnsgefühl!

Das nur möglich geworden war, weil mich Ben nicht unter Druck gesetzt, sondern mich ernst genommen und langsam an den Erfolg herangeführt hatte. Suchen Sie sich bei Ihrem »Geht-doch«-Projekt auch einen »Ben«, der Ihre Ängste und Befürchtungen ernst nimmt und Ihnen damit helfen kann, die Welle zu reiten. Wer seine Ängste ignoriert, blockiert sich selbst. »Face your fears«, sagen die Amerikaner – und das geht am einfachsten mit einem wohlmeinenden Partner an der Seite, der uns ernst nimmt und dann Schritt für Schritt zum Erfolg führt. Manchmal dauert es ein wenig, bis wir hier unseren idealen Partner finden. Aber gönnen Sie es sich, so lange zu suchen, bis Sie den richtigen Unterstützer haben. Der nicht nur fachlich super ist, sondern auch zu *Ihnen* passt.

Wir bewegen uns in die Richtung, in die wir gucken

Von Ben habe ich übrigens noch eine zweite wichtige Lektion gelernt. Ich hatte ja Bedenken, mit anderen Surfern zusammenzustoßen. Er sagte: »Schau dorthin, wo du hinwillst. Schau nicht auf die Hindernisse, schau auf die Lücken. Ein Surfer fährt in die Richtung, in die er schaut!« Und tatsächlich: Blickte ich zu einem anderen Surfer, fuhr ich sofort in dessen Richtung. Fixierte ich einen Punkt am Stand, dann fuhr ich dorthin. Probieren Sie das mal aus, das gilt auch beim Radfahren, Skifahren oder Reiten. Wir bewegen uns in die Richtung, in die wir gucken.

Und das gilt auch in unserem Leben. Wer sich immer nur auf die Hindernisse fokussiert, wird sie rammen. Nehmen Sie Hindernisse bei Ihren »Geht-doch«-Projekten wahr, lösen Sie die auf, die Sie auflösen können, und alle anderen ignorieren Sie dann. Schauen Sie dorthin, wo Sie hinwollen. Nicht auf die Hindernisse.

Holen Sie sich die »Erlaubnis«

Auch erwachsene Menschen brauchen in bestimmten Situationen ihres Lebens »Erlauber«. Gerade wenn Sie etwas tun wollen, was Sie noch nie getan haben, Dinge, denen Ihr Umfeld eher kritisch oder sogar ablehnend gegenübersteht oder die für Sie selbst noch mit Ängsten und negativen Glaubenssätzen belegt sind, gibt Ihnen ein »Erlauber« den nötigen Schubs, um im Tun zu bleiben.

Natürlich gibt es Menschen, die sagen: »Also bitte, ich als erwachsene Frau/erwachsener Mann brauche doch niemanden, der mir die Erlaubnis gibt zu tun, was ich tun möchte!« Diese Menschen haben ihre inneren »Erlauber« bereits gefunden.

Die haben Sätze wie die folgenden tief in sich verankert:
★ Ich darf erfolgreich sein.
★ Ich darf glücklich sein.
★ Ich darf es mir leicht machen.
★ Es darf mir gut gehen.

Diese Menschen tun jetzt, was sie tun wollen. Mit einem guten Gewissen und voller Kraft und Freude. Suchen auch Sie sich Sätze, die Ihnen den Rücken stärken, Sätze, die Ihnen Kraft geben.

Schreiben Sie diese Sätze auf, und hängen oder legen Sie den Zettel an einen Platz, wo Sie ihn täglich sehen. Liegt dieser Ort im Blickfeld anderer Menschen, können Sie Ihre Botschaft verschlüsseln, etwa in einem Bild.

Sagen Sie sich jeden Tag mehrfach Ihren persönlichen »Erlauber«-Satz vor. Laut. Und mit verschiedenen Betonungen: Es *darf* mir gut gehen. Es darf *mir* gut gehen. Es darf mir *gut* gehen. Am Anfang fühlt sich das sehr seltsam an (wählen Sie dafür unbedingt einen Ort, wo Sie keiner hört, vielleicht wenn Sie allein im Auto unterwegs sind) und kann Ihnen die Kehle zuschnüren. Denn diese Sätze sind etwas, was eine neue Richtung in Ihr Leben bringt und was langsam dazu beiträgt, dass Sie Ihre alten Überzeugungen ablegen.

Und suchen Sie sich ruhig am Anfang auch externe »Erlauber« – andere Menschen, die Ihnen Mut machen, den Rücken stärken im Sinne von »Ja, es ist gut, was du jetzt machst«. Ideal dafür sind Menschen, die mit ihrem eigenen Leben zufrieden sind. Die selbst bereits tun, was sie tun wollen. Lassen Sie sich von denen inspirieren und ermutigen.

Sich die richtigen Fähigkeiten und Kompetenzen aneignen

Talent und Training bringen gemeinsam den Erfolg, sagte sinngemäß Mehmet Scholl als Kommentator der Weltmeisterschaft 2014. Und unter »Training« verstehe ich auch, dass wir uns das nötige Wissen, hilfreiche Techniken sowie die benötigten Fertigkeiten aneignen, um das, was wir tun wollen, auch wirklich gut tun zu können.

Eigentlich ist das eine Banalität, aber leider scheuen sich im Alltag dann doch so manche, den Preis des Lernens zu zahlen. Geht es um die Frage »*Wie* komme ich dahin, wo ich hinwill?«, ist Lernen allerdings ein immens wichtiger Baustein. Ohne entsprechendes Fach- und Methodenwissen können Sie paddeln bis zum Umfallen – Ihre Trauminseln werden Sie nicht anlanden können

Holen Sie sich also alles an Wissen, was in Ihrem »Geht-doch«-Projekt gefordert ist. Und legen Sie noch eine Schippe drauf. »Going the extra mile« nennen das die Amerikaner und meinen damit, ein Stückchen weiter zu gehen als die anderen, die vielleicht auch auf Ihre Trauminsel spekulieren.

Um Erfolg zu haben (wie immer Sie diesen Begriff für sich definieren), können wir in der Regel an folgenden drei Bereichen ansetzen:

1. Motive: Spüre ich eine tiefere Motivation, dieses Ziel tatsächlich erreichen zu wollen?
2. Verhalten: Lege ich ein entsprechendes und Erfolg versprechendes Verhalten an den Tag?
3. Fähigkeiten: Habe ich das Wissen, die Fähigkeiten und die Fertigkeiten, die die jeweilige Aufgabe erfordert? Und habe ich ein bisschen mehr als mögliche Mitbewerber?

Lernen Sie! Ohne es zu übertreiben. Ich habe in den letzten Jahren so viele Menschen kennengelernt, die eine Ausbildung nach der anderen machen, ein Zertifikat nach dem anderen erwerben und immer noch das Gefühl haben, sie seien einfach noch nicht gut genug. Ja, Wissen ist wichtig. Ja, eine solide Ausbildung kann ausschlaggebend dafür sein, dass Sie Ihr »Geht-doch«-Projekt erfolgreich anpacken und leben können. Aber fassen Sie den Mut, aus der Theorie auch ins Handeln zu kommen.

Sie müssen nicht der Weltbeste ihres Fachs sein – es reicht, wenn Sie gut sind. Und machen Sie sich klar, dass Sie ja jeden Tag durch Ihr Tun in der Praxis auch ein Stückchen besser werden. Schauen Sie sich vielleicht nochmals Ihren Gegenwind »Perfektionismus« an (vgl. Kap. 1, Unterkap. »Ausgebremst vom Gegenwind ›da draußen‹«), und fangen Sie dort an, wo Ihr derzeitiges Wissen völlig ausreichend ist.

Raus aus der Selbstverständlichkeitsfalle

Viele Menschen erkennen nicht, was sie bereits alles können und mitbringen für ihre Reisen zu ihren Trauminseln, weil sie in der Selbstverständlichkeitsfalle sitzen. Es ist für Sie selbstverständlich, dass Sie gewisse Dinge können und wissen? Es ist überhaupt nichts Besonderes, dass Sie sich schnell in neue Sachverhalte einarbeiten können? Es ist doch normal, dass sich Menschen Ihnen gegenüber öffnen? Vielen Menschen ist ihr Können im Vergleich zu dem anderer Menschen nicht der Rede wert oder – noch schlimmer – nicht gut genug, um als wirkliches Können zu gelten. Außerdem verstehen wir unter »Können« oftmals das, was wir »tun können«, also im Sinne von »ausüben«. Fassen Sie Ihr »Können« weiter. Denken Sie nicht nur an Ihre Fertigkeiten und Fähigkeiten, sondern auch an Ihre Stärken und Talente (vgl. Kap. 2). Denn Ihre ganz persönliche Art und Weise, die Dinge anzupacken, ist es, die Ihren Erfolg beflügeln kann.

Holen Sie sich so viel Wissen, wie Sie können, vor allem in den Bereichen, in denen Sie sich selbst in Ihrem Wachstum beschränken. Je mehr Zusammenhänge wir kennen, je mehr wir über den Tellerrand blicken und lernen, desto erfolgreicher können wir das Meer der Möglichkeiten für uns erschließen. Und das bedeutet auch, sich mit Themen zu beschäftigen, denen nicht gerade unser Hauptinteresse gilt. Denn Nichtwissen kann uns auf einen völlig falschen Kurs schicken. Immer wieder treffe ich beispielsweise Kleinunternehmer, die freiwillig auf mehr Umsatz verzichten. Warum? »Weil sich das Finanzamt von jedem Euro, den ich mehr verdiene, aufgrund der Steuerprogression immer mehr nimmt. Unterm Strich bleibt mir also weniger, je fleißiger ich bin.« Falsch! Wir zahlen den prozentual höheren Satz immer nur auf den *zusätzlich* verdienten Euro, nicht auf die *komplette* Summe.

Und kümmern Sie sich gut um Ihre Belange; setzen Sie Ihr »Geht-doch«-Projekt nach oben auf die Liste. Der Managementexperte Peter Drucker erklärte einmal in einem Brief an Mihály Csíkszentmihályi, der ihn für eine Studie um Unterstützung gebeten hatte, dass »eines der Geheimnisse der Produktivität (...) darin besteht, einen *sehr großen* Papierkorb zu besitzen, in dem *alle* Anfragen wie die Ihrigen landen – nach meiner Erfahrung bedeutet Produktivität, dass man *nichts* tut, um die Arbeit anderer zu unterstützen, sondern seine gesamte Zeit darauf verwendet, die Arbeit zu tun und gut zu tun, für die der liebe Gott einen geschaffen hat«[163]. Und das kann auch für Sie gelten, wenn Sie sich auf den Weg zu Ihrem »Geht-doch«-Projekt machen. Überlegen Sie sich mal, zu welchen Anfragen, Ablenkungen, Chancen, Möglichkeiten und Alternativen Sie in den kommenden Tagen und Wochen »Nein« sagen möchten, um sich den Rücken freizuhalten für Ihr schönes, großes »Geht-doch«-Projekt. Der Grund: Je mehr Sie sich in den unglaublichen Klein-Klein-Möglichkeiten des Alltags verzetteln, desto weniger Zeit bleibt Ihnen für Ihre Herzensangelegenheit.

Lernen Sie die Grundmethoden des (kreativ-chaotischen) Zeitmanagements[164], und lernen Sie vor allem, »Nein« zu sagen. Das ist eine große Herausforderung, besonders wenn Sie eher zu den empathischen Unterstützern gehören, die prinzipiell sehr gerne für andere Menschen da sind. Aber rücken Sie in der nächsten Zeit Ihr eigenes »Geht-doch«-Projekt mehr in den Fokus und nehmen Sie sich selbst mit Ihren Wünschen wichtiger.

Erfolgreiche Menschen haben häufig eine Gemeinsamkeit: Sie haben sich eine Freiheit und Unabhängigkeit aufgebaut, die ihnen den Raum gibt, die eigenen Ideen umzusetzen. Ein »Nein« zur rechten Zeit ist Ihr Türöffner für ein selbstbestimmtes Leben. Und Ihr Ticket zu Ihrem »Geht-doch«-Projekt. Damit meine ich natürlich nicht, dass Sie künftig zu allem »Nein« sagen sollen. Sagen Sie es bewusst, um die Zeit für Ihr eigenes Ding zu haben.

WANN?

KAPITEL 5

Endlich loslegen

Vom Warten auf den richtigen Zeitpunkt

Viele Menschen warten immer auf die »passende Gelegenheit«, um in ihrem Leben einen neuen Kurs einzuschlagen, um ein »Gehtdoch«-Projekt zu starten. Vielleicht sehen Sie Ihr »Geht-doch«-Projekt jetzt so klar, dass Sie loslegen wollen? Dann tun Sie es! Denken Sie an die 18-Stunden-Regel und tun Sie innerhalb der kommenden 18 Stunden einen ersten Schritt in Richtung auf Ihre Vision, Ihren Wunsch, Ihre Insel.

Konzentrieren Sie Ihre Kraft, Ihre Aufmerksamkeit auf die Chancen, die Sie in Ihrem Leben nutzen wollen. Hören Sie auf, zu hadern oder nochmals und nochmals zu überlegen. Eine Möglichkeit wird nicht besser, nur weil wir ständig darüber nachdenken. Im Gegenteil. Hören Sie auf, nach einem Hindernis zu suchen – vielleicht ist da gar keines! Tun Sie, was Sie tun wollen – jetzt. Mit Überzeugung und Leidenschaft. Und schreiben Sie mir eine Postkarte von Ihrer »Insel«.

Es ist noch nicht so weit? Sie denken, es sei noch zu früh für Ihren Schritt? Sie warten noch auf den richtigen Zeitpunkt? Ja, es gibt selbst bei »Geht-doch«-Projekten, für die wir »eigentlich« brennen, so etwas wie den richtigen Zeitpunkt. Den Tag, an dem sich für uns alles gut und richtig anfühlt. Manche unserer Projekte machen tatsächlich erst Sinn und Spaß, wenn die Kinder aus dem Haus sind, wenn wir den Kredit getilgt haben und finanziell frei sind oder wenn wir zuvor bestimmte Erfahrungen gemacht haben.

Und es kann sein, dass Ihnen momentan der Preis für Ihr »Gehtdoch«-Projekt einfach zu hoch ist. Ein Umzug nach Portugal, der Sie aus dem »besten Freundeskreis ever« herausreißt, kann grundsätzlich attraktiv sein – aber jetzt noch nicht. Eine eigene Firma kann attraktiv sein – aber jetzt noch nicht. Einen Schrebergarten pachten kann heimelig klingen – aber jetzt noch nicht.

Sicherlich kennen Sie den Spruch »Lebe jeden Tag so, als wäre es der letzte Tag deines Lebens«. Ich mag diesen Spruch nicht. Denn er hat so etwas Moralinsaures an sich und vermittelt so ein Endzeitgefühl. Ich bin sicher, wenn heute der letzte Tag meines Lebens wäre, dann würde ich jetzt nicht hier im ICE Richtung Schweiz sitzen und auf der Fahrt zu einem Seminar am Laptop an diesem Buch schreiben (und Sie würden diese Zeilen nicht lesen). Würden wir morgen abtreten müssen, dann hätten wir mit Sicherheit etwas anderes vor als das, was unser Alltag von uns fordert. Und selbst wenn wir nur annehmen würden, es sei der letzte Tag auf Erden – so ein Leben in der Warteposition macht doch keinen Spaß, oder? Dann würden wir immer in vorauseilendem Gehorsam versuchen, das Leben auszukosten und nur auf kurzfristigen Genuss oder schnelle Erfüllung zielen.

Oder sind Sie bereits so weise wie Martin Luther, der gesagt haben soll: »Auch wenn ich wüsste, dass morgen die Welt unterginge, würde ich heute ein Apfelbäumchen pflanzen.« Das ist schön gedacht, aber die meisten von uns würden sicherlich lieber Zeit mit ihren Lieben verbringen, ein Testament machen oder – ja, auch diese Menschen gibt es – den Keller aufräumen, »damit ich mich nicht schämen muss, wenn meine Erben ins Haus gehen«, wie mir eine 63-Jährige erzählte.

Ich mag den Spruch nicht (mehr), weil er mich viele Jahre komplett unter Druck gesetzt hat, *jetzt* leben zu müssen, *jetzt* alles in meine Tage reinzupressen, *jetzt* alles zu erledigen, was ich noch so erleben will. Aber statt Erfüllung zu bringen, hat mir das nur eine Menge Stress verursacht.

Innerlich ruhiger bin ich unter anderem geworden, als mir eine 52-jährige Unternehmerin erzählt hat, sie habe in ihrem Büro ein Plakat aufgehängt: mit der Zahl 83. »Was bedeutet die Zahl?«, erkundigte ich mich. Und sie erklärte: »Ich werde 83 Jahre alt werden, das heißt, ich habe noch viel Zeit, all die Dinge zu tun, die ich wirklich tun will. Und bis dahin tue ich jeden Tag ein bisschen von dem, was ich will, von dem, was mich glücklich macht.« Und das war beispielsweise über sechs Monate lang, ein Projekt in Thailand zu betreuen, bei dem Frauen in kleinen Unternehmensnetzwerken ihre eigenen Seidenschals produzierten und vertrieben und so weit mehr verdienten als früher als Hilfsarbeiterinnen. Ich war beeindruckt. Diese Frau schien in sich zu ruhen, wirkte gelassen und zufrieden. »Und die Dinge, die Sie nicht mehr schaffen, bevor Sie 83 sind?«, fragte ich. »Die habe ich eben dann nicht gemacht. Aber das ist nicht tragisch, denn ich mache so viele andere Dinge, die mir wichtig sind, da kommt es auf ein paar Glücksmomente mehr oder weniger nicht an.«

Auch ich habe mir ein Plakat aufgehängt. Zunächst stand dort die 88, aber jetzt habe ich erhöht auf 98. Und ich merke, ja, dies nimmt eine Menge Stress von »Tu's gleich« raus. Mit dieser langfristigen Perspektive können vor allem die Möglichkeitsseher, die übersprudeln vor Ideen, ein wenig Ruhe in ihr Leben bringen, denn solange sie jeden Tag etwas (Kleines) machen, was sie erfüllt und glücklich macht, sind sie gut unterwegs.

Nicht alles, was wir tun könnten, müssen wir heute, jetzt und gleich anpacken. Denken Sie in Ruhe darüber nach, wann in Ihrem Leben der richtige Zeitpunkt für welche »Geht-doch«-Projekte ist. Bitte achten Sie nur darauf, dass Sie nicht in die Später-später-Falle tappen!

Gefangen in der Später-später-Falle

Im Kern hat der Spruch »Lebe jeden Tag so, als wäre es der letzte Tag deines Lebens« allerdings viel Weisheit und eine »Wach-auf!«-Botschaft für diejenigen unter uns, die in der »Später-später-Falle« sitzen. Die heute als brave Pflichterfüller ihren Alltag stemmen und sagen: Wenn ich die Beförderung habe, dann mache ich mal länger Urlaub. Wenn wir die Hypothek irgendwann abbezahlt haben, dann kann ich den Beruf ergreifen, den ich schon immer wollte. Wenn die Kinder mal aus dem Haus sind, dann machen mein Schatz und ich eine Weltreise. Wenn ich den Jahresbonus bekomme, dann mache ich mich selbstständig.

Was aber, wenn das »Wenn« gar nicht eintritt? Wenn Sie, wie mein Freund und Kollege Markus, mit 42 Jahren im Gebirge abstürzen und es keine Möglichkeit auf ein »Dann« mehr gibt? Was, wenn Sie trotz fleißigen Arbeitens bei den Beförderungen übergangen werden? Oder wenn eines Tages nicht nur die Kinder aus dem Haus sind, sondern sich Ihr Partner respektive Ihre Partnerin gleich mit verabschiedet – vorbei der Traum vom Globetrotten. Oder was, wenn Sie dann die Zeit für Ihre große Reise haben – aber leider körperlich nicht mehr fit genug sind?

Viele von uns leben, als wenn es kein Morgen gäbe, aber vertagen ihre erfüllenden Projekte auf die Zukunft. Es gibt keine Garantie im Leben, dass wir unsere Träume leben können. Aber wir können jeden Tag einen kleinen Teil davon Realität werden lassen. Ich glaube, das hat viel mit Achtsamkeit zu tun: Schaffen wir es, jeden Tag Glücksmomente in unseren Alltag zu bringen und diese mit Genuss zu erleben sowie nach und nach den Raum für unsere größeren »Geht-doch«-Ideen zu schaffen, dann sind wir auf einem guten Weg.

Fangen Sie heute an, Ihre »Geht-nicht«-Ideen in »Geht-doch«-Erfolge zu verwandeln. Lösen Sie die Blockaden und Hindernisse auf, die Sie noch bremsen, und schlagen Sie den Kurs für Möglichkeitsfinder und Chancennutzer ein. Schauen Sie jeden Tag auf die Chancen, die Ihnen das Leben *heute* schon bietet, und warten Sie nicht auf den großen Wurf in der Zukunft. Finden Sie Ihre persönliche Balance zwischen »heute« und »später« und tun Sie immer wieder etwas für eines Ihrer großen und kleinen »Geht-doch«-Projekte. Das ist die beste Grundlage für ein erfülltes und glückliches Leben.

Zeitinseln für das »Geht-doch«-Projekt schaffen

Gönnen Sie sich auch die Zeit, über das hier Gelesene nachzudenken, die Fragen auf Ihren Alltag, auf Ihre Wünsche anzuwenden. Machen Sie Termine mit sich selbst. Blocken Sie tatsächlich in Ihrem Terminkalender Zeitfenster, in denen Sie sich nur sich selbst widmen. Das kann eine Auszeit sein, ein Termin, an dem Sie sich verwöhnen lassen, aber auch ein Termin zum Nachdenken. Ich habe mir dafür den FREI-Tag reserviert. Am Freitag gehe ich häufig nicht ins Büro, mache keine Termine – außer mit mir. Dann denke ich über neue (Unternehmens-)Strategien nach, neue Marketingaktionen, neue Projektideen, über alles, was mir eine schöne und erfolgreiche Zukunft ermöglichen kann. Oftmals verbinde ich das mit einer Wanderung in den bayerischen Alpen (Blick von oben ist immer super für die eigene Übersicht) oder einem Besuch in der Sauna. Doing by Undoing – die beste Art, geniale Ideen zu finden.

> Ein Termin mit sich selbst – besser können Sie Ihre Zeit nicht nutzen

Sicherlich kennen Sie den Spruch »Es ist sinnvoller, eine Stunde über Geld nachzudenken, als ein Jahr zu arbeiten«. Genauso ist es mit unseren Aktivitäten. Es ist sinnvoller, mal in Ruhe und achtsam nachzudenken, als immer wie ein gehetztes Kaninchen über den Acker zu hoppeln.

Tragen auch Sie sich einen FREI-Tag, einen Do-it-Donnerstag oder einen Tu-es-Day in den Kalender ein. Das muss nicht jede Woche sein und sollte auch keinen Pflichtcharakter haben. Sehen Sie es als Angebot, als Chance für bewusste Achtsamkeit, und Sie werden merken, diese Auszeiten geben Ihnen so viel Klarsicht, Energie und Kraft für Ihre »Geht-doch«-Projekte, dass es Sie wirklich beflügelt.

Planen Sie Zwischenstopps oder Etappenziele ein. Fragen Sie sich heute bereits, was jetzt schon geht – vielleicht in einem kleineren Rahmen, vielleicht auf eine leicht abgewandelte Art? In Ihrer jetzigen Lebenssituation wird vermutlich wie bei allen anderen Menschen auch nicht *alles* gehen. Aber es geht vielleicht mehr, als Sie denken. Machen Sie deshalb die Augen, Ohren und Nase auf, um Chancen zu sehen, zu hören und zu wittern. Fangen Sie heute an, sich den Weg zu Ihrem »Geht-doch«-Projekt zu ebnen und bereits heute Ihren Alltag mit kleineren Freudebringern und »Geht-doch«-Schrittchen zu bereichern.

Leben Sie jeden Tag Ihres Lebens so, dass Sie sich nicht ärgern, ein Herzblutthema nicht angefangen zu haben. Natürlich werden wir nie alles erleben in unserem Leben, was wir erleben könnten. Dazu haben wir heutzutage einfach zu viele Möglichkeiten. Doch überlegen Sie sich: Was würde ich wirklich bedauern, nicht gemacht zu haben, wenn ich mit 60 oder 70 Jahren gesundheitlich nicht mehr kann? Es würde Sie ärgern, dass Sie nie den Jakobsweg gegangen sind? Aber heute geht es nicht, weil Sie keine acht Wochen Urlaub nehmen können? Dann gehen Sie nur eine Etappe, gehen Sie wie mein Speaker-Kollege Michael nur eine Woche; fangen Sie zumindest an, das zu tun, wofür Ihr Herz schlägt. Der beste Zeitpunkt, um Ihr Leben zu leben, ist: jetzt! Der beste Zeitpunkt, um zumindest Kleinigkeiten zu verändern, ist: jetzt! Warten Sie nicht auf ein Wunder. Nicht alle Menschen haben so viel Glück wie Peter.

Dicht liegt der Nebel über der Saône, einem ruhigen, trägen Fluss in der Mitte Frankreichs. Ein Mittwochmorgen im August, ich klettere aus dem

Hausboot auf die kleine Hafenmauer von Mantoche und sehe hinter uns ein kleines Segelboot mit umgeklappten Masten. Als ich vom Baguetteholen zurückkomme, sitzt ein alter Seebär mit sonnengegerbtem Gesicht und dichtem Bart vor der kleinen Kajüte. Wir grüßen uns. Der Seebär ist ein Deutscher, seine Frau Gerhild stößt zu uns. Die beiden erzählen, dass sie vor vier Monaten von Flensburg aus mit dem Boot losgefahren sind, über die Ostsee, den Nord-Ostsee-Kanal und andere deutsche Kanäle in den Rhein, dann die Mosel hinunter und jetzt auf der Saône. In den kommenden Wochen wollen sie über die Rhône bis ins Mittelmeer und weiter Richtung Tunesien. »Wie seid ihr denn auf so eine Idee gekommen?«, will ich wissen. »Peter war sehr schwer krank, sein Leben hing an einem seidenen Faden. Die Ärzte glaubten nicht mehr, dass er es schaffen würde«, erzählt Gerhild. »Aber er hatte einen Traum: Er wurde gesund und macht es jetzt. Daheim haben wir alles verkauft, alle Möbel, unser Auto, alles. Wir haben die Wohnung aufgegeben und unser Geld in unsere kleine Jolle hier gesteckt.« Zwei Tage verbringen wir gemeinsam im kleinen Hafen von Mantoche, dann fahren meine Familie und ich weiter. »Wir leben unseren Traum, und das ist wunderschön«, sagt Peter uns zum Abschied. Worte, die sich mir eingebrannt haben.

Jeden Tag zu einem besonderen machen

Paddeln Sie los und genießen Sie das Tun in Ihrem Meer der Möglichkeiten. Auch wenn Sie noch nicht so genau wissen, wohin es letztendlich geht – wer weiß das schon? Vertrauen Sie darauf, dass viele der Gelegenheiten, die sich in Ihrem Leben bieten, allein durch die Energie entstehen, die Sie um sich herum verbreiten. Es ist ein weiteres Naturgesetz, dass Menschen, die etwas tun, etwas in Bewegung bringen. Das ist so, wie wenn Sie einen Stein in ein Wasser werfen – ein ruhiges Gewässer wird Kreise, kleine Wellen zeigen. Ihre Energie erzeugt Energie an einer anderen Stelle. Menschen, die sagen, sie haben keine Chancen, keine Möglichkeiten, das sind Menschen, die selbst nichts in Bewegung bringen. Aber wer sich bewegt, bewegt etwas. Simples physikalisches Gesetz.

Nicht, dass Sie jetzt alles *komplett* in Ihrem Leben umkrempeln müssen und ständig in Bewegung sein müssen. Nein, machen Sie sich keinen Stress, wir müssen schon viel zu viel in unserem Leben. Da müssen wir nicht auch noch »was daraus machen«!

Entwickeln Sie lieber eine ruhige Achtsamkeit, wie Sie jeden Tag mehr Freude erleben können, wie Sie jeden Tag Ihres Lebens zu etwas Besonderem machen können. Oder zumindest zu einem Tag, der neben langweiligen Meetings, öden Verhandlungen, Haushalt und Kindern *ein paar Minuten* »*Besonderes*« für Sie in petto hat. »Man muss immer etwas haben, worauf man sich freut«, hat Eduard Mörike einmal gesagt. Was kann das bei Ihnen sein? Sofern die Zeit für Ihr »Geht-doch«-Projekt noch nicht reif ist, sorgen Sie schon einmal dafür, dass Sie jeden Tag etwas haben, worauf Sie sich freuen. Ein Lachen mit anderen Menschen. Eine Pause in der Sonne. Ein zufriedener Blick auf eine erledigte Aufgabe. Ein kleiner Schritt in Richtung ihres »Geht-doch«-Projekts.

> »Man muss immer etwas haben, worauf man sich freut.«
> EDUARD MÖRIKE

Nehmen Sie sich mit Ihren Wünschen wichtig. Aber nehmen Sie sich nicht zu ernst. Lassen Sie ein wenig Druck aus Ihrer »Lebensplanung« – ein Leben lässt sich nicht durchplanen! Schlagen Sie selbst den Kurs ein, den Sie für die nächsten Monate oder Jahre paddeln wollen. Und ja, lassen Sie sich dabei von anderen, die einen ähnlichen Kurs gewählt haben, inspirieren. Mich haben auf meinem Weg sehr viele Menschen inspiriert und ermutigt; sie haben mir den Rücken gestärkt, das zu tun, was ich möchte. Manche wissen das, andere wissen das nicht. Bei manchen konnte ich mich persönlich bedanken, anderen danke ich im Stillen und aus der Ferne, denn die kennen mich nicht einmal. Aber ihre Worte oder ihre Taten haben mich bewegt – und in Bewegung gebracht. Warten Sie nicht auf ein Zeichen, dass Sie Ihr »Geht-doch«-Projekt starten dürfen. Setzen Sie dieses Zeichen doch selbst.

Griechenland, Santorin. Ein heißer Juniabend. Die Dunkelheit senkt sich über die engen, steilen Gassen der Altstadt von Fira. Die Hitze steht. Dicht an dicht drückt sich ein Schmuckgeschäft an das nächste. Es glitzert und glänzt. Mittendrin: meine Mutter, meine Schwester und ich. In einem Laden entdecken wir Kettenanhänger. Kreuze, bestückt mit Diamanten. Wunderschön. Ich halte mir auf Wunsch meiner Mutter einen Anhänger an den Hals. Lege ihn wieder ab. Ja, schön, aber der ist mir viel zu teuer, so viel Geld habe ich noch nie für Schmuck ausgegeben. Meine Mutter schaut mich an: »Cordula, kauf dir diesen Anhänger. Der ist wirklich schön – und trag ihn eben zu ganz besonderen Anlässen.«

In diesem Moment scheint die Welt anzuhalten, alles wird leise um mich herum, und ich denke an eine Geschichte, die ich vor Ewigkeiten mal gelesen habe.

Ein Mann zieht eine Schublade der Kommode seiner Frau auf und greift nach einem kleinen, in Seidenpapier gewickelten Paket. Er öffnet das Papier und streicht behutsam über die feine Wäsche. Er betrachtet die Seide und die Spitze. »Die habe ich ihr vor sechs oder sieben Jahren in Paris gekauft, aber sie hat sie nie getragen. Sie wollte sie aufbewahren, für eine besondere Gelegenheit. Nun ja, ich glaube, jetzt ist der Moment gekommen.« Er geht zum Bett und legt das Päckchen zu den anderen Sachen, die der Bestatter mitnehmen würde. Seine Frau war gestorben.

In diesem Moment oben in den Gassen von Santorin beschloss ich, dass jeder Tag meines Lebens ein besonderer Tag sein solle. Dass jeder Augenblick meines Lebens wertvoll sein soll – und ich jeden Moment meines Lebens als etwas Besonderes erleben möchte. Ich habe an jenem Abend den Diamantkreuz-Anhänger gekauft. Und ihn seither nicht mehr abgelegt.

ANHANG

Anmerkungen

1 Vgl. www.marshmallowchallenge.com.
2 Vgl. Wasmund, Sháá; Newton, Richard, Nicht reden, machen! GABAL Verlag, Offenbach 2014, S. 119.
3 Vgl. http://www.stern.de/wirtschaft/news/traditionsunternehmen-agfa-ist-pleite-540944.html.
4 Vgl. FOCUS-Magazin, 35/2013. Auch nachzulesen unter http://www.focus.de/finanzen/news/tid-33310/microsoft-kauft-nokias-handysparte-die-desastroese-bilanz-von-microsoft-chef-ballmer-die-traurige-bilanz-von-steve-ballmer_aid_1089334.html.
5 Vgl. Davidson, Cathy N., Now You See It: How Technology and Brain Science Will Transform Schools and Business for the 21st Century, Penguin Books, Reprint edition (July 31, 2012), S 18.
6 Vgl. http://www.nytimes.com/roomfordebate/2011/03/20/career-counselor-bill-gates-or-steve-jobs/look-at-the-leaders-of-silicon-valley.
7 Vgl. Zukunftsmonitor der Stiftung für Zukunftsfragen 2014, http://www.freizeitmonitor.de/de.html.
8 Vgl. http://de.statista.com/statistik/daten/studie/2913/umfrage/fernsehkonsum-der-deutschen-in-minuten-nach-altersgruppen/.
9 Zit. nach: Fast Company, Ausgabe vom 1. Oktober 1995, vgl. auch http://www.fastcompany.com/26455/next-time-what-say-we-boil-consultant.
10 Vgl. Gibbons, Whit, »The legend of the boiling frog is just a legend«, Ecoviews, November 18, 2002, zit. nach: http://en.wikipedia.org/wiki/Boiling_frog.
11 Vgl. Goltz, Friedrich Leopold, Beiträge zur Lehre von den Functionen der Nervencentren des Frosches, Verlag August Hirschwald, Berlin 1869, S. 128 f.; digitalisiert nachzulesen unter: http://books.google.de/books?id=kIoZAAAAIAAJ&pg=PA128&redir_esc=y#v=onepage&q&f=.
12 Die Geschichte finden Sie in Ihrem Bonusmaterial unter www.gehtjadoch.com/mediathek, und Sie können sie auch hier nachlesen: www.gluexx-factory.de/weniger-wissen-weiter-kommen/.
13 Vgl. WORLD HAPPINESS REPORT 2013. Edited by John Helliwell, Richard Layard and Jeffrey Sachs, http://unsdsn.org/wp-content/uploads/2014/02/WorldHappinessReport2013_online.pdf.

14 Vgl. https://www.youtube.com/user/complaintfreeworld.
15 GEO WISSEN, Nr. 36, Ausgabe 10/2005: Zeit – das ewige Rätsel.
16 Vgl. http://www.danabowman.com/.
17 Mehr Trainingsideen erhalten Sie in »Geht ja doch! – Das E-Coaching«, www.gehtjadoch.com.
18 Vgl. http://www.sueddeutsche.de/karriere/aerger-und-jammerverbot-meckern-vertraglich-untersagt-1.500334.
19 Vgl. http://www.statistik-portal.de/statistik-portal/de_jb01_jahrtab4.asp.
20 Vgl. http://www.creditreform.de/fileadmin/user_upload/crefo/download_de/news_termine/wirtschaftsforschung/schuldneratlas/Analyse_SchuldnerAtlas_Deutschland_2013.pdf.
21 Vgl. WORLD HAPPINESS REPORT 2013. Edited by John Helliwell, Richard Layard and Jeffrey Sachs, http://unsdsn.org/wp-content/uploads/2014/02/WorldHappinessReport2013_online.pdf.
22 Vgl. http://www.pnas.org/content/early/2012/09/19/1207042109.full.pdf+html.
23 Vgl. http://www.albert-wunsch.de/images/pdfs/Text%20-%20Verwoehnung%20Jako-O-Tagung%2011-08.pdf.
24 Vgl. Eltern for Family, Ausgabe 04/2012, S. 30 ff.
25 Byrne, Rhonda, The secret, Goldmann Arkana, München 2007, S. 28.
26 Ebd., S. 171.
27 Von Münchhausen, Marco, So zähmen Sie Ihren inneren Schweinehund. Vom ärgsten Feind zum besten Freund, Campus Verlag, Frankfurt a. M. 2005, S. 114.
28 Ernst, Heiko, Mildernde Umstände, in: Psychologie heute, Juli 2013, S. 3.
29 Vgl. Nussbaum, Cordula, Bunte Vögel fliegen höher, Campus Verlag, Frankfurt a. M. 2011, S. 109 f.
30 Vgl. Elliott, Charles H.; Smith, Laura L., Angstfrei leben für Dummies, Wiley-VCH, 2. Auflage, Weinheim 2012, S. 120 ff.
31 Vgl. Nussbaum, Cordula, Bunte Vögel fliegen höher, a. a. O., S. 54 ff.
32 Mehr Infos zum Zwölf-Wochen-E-Coaching finden Sie unter www.gehtjadoch.com.
33 Draganich, Christina; Erdal, Kristi, Placebo sleep affects cognitive functioning. In: Journal of Experimental Psychology: Learning, Memory, and Cognition, Vol. 40(3), May 2014, S. 857–864. Online hier: http://psycnet.apa.org/journals/xlm/40/3/857/. Kurzinfo auch hier: http://www.coloradocollege.edu/newsevents/newsroom/the-power-of-positive-sleeping#.U9DirrH8fFk.
34 Vgl. Wiseman, Richard, Machen, nicht denken!, Fischer Verlag, Frankfurt a. M. 2013, S. 200 f.
35 Erzählt nach: Wiseman, Richard, ebd., S. 199 f.
36 Vgl. TED-Vortrag http://blog.ted.com/2010/04/22/build_a_tower_b/.

37 Das komplette Interview und Fotos finden Sie unter www.gluexxfactory.de/weniger-ist-oft-mehr.
38 Vgl. http://www.wissenschaft.de/archiv/-/journal_content/ 56/12054/1565427/DIE-WURZELN-VON-GEIZ-UND-GIER/.
39 Vgl. Psychologie heute, 02.05.2014; http://www.psychologie-heute. de/news/emotion-kognition/detailansicht/news/der_hang_zur_ bosheit/?&type=27072012.
40 Vgl. http://www.zeit.de/2011/04/C-Berufe-Neidfaktor.
41 Wall, Hans, Aus diesem Jungen wird nie was …, Heyne Verlag, München 2009, vorderer Klappentext.
42 Vgl. Schulz von Thun, Friedemann, Miteinander reden, Bd. 1: Störungen und Klärungen. Allgemeine Psychologie der Kommunikation, E-Book, Rowohlt Verlag, Reinbek 2010.
43 Vgl. http://www.morgenpost.de/vermischtes/article112224270/ Waermste-Weihnachten-seit-Beginn-der-Wetteraufzeichnung.html.
44 Zu Astor vgl. http://www.frankastor.de/.
45 Übersetzt und nacherzählt nach: Clemmer, Jim, Growing the Distance. Timeless Principles for Personal, Career, and Family success, Stoddard Pub, Ontario 1999, S. 24.
46 Vgl. https://www.chicagoideas.com/videos/424.
47 Zit. nach: Eder, Andreas B.; Erle, Thorsten M., Priming, Institut für Psychologie, Universität Würzburg, online hier: http://emotion. i2.psychologie.uni-wuerzburg.de/uploads/pubs/ecer/Eder_Erle_ Priming_book_chapter_inpress.pdf.
48 Weitere Anregungen, wie Sie kraftvolle Formulierungen finden, erhalten Sie im Coaching »Geht ja doch! – Das E-Coaching«, www.gehtjadoch.com.
49 Vgl. Wood, Joanne, Positive Self-Statements: Power for Some, Peril for Others, in: Psychological Science, July 2009, vol. 20 no. 7 860–866, online hier (Abstract): http://pss.sagepub.com/content/ 20/7/860.
50 Vgl. Nussbaum, Cordula, Bunte Vögel fliegen höher, a.a.O., S. 109f.
51 Brown, Harriet, Das Gefühl für den eigenen Wert, in: Psychologie heute, September 2013, S. 21.
52 Vgl. ebd.
53 Ebd., S. 23.
54 Erzählt nach: Poostchi, Kambiz, Goldene Äpfel. Spiegelbilder des Lebens: Lehrreiche und humorvolle Geschichten, Weisheiten und Aphorismen aus aller Welt, Via Nova, 5. Auflage, Petersberg 2007, S. 190f.
55 Vgl. www.asgodom.de.
56 Frei nach: Nasreddin Hodscha. 666 wahre Geschichten. Hrsg. Ulrich Marzolph, C.H. Beck. München 1996, S. 196f.
57 Zit. aus: Vortrag von Marilyn Sherman, 30.07.2013, NSA Convention, Philadelphia, Creating and Cultivating Connections. How to Build

Your Business by Developing Relationships and Connections with Meeting Planners, Bureau Partners, Agents and Attendees.
58 Zit. nach: http://www.neleneuhaus.de/ueber_mich.php.
59 Vgl. ebd.
60 Vgl. http://promotion.michaelschiffer.com/index.php?id=100.
61 Vgl. Insolvenzmonitor 2013, http://www.creditreform.de/fileadmin/user_upload/crefo/download_de/news_termine/wirtschaftsforschung/insolvenzen-deutschland/Insolvenzen_in_Deutschland_2013.pdf, S. 5.
62 Wiseman, Richard, Machen, nicht denken!, Fischer Verlag, Frankfurt a. M. 2013, S. 32.
63 Vgl. www.gluexx-factory.de/die-charlie-brown-ubung-der-stimmungswandler/.
64 Wisemann, a. a. O., S. 96 f.
65 Bock, Petra, Mindfuck. Warum wir uns selbst sabotieren und was wir dagegen tun können, Knaur, München 2011.
66 Vgl. http://www.seilbahn-nostalgie.ch/skilifte.html.
67 Vgl. http://www.skiresort.de/skigebiet/st-moritzcorviglia-marguns/liftebahnen/.
68 Vgl. http://kurier.at/chronik/burgenland/burgenlaender-fiel-auf-prince-harry-herein/55.952.283.
69 Vgl. www.gluexx-factory.de/lieblingsvideos. Das eine ist ein bitterböses Video darüber, wie es sich rächt, wenn man Müll auf die Straße wirft (Achtung: britischer Humor!), das andere ein sehr emotionales darüber, wie das Gute auch wieder zu uns zurückkehrt.
70 Vgl. Iyengar, Sheena, The Art of Choosing. The Decisions We Make Everyday – What They Say About Us and How We Can Improve Them, Little Brown Book Group, London 2010, S. 184 ff.
71 Vgl. Lepper, Mark R., et al., When choice is demotivating, in: Journal of Personality and Social Psychology, 2000, No 6, S. 995–1006.
72 Vgl. Reutskaja, Elena; Hogarth, Robin, Choice: How Much Is Too Much?, Wiley Periodicals Inc., vgl. auch: http://www.ieseinsight.com/doc.aspx?id=1002&ar=12.
73 Frei nacherzählt nach dem Seminar »Die Kunst des Manifestierens« von Serge Kahili King, 25. und 26. Mai 2013, Starnberg.
74 Mehr Infos zu den Dream-Days: www.kreative-chaoten.com.
75 Zit. nach: Christiani, Alexander, Weck den Sieger in dir!, Gabler, Wiesbaden 1997, S. 113.
76 Vgl. www.motivationspotenzialanalyse.de.
77 Sie möchten es genauer wissen? Im E-Learning »Geht ja doch! – Das Coaching« erhalten Sie eine ausführliche Analysemöglichkeit. Vgl. www.gehtjadoch.com.
78 Interview vom 04.06.2014 und 06.06.2014.
79 Eine ausführliche Werteliste finden Sie im E-Learning »Geht ja doch! – Das Coaching«, www.gehtjadoch.com.

80 Vgl. Behrens, Johann, et al., Forschungsstudie zur Verweildauer in Pflegeberufen in Rheinlandpfalz, Martin-Luther-Universität Halle Wittenberg, 2008, S. 33.
81 Vgl. Booz & Company Studie Global CEO Succession, Pressemitteilung vom 24.05.2012, vgl. auch hier: http://www.strategyand.pwc.com/at/home/44806434/44806690/44807198/50577945?gko=4e275.
82 Kostenloser Schnellcheck unter http://www.kreative-chaoten.com/metamenu/selbst-checks/chaot-oder-systematiker.html.
83 Konkrete Ideen erhalten Sie dazu in meinem Buch: Bunte Vögel fliegen höher. Die Karrieregeheimnisse der kreativen Chaoten, a. a. O.
84 Vgl. Asendorpf, Jens B.; Neyer, Franz J., Psychologie der Persönlichkeit, Springer, Heidelberg 2012, S. 168 f.
85 Vgl. Medianet Nr. 1793/2014 vom 15.04.2014, Seite 4 f.
86 Vgl. ebd.
87 Harvard Business Manager, Ausgabe 12/2006.
88 Herles, Benedikt, Die kaputte Elite, Albrecht Knaus Verlag, München 2013, S. 159.
89 Zit. nach: http://bigthink.com/videos/write-it-down-my-best-career-advice.
90 Vgl. Asendorpf, Jens B.; Neyer, Franz J., PsOychologie der Persönlichkeit, a. a. O.. S. 169 f.
91 Ben-Shahar, Tal, Glücklicher, Goldmann Verlag, München 2010, S. 44 f.
92 Vgl. ebd., S 110.
93 Chawla, Navin: Mutter Teresa. Die autorisierte Biographie. Goldmann Verlag, München 1993, S. 41.
94 Vgl. http://www.welt.de/wirtschaft/article123993919/Tausende-Akademiker-arbeiten-fuer-Niedriglohn.html.
95 Vgl. http://www.stern.de/wirtschaft/arbeit-karriere/arbeit/kategorie-lebenswerk-ein-mann-mit-weitblick-509608.html.
96 Datenbankauswertung am Campus für kreative Chaoten von 31 110 Datensätzen im Oktober 2014. Vgl. www.gluexx-factory.de/kreativ-chaotische-querdenker-liegen-vorne/.
97 Weick, Karl E., »Small Wins«, in: American Psychologist 39 (1984), S. 40 f.; vgl. auch http://redhooksummit.com/wp-content/uploads/2013/06/Small-Wins-article.pdf.
98 Vgl. http://www.tupperware.de/informationen-zum-unternehmen/unsere-geschichte.
99 Vgl. Nussbaum, Cordula, Die 100 häufigsten Fallen nach der Existenzgründung, Haufe, Freiburg i. Br. 2007, S. 87.
100 Vgl. http://www.wiwo.de/finanzen/boerse/aldi-lidl-kaufland-der-heimliche-reichtum-der-discounter-patriarchen/8617590.html.
101 Vgl. http://www.handelsblatt.com/unternehmen/mittelstand/nach-plus-uebernahme-edeka-eilt-rewe-davon/3422738.html.

102 Vgl. http://www.tagesspiegel.de/wirtschaft/geox-gruender-mario-polegato-die-luftnummer/9159296.html.
103 Vgl. http://www.aerztezeitung.de/medizin/krankheiten/demenz/article/842639/geistig-zack-baut-hirn-langsamer-ab.html.
104 Ebd.
105 Zit. nach: http://bigthink.com/videos/write-it-down-my-best-career-advice.
106 Zit. nach: http://www.scotsman.com/news/interview-sir-angus-grossart-1-477377.
107 Mehr Strategien für schnellere Entscheidungen finden Sie in meinem E-Book *18 kreativ-chaotische Methoden für bessere und schnellere Entscheidungen*.
108 Das Tetralemma stammt ursprünglich aus der indischen Logik und geht auf den Gelehrten Nagarjuna zurück.
109 Vgl. Welch, Suzy, 10–10–10: 10 Minuten, 10 Monate, 10 Jahre. Die neue Zauberformel für intelligente Lebensentscheidungen, Goldmann, München 2009.
110 Strategien, wie Polypotentials den passenden Arbeitgeber oder Auftraggeber finden, finden Sie in meinem Buch *Bunte Vögel fliegen höher*.
111 Vgl. Branson, Richard, Like a virgin, Börsenmedien AG, Kulmbach 2013, S. 163 und 190.
112 Jungclaussen, John F., Der Mann als Marke, in: Die Welt, 23.09.2003.
113 Branson, Richard, Like a virgin, a. a. O., S. 190.
114 Branson, Richard, Geht nicht gibt's nicht, books4success, Kulmbach 2012, S. 55.
115 Eine sehr gute Anleitung, um das wieder zu lernen, finden Sie im Buch von Angelika Gulder: Aufgewacht! Wie Sie das Leben Ihrer Träume finden, Campus Verlag, Frankfurt a. M. 2011.
116 Mehr Infos zu den Seminaren finden Sie unter www.kreative-chaoten.com.
117 Diese Anekdote wird im Internet auf zahlreichen Seiten kolportiert, ohne dass eine Ursprungsquelle angegeben wird. Ich bin noch auf der Suche nach der Quelle und hoffe, dass sich diese Geschichte nicht wie so viele andere als »Motivationsmär« entpuppt.
118 Vgl. Sher, Barbara, Ich könnte alles tun, wenn ich nur wüsste, was ich will, dtv, München 2008, S. 12.
119 Persönliches Gespräch am 03.05.2013 am Gymnasium Oberhaching.
120 Vgl. Funke, Joachim, Kursmaterial zur Vorlesung »Allgemeine Psychologie«, Universität Heidelberg, online hier: http://www.psychologie.uni-heidelberg.de/ae/allg/lehre/wct/m/M01/M0103rub.htm.
121 Die Formulierung »den Rubikon überschreiten« stammt aus der Zeit, als Cäsar im Jahr 49 v. Chr. mit seinen Truppen den italienischen Fluss Rubikon in Richtung Rom mit seinem bewaffneten Heer überschritt. Dies kam einer Kriegserklärung an den römischen Senat gleich. Heute

bezeichnen wir mit dieser Metapher den Zeitpunkt, an dem wir uns unwiderruflich für eine (riskante) Handlung entscheiden.
122 Vgl. Martens, Jens-Uwe; Kuhl, Julius, Die Kunst der Selbstmotivierung: Neue Erkenntnisse der Motivationsforschung praktisch nutzen, Kohlhammer, Stuttgart 2009, S. 20.
123 Mehr Informationen zu Mastermind-Gruppen und Erfolgsteams finden Sie auf http://www.gehtjadoch.com/mastermind.
124 Vgl. Nussbaum, Cordula, 111 Lifehacks. Simple Ideen, die Ihnen das Leben leichter machen, Campus für Kreative Chaoten, München 2014, E-Book. Eine Vorlage dieser Kette finden Sie im Gratis-Download unter www.gehtjadoch.com.
125 Vgl. ebd.
126 Lifehacks sind kleine, unkonventionelle Ideen, die Ihnen den Alltag erleichtern. Ideen dazu finden Sie in meinem E-Book *111 Lifehacks*.
127 Vgl. http://oneredpaperclip.blogspot.de/.
128 Vgl. www.gluexx-factory.de/mit-querdenken-zum-eigenen-haus/.
129 Vgl. Zeibig, Daniela, Kreativ denken – die sieben besten Strategien, in: Gehirn & Geist, 8/2014, S. 37.
130 Vgl. Nussbaum, Cordula, Organisieren Sie noch oder leben Sie schon? Campus Verlag, 2. Auflage, Frankfurt a. M. 2012, S. 172.
131 Vgl. http://de.wikipedia.org/wiki/Spezial:Zuf%C3%A4llige_Seite.
132 Mehr Querdenkerideen und -übungen finden Sie in meinem E-Book *18 kreativ-chaotische Methoden*, mit denen Sie zum genialen Querdenker werden. Bezug: http://shop.kreative-chaoten.com/ebooks/ebook-18.html.
133 Vgl. Duhigg, Charles, Die Macht der Gewohnheit, Berlin Verlag, Berlin 2013, S. 33 ff.
134 Vgl. ebd.
135 Zit. nach: ebd., S. 42.
136 Ebd., S. 50.
137 Ebd., S. 50.
138 Ebd., S. 50.
139 Kessler, David A., Das Ende des großen Fressens, Goldmann Verlag, München 2011, S. 19.
140 Ebd., S. 22 f.
141 Vgl. ebd., S. 31.
142 Vgl. http://www.20min.ch/wissen/gesundheit/story/21696419.
143 Vgl. http://www.gamesaktuell.de/Spiele-Thema-239104/Specials/Diese-Elemente-in-Games-lassen-und-an-Maus-und-Tastatur-kleben-1021214/3/.
144 Vgl. Duhigg, Charles, Die Macht der Gewohnheit, a.a.O., S. 71 f.
145 Vgl. ebd., S. 343 f.
146 Ebd., S. 50.

147 Weick, Karl E., »Small Wins«, a.a.O., S. 43; vgl. http://redhook summit.com/wp-content/uploads/2013/06/Small-Wins-article.pdf.
148 Vgl. Duhigg, Charles, Die Macht der Gewohnheit, a.a.O., S. 265 ff.
149 Vgl. Nussbaum, Cordula, Bunte Vögel fliegen höher, a.a.O., S. 106.
150 Vgl. http://ftp.iza.org/dp4414.pdf.
151 Vgl. Metzger, Jochen, Leben im Komparativ, in: Psychologie heute, 08/2009, S. 40 ff.
152 Zit. nach: ebd., S. 42.
153 Vgl. Probst, Ernst, Thea Rasche. The Flying Fräulein, Grin Verlag, München 2010.
154 Balagué, Guillem, Die Pep-Formel, in: Focus 14/14, S. 126.
155 Vgl. http://www.focus.de/kultur/medien/kultur-die-frechheit-nehme-ich-mir_id_4131019.html.
156 Vgl. www.gluexx-factory.de/mutmacher-fuer-die-ohren.
157 Vgl. www.gluexx-factory.de/interview-mit-eckart-von-hirschhausen-der-wegweiser-muss-den-weg-nicht-mitgehen/.
158 Christakis, Nicholas A.; Fowler, James H., Connected! Die Macht sozialer Netzwerke und warum Glück ansteckend ist. Fischer Verlag, Frankfurt a.M. 2010.
159 Vgl. www.ted.com, viele Vorträge wurden bereits ins Deutsche übersetzt.
160 Vgl. http://www.bildblog.de/61925/wie-dfb-medien-und-die-mannschaft-auf-einen-fake-hereinfielen/.
161 Vgl. http://sz-magazin.sueddeutsche.de/texte/anzeigen/36401/2.
162 Mein Tipp für entspanntes Wellenreitenlernen: http://learntosurfkona.com/.
163 Zit. nach: Csíkszentmihályi, Mihály, Kreativität. Wie Sie das Unmögliche schaffen und Ihre Grenzen überwinden, Klett-Cotta, 8. Auflage, Stuttgart 2010, S. 28.
164 Vgl. z.B. mein Buch: Organisieren Sie noch oder leben Sie schon? Zeitmanagement für kreative Chaoten, Campus Verlag, Frankfurt a.M. 2012.

Danke!

In jedes meiner Bücher ist viel Herzblut geflossen – doch in diesem steckt noch viel mehr von »mir« als in allen anderen. Kein Wunder, dass ich beim Schreiben emotionale Achterbahnfahrten erlebte, und so möchte ich an erster Stelle vor allem wieder meiner Familie – meinem Mann Claus und meinen beiden Kindern – »Danke!« sagen. Danke, dass Ihr meine Hochs und Tiefs so cool weggesteckt habt. Danke, dass Ihr alleine in Urlaub gefahren seid, damit ich in Ruhe schreiben konnte. Danke, dass Ihr kritische Sparringpartner wart bei der Frage, ob bestimmte Erlebnisse rein sollen ins Buch oder nicht. Und danke, dass wir das Abenteuer Hawaii gemeinsam erleben konnten!

Ein dickes Dankeschön geht an Ute Flockenhaus, die meine nächtliche Mail mit der Buchidee sofort und begeistert beantwortet hat, und Dank auch an das komplette GABAL-Team, das das Buch möglich gemacht hat.

Einen besonderen Dank möchte ich an alle meine Seminarteilnehmer, Vortragsgäste und Coachingklienten sowie an meine Familie, Freunde und Bekannten aussprechen, die mir die Erlaubnis gegeben haben, ihre Erfahrungen hier mit Ihnen, liebe Leserinnen und Leser, zu teilen. Ohne sie wäre das Buch ohne Leben!

Herzlichen Dank auch an meine zahlreichen Interviewpartner, die mir als Experten oder als »Geht-ja-doch«-Beispiele zu allen Tages- und Nachtzeiten zur Verfügung standen.

Und auch Ihnen, liebe Leser und Leserinnen, möchte ich Danke sagen: dafür, dass Sie sich (mal wieder) mit mir auf eine spannende Reise in die bunten Facetten unserer Persönlichkeit begeben haben und damit den Grundstein legen, selbst glücklicher zu werden und die Welt um Sie herum ein wenig glücklicher zu machen. Schreiben Sie mir eine Mail oder eine Postkarte, wenn Sie an Ihren persönlichen »Geht-doch«-Inseln angekommen sind. Ich freue mich!

Diese Danke-Zeilen schreibe ich heute Abend in Rostock, im sechsten Stock eines wunderbaren Hotels mit Blick auf den Hafen. Morgen halte ich hier einen Vortrag zum Thema »Geht ja doch!«, und ich bin voller Dankbarkeit, dass ich einen der schönsten Berufe der Welt ausüben darf – mich mit Menschen treffen und ein Stück ihres Weges gemeinsam gehen.

Danke!

Literaturtipps

Publikationen von Cordula Nussbaum (Auswahl)

Organisieren Sie noch oder leben Sie schon? Zeitmanagement für kreative Chaoten, Campus Verlag, 2. Auflage, Frankfurt a. M. 2012 – auch als Hörbuch erschienen
Bunte Vögel fliegen höher. Die Karrieregeheimnisse der kreativen Chaoten, Campus Verlag, Frankfurt a. M. 2013
18 kreativ-chaotische Methoden für bessere und schnellere Entscheidungen, Campus für Kreative Chaoten, München 2013, E-Book
Familienalltag locker im Griff. Der kleine Coach, Gräfe und Unzer, München 2013
111 Lifehacks. Simple Ideen, die Ihnen das Leben leichter machen, Campus für Kreative Chaoten, München 2014, E-Book
Blog: www.gluexx-factory.de
Podcast: Abenteuer kreatives Zeitmanagement. Monatliche Impulse zum Thema Selbst- und Zeitmanagement (www.gluexx-factory.de/tipps/lesenhoeren/podcast/
E-Coaching »Geht ja doch!«: www.gehtjadoch.com

Empfehlungen für die weitere Lektüre

Ben-Shahar, Tal, Glücklicher, Goldmann Verlag, München 2010
Berndt, Christina, Resilienz. Das Geheimnis der psychischen Widerstandskraft. Was uns stark macht gegen Stress, Depressionen und Burn-out, dtv, München 2013
Branson, Richard, Geht nicht gibt's nicht, books4success, Kulmbach 2012
Di Lorenzo, Giovanni, Vom Aufstieg und anderen Niederlagen, Kiepenheuer & Witsch, Köln 2014
Duhigg, Charles, Die Macht der Gewohnheit, Berlin Verlag, Berlin 2013
Elliott, Charles H.; Smith, Laura L., Angstfrei leben für Dummies, Wiley, Weinheim 2012
Ferstl, Ernst, Ausgedrückte Eindrücke. Aphorismen, Books on Demand, Norderstedt 2014

Gulder, Angelika, Aufgewacht! Wie Sie das Leben Ihrer Träume finden, Campus Verlag, Frankfurt a. M., 2011

Kerkeling, Hape, Ich bin dann mal weg. Meine Reise auf dem Jakobsweg, Piper Verlag, München 2009

Messner, Reinhold, Über Leben, Malik Verlag, München 2014

Robinson, Ken, Begeistert leben. Die Kraft des Unentdeckten, ecowin, Salzburg 2013

Sher, Barbara, Ich könnte alles tun, wenn ich nur wüsste, was ich will, dtv, München 2008

Stahl, Stefanie, Leben kann auch einfach sein! So stärken Sie Ihr Selbstwertgefühl, Ellert & Richter Verlag, Hamburg 2011

Winnemuth, Meike, Das große Los. Wie ich bei Günther Jauch eine halbe Million gewann und einfach losfuhr, Albrecht Knaus Verlag, München 2013

Wiseman, Richard, Machen, nicht denken!, Fischer Verlag, Frankfurt a. M. 2013

Register

Abhängigkeit 74
Ablenkung 271
Abwärtsvergleiche 281
Agfa 15
Aldi 215
Alibiziele 197f.
Als-ob-Strategie 137–139, 280
Anerkennung 73
Ängste 65, 71, 72, 73, 74, 76, 130, 198, 294
Anstrengung 74
Apple 15
Ariely, Dan 110
Asgodom, Sabine 122
Astor, Frank 101
Aufwärtsvergleiche 281, 282
Aurel, Marc 37
Auslösereize 257–259, 261, 268–270
Auswahl 151
Autonomie 32, 35, 47–54

Balagué, Guillem 284
Ballmer, Steve 15
Basalganglien 256f.
Beckenbauer, Franz 278
Bedürfnisse 180–185
Belafonte, Harry 143
Belohnungen 91f., 258–268, 271f.
Ben-Shahar, Tal 183, 191
Bentele, Verena 135f.
Berufe 179
Berufswahl 194–196
Berufung 162, 227–229
Bock, Petra 139

Bowen, Will 36, 40
Bowman, Dana Lee 38
Branson, Richard 224, 278
Brown, Harriet 116
Brown, Jonathan D. 117, 282
Buddha 218
Bund, Kerstin 219
Burn-out 276
Burns, George 40

Chancen 41, 83, 148, 194, 211, 214–216
Christakis, Nicholas A. 287
Clark, Andrew 281
Connecting the dots 82
Crocker, Jennifer 116
Cummings, Edward Estlin 32
Czeisler, Charles 182

Dalai Lama 231
Davidson, Cathy N. 20
Deci, Edward 91
Demenz 216
Demotivation 94
Disney-Parks 226
Disney, Roy E. 223
Disziplin 21, 227
Draganich, Christina 86
Dream-Day-Seminare 226
Drucker, Peter 299
Duhigg, Charles 261, 270

Ei des Kolumbus 97
Eigenverantwortung 52, 59f.
Einstein, Albert 128
Ellington, Duke 214

Eltern 33, 53f., 68f., 90, 92
narzisstische E. 67–69
Entscheidungen 130, 150–156
Entscheidungshilfen 221–223
Erfolg 274–278, 289, 297–299
Erfolgserwartung. *Siehe* Erwartungen
Erlaubnis 296
Ernst, Heiko 66
Erwartungen 110, 194, 199f.

Fast-Food-Lokale 261
Fehlentscheidungen 150
Fehler 132f.
Fielmann, Günther 199
Fluktuation 167
FOCUS TV 204
FOMO (Fear of missing out) 74
Ford, Henry 237
Fowler, James H. 287
Freiraum 42
Fremdbestimmung 49
Frosch-Geschichte 30f.
Fünf Phasen. *Siehe* Volition

Gabor, Zsa Zsa 140
Garfield, Charles 160
Gehaltserhöhungen 91
Generation Y 219
Geox 129, 216
Gerrard, Steven 289
Gewohnheiten 251–262, 269–279
 kulturelle G. 260
 Schlüsselgewohnheiten 273–279
Gewohnheitsschleife 258, 271
Glaubenssätze 77–87, 96–105, 109–111, 152
Glück 36, 49, 59, 138, 163, 184, 191, 227, 305
Goltz, Friedrich 31
Graybiel, Ann 259
Grube, Rüdiger 182

Grundbedürfnisse 181f.
Guardiola, Pep 283f.

Handeln 133f., 136, 236f.
Hegel, Georg Wilhelm Friedrich 228
Helfersyndrom 124
Herles, Benedikt 182
Heynckes, Jupp 286
Hilfe 88, 172
Hinderliche Muster 87–96
Hirschhausen, Eckart von 285
Hochstaplersyndrom 68, 114
Höfl-Riesch, Maria 278
Hofmann, Nico 278
Humboldt, Alexander von 105
Hunziker, Michelle 278
Hutchison, Victor H. 31
Huxley, Aldous 131

Ideensprudler 171f., 174f., 189
Informationssammler 171, 174, 189
Inseln 188–231, 238–240, 245f.
 Inselsuche 225f., 229f.
Investitionen 144–149
iPhone 15
Iyengar, Sheena 150

Jammern 36–42
Janßen, Axel 164
Jobs, Steve 83
Joyce, Rachel 102

Kafka, Franz 240
Kamin, Ohad 183
Kennedy, John F. 148
Kessler, David A. 263f.
Kettenreaktion 273f., 279
Kierkegaard, Sören 82, 281
Kinder 32f., 53–55, 67–69, 90, 92f.
King, Martin Luther 274
Kolumbus, Christoph 97

Kommunikation 98
Konsum 45
Kontrollsucht 74
Körpergewicht 287
Körperhaltung 137
Kritik 123
Kuhl, Julius 239
Kümmerer 68

Lapenat, Stefan 164f., 178
Lebensziele 192
Leere 198f.
Leidenschaft 162, 226, 227
Leitbilder 282–289
Leppert, Michael 94
Lernen 148, 297
Lob 91
Logiker 173
Löw, Joachim 286
Lustgewinn 27 93

MacDonald, Kyle 249
Macher 170, 172f.
Manipulation 265–267
Marcus, David 95
Marshmallow-Challenge 12f.
Maslow, Abraham 181
Mastermind-Gruppen 243
Mayer, Marissa 182
Medien 107f.
Meier, Rolf 164
Melton, Douglas 30
Mentaltrainings 135f.
Microsoft 15
Mimik 137
Mindfuck 139
Misserfolge 237, 280
Missgunst 94
Monopotentials 205
Montesquieu 123
Moretti Polegato, Mario 129, 215
Mörike, Eduard 308
Motivation 90–94, 139, 178, 188, 196, 247, 281f., 284

MotivationsPotenzialAnalyse 164
Motive 163–165, 167, 177–180
Münchhausen, Marco von 64
Mussweiler, Thomas 281f.
Mutter Teresa 193

Nahrungsauswahl 262–264
Neid 104
Netzwerken 147f.
Neuhaus, Nele 129f.
Niederlagen 128–130, 134
Nutzen 127

Onlinespiele 265
Opportunitätskosten 150f.
Ordner 173

Parks, Rosa 274
Peanuts 137
Perfektionismus 72, 199
Planbarkeit 14–20
Planung 82f.
Polypotentials 205, 218, 223
Ponyhof-Glaubenssatz 79–81
Positives Denken 37, 112f., 116
Post-it 130
Priming 111
Probleme 214–218
Problemkaskade 76
Prognosen 196
Prokrastination 199

Querdenken 249, 252

Rasche, Thea 283
Raus-Strategie 55
Reaktanz 46f., 74
Rosekind, Mark 182
Routine 29f., 251f., 256f.
Rowling, Joanne K. 129
Rubikon 236
Rückfälle 259, 279f.
Ruhe 220, 229

Samwer, Oliver 278
Schefter, Karla 230
Scheitern 128–133
Schick, Marion 278
Schicksalsschläge 38, 39
Schlüsselqualifikation. *Siehe* Soft Skills
Schmerzvermeidung 27, 93
Schuld 60, 66 f., 70
Schulden 43–46
Schultz, Wolfram 267
Schulz, Charles M. 137
Schulz von Thun, Friedemann 98
Schwarzenegger, Arnold 206 f.
Seinfeld, Jerry 247
Selbstbewusstsein 54, 115, 253
Selbsterkenntnis 96
Selbstsabotage 62–66, 75
Selbstsicherheit 115
Selbstverständlichkeitsfalle 298
Selbstvertrauen 115, 138, 139
Selbstwertgefühl 113–117, 123 f., 128 f., 133, 138
Selbstwirksamkeit 53
Selbstzweifel 116
Senik, Claudia 281
Sharing. *Siehe* Teilen
Silbermann, Klaus 126
Silver, Spencer 130
Singh, Kirpal 217
Sinn 227–229, 231
Skillman, Peter 13
SMART 192 f.
Soft Skills 275–277
Soma 91
Später-später-Falle 304 f.
Spiele 265
Stärken. *Siehe* Talente
Steiner, Susanne 164
Stress 49

Talenttypen 170–174, 290
Teilen 88 f.
Tetralemma 221

T.i.d.A.-Partner 242
Timing 302 f., 306
Too-much-choice-Effekt 151
Träume 28–30
Tupper, Earl Silas 215

Ultimatumspiel 95
Umsetzer 172
Unternehmensgründung 132
Unterstützer 172, 289–295
Veränderungen 26–31, 130, 136, 140 f.. 252–255, 260, 269, 273–275, 279
V. trainieren 252
Verantwortung 32 f., 44, 52 f., 59 f., 67, 212
Vergangenheit 211 f.
Vergleiche 281 f., 286
Verhaltensänderung 269–271, 279 f.
Verlangen 272
Verletzlichkeit 73
Verwöhnungsfalle 54
Vier-Ohren-Modell 98 f.
Visualisieren 134–136
Volition 234–248
Vorbilder 260, 282 f.

Wachstumsbedürfnisse 183
Wahrheit 100–109
Wallace, Björn 95
Wall, Hans 98
Ward, Maria 240
Weick, Karl E. 215, 274
Wenk, Christian 209 f.
Wenn-dann-Szenario 198
Wert 117–123, 126–128
Werte 166–169, 178 f.
Willenskraft 241, 245
Wilson, Robert S. 216
Windows Phone 15
Winterkorn, Martin 278
Wiseman, Richard 137 f.
Wissen 297 f.

Wonneberger, Ramona 41
Wood, Joanne 113
Wujec, Tom 13, 92

Zeit 126–128, 140f., 146
Ziele 163, 167, 188–231
   Detaillierte Z. 204
   Fifty-fifty-Ziele 201
   Fremde Z. 199, 200
   Konkurrierende Z. 202
   Weg-von-Ziele 202f.
   Z. verabschieden 206–211
Zukunft 211
Zuverlässigkeit 276
Zwang 47

Über die Autorin

Cordula Nussbaum hat bereits mit 15 Jahren als Mentorin anderen Schülern zum Schulerfolg verholfen. Seit ihrem 18. Lebensjahr beschäftigt sie sich intensiv mit erfolgreichem Selbstmanagement. Sie studierte Journalismus und Psychologie in München und Paris, ist ausgebildeter Coach und arbeitete lange Zeit als Wirtschaftsjournalistin (FOCUS, Wirtschaftswoche, Süddeutsche). Die Bestsellerautorin hat bereits mehrere Bücher zu diesem Thema geschrieben und ist eine gefragte Expertin in den Medien. Der WDR bezeichnete sie als »Deutschlands bekannteste Organisationsexpertin«, und FOCUS TV sagte: »Cordula Nussbaum hat eine besondere Mission. Sie will mit verstaubten Ansichten von Selbstmanagement aufräumen.« Stiftung Warentest kürte ihr Buch *Organisieren Sie noch oder leben Sie schon?* zum Testsieger unter den aktuellen Selbstmanagement-Ratgebern.

In Vorträgen und Seminaren vermittelt die lebendige Münchnerin ihr fundiertes Fachwissen einem breiten Publikum, im Coaching gibt sie individuelle Hilfestellung. Mehrere Tausend Teilnehmer haben durch sie bereits ihren Weg zum persönlichen Erfolg gefunden.

Die Topspeakerin engagiert sich darüber hinaus als Mentorin für Nachwuchs-Speaker der German Speakers Association und hat als zweite Frau im deutschsprachigen Raum die international anerkannte Auszeichnung »CSP Certified Speaking Professional« erhalten, eine Auszeichnung, die nur sechs Prozent der Speaker weltweit bekommen.

Mehr Informationen und Speaker-Buchung: www.kreative-chaoten.com.

Cordula Nussbaum
Speaker + Life-Coach für Spitzenerfolg

»Deutschlands bekannteste Organisationsexpertin«
WDR

»Kaum jemand in der Republik kann so pointiert über Zeitfresser wie Mails oder Meetings reden wie Cordula Nussbaum.«
Augsburger Allgemeine

»Das war ein Highlight! Das Campus-M21-Team war begeistert von Ihrem Vortrag über Glück, Lebensmotivation und Leidenschaft.«
Campus M 21

Topspeakerin Cordula Nussbaum erhielt 2014 als zweite Frau im deutschsprachigen Raum die weltweit höchste Auszeichnung als Rednerin, den CSP Certified Speaking Professional. Seit rund zehn Jahren steht sie auf der Bühne und fesselt ihr Publikum mit humorvollen Tipps, aus der Praxis für die Praxis. Die mehrfache Bestsellerautorin ist häufiger Gast in den Medien und gilt als »Deutschlands bekannteste Organisationsexpertin« (WDR).

Vortragsthemen:
- ★ Geht ja doch!
- ★ Das neue Zeitmanagement in kreativ-chaotischen Zeiten
- ★ Bunte Vögel fliegen höher

Mehr Infos, Speaker-Videos und Speaker-Buchung: www.kreative-chaoten.com

Geht ja doch!
Das fundierte und erfolgserprobte E-Coaching von Cordula Nussbaum

»Das Coaching mit Cordula Nussbaum hat mich vorangebracht wie noch nie etwas in meinem Leben. Mein Geht-doch-Projekt ist Wirklichkeit geworden.«
Andreas Möller, Berlin

Machen Sie sich auf den Weg und zünden Sie Ihren Geht-doch-Turbo.

Starten Sie jetzt das Online-Coaching zu Ihrem persönlichen Erfolg. Zwölf Wochen lang erhalten Sie:

★ wertvolle Impulse per Mail, Video und Audio
★ aufschlussreiche Übungen mit Tiefenwirkung
★ persönliche Chat-Unterstützung durch Cordula Nussbaum
★ Austausch und Rückenstärkung im Mastermind-Forum
★ Zugriff auf weitere Erfolgstipps für Ihre dauerhafte Geht-ja-doch-Motivation
★ wertvolles Bonusmaterial im Mitgliederbereich

Melden Sie sich gleich an und starten Sie durch: www.gehtjadoch.com

Dein Leben

Inspirierende Impulse und praktische Tipps, die Ihr Leben leichter, besser und schöner machen.

Marco von Münchhausen
Konzentration
ISBN 978-3-86936-719-4
€ 19,90 (D)
€ 20,50 (A)

Steffen Ritter
Selbstbewusstsein
ISBN 978-3-86936-724-8
€ 19,90 (D)
€ 20,50 (A)

Katharina Maehrlein
Achtsamkeit ganz praktisch
ISBN 978-3-86936-759-0
€ 15,00 (D) / € 15,40 (A)

Thomas Tuma
Der moderne Mann
ISBN 978-3-86936-728-6
€ 15,00 (D) / € 15,40 (A)

Christo Foerster
Dein bestes Ich
ISBN 978-3-86936-723-1
€ 29,90 (D) / € 30,80 (A)
Nicht als E-Book erhältlich

Cordula Nussbaum
Geht ja doch!
ISBN 978-3-86936-626-5
€ 24,90 (D) / € 25,60 (A)

Kathrin Sohst
Zart im Nehmen
ISBN 978-3-86936-688-3
€ 24,90 (D) / € 25,60 (A)

Stephen R. Covey
Die 7 Wege zur Effektivität für Familien
ISBN 978-3-89749-728-3
€ 29,90 (D) / € 30,80 (A)

 Alle Titel auch als E-Book erhältlich

gabal-verlag.de

Dein Erfolg

Erprobte Strategien, die Ihnen auf dem Weg zum Erfolg hilfreiche Abkürzungen bieten.

Dein Erfolg

Stephen R. Covey
Die 12 Gründe des Gelingens
ISBN 978-3-86936-722-4
€ 24,90 (D)
€ 25,60 (A)

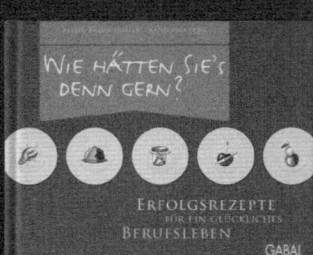

Astrid Braun-Höller, Katharina Pohl
Wie hätten Sie's denn gern?
ISBN 978-3-86936-757-6
€ 19,90 (D) / € 20,50 (A)
Nicht als E-Book erhältlich

Stephen M. R. Covey, Rebecca R. Merrill
Schnelligkeit durch Vertrauen
ISBN 978-3-89749-908-9
€ 29,90 (D) / € 30,80 (A)

Ilja Grzeskowitz
Let's talk about change, baby!
ISBN 978-3-86936-758-3
€ 15,00 (D) / € 15,40 (A)

Stephen R. Covey
Die 7 Wege zur Effektivität
ISBN 978-3-89749-573-9
€ 24,90 (D) / € 25,60 (A)

Friedbert Gay (Hrsg.)
Das persolog-Persönlichkeits-Profil
ISBN 978-3-89749-352-0
€ 34,90 (D) / € 35,90 (A)

Svenja Hofert
Was sind meine Stärken?
ISBN 978-3-86936-693-7
€ 24,90 (D) / € 25,60 (A)

Ilja Grzeskowitz
Mach es einfach!
ISBN 978-3-86936-689-0
€ 19,90 (D) / € 20,50 (A)

 Alle Titel auch als E-Book erhältlich

gabal-verlag.de

Whitebooks

Kompetentes Basiswissen für Ihren beruflichen und persönlichen Erfolg

WH!TEBOOKS

Markus Cerenak
Erfolgsfaktor Bloggen
ISBN 978-3-86936-729-3
€ 22,90 (D)
€ 23,60 (A)

Johannes Stärk
Assessment-Center erfolgreich bestehen
ISBN 978-3-86936-184-0
€ 29,90 (D)
€ 30,80 (A)

Jörg Baumhauer, Carsten Schmidt
Kleinunternehmen führen und organisieren
ISBN 978-3-86936-733-0
€ 29,90 (D) / € 30,80 (A)

Jochen Baier
Körpersprache
ISBN 978-3-86936-731-6
€ 19,90 (D) / € 20,50 (A)

Brian Tracy, Christina Stein
Finde deine innere Balance
ISBN 978-3-86936-762-0
€ 19,90 (D) / € 20,50 (A)

Hans-Jürgen Kratz
Führungsrollen
ISBN 978-3-86936-763-7
€ 29,90 (D) / € 30,80 (A)

Hartmut Laufer
Motivierend delegieren, kontrollieren, kritisieren
ISBN 978-3-86936-764-4
€ 24,90 (D) / € 25,60 (A)

Monika A. Pohl
Selbstbestimmung
ISBN 978-3-86936-730-9
€ 19,90 (D) / € 20,50 (A)

Alle Titel auch als E-Book erhältlich

gabal-verlag.de

ANZEIGE

Bei uns treffen Sie Gleichgesinnte ...

... weil sie sich für **persönliches Wachstum** interessieren, für **lebenslanges Lernen** und den Erfahrungsaustausch rund um das Thema Weiterbildung.

... und Andersdenkende,

weil sie aus unterschiedlichen Positionen kommen, unterschiedliche Lebenserfahrung mitbringen, mit unterschiedlichen Methoden arbeiten und in unterschiedlichen Unternehmenswelten zu Hause sind.

Das nehmen Sie mit:

- Präsentation auf den GABAL Plattformen (GABAL-impulse, Newsletter und auf www.gabal.de) sowie auf relevanten Messen zu Sonderkonditionen
- Teilnahme an Regionalgruppenveranstaltungen und Kompetenzteams
- Sonderkonditionen bei den GABAL Impulstagen und Veranstaltungen unserer Partnerverbände
- Gratis-Abo der Fachzeitschrift wirtschaft + weiterbildung
- Gratis-Abo der Mitgliederzeitschrift GABAL-impulse
- Vergünstigungen bei zahlreichen Kooperationspartnern
- u.v.m.

Auf unseren Regionalgruppentreffen und Impulstagen entsteht daraus ein **lebendiger Austausch**, denn wir entwickeln gemeinsam **neue Ideen**. Dadurch entsteht ein **Methodenmix** für individuelle Erlebbarkeit in der jeweiligen Unternehmenswelt.

Durch Kontakt zu namhaften Hochschulen erhalten wir vom Nachwuchs spannende Impulse, die in die eigene Praxis eingebracht werden können.

**Neugierig geworden?
Informieren Sie sich am besten gleich unter:**

www.gabal.de/leistungspakete.html

GABAL e.V.
Budenheimer Weg 67
D-55262 Heidesheim
Fon: 06132/5095090,
Mail: info@gabal.de